Kohlhammer

Kohlhammer Edition Marketing

Begründet von: Prof. Dr. Dr. h.c. Dr. h.c. Richard Köhler
                   Universität zu Köln

                   Prof. Dr. Dr. h.c. mult. Heribert Meffert
                   Universität Münster

Herausgegeben von: Prof. Dr. Hermann Diller
                   Universität Erlangen-Nürnberg

                   Prof. Dr. Dr. h.c. Dr. h.c. Richard Köhler
                   Universität zu Köln

Martin Benkenstein/Sebastian Uhrich

Strategisches Marketing

Ein wettbewerbsorientierter Ansatz

3., aktualisierte und überarbeitete Auflage

Verlag W. Kohlhammer

3., aktualisierte und überarbeitete Auflage 2009

Alle Rechte vorbehalten
© 1988 W. Kohlhammer GmbH Stuttgart
Gesamtherstellung:
W. Kohlhammer Druckerei GmbH + Co. Stuttgart
Printed in Germany

ISBN 978-3-17-020699-1

Vorwort der Herausgeber

Das vorliegende Werk gehört seit 1988 (1. Auflage) zur „Kohlhammer Edition Marketing", einer Buchreihe, die in mehr als 20 Einzelbänden die wichtigsten Teilgebiete des Marketing behandelt. Jeder Band soll eine Übersicht zu den Problemstellungen des jeweiligen Themenbereichs geben und wissenschaftliche sowie praktische Lösungsbeiträge aufzeigen. Als Ganzes bietet die Edition eine Gesamtdarstellung der zentralen Führungsaufgaben des Marketing-Management. Ebenso wird auf die Bedeutung und Verantwortung des Marketing im sozialen Bezugsrahmen eingegangen.

Als Autoren dieser Reihe konnten namhafte Fachvertreter an den Hochschulen gewonnen werden. Sie gewährleisten eine problemorientierte und anwendungsbezogene Veranschaulichung des Stoffes. Angesprochen sind mit der Kohlhammer Edition Marketing zum einen die Studierenden an den Hochschulen. Ihnen werden die wesentlichen Stoffinhalte des Faches dargeboten. Zum anderen wendet sich die Reihe auch an Institutionen, die mit der Aus- und Weiterbildung von Praktikern auf dem Spezialgebiet des Marketing befasst sind, und nicht zuletzt unmittelbar an Führungskräfte des Marketing. Der Aufbau und die inhaltliche Gestaltung der Edition ermöglichen es ihnen, einen Überblick über die Anwendbarkeit neuer Ergebnisse aus der Forschung sowie über Praxisbeispiele aus anderen Branchen zu gewinnen.

Der nunmehr in der dritten Auflage vorliegende Band „Strategisches Marketing" behandelt ein unverzichtbares Kernstück des Marketing, nämlich die Suche, Auswahl und Umsetzung von Wettbewerbsvorteilen im Spannungsfeld der Nachfrager, Wettbewerber und der eigenen Kompetenzen eines Unternehmens. Die Bedeutung dieses Kernstücks wuchs in den letzten Jahren umso mehr, als die Wachstumsgrenzen vieler Märkte bei traditioneller Marktbearbeitung deutlich wurden und ein intensiver, oft aggressiv ausgetragener, globaler Wettbewerb in Gang kam, der tradierte Geschäftsmodelle schnell erodieren ließ. Zudem stieg der Aufgabenumfang der strategischen Planung, z. B. durch zusätzliche Vertriebs- und Kommunikationsoptionen im Internet, zunehmenden Multikanalvertrieb und immer umfangreichere Markenportfolios. Die Beschleunigung der Marktprozesse lässt Korrekturen eingeschlagener strategischer Pfade kaum noch zu und die Unternehmen werden von allen Stakeholdern hinsichtlich ihrer eingeschlagenen Strategien immer kritischer beobachtet.

Das vorliegende Werk, für das nunmehr neben Prof. Martin Benkenstein auch Dr. Sebastian Uhrich verantwortlich zeichnet, trägt diesen Entwicklungen durch eine konsequente Ausrichtung an den Wettbewerbsvorteilen als strategische Aufgabe in besonderem Maße Rechnung. Gleichzeitig wird eine prozessorientierte Gliederung des Stoffes gewählt, was die Praxisnähe und Umsetzbarkeit der vorgestellten Konzepte erhöht. In einer sehr systematischen Weise behandeln die Autoren nach einer grundsätzlichen Charakterisierung und theoretischen Fundierung des strategischen Marketing die vielfältigen Planungs- und Implementierungsschritte strategischer Konzepte. Den hierfür zur Verfügung stehenden Methoden wird dabei ausreichend Raum eingeräumt. Der Leser kann auf diese Weise nicht nur Verständnis für die Aufgabenstellung und die

Bedeutung des strategischen Marketing entwickeln, sondern auch konkrete Ansatzpunkte für das praktische Handeln durch Einsatz solcher Methoden finden.

Die Autoren tragen auch der heute so charakteristischen Dynamik vieler Märkte Rechnung, indem die diversen Lebenszykluskonzepte und deren Bedeutung für strategische Marketingkonzepte ausführlich behandelt werden. Darüber hinaus wird die Betrachtung auch für unterschiedliche strategische Ausgangssituationen differenziert. Bemerkenswert ausführlich widmen sich Benkenstein und Uhrich auch der Implementationsproblematik von Marketingstrategien, die weit über die strategische Ausgestaltung des Marketing-Mix hinausgeht und auch Fragen der Marketingorganisation und des Marketing-Controlling betrifft.

Insgesamt vermittelt der vorliegende Band eine ebenso kompakte wie kompetente Gesamtschau eines immer unübersichtlicheren, aber ungemein bedeutsamen Aufgabengebietes des Marketing-Management. Das Buch ist sehr verständlich aufbereitet und mit vielen Praxisbeispielen angereichert. Dementsprechend eignet es sich gleichermaßen als Lerngrundlage für das Studium und als Leitfaden für die Praxis.

Nürnberg und Köln, November 2009   Hermann Diller, Richard Köhler

Vorwort zur 3. Auflage

Das strategische Marketing und die damit in Verbindung stehenden Paradigmen, Leitlinien, Methoden und Konzepte müssen dringend wieder in den Mittelpunkt der Unternehmensführung treten. Denn es zeigt sich aktuell im Rahmen der Weltfinanz- und -wirtschaftskrise mehr als deutlich, dass das Management bei einer einseitigen Orientierung an einem falsch verstandenen, weil nur kurzfristig-operativ ausgerichteten Shareholder-Value-Paradigma nicht hinreichend in die strategischen Ressourcen einer Unternehmung investiert und so die Wettbewerbsfähigkeit der jeweiligen Unternehmung ausgehöhlt wird. Auch die Vorstellung, die Geschäftsfelder einer Unternehmung müssten nicht mehr durch ein internes Portfolio-Management gesteuert werden, weil dies die Börse viel besser könne, hat sich als kaum tragfähig erwiesen.

Vor diesem Hintergrund wird der Stellenwert des Marketing-Management wieder an Bedeutung gewinnen und insbesondere die langfristige Orientierung in der marktorientierten Führung zu betonen sein. Im Zentrum dieses Führungskonzepts muss der Auf- und Ausbau langfristig absicherbarer Wettbewerbsvorteile stehen, indem in die kritischen, kunden- und marktrelevanten Ressourcen einer Unternehmung investiert wird. Nur so können die aktuellen Herausforderungen, vor denen Unternehmungen nahezu sämtlicher Branchen stehen, bewältigt werden.

Das Anliegen des vorliegenden Bandes der Kohlhammer Edition Marketing ist somit aktueller denn je. Auch die 3. Auflage hat das strategische Marketing wieder aus einer konsequent wettbewerbsorientierten Perspektive aufgearbeitet. Dabei wurde die Grundkonzeption des Lehrbuchs beibehalten. Ausgehend von den Grundlagen einer wettbewerbsorientierten Marketingstrategie werden die Planungs- und Implementierungsprozesse der marktorientierten Führung gekennzeichnet. In diesem Sinne orientiert sich der Aufbau des Buches an den Prozesselementen der strategischen Führung und diskutiert, inwieweit die innerhalb dieser Prozesse einzusetzenden Instrumente, Konzepte und Modelle eine wettbewerbsorientierte Planung und Implementierung marktgerichteter Strategien unterstützen.

Neu in diesem Buch ist das Kapitel 2.5 zu den situativen Strategieoptionen im Marktlebenszyklus, um so die Besonderheiten neuer, junger sowie stagnierender und schrumpfender Märkte besser herausstellen zu können. Grundlegend überarbeitet wurde das Kapitel zur Implementierung des strategischen Marketing. Neu ist hier eine stärkere Orientierung am Marketing-Mix-Instrumentarium. Darüber hinaus wurden einige Teile gestrafft und alle Kapitel aktualisiert.

Die vorliegende 3. Auflage des „Strategischen Marketing" richtet sich – wie auch schon die Vorauflagen – an Studenten wirtschaftswissenschaftlicher Studiengänge sowohl auf Bachelor- als auch auf Masterniveau. Aber auch interessierte Praktiker, die sich im Rahmen ihrer Tätigkeit mit Fragen der marktorientierten Führung auseinandersetzen, finden vielfältige Anregungen.

In die 3. Auflage sind zahlreiche Anregungen und Hinweise von Mitarbeitern, Kollegen, Studierenden und auch von Praktikern eingeflossen. Für diese Anregungen gilt ihnen allen mein Dank. Besonders zu Dank verpflichtet bin ich den aktuellen und auch einigen ehemaligen Mitarbeitern am Institut für Marketing und Dienstleistungsforschung der Universität Rostock: Frau Dr. Nora Reppenhagen, Frau Dipl.-Kffr. Bettina Holtz und Herr Dipl.-Kfm. Dan Künstner haben vielfältige Zuarbeiten geleistet und das Literaturverzeichnis aktualisiert. Herr Dr. Sebastian Uhrich hat sich darüber hinaus so umfänglich in die Überarbeitung eingebracht, dass ich ihn gebeten habe, ab dieser Auflage als Mitautor für das Buch verantwortlich zu zeichnen. Weiterhin hat Frau Christiane Hofmann die formelle Endgestaltung maßgeblich unterstützt. Schließlich gilt mein besonderer Dank meiner Sekretärin, Frau Jutta Tesche, die nicht nur alle aus der 2. Auflage übernommenen Abbildung am Rechner neu erstellt, sondern uns allen auch in der Zeit, in der die 3. Auflage entstanden ist, den „Rücken frei gehalten" hat.

Rostock, im Oktober 2009   Martin Benkenstein

Inhaltsverzeichnis

1 Grundlagen des strategischen Marketing

1.1 Abgrenzung des Aufgabenspektrums

Die Entwicklungslinien des Marketing sind seit den 1950er Jahren, als dieses Konzept der bewussten Führung einer Unternehmung vom Absatzmarkt her aufkam, vielfältig verlaufen. Neben einer Vertiefung und einer Verbreiterung des Marketing (Meffert, Bruhn 1976) haben insbesondere die mannigfaltigen Veränderungen der Aufgabenumwelt und vor allem deren diskontinuierliche Entwicklung den Stellenwert der strategischen Orientierung im Marketing verdeutlicht (Ansoff 1981; Köhler, Böhler 1984). Damit hat sich das Marketing immer mehr zu einem integrierten Konzept der marktorientierten Unternehmensführung entwickelt (Meffert 1989; Köhler 1993).

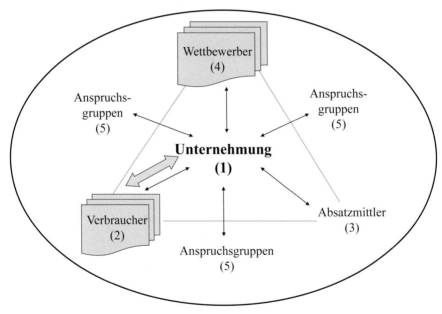

Abb. 1-1: Strategisches Marktteilnehmerdreieck

Betrachtet man die Entwicklungsverläufe im Einzelnen, so lassen sich grundsätzlich fünf verschiedene Phasen der Absatzmarktorientierung voneinander abgrenzen. Abb. 1-1 verdeutlicht diese Entwicklung anhand des strategischen Dreiecks der Marktteilnehmer (Meffert 1986):

(1) Die erste Phase der Absatzmarktorientierung ist dadurch gekennzeichnet, dass aufgrund von – wodurch auch immer verursachten – Mangelsituationen ein Verkäufermarkt vorherrscht: die Nachfrage

ist in einer solchen Marktsituation größer als das Angebot. Unternehmungen streben deshalb vor allem nach Massenproduktion. Dominante Engpassfaktoren sind einerseits Finanzmittel und Produktionskapazitäten und andererseits die zugelieferten Mengen an Roh-, Hilfs- und Betriebsstoffen. Diese Engpassfaktoren dominieren die strategische Unternehmensplanung. Dem Marketing kommt hingegen ein untergeordneter Stellenwert zu. Aufgabe des Marketing ist vor allem die Distribution der in Massenfertigung erstellten Erzeugnisse.

(2) In der zweiten Phase verändern sich die Marktbedingungen deshalb nachhaltig, weil erste Sättigungserscheinungen im Absatzmarkt auftreten: Der Verkäufermarkt entwickelt sich zu einem Käufermarkt. Entsprechend kann nicht mehr alles abgesetzt werden, was im Zuge der Massenproduktion hergestellt wird. Der Kunde wird zum dominanten Engpassfaktor, an dem sich die gesamte Unternehmenstätigkeit auszurichten hat (Nieschlag et al. 2002). Diese Orientierung an den Wünschen und Bedürfnissen der Verbraucher kennzeichnet die eigentliche „Geburtsstunde" des Marketing. Definitionen wie „Marketing soll durch die dauerhafte Befriedigung der Kundenbedürfnisse die Unternehmensziele im gesamtwirtschaftlichen Güterversorgungsprozess verwirklichen" (Meffert et al. 2008), kennzeichnen diese Phase der Absatzmarktorientierung. Die kundenorientierten Instrumente des Marketing werden in dieser Phase erstmals systematisch entwickelt und eingesetzt, die Grundgedanken der Beeinflussung und Steuerung des Absatzmarktes durch den Marketing-Mix erlangen zunehmende Verbreitung.

(3) In der dritten Phase, die in Deutschland mit Aufhebung der „Preisbindung der zweiten Hand" im Jahre 1972 einsetzt und die den Absatzmittlern vollständige Preisautonomie verleiht, beginnt ein Konzentrationsprozess in vielen Sektoren des Handels. Dieser Konzentrationsprozess mündet letztlich in einer permanent steigenden Nachfragemacht des Handels. Neben der Kaufbereitschaft der Konsumenten entsteht in diesem Zuge ein zweiter absatzmarktbezogener Engpassfaktor: der Regalplatz im Handel. Entsprechend reagieren die Konsumgüterhersteller und setzen zunehmend handelsgerichtete Instrumente des Marketing ein. Die Grundgedanken des vertikalen Marketing und der Marketingführerschaft im Absatzkanal entstehen in dieser Phase. Marketing wird somit immer stärker auch als Führungskonzeption im Absatzkanal verstanden.

(4) Die zunehmende Internationalisierung des Wettbewerbs auf Konsum-, aber auch auf Industriegütermärkten, die spätestens in den 1980er Jahren zu einer Verschärfung der Wettbewerbsbedingungen führt und die charakteristischen Züge des Verdrängungswettbewerbs trägt, hat zur Folge, dass die strategischen und dabei insbesondere

die wettbewerbsstrategischen Aspekte einer marktorientierten Unternehmensführung besondere Bedeutung erlangen. Die langfristig erfolgreiche Positionierung der Unternehmung und ihrer Produkte bzw. Marken erhält damit einen herausragenden Stellenwert. Die Marketingstrategie wird dabei als „bedingter, globaler und langfristiger Verhaltensplan zur Erreichung der Unternehmens- und Marketingziele" (Meffert 1986) verstanden. Diese strategische Orientierung äußert sich insbesondere darin, dass Marketingstrategien darauf auszurichten sind, dauerhafte Wettbewerbsvorteile aufzubauen und zu sichern

(Faix, Görgen 1994). Denn nur dann, wenn die Konsumenten und auch die Absatzmittler die Leistungsangebote eines Herstellers besser einschätzen als die Angebote seiner Wettbewerber, kann dieser Anbieter seine Unternehmensziele langfristig erfüllen (Porter 1985). Vor diesem Hintergrund „reduziert" sich die Konzeption des strategischen Marketing darauf, dass Unternehmungen immer dann in besonderer Weise erfolgreich sind, wenn sie in den Augen ihrer Nachfrager eine qualitativ bessere oder kostengünstigere Leistung als ihre Konkurrenten anbieten. Das Konstrukt des „komparativen Konkurrenzvorteils" (Backhaus 1992) wird damit zum zentralen Merkmal des strategischen Marketing.

(5) Wenngleich sich mit der Konsumerismus-Bewegung der frühen 1970er Jahre bereits erste Anzeichen andeuteten (Hansen, Stauss 1982; Aaker, Day 1972; Fischer-Winkelmann, Rock 1977), haben sich in jüngster Vergangenheit die Herausforderungen, die von verschiedenen Anspruchsgruppen an die Unternehmensführung herangetragen werden, nochmals verschärft. Der Absatzmarkt mit den drei wesentlichen Marktteilnehmergruppen Hersteller, Absatzmittler und Verbraucher ist gleichwohl nach wie vor ein wesentlicher Engpassfaktor der Unternehmensplanung. Daneben treten jedoch weitere Anspruchsgruppen, die den Erfolg der Unternehmung nachhaltig beeinflussen (Raffée 1987, Hansen 1988). Besonders deutlich wird dies anhand der umweltschutzbezogenen Ansprüche, die an die Unternehmungen herangetragen werden. Unternehmungen, denen es gelungen ist, diesen Ansprüchen in besonderer Weise gerecht zu werden, haben dadurch auch in ihrem Absatzmarkt Wettbewerbsvorteile aufgebaut (Meffert, Kirchgeorg 1998). Diese ganzheitliche, anspruchsgruppenorientierte Interpretation zwingt dazu, Marketing als integrierte, marktorientierte Führungskonzeption anzusehen. Neben die gleichberechtigte Unternehmensfunktion tritt somit ein markt- und anspruchsgruppenorientiertes Leitkonzept des Marketing-Management (Meffert 1994).

(6) In der jüngeren Vergangenheit haben insbesondere die Informations- und Kommunikationstechnologien im Marketing neue Impulse gesetzt. Sie haben nicht nur in Konsumgüterbranchen – durch neue Vertriebswege – den Wettbewerb nachhaltig verschärft. Sie haben weiterhin in jenen Branchen, die diese Technologien sowie die Dienste bereitstellen, die für diese Technologien einen Mehrwert schaffen, eine bislang nicht gekannte Wettbewerbsdynamik ausgelöst. Und sie haben schließlich die Vernetzung zwischen Anbietern und Nachfragern, aber auch unter den Nachfragern nachhaltig gefördert. Vor allem mit Blick auf diesen letzten Aspekt wird in der Literatur bereits von einer Phase des Netzwerk-Marketing gesprochen (Meffert et al. 2008).

Diese Entwicklungslinien verdeutlichen insgesamt, dass der marktorientierten Führung der Unternehmung ein besonderer Stellenwert zukommt (Dichtl 1994). Dabei gilt es, über die Festlegung von Marketingstrategien den marktorientierten Handlungsrahmen zur Erzielung von Wettbewerbsvorteilen einzugrenzen. In diesem Sinne besagt die Marketingkonzeption, „dass der Schlüssel zur Erreichung unternehmerischer Ziele darin liegt, die Bedürfnisse und Wünsche des Zielmarktes zu ermitteln und diese dann wirksamer und wirtschaftlicher zufrieden zu stellen als die Wettbewerber" (Kotler, Bliemel 2001).

In dieser Abgrenzung werden dem strategischen Marketing zwei wesentliche Aufgabenstellungen zugewiesen:

• Die Identifikation von Wünschen und Bedürfnissen und damit einhergehend die Abgrenzung des Zielmarktes.

- Die Formulierung und Implementierung von Wettbewerbsstrategien, die auf Wirksamkeit und/oder auf Wirtschaftlichkeit ausgerichtet sind.

Diese Abgrenzung des Aufgabenspektrums im strategischen Marketing ist sehr global gehalten. Andere Autoren haben im Gegensatz dazu die Aufgaben des strategischen Marketing erheblich differenzierter aufgeschlüsselt. Abb. 1-2 gibt einen Überblick über fünf unterschiedliche Abgrenzungen dieses Aufgabenspektrums.

Erkennbar ist dabei, dass die Autoren unterschiedliche Schwerpunkte im Aufgabenspektrum des strategischen Marketing sehen. So heben Kotler und Bliemel (2001) die Definition generischer Wettbewerbsstrategien als Aufgabenstellung des strategischen Marketing in besonderer Weise hervor, Meffert et al. (2008) nennen hingegen die Ableitung von Marktteilnehmerstrategien als besondere Aufgabe des strategischen Marketing, Becker (2006) weist auf Marktfeld und Marktarealstrategien hin, Backhaus und Voeth (2007) verweisen in spezieller Weise auf den Zeitpunkt des Marktein- und -austritts und Bruhn (2009) betont schließlich die Verbindung zum strategischen Controlling.

Kotler, Bliemel (2001)	Meffert et al. (2008)	Becker (2006)	Backhaus, Voeth (2007)	Bruhn (2009)
- Auswahl von Zielmärkten und Marktsegmenten - Formulierung des unternehmerischen Grundauftrags und der Leistungsziele - Definition generischer Wettbewerbsstrategien - Bildung strategischer Allianzen - Strategieimplementierung	- Bildung strategischer Geschäftsfelder - Definition der „Business Mission" - Ableitung strategischer Stoßrichtungen - Ableitung von Norm- und Marktteilnehmerstrategien - Formulierung funktionaler Strategien	- Strategische Marketingziele - Marktfeldstrategien - Marktstimulierungsstrategien - Marktparzellierungsstrategien - Marktarealstrategien	- Definition der „Corporate Mission" - Abgrenzung der strategischen Geschäftsfelder - Koordination des Geschäftsfeldportfolios - Festlegungen zur Art der Marktstimulierung - Zeitpunkt des Marktein- und -austritts - Identifikation von Kooperationspartnern	- Festlegung strategischer Marketingziele - Prioritäten bei der Auswahl und Bearbeitung der Marktsegmente - Verbindungen zum strategischen Controlling

Abb. 1-2: Aufgabenspektrum des strategischen Marketing

Trotz dieser unterschiedlichen Schwerpunktsetzung macht ein Vergleich der verschiedenartigen Aufgabenspektren deutlich, dass im Kern die Aufgaben des strategischen Marketing relativ einheitlich gesehen werden. Kernaufgaben sind danach:

- Festlegung der Unternehmensphilosophie und der strategischen Zielsetzungen.
- Abgrenzung und Auswahl der strategischen Geschäftsfelder und Festlegung des Internationalisierungsgrades.

- Entwicklung, Bewertung und Auswahl der Marktteilnehmer- und Marktbearbeitungsstrategien.
- Implementierung der Strategien in der Unternehmung und im Markt.

In diesem Sinne soll im Folgenden unter strategischem Marketing die Entwicklung, Bewertung und Auswahl globaler markt-, anspruchsgruppen- und dabei vor allem auch wettbewerbsgerichteter Verhaltensrichtlinien verstanden werden, die den Einsatz des Marketing-Instrumentariums kanalisieren und die Ressourcenallokation steuern. Dabei muss gewährleistet sein, dass diese Verhaltensrichtlinien über einen längeren Zeitraum gültig sind, sich gleichzeitig jedoch an Veränderungen in der Aufgabenumwelt der Unternehmung flexibel anpassen.

1.2 Leitbilder des strategischen Marketing

Wie bereits angesprochen hat das Marketing in den vergangenen 50 Jahren verschiedenste Phasen durchlaufen. In dieser Zeit ist auch immer wieder die Frage nach dem Paradigma der Marketingwissenschaft gestellt worden. Entsprechend sind für die Marketingwissenschaft verschiedene Leitbilder entworfen worden (Meffert et al. 2008), die letztlich verdeutlichen, dass sich die Marketingwissenschaft mit der Analyse und Gestaltung von Kundenbeziehungen – teilweise in sehr weitgehenden Interpretationsformen – auseinandersetzt. Für das strategische Marketing sind aktuell zwei Leitbilder prägend, der ressourcenorientierte und der marktorientierte Ansatz.

1.2.1 Der ressourcenorientierte Ansatz

Der ressourcenorientierte Ansatz des strategischen Marketing verfolgt eine ausgeprägte Inside-Out-Perspektive. Danach ist der Erfolg im strategischen Marketing vom Umfang und der Qualität der Ressourcen abhängig, die eine Unternehmung einsetzen kann, um ihre Kundenbeziehungen zu gestalten. Dem strategischen Marketing kommt entsprechend die Aufgabe zu, diese Ressourcen aufzubauen, zu pflegen und in der Kundenbeziehung einzusetzen.

Der ressourcenorientierte Ansatz ist alles andere als neu. Bereits Penrose (1959) oder Schumpeter (1911) haben die Erfolgspotentiale von Unternehmen in einer spezifischen Ressource, ihrer Fähigkeit zur Schaffung von Innovationen, gesehen.

Neuere Veröffentlichungen setzen sich vor allem mit der Klassifikation strategischer Ressourcen auseinander. So unterscheiden Grant (1991) zwischen tangiblen, intangiblen und Humanressourcen, Bea und Haas (2005) zwischen Leistungs- und Führungspotentialen.

Auch das Konzept der Kernkompetenzen von Hamel und Prahalad (1994) ist dem ressourcenorientierten Ansatz zuzuordnen. Danach müssen Unternehmen ihre strategische Ressourcen so bündeln, dass Kernkompetenzen entstehen. Diese Kernkompetenzen sind die Grundlage zur Entwicklung von – für die Wettbewerbsfähigkeit wesentlichen – Teilen oder Komponenten eines Endproduktes.

Mit dem ressourcenorientierten Ansatz wird der Blick des strategischen Marketing vornehmlich auf die Fähigkeiten und Fertigkeiten einer Unternehmung gelenkt, Kundenbeziehungen zu gestalten. Es gilt, diese für die Kundenbeziehung wesentlichen Fähigkeiten und Fertigkeiten zu identifizieren, auf- und auszubauen und in der Kundenbeziehung richtig einzusetzen.

1.2.2 Der marktorientierte Ansatz

Im Gegensatz zum ressourcenorientierten Ansatz dominiert im marktorientierten Ansatz des strategischen Marketing eine Outside-In-Perspektive. Die strategische Position der Unternehmung wird aus der Marktperspektive bewertet. Letztlich determinieren nach diesem Ansatz die Anforderungen und Strukturen des Marktes und dabei speziell die Wünsche und Erwartungen der Kunden die Erfolgspotentiale der Unternehmung. Der Markt bestimmt damit die Entwicklungspfade, innerhalb derer sich Unternehmen erfolgreich entwickeln können.

Auch diese Perspektive ist alles andere als neu. Bereits Kotler (1974) und Meffert (1977) haben in den 70er Jahren des letzten Jahrhunderts den Kunden und seine Bedürfnisse zum Ausgangspunkt sämtlicher Planungs-, Koordinations- und Kontrollmaßnahmen im Marketing erklärt. Und auch die jüngeren Beiträge der Industrieökonomik (White 2001; Cockburn et al. 2000) nehmen eine Outside-In-Perspektive ein.

Der Stellenwert der marktorientierten Perspektive wurde auch empirisch nachgewiesen. Hierzu hat insbesondere die Erfolgsfaktorenforschung beigetragen. Sie hat die Perspektive, dass die Treiber des Unternehmenserfolgs durch den Markt bestimmt werden, in vielfältigen Untersuchungen empirisch belegt.

Kritik erfährt der marktorientierte Ansatz vor allem deshalb, weil die Outside-In-Perspektive – bei einer dogmatischen und einseitigen Auslegung – den Eindruck einer reaktiven oder defensiven strategischen Ausrichtung vermittelt. Sofern der marktorientierte Ansatz allein retrograd interpretiert wird, die Marktorientierung sich also allein auf etablierte Märkte beschränkt, ist diese Kritik sicherlich berechtigt. Wenn aber die Marktorientierung aber auch potentielle Märkte, also solche Märkte einschließt, die im Entstehen begriffen sind bzw. die durch Unternehmensstrategien gestaltet werden können, ist diese Kritik ganz sicher unberechtigt.

1.2.3 Integration der Leitbilder:
Die Wettbewerbsorientierung

Die Abgrenzung des strategischen Marketing, wie sie diesem Buch zugrunde gelegt wird, führt den ressourcen- und den marktorientierten Ansatz zusammen: Natürlich stehen sich beide Ansätze nicht diametral gegenüber. Vielmehr ergänzen sie sich in ihrer Kraft zur Erklärung von Erfolgspotentialen der Unternehmung. Denn nachhaltige Erfolge lassen sich natürlich nur dann erzielen, wenn die strategischen Ressourcen und Kernkompetenzen einer Unternehmung den Anforderungen des Marktes entsprechen (Bea, Haas 2005). Darin zeigt sich, dass der Anbieter darum bemüht sein muss, für seine Leistungen dauerhaft Absatzmärkte zu finden und zu gestalten. Dabei ist eine notwendige Bedingung zu erfüllen: Die angebotenen Leistungen sind so zu gestalten, dass sie zur Lösung eines Kundenproblems bzw. zur Befriedigung eines Kundenbedürfnisses beitragen. Im Rahmen seiner Kaufentscheidung fragt der Kunde jedoch nicht allein danach, ob sein Problem gelöst oder sein Bedürfnis befriedigt wird. Vielmehr wird er sich nur dann für die angebotene Leistung entscheiden, wenn sie aus seiner Sicht als besser und/oder preisgünstiger wahrgenommen wird als Wettbewerbsangebote. Das strategische Marketing ist somit nur dann in der Lage, dauerhaft Absatzmärkte zu finden und zu gestalten, wenn derartige Wettbewerbsvorteile und die dahinterstehenden Ressourcen und Kernkompetenzen auf- und ausgebaut werden können.

Diese Erkenntnis ist jedoch alles andere als neu. Bereits die Haushaltstheorie der Nationalökonomie geht davon aus, dass der „homo oeconomicus" nach Nutzenmaximierung strebt und aufgrund eines begrenzten Haushaltsbudgets seine Wahlakte auf der Basis von Kosten-Nutzen-Relationen trifft (Gossen 1853, Krelle 1968). Auch die Käuferverhaltensforschung betont bei extensiven Kaufentscheidungsprozessen bereits seit langem, dass die Kaufentscheidung durch den Nachfrager aufgrund des subjektiv wahrgenommenen Preis-Leistungs- bzw. des Kosten-Nutzen-Verhältnisses der angebotenen Leistungen getroffen wird (Kroeber-Riel et al. 2008). Letztlich wird mit diesen Überlegungen bereits auf die Notwendigkeit der Erzielung von Wettbewerbsvorteilen verwiesen.

Damit wird aber auch deutlich, dass das Ausmaß des Wettbewerbsvorteils allein von der Wahrnehmung des Kunden abhängig ist. Wettbewerbsvorteile sind deshalb nur dann strategisch relevant, wenn

- die Probleme des Kunden von der betrachteten Unternehmung besser gelöst werden als von der Konkurrenz,
- die verbesserte Lösung ein für den Kunden wesentliches Leistungsmerkmal betrifft,
- dies der Kunde wahrnimmt und
- die verbesserte Lösung von den Wettbewerbern nicht kurzfristig übernommen werden kann (Simon 1995).

In diesem Zusammenhang muss insbesondere auf die Notwendigkeit hingewiesen werden, dass der Kunde die verbesserte Leistung als Wettbewerbsvorteil wahrnimmt. Wesentlich ist somit nicht nur – wenn überhaupt – ein technisch-objektiver Wettbewerbsvorteil. Vielmehr ist es erforderlich, solche technisch-objektiven, aber auch psychologisch-emotionalen Wettbewerbsvorteile hinreichend transparent zu machen und dauerhaft im Einstellungsbild der aktuellen und potenziellen Kunden zu verankern (Coyne 1986). Dabei ist bei Konsumgütern – beispielsweise im Zigarettenmarkt – häufig auch zu beobachten, dass nicht technisch-objektive, sondern allein „psychologische" Wettbewerbsvorteile den Nachfragern als Einstellungsbild präsentiert werden.

In der Vergangenheit hat sich nicht zuletzt gezeigt, dass strategische Wettbewerbsvorteile nur dann entstehen, wenn sich der Anbieter auf wenige, im Extremfall auf einen prägnanten und kommunizierbaren Vorteil konzentriert. Es muss somit gelingen, technisch-objektive Vorteile, die möglicherweise in großer Anzahl vorliegen, in den für den Kunden wesentlichen und kommunizierbaren Wettbewerbsfaktor zu überführen. So ist der Qualitätsvorteil, der nach wie vor Mercedes-Benz von vielen Kunden zugesprochen wird, auf eine Vielzahl technisch-objektiver Vorteile zurückzuführen (Simon 1995).

Insgesamt muss es somit gelingen, die Unternehmung auf einen strategischen Wettbewerbsvorteil auszurichten und diesen Vorteil im Einstellungsbild der Kunden zu verankern. Strategisches Marketing zeichnet sich deshalb vor allem dadurch aus, dass Wettbewerbsvorteile entwickelt und identifiziert sowie die marktorientierten Verhaltensrichtlinien auf diese Wettbewerbsvorteile ausgerichtet werden.

Die Definition des zu erreichenden Wettbewerbsvorteils ist deshalb als das zentrale Element einer strategischen Marketingplanung anzusehen (Aaker 1998). Nur wenn es gelingt, diesen Wettbewerbsvorteil zu definieren, kann das Marketing-Instrumentarium auf diesen Vorteil ausgerichtet und die Ressourcenallokation entsprechend gesteuert werden. Strategisches Marketing bedeutet somit nichts anderes als die Suche nach und die Umsetzung von dauerhaften Wettbewerbsvorteilen (Backhaus 1992).

1.3 Prozesse des strategischen Marketing-Management

1.3.1 Grundlagen

Die Suche und Umsetzung dauerhafter Wettbewerbsvorteile umfasst eine Vielzahl von Aktivitäten, die im Prozess des strategischen Marketing-Management zusammengefasst sind. Diese Aktivitäten richten sich zum einen auf die Willensbildung und zum anderen auf die Willensdurchsetzung im strategischen Marketing. Deshalb kann grundlegend zwischen dem Planungsprozess, der der Willensbildung dient, und dem Implementierungsprozess, der auf die Willensdurchsetzung gerichtet ist, unterschieden werden (Welge, Al-Laham 1993). Allerdings ist festzustellen, dass in der Literatur, die sich mit der Gestaltung des strategischen Marketing auseinandersetzt, durchaus unterschiedliche Planungs- und Implementierungsprozesse vorgestellt werden.

Aaker (1998) unterscheidet beispielsweise zwischen drei grundlegenden Phasen des strategischen Marketing: der externen Analyse, der internen Analyse sowie der Strategieidentifikation und -selektion. Diesen Hauptprozessphasen ordnet er verschiedene Aufgaben des strategischen Marketing als Prozesselemente zu. Die Implementierung des strategischen Marketing spielt bei Aaker eine höchst untergeordnete Rolle.

Meffert (1994) untergliedert den Prozess des strategischen Marketing in acht Phasen, die weitgehend mit denen der Abb. 1-3 identisch sind. Er betont allerdings in besonderer Weise einerseits den Stellenwert der Budgetierung als Aufgabe des strategischen Marketing und trennt andererseits zwischen den Geschäftsfeld- und den Marktteilnehmerstrategien. Darüber hinaus weist er besonders pointiert auf die Zusammenhänge zwischen der übergeordneten Unternehmensplanung und der strategischen sowie der operativen Marketingplanung hin.

Die Konzeption Köhlers (1991) ordnet dem strategischen Marketing sechs Phasen zu, die von der Definition grundlegender Problemlösungsbereiche der Unternehmenstätigkeit bis zur Suche nach Frühwarnindikatoren und der organisatorischen Verankerung reichen. Er legt dabei einen besonderen Schwerpunkt auf die frühen Phasen des Planungsprozesses und betont insbesondere die Aufgaben der Marktsegmentierung und der Bestimmung mehrdimensionaler Zieltrajektorien (Köhler 1985).

Day (1984) gliedert den Prozess des strategischen Marketing in fünf Phasen, die von der Zielbildung über die strategische Analyse, die Entwicklung strategischer Optionen und deren Bewertung bis zur Entscheidungsfindung reichen. Hervorzuheben ist dabei, dass Day die Implementierung der geplanten Strategien bereits der Schnittstelle zwischen strategischem und operativem Marketing zuordnet und nicht mehr als primäre Aufgabe des strategischen Marketing ansieht (Day 1984).

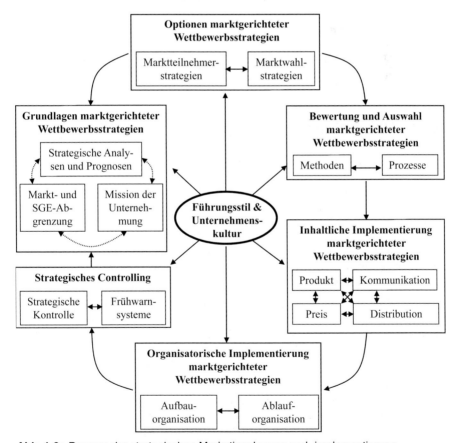

Abb. 1-3: Prozess der strategischen Marketingplanung und -implementierung

Diese und weitere Konzepte zur Gliederung des strategischen Managementprozesses (Kotler 1999; Hax, Majluf 1988) verdeutlichen, dass es den Planungs- und Durchsetzungsprozess im strategischen Marketing nicht gibt. Allerdings wird auch deutlich, dass sich die wesentlichen Aufgaben des strategischen Marketing – wie die strategische Analyse oder die Identifikation und Bewertung der marktgerichteten Strategien – in allen Prozessabgrenzungen, allerdings in unterschiedlich exponierter Stellung, wiederfinden.

Im Folgenden soll deshalb vom in Abb. 1-3 dargestellten Prozessverlauf ausgegangen werden. Dieser Prozessverlauf kennzeichnet die verschiedenen Phasen der Planung und Durchsetzung des strategischen Marketing und versucht zu verdeutlichen, dass das strategische Marketing-Management als iterativer und dynamischer Planungs- und Durchsetzungsprozess zu verstehen ist. Dabei soll im Folgenden zwischen drei Phasen des Planungsprozesses und drei Phasen des Implementierungsprozesses unterschieden werden.

1.3.2 Planungsprozess des strategischen Marketing

Die erste und wesentliche Phase des Planungsprozesses umfasst drei wesentliche Planungselemente:

* die Markt- und Geschäftsfeldabgrenzung,
* die Festlegung der Mission der Unternehmung sowie
* die strategische Analyse und Prognose.

Im Rahmen der Markt- und Geschäftsfeldabgrenzung muss die Unternehmung die Frage beantworten, auf welchen Märkten sie tätig ist und welche Marktsegmente sie als ihre Geschäftsfelder ansieht (Abell 1980). Letztlich muss sie in dieser Planungsphase das eigene Geschäftsverständnis definieren (Backhaus 1992).

Die Mission der Unternehmung ist mit der Definition des Geschäftsverständnisses eng verknüpft. Dieser Planungsschritt geht nachhaltig über die Festlegung strategischer Ziele und deren Zusammenführung in Zieltrajektorien hinaus. Vielmehr müssen als Ausgangspunkt der Zielplanung der Unternehmenszweck, die Unternehmensphilosophie, die Unternehmensgrundsätze und auch die Unternehmensidentität definiert und laufend hinterfragt werden (Becker 1997). Damit sind nicht zuletzt auch die Bezüge zum eigenen Geschäftsverständnis unmittelbar verknüpft.

Im Rahmen der strategischen Analyse und Prognose gilt es schließlich, die Unternehmens- und Umweltsituation zu analysieren und deren weitere Entwicklung zu prognostizieren (Kreikebaum 1997). Dabei ist vor allem wesentlich, welche Wettbewerbsposition die Unternehmung in den von ihr versorgten Märkten erreicht hat und wie sich diese Wettbewerbsposition zukünftig verändern kann.

Die Kenntnis der Wettbewerbsposition und deren Entwicklung ist nicht zuletzt für die Definition der Unternehmensmission und des Geschäftsverständnisses von grundlegender Bedeutung. Deshalb können die in dieser Phase angesiedelten Prozesselemente nicht voneinander getrennt oder gar sukzessiv behandelt werden. Vielmehr ist diese Planungsphase durch ein besonderes Maß an Interdependenzen gekennzeichnet, die nur durch simultane oder iterative Planungsverfahren berücksichtigt werden können. Die Komplexität der strategischen Marketingplanung schließt jedoch simultane Verfahren aus, sodass diese Planungsprozessphase iterativ bearbeitet werden muss.

Ist die Mission der Unternehmung sowie ihr Geschäftsverständnis bestimmt und auch ihre Wettbewerbsposition analysiert und prognostiziert, sind die Optionen marktgerichteter Wettbewerbsstrategien zu entwickeln. Diese Optionen einer Marketingstrategie sind einerseits auf die Marktteilnehmer, also auf die Nachfrager, die Wettbewerber, die Absatzmittler und auch auf die Zulieferer sowie andererseits auf die inhaltliche und räumliche Marktwahl auszurichten (Becker 1997; Meffert 1994).

Die Bewertung der Strategieoptionen und die Auswahl einer dieser Optionen schließt sich an die Gewinnung strategischer Optionen der marktorientierten Unternehmensführung an. Hier stehen der Marketingplanung verschiedenste Methoden der Strategiebewertung zur Verfügung, die in verschiedenen Phasen des Bewertungsprozesses zum Einsatz kommen. Mit der Entscheidung für die Strategieoption, die der Unternehmung die strategisch günstigste Wettbewerbsposition eröffnet, ist der Planungsprozess des strategischen Marketing abgeschlossen.

1.3.3 Implementierungsprozess des strategischen Marketing

Der Implementierungsprozess des strategischen Marketing hat in der Literatur bislang im Vergleich zu den Planungsprozessen erheblich geringere Beachtung gefunden, wenngleich immer wieder betont wird, dass die Bemühungen der Unternehmenspraxis um eine tragfähige Marketingkonzeption typischerweise nicht in der Planungsphase, sondern im Rahmen der Implementierung scheitern (Bonoma 1985; Kolks 1990). Deshalb erscheint es erforderlich, diese Implementierungsprozesse näher zu analysieren.

Insgesamt erscheinen drei Phasen der Implementierung wesentlich für den Implementierungserfolg. Hierzu zählt zunächst die inhaltliche Umsetzung der Marketingstrategie in marktgerichtete, strategiekonforme Maßnahmenbündel und in Ausnahmefällen auch – wenngleich dies typischerweise dem operativen Marketing zuzurechnen ist – in für die Marketingstrategie wesentliche Einzelmaßnahmen. Es ist somit für die Implementierung erforderlich, dass die strategischen Wettbewerbsvorteile in den Instrumentalbereich des Marketing überführt werden. Auf dieser Basis sind wettbewerbsorientierte Produkt-, Kommunikations-, Preis- und Distributionsstrategien zu formulieren.

Der zweite Baustein einer erfolgreichen Implementierung der Marketingstrategie ist die formale, organisatorische Umsetzung. Im Sinne der Chandlerschen These „Structure follows Strategy" müssen auch Marketingstrategien strukturell implementiert werden (Chandler 1993). Dabei sind zunächst, aber nicht vor allem, die aufbauorganisatorischen Anpassungsprozesse einzuleiten. Darüber hinaus haben insbesondere die Überlegungen mit Bezug zu den „schlanken" Unternehmensstrategien verdeutlicht, dass die Implementierung marktgerichteter Strategien in aller Regel auch mit ablauforganisatorischen Anpassungsprozessen verbunden ist (Benkenstein 1994a; Womack et al. 1997).

Schließlich muss die Implementierung der Marketingstrategie durch Controllingprozesse begleitet werden, um zu prüfen, ob die angestrebten Wettbewerbsvorteile durch die eingeleiteten Maßnahmen erreicht werden und inwieweit Strategieanpassungen erforderlich sind. Hierzu stehen dem Marketing-Controlling eine Vielzahl von Frühwarn- und Analysesystemen zur Verfügung, die im Rahmen der Strategieimplementierung einzusetzen sind (Böcker 1988; Link, Weiser 2006).

Abschließend muss betont werden, dass die Implementierung der Marketingstrategie durch zwei wesentliche Erfolgsfaktoren beeinflusst, idealerweise unterstützt wird. Dies sind einerseits strategiekonforme Führungsstile, andererseits die in der Unternehmung vorherrschende Unternehmenskultur. Diese „weichen" Faktoren tragen maßgeblich dazu bei, dass die festgelegte Marketingstrategie in der Unternehmung und im Markt erfolgreich implementiert werden kann, ohne dass sie einer direkten Gestaltung zugänglich sind (Deal, Kennedy 2000; Deshpandé, Parasuraman 1986).

2 Planungsprozesse im strategischen Marketing

2.1 Abgrenzung der relevanten Märkte und Geschäftsfelder

Ein wesentliches Element der strategischen Marketingplanung, das den Grundlagen marktgerichteter Wettbewerbsstrategien zugerechnet werden muss, ist – wie Abb. 2.1-1 verdeutlicht – die Abgrenzung des relevanten Marktes und die Bestimmung der für die Unternehmung relevanten strategischen Geschäftsfelder innerhalb dieses Marktes (Abell, Hammond 1979).

Mit dieser Aufgabenstellung werden erste wesentliche Weichenstellungen für die Planung wettbewerbsgerichteter Marketingstrategien vorgenommen:

- Bereits die Abgrenzung des relevanten Marktes legt fest, in welcher **„Wettbewerbsarena"** sich die betrachtete Unternehmung bewegt und welche Wettbewerber damit als solche überhaupt identifiziert werden. So ist beispielsweise kritisch zu hinterfragen, ob die Lufthansa auf Inlandsflügen allein mit anderen Luftverkehrsgesellschaften oder auch mit den ICE-Verbindungen der Deutschen Bahn und dem Individualverkehr auf den Autobahnen konkurriert. Die Abgrenzung des relevanten Marktes beeinflusst somit die Identifikation der Hauptwettbewerber und deshalb auch die Gestaltung wettbewerbsgerichteter Marketingstrategien (Bauer 1995).
- Die Einflüsse auf die Marketingstrategie, wie sie von der Abgrenzung des relevanten Marktes ausgehen, treten weitaus intensiver im Rahmen der Abgrenzung strategischer Geschäftseinheiten auf. Sie definieren letztlich das **engere Betätigungsfeld** der betrachteten Unternehmung und determinieren somit die Beziehungen zu den in den jeweiligen Märkten tätigen Hauptwettbewerbern (Müller 1995).

Die Abgrenzung der relevanten Märkte und Geschäftsfelder prägt somit nicht allein das Geschäftsverständnis der Unternehmung, sondern auch die Identifikation der Wettbewerber sowie die Beziehungsstruktur zwischen Unternehmung und Wettbewerb. Dabei ist zu beachten, dass die beiden Abgrenzungsschritte nicht unabhängig voneinander sind. Wird die Marktabgrenzung sehr „breit" vorgenommen, ist es notwendig, innerhalb dieses breit definierten Marktes eine möglichst detaillierte Geschäftsfeldabgrenzung vorzunehmen. Bearbeitet eine Unternehmung hingegen eine ausgeprägte Marktnische, grenzt sie also „ihren" Markt sehr eng ab, ist die Abgrenzung strategischer Geschäftsfelder in aller Regel nicht erforderlich. Vielmehr ist die bearbeitete Marktnische mit dem Geschäftsfeld deckungsgleich.

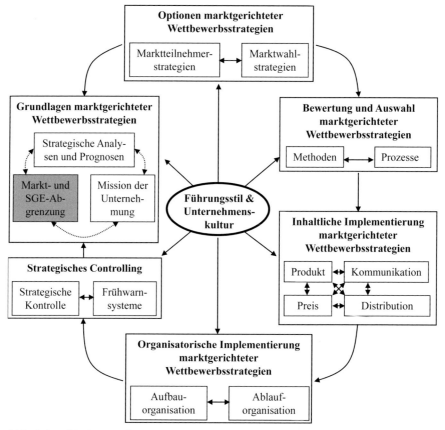

Abb. 2.1-1: Markt- und Geschäftsfeldabgrenzung im Prozess der strategischen
Marketingplanung und -implementierung

2.1.1 Abgrenzung des relevanten Marktes

Mit Fragen der Marktabgrenzung setzen sich die Betriebswirtschaftslehre und – dem
vorausgehend – die Nationalökonomie seit langem auseinander, ohne dass bislang eine
befriedigende Antwort auf die Frage gefunden wurde, anhand welcher Merkmale und
in welcher Breite ein Markt abzugrenzen ist (Day et al. 1979). Vielmehr muss beim Blick
in die themenrelevante Literatur festgestellt werden, dass Märkte sehr unterschiedlich
abgegrenzt werden können.

Dies betrifft zum einen die **Abgrenzungsmerkmale** (Bauer 1989). Einerseits können
Märkte anhand der Produkte, die „auf ihnen" gehandelt werden, und der jeweiligen
Produktmerkmale abgegrenzt werden. Andererseits ist der relevante Markt auch durch
die auf diesem Markt tätigen Anbieter und deren **Wettbewerbsverhalten** sowie die in
diesem Markt Nachfrage entfaltenden Kunden und deren **Bedürfnisstrukturen** zu kennzeichnen. In Abhängigkeit davon, welche Merkmale zur Abgrenzung des relevanten

Marktes herangezogen werden, entstehen sehr unterschiedliche Märkte. Entsprechend erscheint es erforderlich, die genannten Merkmale möglichst integriert zur Marktabgrenzung einzusetzen.

Zum anderen stellt die **Breite der Marktabgrenzung** darauf ab, wie homogen bzw. heterogen die Produkte, Wettbewerber und/oder Kundenbedürfnisse sind, die zu einem Markt zusammengefasst werden. Die Extremvarianten der Marktabgrenzung sind dabei einerseits der **Elementarmarkt** mit einem Anbieter, einem Nachfrager und einem Produkt sowie andererseits der **Totalmarkt** mit allen Nachfragern, allen Anbietern und allen Produkten (v. Stackelberg 1951). Zwischen diesen Extremvarianten lassen sich auf beliebigem Aggregationsniveau Märkte abgrenzen.

Um die Problemfelder der Abgrenzung relevanter Märkte hinreichend zu präzisieren, sollen im Folgenden zunächst die wesentlichen Ansätze der Marktabgrenzung, wie sie vor allem aus der Nationalökonomie bekannt sind, erörtert werden, um darauf aufbauend das **Konzept der strategischen Gruppen** – wie es im Rahmen der strategischen Unternehmenspolitik diskutiert wird – zu analysieren. Abschließend soll auf die besondere Bedeutung der Marktteilnehmer und der durch sie induzierten Wettbewerbsintensität für die Abgrenzung relevanter Märkte eingegangen werden. Insgesamt ist dabei vor allem zu hinterfragen, wie durch die Abgrenzung relevanter Märkte dem Aspekt einer wettbewerbsorientierten marktgerichteten Unternehmensführung Rechnung getragen werden kann.

2.1.1.1 Grundlegende Ansätze der Marktabgrenzung

Die Volkswirtschaftslehre setzt sich insbesondere im Rahmen der Preis- und der Wettbewerbstheorie mit der Frage auseinander, wie die Abgrenzung des relevanten Marktes erfolgen kann (Ott 1992), um so die Intensität des zwischen den Anbietern bestehenden Wettbewerbs zu erfassen. Darauf aufbauend soll die Wirtschafts- und Wettbewerbspolitik die Wettbewerbsbedingungen, speziell die Rahmenbedingungen für wettbewerbsorientierte Marketingstrategien in den zu diesem Zweck abgegrenzten Märkten steuern.

Diese Zielsetzung ist für die hier vorherrschende Blickrichtung nicht relevant. Denn im Rahmen der vorliegenden Analyse soll erfasst werden, wie Märkte zum Zwecke der strategischen Unternehmens- und Marketingplanung abzugrenzen sind. Dabei ist die einzel- und nicht die gesamtwirtschaftliche Perspektive von Interesse. Gleichwohl ist zu hinterfragen, inwieweit die **volkswirtschaftlichen Marktabgrenzungskonzepte** für die hier im Mittelpunkt stehende markt- und wettbewerbsorientierte strategische Unternehmensplanung eingesetzt werden können. Unter diesem Aspekt sollen im Folgenden die wesentlichen volkswirtschaftlichen Ansätze der Marktabgrenzung vorgestellt werden.

Von Stackelbergs (1934) **Elementarmarktkonzept** ist dadurch gekennzeichnet, dass die Annahme der Güterhomogenität als Grundlage der Marktkennzeichnung umgangen wird. Ein Elementarmarkt ist der jeweils größtmögliche vollkommene Markt innerhalb eines größeren unvollkommenen Marktes. Im Extremfall wird nur ein einziger Gütertausch als Elementarmarkt angesehen. Eine derartige Marktabgrenzung ist für die Aufgaben einer markt- und wettbewerbsbezogenen Unternehmensplanung denkbar ungeeignet. Denn die Aufgabe derartiger Planungsbemühungen ist es nicht zuletzt, der

Unternehmung eine langfristig absicherbare Alleinstellung in den jeweils bearbeiteten Märkten insbesondere durch Differenzierung der Leistungsangebote zu sichern. Dies kann nur gelingen, wenn die relevanten Wettbewerber identifiziert und deren Strategien antizipiert werden können. Sofern jedes, wie auch immer differenzierte Leistungsangebot jedoch – wie im Konzept von Stackelbergs vorgesehen – seinen eigenen Elementarmarkt bildet, wird implizit unterstellt, dass der jeweilige Anbieter in diesem Markt als Monopolist auftritt. Eine wettbewerbsorientierte Marketingplanung für diesen Monopolisten ist dann jedoch bereits definitorisch obsolet.

Die für eine wettbewerbsorientierte Marketingplanung wesentliche Frage nach den Hauptwettbewerbern einer zu betrachtenden Unternehmung scheint auf der Grundlage von **Kreuzpreiselastizitäten** beantwortet werden zu können. Die Kreuzpreiselastizität, auch als Triffinscher Koeffizient T bezeichnet, ist dabei definiert als

$$T_{ij} = \frac{dx_i}{x_i} : \frac{dp_j}{p_j} \; .$$

Sie setzt also die relative Mengenänderung des Gutes i in Relation zur relativen Preisänderung des Gutes j. Eine positive Kreuzpreiselastizität ist für konkurrierende Güter i und j kennzeichnend, eine negative Kreuzpreiselastizität für komplementäre Güter (Triffin 1971). Dieses operationale Kriterium wird zur Abgrenzung von Märkten eingesetzt, indem Güter mit hohen Kreuzpreiselastizitäten einem sachlich gleichen Markt zugeordnet werden.

Die Kreuzpreiselastizität scheint insgesamt auch für die hier verfolgten Zielsetzungen einer wettbewerbsorientierten marktgerichteten Unternehmensplanung ein geeignetes Instrumentarium der Marktabgrenzung zu liefern. Dies gilt umso mehr, als über das Ausmaß der Kreuzpreiselastizität auch ein Indikator für die **Wettbewerbsintensität** in die Marktabgrenzung eingeht. Darüber hinaus scheint es möglich, ebenfalls über das Ausmaß der Kreuzpreiselastizität Hauptwettbewerber zu identifizieren. Probleme bereitet die Marktabgrenzung anhand von Kreuzpreiselastizitäten immer dann, wenn exakte Marktgrenzen gezogen werden sollen. Denn es ist erforderlich, für die Kreuzpreiselastizität einen Grenzwert festzulegen, anhand dessen zu entscheiden ist, welche Güter zu einem Markt zu zählen sind und welche nicht. Allerdings ist zu hinterfragen, inwieweit eine derartig exakte Grenzziehung für eine wettbewerbsbezogene Planung der Marketingstrategie zweckmäßig ist. Insgesamt erscheint es sinnvoller, sämtliche Wettbewerber zu identifizieren und diese anhand der Wettbewerbsintensität voneinander abzugrenzen.

Schließlich bleibt hinsichtlich der Kreuzpreiselastizität zu betonen, dass eine Marktabgrenzung allein anhand von Preis-Mengen-Interdependenzen in der Mehrzahl der Märkte deshalb nicht ausreicht, weil andere **Marketinginstrumente** eingesetzt werden, um Mengen- und damit Marktanteilsverschiebungen zwischen Anbietern zu erreichen (Backhaus, Voeth 2007). Deshalb erscheint es notwendig, die Kreuzpreiselastizität auch auf andere Marketinginstrumente zu übertragen. Eine „**Kreuzwerbeelastizität**" würde dann beispielsweise

$$W_{ij} = \frac{dx_i}{x_i} : \frac{dw_j}{w_j} \; .$$

lauten, wobei w_j das Werbebudget des Gutes j kennzeichnet. Werden derartige Kreuze-lastizitäten erfasst, können mehr oder weniger „breite" Marktabgrenzungen vorgenom-men werden. Abb. 2.1-2 verdeutlicht dies anhand der Kreuzpreis- und Kreuzwerbeelas-tizität für die Marktabgrenzung eines Automobilherstellers der Oberklasse am Beispiel des Mercedes der Daimler AG. Im Ursprung des Koordinatensystems liegt ein Elemen-tarmarkt im Sinne von Stackelbergs vor. Mit zunehmendem Abstand vom Ursprung lässt die Wettbewerbsintensität zu den betrachteten Gütern nach, die Marktabgrenzung wird zunehmend breiter. Die engsten Wettbewerbsbeziehungen bestehen in diesem Beispiel somit zu Herstellern anderer Oberklasseautomobile, die geringsten Wettbewerbsbezie-hungen zu Herstellern von Gütern, die dem Informationstransfer dienen.

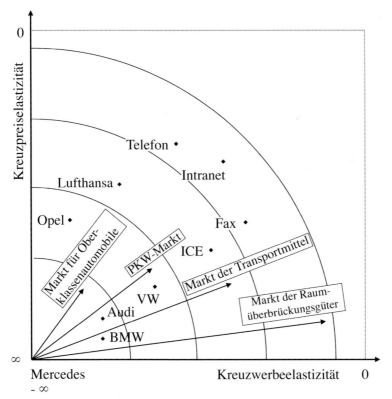

Abb. 2.1-2: Marktabgrenzung anhand von Kreuzpreiselastizitäten

Insgesamt wird somit deutlich, dass anhand von Kreuzelastizitäten eine Abgrenzung des relevanten Marktes nicht allein für wirtschafts- und wettbewerbspolitische Aufga-ben, sondern auch für Zwecke der wettbewerbsorientierten Marketingstrategie möglich erscheint. Allerdings ist zu beachten, dass einer Operationalisierung und empirischen Anwendung des Konzeptes kaum überbrückbare **Datengewinnungsprobleme** gegen-überstehen (Oberender 1975) und das Konzept darauf abstellt, einzelne Güter, aber nicht gesamte Unternehmungen zu identifizieren, die miteinander in Wettbewerb stehen

(Bauer 1989). Letzteres ist jedoch für eine wettbewerbsorientierte Marketingplanung wesentlich.

Weitere Ansätze der Nationalökonomie setzen insbesondere an der **Ähnlichkeit** der Güter an, die einem Markt zuzuordnen sind. Marshall (1978) ordnet solche Güter einem Markt zu, die sich durch **physikalisch-technische Äquivalenz** kennzeichnen lassen. Diese Grundidee erscheint für die hier wesentliche Blickrichtung der Marktabgrenzung – die Identifikation der Hauptwettbewerber – nicht geeignet. Zum einen stehen physikalisch-technisch äquivalente Produkte bzw. ihre Anbieter – beispielsweise aufgrund verschiedener Normen und Standards in unterschiedlichen Markträumen – nicht grundsätzlich in Wettbewerb zueinander (Backhaus, Voeth 2007; Heide, John 1992). Zum anderen werden Wettbewerbsbeziehungen zwischen Gütern, die physikalisch-technisch nicht äquivalent sind, systematisch ausgeklammert. Güter mit substitutiven Technologien – beispielsweise mechanische Uhren und Quarzuhren oder Schreibmaschinen und PC – stünden danach nicht im Wettbewerb miteinander. Diese Beispiele verdeutlichen, dass allein die physikalisch-technische Äquivalenz zur Abgrenzung des relevanten Marktes für eine wettbewerbsorientierte Marketingplanung nicht geeignet ist.

Im Gegensatz dazu fasst das Konzept der **funktionalen Ähnlichkeit** solche Güter zum relevanten Markt zusammen, die das gleiche Grundbedürfnis befriedigen bzw. die gleiche Funktion erfüllen. Dabei wird davon ausgegangen, dass Güter, die denselben Nutzen stiften, in direktem Wettbewerb zueinander stehen (Abbott 1955; Lancester 1966). Dieses Konzept ist deshalb in Ansätzen zur Abgrenzung des relevanten Marktes geeignet, weil nicht die Güter, sondern deren **nutzenstiftende Eigenschaften** als Abgrenzungskriterien herangezogen werden (Bauer 1989). Wettbewerbsbeziehungen zwischen Gütern werden somit aus der Perspektive der Nachfrager identifiziert. Damit erscheint es möglich, grundsätzlich auch die Frage nach den Hauptwettbewerbsgütern zu beantworten, ohne dass dies im Konzept der funktionalen Ähnlichkeit vorgesehen ist. Zu betonen ist allerdings auch, dass die Abgrenzung nicht auf der Ebene der Wettbewerber, sondern – wie sämtliche bislang angeführten Konzepte – in Gutskategorien erfolgt.

Hiervon weicht Erich Schneider (1947) in seinem Konzept der **Reaktionsverbundenheit** von Unternehmungen ab, indem er solche Anbieter und die von ihnen angebotenen Güter zum relevanten Markt zusammenfasst, die mit wettbewerbsgerichteten Strategien und Maßnahmen aufeinander reagieren. Diese Grundidee des Reaktionsverbundes ist aus der Oligopoltheorie hinlänglich bekannt (Krelle 1976). Sie stellt letztlich auf eine vom Anbieter – und nicht vom Nachfrager – subjektiv empfundene Substituierbarkeit von Gütern ab. Nach diesem Konzept kann jeder Anbieter seinen relevanten Markt anhand der von ihm wahrgenommenen Reaktionsverbundenheit abgrenzen und auf dieser Basis auch die Hauptwettbewerber identifizieren. Die vom Nachfrager wahrgenommenen Substitutionsbeziehungen bleiben dabei unberücksichtigt.

Vor diesem Hintergrund kann das Konzept der Reaktionsverbundenheit zur Marktabgrenzung für eine wettbewerbsorientierte Marketingplanung nur bedingt befriedigen. Denn letztlich wird der relevante Markt immer durch das Nachfrageverhalten bestimmt. In ein für die wettbewerbsorientierte Marketingplanung relevantes Konzept der Marktabgrenzung muss deshalb neben der Reaktionsverbundenheit aus Anbietersicht immer auch die **Substituierbarkeit aus Nachfragersicht** eingehen. Hierzu können insbesondere Produktperzeptionen und Präferenzurteile der Nachfrager, wie sie beispielsweise auch in Modelle der Produktpositionierung eingehen, herangezogen werden (Dichtl et al. 1977).

Letztlich stehen somit solche Güter und deren Anbieter in direktem Wettbewerb und sind deshalb einem relevanten Markt zuzuordnen, deren Distanzen im Produktmarktraum einen kritischen Wert unterschreiten. Abb. 2.1-3 stellt dies beispielhaft am Markt für Luftfrachtspeditionen bzw. -leistungen dar.

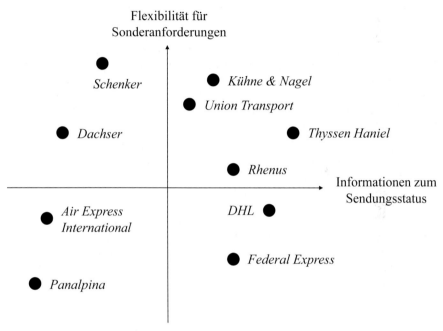

Abb. 2.1-3: Abgrenzung des relevanten Marktes anhand von wahrgenommenen Eigenschaften im Produktmarktraum (in Anlehnung an Windisch 1996)

Das wesentliche Problem dieses Konzeptes der Abgrenzung relevanter Märkte ist – wiederum – die Bestimmung von **Grenzwerten**, in diesem Fall der kritischen Distanzen. Sie entscheiden letztlich über die Breite der Marktabgrenzung. Nähert sich die kritische Distanz einem Grenzwert von null an, liegen wiederum Elementarmärkte im Sinne von Stackelbergs vor. Wesentlich erscheint jedoch, dass die Hauptwettbewerber die geringsten Distanzen zum betrachteten Gut und dessen Anbieter aufweisen. Dementsprechend sind die Hauptwettbewerber von Union Transport im wahrgenommenen Produktmarktraum der Abb. 2.1-3 Kühne & Nagel und Thyssen Haniel.

2.1.1.2 Strategische Gruppen zur Kennzeichnung des relevanten Marktes

Bislang ist vor allem deutlich geworden, dass die Grenzen des relevanten Marktes unabhängig davon, ob nun Kreuzpreiselastizitäten oder funktionale Ähnlichkeiten zur

Abgrenzung herangezogen werden, vor allem von subjektiven Einflüssen bestimmt werden. So muss im Konzept der Kreuzpreiselastizitäten die Grenzelastizität festgelegt werden, ab der Güter nicht mehr zum relevanten Markt zu zählen sind. Gleiches gilt im Konzept der funktionalen Ähnlichkeiten für die Festlegung ähnlicher nutzenstiftender Eigenschaften. Der Grad der Ähnlichkeit kann selbstverständlich auch hier nur subjektiv bestimmt werden.

Ein Modell, auf dessen Grundlage derartig subjektive Festlegungen zumindest in Ansätzen vermieden werden, ist das Konzept der **strategischen Gruppen** (Haedrich, Jenner 1995). Danach umfasst eine strategische Gruppe jene Unternehmungen, die sich in gleichen oder ähnlichen Umweltsituationen hinsichtlich der wettbewerbsrelevanten strategischen Entscheidungsparameter homogen verhalten (Hunt 1972). Das Konzept knüpft damit direkt an das Schneidersche Modell der Reaktionsverbundenheit von Unternehmungen an.

Das Konzept der strategischen Gruppe hat seine Grundlagen insbesondere in der **Industrial Organizations-Forschung** (Porter 1981). Dieses Forschungsparadigma unterstellt einen kausalen Zusammenhang zwischen Marktstruktur, Marktverhalten und Markterfolg (Bain 1968; Mason 1957). Diesen Zusammenhang kehrt das Konzept der strategischen Gruppen um, indem das Marktverhalten empirisch gemessen und von diesem Marktverhalten auf die Marktstruktur rückgeschlossen wird.

Ausgangspunkt der Abgrenzung strategischer Gruppen ist zunächst die Festlegung eines möglichst breit abgegrenzten „**Ausgangsmarktes**", innerhalb dessen die strategischen Gruppen zu identifizieren sind. Solche Ausgangsmärkte sind im Rahmen empirischer Studien zur Bildung strategischer Gruppen (Müller 1995) beispielsweise die chemische Industrie (Newman 1973), der Lebensmittelhandel (Hawes, Crittenden 1984; Harrigan 1985; Lewis, Thomas 1990; Carroll et al. 1992) oder die Konsumgüterindustrie (Porter 1973; Miller 1988; Miles et al. 1993).

Innerhalb dieser breit definierten Märkte gilt es dann, die Umweltfaktoren zu identifizieren, die das Wettbewerbsverhalten determinieren, und anhand dieser Umweltfaktoren **homogene Marktumfelder** zu bilden. In einem zweiten Schritt sind dann in diesen Marktumfeldern die **strategischen Gruppen** abzugrenzen, indem die wettbewerbsrelevanten strategischen Entscheidungsparameter erkannt, das Verhalten der Unternehmungen innerhalb des jeweiligen Marktumfeldes – bezogen auf diese Entscheidungsparameter – erfasst und die Unternehmungen mit homogenen Verhaltensweisen zur strategischen Gruppe zusammengefasst werden. Sowohl die homogenen Marktumfelder als auch die strategischen Gruppen selbst werden dabei typischerweise mittels multivariater Methoden der statistischen Analyse (Backhaus et al. 2006), in der Regel anhand von Clusteranalysen identifiziert.

Abb. 2.1-4 verdeutlicht diese Vorgehensweise am Beispiel des Hightech-Marktes (Müller 1995). Dieser breit definierte Markt ist dabei so abgegrenzt, dass Unternehmungen aus Hightech-Branchen – also Branchen mit überdurchschnittlichem F & E-Aufwand – zusammengefasst sind (Benkenstein 1992a). Diesem Markt sind in der Stichprobe 385 Unternehmungen zugeordnet. Innerhalb dieses Marktes werden in einem ersten Schritt anhand spezifischer Umweltmerkmale, die speziell die Wettbewerbsdynamik kennzeichnen, drei homogene Marktumfelder identifiziert. In einem zweiten Schritt können nunmehr die strategischen Gruppen anhand ihres strategischen Verhaltens innerhalb der Marktumfelder identifiziert werden. So lassen sich beispielsweise innerhalb des Marktumfeldes A („Geringer Wettbewerb") 20 innovationsorientierte Unternehmungen als strategische Gruppe abgrenzen.

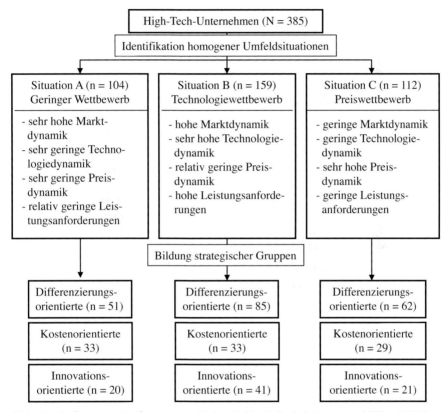

Abb. 2.1-4: Strategische Gruppen im Hightech-Markt (in Anlehnung an Müller 1995a)

Insgesamt zeichnen sich strategische Gruppen somit dadurch aus, dass zwischen den Unternehmungen innerhalb einer Gruppe die **Wettbewerbsbeziehungen** am intensivsten ausgeprägt sind (Bauer 1991; Homburg 1992). Vor diesem Hintergrund erscheint es gerechtfertigt, die Identifikation strategischer Gruppen mit der Abgrenzung relevanter Märkte gleichzusetzen. Anhand des wettbewerbsstrategischen Verhaltens – wie es zur Bildung strategischer Gruppen herangezogen wird – erscheint es darüber hinaus auch möglich, die Hauptwettbewerber innerhalb einer strategischen Gruppe zu identifizieren (Fiegenbaum, Thomas 1995).

Das Konzept der strategischen Gruppen ermöglicht eine Abgrenzung relevanter Märkte, ohne dass die Grenzen durch subjektive Festlegungen beeinflusst werden. Vielmehr gelingt es durch den Einsatz der **Clusteranalyse**, intern möglichst homogene und extern möglichst heterogene Unternehmensgruppierungen zu bilden. Gleichzeitig ist jedoch auch festzustellen, dass die Variablen, die der Gruppenbildung zugrunde liegen, allein auf das strategische Verhalten der untersuchten Unternehmungen abstellen (Cool, Dierickx 1993). Somit geht in die Bildung strategischer Gruppen die Perspektive der Kunden, die letztlich allein über die Substituierbarkeit von Gütern befinden, allenfalls indirekt ein. Die Abgrenzung relevanter Märkte durch die Bildung strategischer Gruppen kann deshalb nur dann Anspruch auf Allgemeingültigkeit erheben, wenn das „Structure-Conduct-Performance"-Paradigma der Industrial Organizations-Forschung generell gültig ist.

2.1.1.3 Strukturelle Marktdeterminanten und Wettbewerbsintensität

Die bislang diskutierten Ansätze der Marktabgrenzung haben nicht zuletzt deutlich gemacht, dass die vom Nachfrager wahrgenommenen Substitutionsbeziehungen zwischen Gütern und die damit verbundene Wettbewerbsintensität zwischen den Anbietern der wesentliche Ansatzpunkt jedweder Marktabgrenzung ist. Vor diesem Hintergrund erscheint es sinnvoll, im Folgenden zu hinterfragen, durch welche strukturellen Marktdeterminanten die Wettbewerbsintensität beeinflusst wird. Zu diesen Marktdeterminanten zählen, wie Abb. 2.1-5 verdeutlicht, vor allem die Verhandlungsmacht der Nachfrager, die Wettbewerbsbeziehungen zwischen den Unternehmungen einer Branche, die Gefahr des Markteintritts neuer Anbieter, die Bedrohung durch Substitutionsprodukte und schließlich die Verhandlungsposition der Zulieferer (Porter 1999). Diese strukturellen Marktdeterminanten sind selbstverständlich nicht in jeder Branche gleich bedeutsam. Beispielsweise sind es in den Automobilzulieferindustrien vor allem die Automobilkonzerne mit ihrer Verhandlungsmacht, die die Wettbewerbsintensität bestimmen, während bei Holzfensterbauern vor allem Ersatzprodukte, also Kunststoff-Fenster, die Wettbewerbsintensität maßgeblich beeinflussen.

Betrachtet man die Marktdeterminanten im Einzelnen, so wird die Ausprägung dieser Determinanten und ihr Einfluss auf die Wettbewerbsintensität von zahlreichen **ökonomischen und technischen Einflussfaktoren** bestimmt. Dies betrifft zunächst die **Verhandlungsmacht der Nachfrager**. Zunehmende Verhandlungsmacht führt dazu, dass die Nachfrager Druck auf die Preise ausüben sowie verbesserte Leistungen verlangen und dabei die Anbieter gegeneinander ausspielen. Entsprechend sind die Nachfrager bemüht, ihre Verhandlungsposition durch Machterwerb zu verbessern. Ansatzpunkte hierzu bestehen immer dann, wenn durch **Konzentration** (wie im Lebensmittelhandel) oder **Kooperation** (wie bei Einkaufsgenossenschaften) Abnehmer ihre Nachfrage bündeln, die Nachfrager Rückwärtsintegration (wie in der Automobilindustrie) zumindest androhen oder das angebotene Gut für die Qualität der Leistung, in die es eingeht, unerheblich ist (wie bei Papier im Zeitungsmarkt). Letzteres versuchen Zulieferer beispielsweise dadurch zu umgehen, indem sie ihre Vorleistungen markieren und über Endverbraucherwerbung einen **Nachfragesog** auslösen („Intel inside"). Wenn es den Nachfragern gelingt, über entsprechende Ansatzpunkte ihre Verhandlungsmacht zu erhöhen, führt dies typischerweise zu einer Steigerung der Wettbewerbsintensität innerhalb der jeweiligen Branchen, die Branchenrenditen sinken.

Ähnliche Konsequenzen entstehen, wenn die **Rivalität unter den Anbietern** einer Branche zunimmt. Diese Rivalität ist immer dann besonders hoch, wenn Märkte in **Stagnationsphasen** eintreten und der Kampf um Marktanteile einsetzt, hohe Fixkosten die Auslastung von Kapazitäten erzwingen oder hohe Austrittsbarrieren verhindern, dass eine Kapazitätsbereinigung im Markt erfolgt. Anbieter, die in derartigen Märkten tätig sind, zeichnen sich durch eine ausgeprägte **Reaktionsverbundenheit** aus.

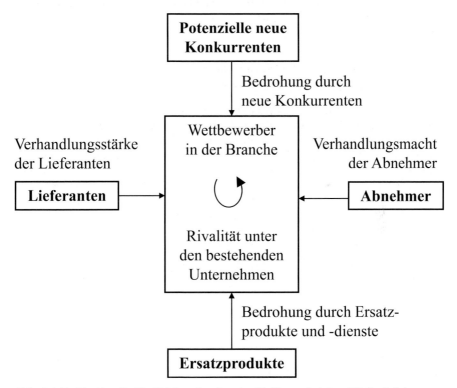

Abb. 2.1-5: Strukturelle Marktdeterminanten der Wettbewerbsintensität (in Anlehnung an Porter 1999)

Denn letztlich lassen sich in etablierten Märkten bei ausgeprägter Rivalität Erfolge nur zu Lasten der Wettbewerber erzielen. Wettbewerbsorientierte Marketingstrategien nehmen deshalb entweder den Charakter von Nullsummenspielen an oder sie sind auf Kooperation zwischen den Wettbewerbern angelegt.

Neue Anbieter können ebenfalls die Wettbewerbsintensität innerhalb einer Branche maßgeblich erhöhen. Die Gefahr, dass neue Anbieter in einen Markt eintreten, ist insbesondere von der Höhe der **Markteintrittsbarrieren**, aber auch von der Fähigkeit des potenziellen Wettbewerbers abhängig, diese Barrieren zu überwinden. Die Höhe der Markteintrittsbarrieren wird von vielfältigen Einflussfaktoren bestimmt. Hierzu zählen beispielsweise „economies of scale", wenn ein etablierter Anbieter bereits erhebliche Stückkostendegressionen erzielt hat, aber auch hohe Kapitalbedarfe oder der fehlende

Zugang zu Vertriebskanälen. Die Struktur einer Branche wird vor diesem Hintergrund nicht zuletzt dadurch bestimmt, inwieweit es den etablierten Anbietern gelingt, Markteintrittsbarrieren aufzubauen. So hat sich beispielsweise Polaroid über Jahrzehnte durch technologische Eintrittsbarrieren in Form von Patenten eine Monopolstellung im Markt für Sofortbildfotografie gesichert.

Substitutionsprodukte können ebenfalls die Wettbewerbsintensität innerhalb einer Branche beeinflussen, wenn sie entweder den etablierten Gütern technisch überlegen sind oder kostengünstiger hergestellt und damit preiswerter angeboten werden können. So haben aufgrund technischer Überlegenheit Einspritzanlagen mittlerweile die klassischen Vergaser in Automobilen nahezu vollständig verdrängt. Ähnliches gilt für Höschenwindeln, die die Baumwollwindel aber erst dann verdrängen konnten, als die Stückkosten unter ein kritisches Niveau gesenkt wurden. Von Substitutionsprodukten kann die stärkste Veränderung der Wettbewerbsstrukturen ausgehen, wenn über **neue Technologien** das Know-how der klassischen Anbieter obsolet wird. Auf diesem Wege haben beispielsweise Anbieter von Quarzuhren die Vormachtstellung der Schweizer Uhrenindustrie ebenso aufgehoben wie die Anbieter von Video-Kameras die Position der Hersteller von Super-8-Kameras.

Schließlich wird die Wettbewerbsintensität nicht zuletzt auch von der **Angebotsmacht der Zulieferer** beeinflusst. Auch Zulieferer sind ähnlich den Abnehmern daran interessiert, durch Machterwerb Preissteigerungen durchzusetzen. Der Machterwerb vollzieht sich ähnlich wie beim Abnehmer durch Konzentration oder Kooperation, durch glaubwürdige Androhung einer Vorwärtsintegration oder dadurch, dass es dem Zulieferer – wie mit „Intel inside" bereits angesprochen – gelingt, die zugelieferte Leistung als wesentlichen Bestandteil des Folgeproduktes zu etablieren.

Anhand der gekennzeichneten Marktdeterminanten erscheint es möglich, die Wettbewerbsstrukturen in breit abgegrenzten Märkten zu kennzeichnen, dabei auch potenzielle Wettbewerber und Substitute zu identifizieren und die **Triebkräfte der Wettbewerbsintensität** zu erkennen. Auf der Grundlage dieses Ansatzes lassen sich deshalb nicht allein engere Produktmärkte mit den jeweils aus Nachfragersicht bestehenden Substitutionsbeziehungen abgrenzen. Darüber hinaus wird erkennbar, welche Spielregeln des Wettbewerbs in diesen Märkten bestehen und wodurch diese Märkte in ihren Grundstrukturen bedroht werden. Insgesamt bieten somit die strukturellen Marktdeterminanten die Möglichkeit, über die klassische Marktabgrenzung hinaus die für eine wettbewerbsorientierte strategische Marketingplanung wesentlichen **wettbewerbsbezogenen Strukturparameter** zu identifizieren und für die Marketingplanung nutzbar zu machen. Damit gelingt es anhand dieser Methodik der Marktdefinition und Branchenanalyse, die bislang diskutierten Ansatzpunkte der Marktabgrenzung wesentlich zu erweitern.

2.1.2 Abgrenzung strategischer Geschäftsfelder

Die Abgrenzung strategischer Geschäftsfelder ist mit der Abgrenzung des relevanten Marktes eng verwandt. Letztlich wird die Notwendigkeit zur Geschäftsfeldabgrenzung vor allem dadurch bestimmt, wie breit der relevante Markt einer Unternehmung abgegrenzt ist. Für Unternehmungen, die ein relativ homogenes Produktprogramm in einer Marktnische anbieten und diese Marktnische als ihren relevanten Markt ansehen, ist eine weitergehende Abgrenzung strategischer Geschäftseinheiten nicht erforderlich. Im Gegensatz dazu sind Unternehmungen, die mit ihrem Produktprogramm eine Vielzahl unterschiedlicher Marktsegmente innerhalb eines breiter abgegrenzten Marktes bedienen oder als diversifizierter Konzern in verschiedenen Märkten tätig sind, gezwungen, diese verschiedenartigen Aktivitäten – unter Beachtung der Interdependenzen – im Rahmen der strategischen Marketingplanung zu berücksichtigen und eventuell sogar verschiedenartige Wettbewerbsstrategien für diese Aktivitäten zu implementieren (Meffert 1994). Entsprechend ist es erforderlich, für Aktivitäten, die im Rahmen der strategischen Marketingplanung eine eigenständige Behandlung erfahren, isolierte Analyse- und Planungseinheiten zu schaffen. Diese werden als strategische Geschäftseinheiten (SGE) bezeichnet (Gälweiler 1979; Köhler 1981).

2.1.2.1 Anforderungen an die Geschäftsfeldabgrenzung

Strategische Geschäftseinheiten sind so abzugrenzen, dass sie eine eigenständige, von anderen Geschäftsfeldern unabhängige Marktaufgabe haben und dadurch zur Steigerung der Erfolgspotenziale einer Unternehmung beitragen. Diese noch sehr generalisierenden Anforderungen an die Geschäftsfeldabgrenzung können weiter präzisiert werden (Kreilkamp 1987; Neubauer 1989):

- Mit der **Marktaufgabe**, der sich eine strategische Geschäftseinheit stellen muss, wird angesprochen, dass innerhalb der SGE Kundenprobleme zu lösen sind. Somit ist ausgeschlossen, dass eine SGE ausschließlich innerbetrieblich ihre Leistungen anbietet und damit durch die SGE-Abgrenzung ausschließlich innerbetriebliche Lieferungs- und Leistungsverflechtungen abgebildet werden. Vielmehr muss sie zumindest einen Teil ihrer Leistungen im **freien Wettbewerb** mit anderen Anbietern an unabhängige Nachfrager vermarkten. Speziell für die Gestaltung wettbewerbsgerichteter Strategien ist diese Anforderung wesentlich, während zur Gestaltung funktionaler Marketingstrategien durchaus auch allein innerbetrieblich tätige strategische Geschäftseinheiten denkbar sind. Überlegungen zum „internen Marketing" weisen in diese Richtung (Bruhn 1999).
- Strategische Geschäftseinheiten müssen ihrer Marktaufgabe **eigenständig** nachkommen. Mit dieser Forderung nach Eigenständigkeit soll zum Ausdruck kommen, dass für eine SGE nur für sie gültige – eigenständige – Zielsetzungen formuliert und diese Zielsetzungen durch eine selbständige Planung und Implementierung von Strategien und daraus abgeleiteten Maßnahmen unabhängig von anderen strategischen Geschäftseinheiten erreicht werden. Letztlich sollen mit dieser Forderung nach Eigenständigkeit Interdependenzen bzw. Synergien zwischen Geschäftsfeldern ausgeschlossen werden. Nur dann, wenn derartige Interdependenzen ausgeschlossen sind, können die durch die implementierten Strategien erzielten Erfolgsbeiträge verursachungsgerecht der betrachteten SGE zugeordnet werden. Ansonsten sind bereits im Rahmen der strategischen Planung die jeweiligen Interdependenzen zu berücksichtigen, eine eigenständige, SGE-bezogene und damit wenig komplexe Planung wettbewerbsgerichteter Strategien kann dann nicht erfolgen.

In der Unternehmenspraxis scheitert eine **theoretisch exakte SGE-Abgrenzung** regelmäßig an der Forderung nach Eigenständigkeit. Denn typischerweise versuchen Unternehmungen bei der Ausdehnung ihrer Geschäftstätigkeit in andere Geschäftsfelder, **Synergien** zu nutzen. Die mit diesen Synergien einhergehenden Interdependenzen müssen dann im Rahmen der strategischen Planung Berücksichtigung finden, um die Synergien bzw. Synergiepotenziale hinreichend zu nutzen (Ansoff 1965; Welge 1976). Allenfalls innerhalb von Finanzholdings kann somit der Forderung nach Eigenständigkeit in der geforderten Konsequenz Rechnung getragen werden. Ansonsten müssen die strategischen Geschäftseinheiten so abgegrenzt werden, dass möglichst geringe Interdependenzen auftreten. Dabei sind im Rahmen der marktorientierten Unternehmensführung insbesondere die marktbezogenen Interdependenzen zu „minimieren".

- Schließlich ist als letzte Anforderung an die SGE-Abgrenzung der **Erfolgspotenzialbeitrag** zu nennen. Damit soll darauf verwiesen werden, dass innerhalb der SGE Potenziale zur Erzielung von Wettbewerbsvorteilen bestehen müssen. Insbesondere wird dadurch auf die Verfügbarkeit einer effizienten strategischen Führung der SGE hingewiesen.

2.1.2.2 Konzepte der Geschäftsfeldabgrenzung

Ausgehend von diesen Anforderungen an die SGE-Abgrenzung sind in der Literatur verschiedene Ansätze der Geschäftsfeldabgrenzung vorgestellt und diskutiert worden (Gerl, Roventa 1981). Sie unterscheiden sich insbesondere in den Dimensionen, die zur Geschäftsfeldabgrenzung herangezogen werden (Meffert 1994; Müller 1995).

In diesem Zusammenhang hat Levitt (1960) bereits sehr früh darauf hingewiesen, dass eine allein produktorientierte Planung und Durchsetzung marktgerichteter Strategien unzureichend ist. Eine derartig **produktorientierte Geschäftsfeldabgrenzung** hat unvermeidbar eine undifferenzierte Betrachtung der Kundenbedürfnisse und ihrer Entwicklung zur Folge. Entsprechend besteht mittlerweile Einigkeit im wissenschaftlichen Diskurs darüber, dass eine allein produktbezogene Definition der SGE den Anforderungen, die die Planung und Implementierung marktgerichteter Unternehmensstrategien an die SGE-Abgrenzung stellt, nicht genügen kann (Köhler 1981; Berutz, Royston 1977). Gleichwohl werden in der Unternehmenspraxis derartige Abgrenzungen nach wie vor häufig der strategischen Marketingplanung zugrunde gelegt.

Ebenso wie eine produktzentrierte Geschäftsfeldabgrenzung greift auch eine allein auf **Abnehmergruppen** und deren Bedürfnisse abgestellte SGE-Abgrenzung zu kurz. Dies ist darauf zurückzuführen, dass die Wahl der Kundengruppe und die Produktplanung in besonderer Weise interdependent sind. Entsprechend können die damit verbundenen Entscheidungen nicht unabhängig voneinander getroffen werden (Corey 1975).

Strategische Geschäftsfelder sind vor diesem Hintergrund unter Einbeziehung sowohl der Produkt- als auch der Abnehmerdimension als **Produkt/Markt-Segmente** abzugrenzen (Ansoff, McDonnell 1990). Eine derartig **zweidimensionale** Geschäftsfelddefinition integriert die Kundenbedürfnisse und ihre Entwicklung in der SGE-Abgrenzung, ohne die produktbezogene Perspektive zu vernachlässigen (Hinterhuber 1992). Dabei werden die Kundenbedürfnisse auf einer hochaggregierten Ebene als Ergebnis einer strategisch ausgerichteten Marktsegmentierung (Makrosegmentierung) (Wind, Cardozo

1974) in die Geschäftsfeldabgrenzung integriert. Abb. 2.1-6 verdeutlicht die zweidimensionale Geschäftsfeldabgrenzung am Beispiel des Marktes für Finanzdienstleistungen.

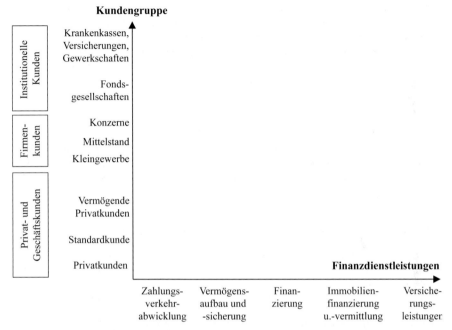

Abb. 2.1-6: Zweidimensionale Geschäftsfeldabgrenzung im Markt für Finanzdienstleistungen (in Anlehnung an Meffert et al. 2008)

Auch eine zweidimensionale Geschäftsfeldabgrenzung kann dann zu der bereits von Levitt (1960) befürchteten „Marketing-Kurzsichtigkeit" führen, wenn die **Technologiedimension** vernachlässigt, die Entwicklung des Marktes jedoch maßgeblich durch technologische Veränderungen geprägt wird. Entsprechend schlägt Abell (1980) vor, einen **dreidimensionalen Bezugsrahmen** zur Geschäftsfeldabgrenzung zu nutzen. Als Abgrenzungsdimensionen werden in einem dreidimensionalen Ansatz

- potenzielle Abnehmergruppen („customer groups"),
- Abnehmerfunktionen („customer functions"),
- verwendbare Technologien („alternative technologies") herangezogen (Abell, 1980).

Im Rahmen der Abgrenzung **potenzieller Abnehmergruppen** ist festzulegen, wessen Bedürfnisse befriedigt werden sollen. Die Abnehmergruppen werden dabei durch Marktsegmente gebildet, die im Hinblick auf ihren Bedarf und ihr voraussichtliches Kaufverhalten möglichst homogen sind. Allerdings ist zu beachten, dass in diesem frühen Planungsstadium die Unternehmung in aller Regel nur über einen geringen Informationsstand bezüglich der differenzierten Merkmale des Kaufverhaltens verfügt. Entsprechend erscheint es sinnvoll, zunächst auf einfach erfassbare, direkt beobachtbare Segmentierungskriterien eines hohen Aggregationsgrades im Sinne einer strategischen Marktsegmentierung zurückzugreifen (Frank et al. 1972; Freter et al. 2008).

Mit der **Abnehmerfunktion** ist abzugrenzen, welche der differenzierten Bedürfnisse der potenziellen Abnehmer in dem jeweiligen Geschäftsfeld befriedigt werden sollen. Ansatzpunkt dieser Abgrenzung sind die verschiedenen Funktionen, die das anzubietende Produkt bzw. die Produktgruppe erfüllen kann.

Schließlich kennzeichnet die dritte Dimension der Geschäftsfeldabgrenzung alternative **Technologien**, mittels derer die genannten Abnehmerfunktionen erfüllt werden können. Dabei ist eine Technologie als spezifischer naturwissenschaftlicher Wirkungszusammenhang zu interpretieren, der zur Lösung von Kundenproblemen eingesetzt werden kann (Benkenstein 1989). So kann beispielsweise das Problem der Zeitmessung mit mechanischen oder Quarzuhren, aber auch mit Atomuhren gelöst werden.

In Märkten, die aufgrund technologischer Veränderungen dynamische Veränderungen aufweisen oder gar durch Diskontinuitäten gekennzeichnet sind, ist die Technologiedimension das zentrale Abgrenzungs- und Analysekriterium. Denn die nachhaltige Steigerung technologischer Leistungspotenziale beeinflusst in wesentlichem Umfang die Wachstumsraten und Wettbewerbsstrukturen ganzer Industriezweige, indem sie die Fertigungsbedingungen und damit die Kostenstrukturen verändern und/oder die Leistungsfähigkeit der offerierten Problemlösung verbessern (Ela, Irwin 1983). Entsprechend müssen Unternehmungen, die insbesondere in **Hightech-Märkten** tätig sind, die Technologiedimension im Rahmen der Geschäftsfeldabgrenzung berücksichtigen, um die mit technologischen Veränderungen einhergehenden Chancen und Bedrohungen überhaupt identifizieren zu können (Benkenstein 1992a).

Abb. 2.1-7 verdeutlicht die Abellsche Geschäftsfeldabgrenzung am Beispiel des Marktes für Computertomographen (Abell 1980). In diesem Beispiel grenzt EMI sein Geschäftsfeld so ab, dass Kopf- und Ganzkörpertomographen der zweiten Technologiegeneration an alle Abnehmergruppen vermarktet werden. Im Gegensatz dazu konzentriert sich Ohio Nuclear mit den gleichen Gerätetypen und der gleichen Technologie auf mittelgroße Krankenhäuser. General Electric bietet Kopf- und Ganzkörpertomographen bereits der dritten Generation, jedoch nur den Großkrankenhäusern an. Schließlich begreift Pfizer sein Geschäftsfeld so, dass ausschließlich Ganzkörpertomographen der ersten Generation an alle Abnehmergruppen vermarktet werden.

Dieses und andere Beispiele verdeutlichen, dass die dreidimensionale Geschäftsfeldabgrenzung durchaus geeignet ist, den strategischen Suchraum für die Planung der Marketingstrategie zu konkretisieren (Walters 1984; Birkelbach 1988; Cravens 1997). Allerdings ist auch zu beachten, dass mit zunehmenden Dimensionen der Geschäftsfeldabgrenzung die **Komplexität des Abgrenzungsprozesses** steigt (Krups 1985). Bereits im relativ einfach strukturierten Markt für Computertomographen liegen 24 Analyseeinheiten vor. Die Grenze überschaubarer Geschäftsfeldräume wird mit zunehmender Dimensionierung der Abgrenzung immer schneller erreicht.

Handhabbar wird diese Problematik nur dann, wenn entweder die Abgrenzungsdimensionen sukzessiv abgearbeitet und durch die Auswahl der zu erbringenden Funktionen, der zu bearbeitenden Abnehmergruppen und der einzusetzenden Technologien die relevanten Geschäftsfelder identifiziert werden können oder zu einer zweidimensionalen Geschäftsfeldabgrenzung zurückgekehrt werden kann (Walters 1984). Sofern das Problem der Geschäftsfeldabgrenzung in dieser Weise verkürzt wird, erscheint es allerdings erforderlich, zuvor eine umfassende dreidimensionale Analyse vorzunehmen, um dem Problem der „Marketing-Kurzsichtigkeit" zu begegnen.

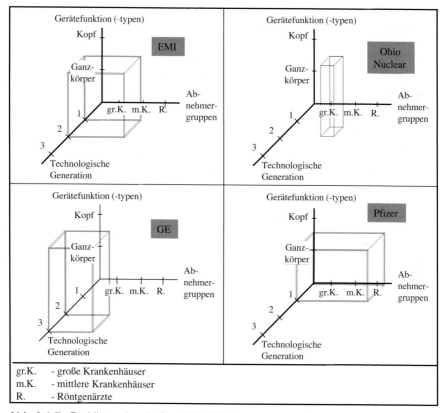

Abb. 2.1-7: Dreidimensionale Geschäftsfeldabgrenzung am Beispiel des Marktes für Computertomographen (in Anlehnung an Abell 1980)

Eine weitere, in der Literatur weitgehend vernachlässigte Dimension der Geschäftsfeldabgrenzung ist der zu bearbeitende **Marktraum**, dessen Abgrenzung in aller Regel auf Länder- oder Ländergruppenbasis erfolgt, wenngleich auch eine Abgrenzung verschiedener Regionen sinnvoll sein kann (Meffert, Bolz 1998; Becker 2006; Brooks 1995). Letztlich ist die Dimension des zu bearbeitenden Marktraums – zumindest in Markträumen ohne nachhaltige nationale Zugangs- bzw. Markteintrittsbarrieren – der Makrosegmentierung der Abnehmergruppen eng verwandt. Denn in solchen Markträumen muss es vor allem darum gehen, **Regionen, Länder oder Ländergruppen** voneinander abzugrenzen, innerhalb deren Grenzen spezifische Kauf- und Konsumgewohnheiten zu beobachten sind (Meffert, Pues 1995). Darüber hinaus sind spezielle **Länderrisiken** in die Abgrenzung einzubeziehen (Meyer 1987).

In Märkten, in denen die Konsumgewohnheiten keine gravierenden regionalen oder länderspezifischen Besonderheiten und in denen auch die Länderrisiken eine ähnliche

Struktur aufweisen, erübrigt sich eine Geschäftsfeldabgrenzung nach dem relevanten Marktraum. Unternehmungen, die in solchen Märkten tätig sind, verfolgen typischerweise **globale Strategien**, indem sie den Weltmarkt als homogenen Marktraum ansehen (Levitt 1983).

Insgesamt ist die Markt- und Geschäftsfeldabgrenzung der wesentliche Ausgangspunkt der Planungsprozesse im strategischen Marketing. Mit diesem ersten Schritt werden die Planungsobjekte definiert und gegeneinander abgegrenzt. Sie sind dann Gegenstand der weiteren Prozesse der strategischen Marketingplanung und definieren damit den Rahmen des Planungs- und auch des Implementierungsprozesses.

2.2 Methoden der strategischen Analyse im Marketing

Aufbauend auf der Markt- und Geschäftsfeldabgrenzung ist der zweite wesentliche Baustein zur Formulierung marktgerichteter Wettbewerbsstrategien – wie Abb. 2.2-1 verdeutlicht – die Analyse der unternehmensinternen und -externen Einflüsse, die die Entwicklung der Unternehmung und – darauf aufbauend – die Stoßrichtungen ihrer marktgerichteten Strategien beeinflussen.

Entsprechend sollen im Folgenden zum einen die zentralen Inhalte der strategischen Analyse diskutiert, zum anderen aber auch die wesentlichen Analysemethoden und -konzepte dargestellt werden.

2.2.1 SWOT-Analyse

Die Anzahl und Heterogenität möglicher Einflüsse auf die Unternehmensentwicklung führt dazu, dass die strategische Analyse im Marketing durch ein Höchstmaß an Komplexität gekennzeichnet ist. Dabei bedingen und beeinflussen sich die Kontextfaktoren und ihre Entwicklung gegenseitig. Darüber hinaus trägt die Unsicherheit über zukünftige Entwicklungen zu einer Verstärkung der Komplexität bei.

Entsprechend ist es erforderlich, im Rahmen der Analyse von Marktentwicklungen und Marktstrukturen ein Konzept zur Anwendung zu bringen, dass durch eine sinnvolle Strukturierung der strategischen Analyse diese Komplexität beherrschbar macht.

Sehr häufig bedient man sich in solchen Fällen der so genannten SWOT-Analyse, die auch als Key-Issue-Analyse bezeichnet wird (Meffert et al. 2008; Bruhn 2009; Cravens 1997). Der Begriff „SWOT" steht dabei für Strengths, Weaknesses, Opportunities und Threats, also für die Stärken und Schwächen sowie die Chancen und Risiken.

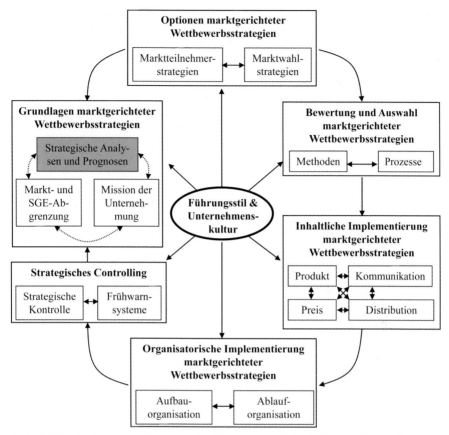

Abb. 2.2-1: Analysen und Prognosen im Prozess der strategischen Marketingplanung und -implementierung

Diese Analysetechnik hat die Aufgabe, die strategische Marketinganalyse zu strukturieren. Dabei werden die so genannten Schlüsselfaktoren in interne und externe Einflussgrößen untergliedert (Hermanns, Glogger 1996). Abb. 2.2-2 gibt die Inhalte einer derartigen Analyse von Schlüsselfaktoren systematisiert wieder. Folgend sollen die Inhalte und Techniken der SWOT-Analyse genauer betrachtet werden.

Komponenten einer Situationsanalyse	Bezugspunkte	Wichtige Bestimmungsfaktoren
Markt	Gesamtmarkt (produktklassenbezogen)	Entwicklung, Wachstum Elastizität
	Branchenmarkt (produktgruppenbezogen	Entwicklungsstand Sättigungsgrad, Marktaufteilung
	Teilmarkt (produktbezogen)	Bedürfnisstruktur Substitutionsgrad, Produktstärke
Marktteilnehmer	Hersteller	Marktstellung, Produkt- und Programmorientierung Angebotsstärke
	Konkurrenz	Wettbewerbsstärke Differenzierungsgrad Programmstärke
	Absatzmittler	Funktionsleistung Sortmentsstruktur Marktabdeckung
	Absatzhelfer	Funktionsleistung
	Konsument	Bedürfnislage (Nutzenstiftung) Kaufkraft Einstellung
Instrumente	Produktmix	Produkt- und Programmstärke Angebotsflexibilität
	Kommunikationsmix	Bekanntheitsgrad und Eignung der Medien Werbestrategie
	Konditionenmix	Preisniveau, Preisstreuung Rabattstruktur
	Distributionsmix	Distributionsdichte Lieferfähigkeit, Liefervorteile
Umwelt	Natur	Klima, Infrastruktur
	Wirtschaft	ökonomische Größen Konjunktur, Wachstum
	Gesellschaft	soziale Normen Lebensgewohnheiten
	Technologie	Wissenschaft technischer Fortschritt
	Recht und Politik	Rechtsnormen politische Institutionen

Abb. 2.2-2: Inhalte der strategischen Analyse im Marketing (Quelle: Meffert et al. 2008)

2.2.1.1 Ressourcenanalyse – Stärken und Schwächen

2.2.1.1.1 Inhalte der Ressourcenanalyse

Zur Ausnutzung strategischer Optionen ist es für die Unternehmung zunächst von besonderer Wichtigkeit, die **internen Schlüsselfaktoren** zu analysieren. Dazu wird eine so genannte **Ressourcenanalyse** zur Anwendung gebracht. Diese Analysetechnik ermittelt die **Stärken** und die **Schwächen**, d. h. die gegenwärtig und zukünftig vorhandenen Ressourcen der betrachteten Unternehmung werden in Relation zu den Ressourcen der Hauptwettbewerber beurteilt (Hinterhuber 2004; Christensen et al. 1987; Schreyögg 1993).

Dabei werden **Ressourcen** wie die Finanzkraft, die Versorgung mit Personal und Rohstoffen, das F & E-Know-how, Standortvor- und -nachteile sowie das Management-Know-how in die Analyse einbezogen. Die Beurteilung der Ressourcen erfolgt zum einen vor dem Hintergrund der identifizierten Chancen und Risiken, denen sich die betrachtete Unternehmung künftig gegenübersieht, und zum anderen in Relation zu den Wettbewerbern, die diesen Entwicklungen ebenfalls begegnen müssen (Bamberger, Wrona 1996; Rasche, Wolfrum 1994). Bei der Analyse der Leistungsfähigkeit der Unternehmung ist allerdings zu beachten, dass nicht alle Schwächen beseitigt und nicht alle Stärken zur Realisierung von Wettbewerbsvorteilen ausgenutzt werden können. Insbesondere vor dem Hintergrund der Relevanz der einzelnen Stärken und Schwächen für die Unternehmung ist eine Berücksichtigung ihrer Bedeutung sinnvoll. Die Stärken- und Schwächen-Analyse ist dabei geeignet, Unternehmensbereiche zu identifizieren, in denen die Anstrengungen verstärkt oder weiterhin gute Arbeit geleistet werden muss.

Für diese Analysen werden in der Literatur zahlreiche Instrumente diskutiert. Hier sollen zwei Instrumente vorgestellt werden, die besondere Bedeutung erlangt haben. Dies ist zum einen das Ressourcenprofil und zum anderen das Benchmarking.

2.2.1.1.2 Ressourcenprofil zur Analyse der Stärken und Schwächen

Im Rahmen des Analyseprozesses der Stärken und Schwächen einer Unternehmung werden die finanziellen, physischen, organisatorischen und technologischen Ressourcen erfasst und grafisch aufbereitet. Eine solche Darstellung der Potenziale der eigenen Unternehmung wird als **Ressourcenprofil** bezeichnet (Hofer, Schendel 1978).

Auf diese Weise können bereits Bereiche identifiziert werden, die weiterzuentwickeln bzw. auszubauen sind. Die Dringlichkeit, mit der dies zu erfolgen hat, lässt sich jedoch insbesondere aus dem Vergleich mit dem Ressourcenprofil der Konkurrenzanbieter ableiten (Hunt, Morgan 1995). Indem zumindest für den Hauptwettbewerber ein solches Profil erstellt wird, lassen sich Aussagen darüber treffen, inwieweit dieses Unternehmen besser oder schlechter in der Lage ist, den künftigen Entwicklungen zu begegnen. Insbesondere durch die Gegenüberstellung der Ressourcenprofile ist es somit möglich, die Situation der zu analysierenden Unternehmung hinsichtlich ihrer Stärken und Schwächen realistisch zu beurteilen. Abb. 2.2-3 verdeutlicht diesen Zusammenhang.

Im gezeigten Beispiel wird deutlich, dass die Versorgung mit Rohstoffen zwar grundsätzlich positiv, im Vergleich zur Konkurrenz jedoch als Schwäche zu bewerten ist.

Demgegenüber zeigt sich, dass die Potenziale bezüglich der angebotenen Produktlinie deutlich stärker ausgeprägt sind als beim Hauptwettbewerber und somit auf die Bedürfnisse der Zukunft besser reagiert werden kann.

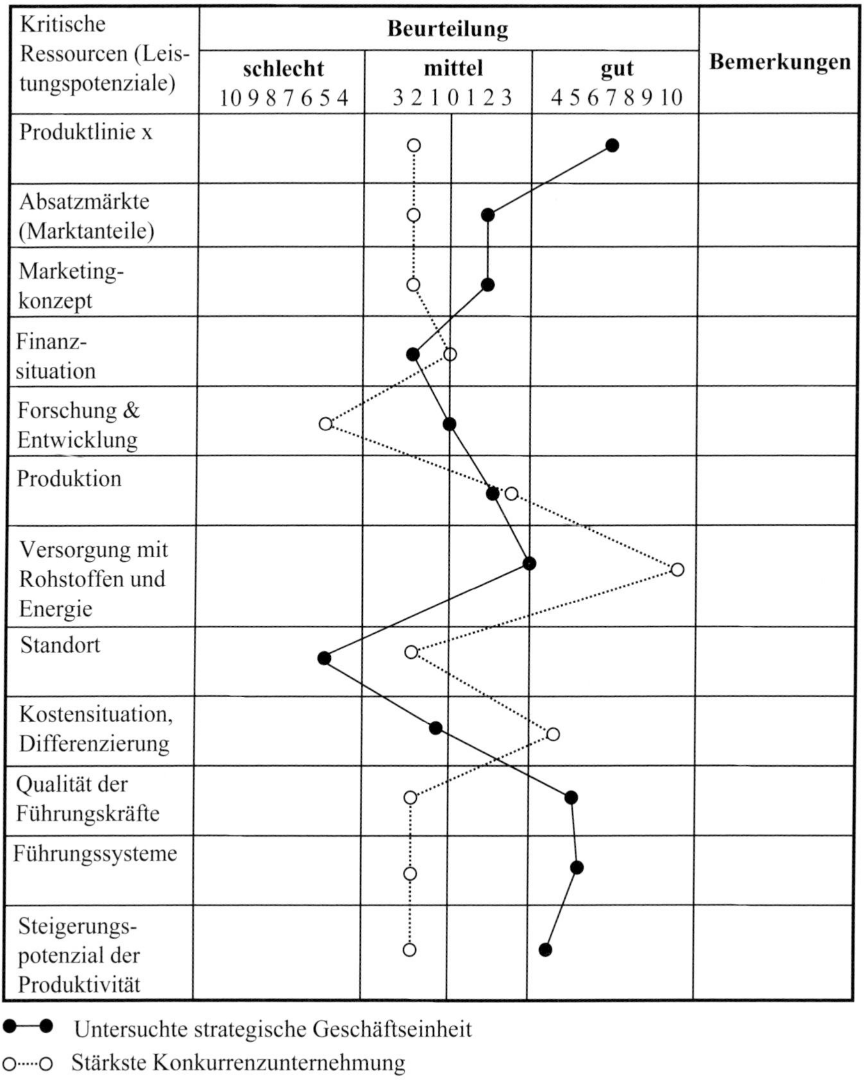

Kritische Ressourcen (Leistungspotenziale)	Beurteilung			Bemerkungen
	schlecht 10 9 8 7 6 5 4	mittel 3 2 1 0 1 2 3	gut 4 5 6 7 8 9 10	
Produktlinie x				
Absatzmärkte (Marktanteile)				
Marketing-konzept				
Finanz-situation				
Forschung & Entwicklung				
Produktion				
Versorgung mit Rohstoffen und Energie				
Standort				
Kostensituation, Differenzierung				
Qualität der Führungskräfte				
Führungssysteme				
Steigerungs-potenzial der Produktivität				

●—● Untersuchte strategische Geschäftseinheit
o····o Stärkste Konkurrenzunternehmung

Abb. 2.2-3: Ressourcenprofil (in Anlehnung an Hinterhuber 1992a)

Durch eine entsprechende Analyse der Potenziale im Vergleich zur Konkurrenz lassen sich so genannte **„strategische Fenster"** ermitteln. Sie sind dadurch gekennzeichnet, dass zumindest für einen kurzen Zeitraum allein die Stärken der betrachteten Unternehmung mit den Chancen der künftigen Entwicklung übereinstimmen. Hierdurch wird die

Unternehmung in die Lage versetzt, durch konsequente Ausnutzung dieser strategischen Optionen Wettbewerbsvorteile zu erlangen.

2.2.1.1.3 Benchmarking

Durch explizite Betrachtung und Einbeziehung von Konkurrenzunternehmungen ist es schließlich auch möglich, die Ressourcenanalyse als **Benchmarkingprozess** durchzuführen (Leibfried, McNair 1996; Kühne 1995).

Funktion	Zu beantwortende Fragen
1. Mess- und Maßstabs- funktion	- Wo steht das Unternehmen im Vergleich mit der Konkurrenz und mit anderen Unternehmen? - Was sind die weltbesten Problemlösungen (im Sinne von Benchmarks und als objektiver Bewertungsmaßstab)? - Was werden in Zukunft die besten Problemlösungen sein?
2. Erkennt- nis- funktion	- Was machen andere Unternehmen besser oder schlechter als das eigene Unternehmen? - Weshalb ist etwas besser oder schlechter, was sind die Ursachen dafür? - Was können wir von anderen übernehmen (bewährte Gesamtlösungen, Teillösungen, Methoden)? - Welche Anpassungen bewährter Vergleichslösungen sind möglich und notwendig? - Wie können Bestlösungen oder andere Vergleichslösungen als Ausgangspunkt für eigene kreative Problemlösungen genutzt werden?
3. Ziel- funktion	- Welche Veränderungen sind notwendig, um die Wettbewerbsposition des Unternehmens (möglichst dauerhaft) zu verbessern? - Welche Ziele (Gesamtziel, Teilziele) sind für die Verbesserung vorzugeben? Können und wollen wir selbst Branchen- bzw. Klassenbester werden? - Welche Voraussetzungen müssen geschaffen werden, um den Verbesserungsprozess erfolgreich zu gestalten?
4. Implemen- tierungs- funktion	- Welche Maßnahmen sind notwendig, um die geplanten Veränderungen zu realisieren? - Auf welchen Gebieten bestehen besonders günstige Bedingungen für die Verbesserung der Wettbewerbssituation?

Abb. 2.2-4: Funktionen des Benchmarking (Quelle: Sabisch, Tintelnot 1997)

Benchmarking ist der ständige Prozess des Strebens eines Unternehmens nach Verbesserung seiner Leistungen und nach Wettbewerbsvorteilen durch **Orientierung an den**

jeweiligen Bestleistungen in der Branche oder an anderen Referenzleistungen (Sabisch, Tintelnot 1997; Watson 1993).

Wesentlich ist, dass nicht nur eine Unternehmung als Maßstab für die eigene Leistungsfähigkeit herangezogen wird. In Abhängigkeit von der einzelnen betrachteten Ressource wird vielmehr auf unterschiedliche Wettbewerber oder gar auf branchenfremde Unternehmungen zurückgegriffen, welche diesbezüglich die größten Stärken aufweisen (Morwind 1996).

Allerdings können auch andere Unternehmensbereiche oder Niederlassungen für ein Benchmarking herangezogen werden. Diese werden im Rahmen des Benchmarking wie Wettbewerber bzw. eigenständige Unternehmen betrachtet.

Benchmarking ist dabei als ein **systematischer Prozess** zu verstehen, der der **Identifikation von Bestleistungen**, dem Vergleich der eigenen Leistung mit den entsprechenden Bestleistungen und dem Lernen von den besten Unternehmen dient. Dabei kommen dem Benchmarking verschiedene Funktionen zu, die in der Abb. 2.2-4 dargestellt sind.

Dem Benchmarking liegt ein strukturiertes Vorgehen zugrunde, das den komplexen und anspruchsvollen Benchmarking-Prozess vorzeichnet. In der Literatur sind zwar Unterschiede in der Differenziertheit der Herangehensweise und in der Bezeichnung der Prozessstufen feststellbar, jedoch lässt sich eine Ähnlichkeit im Vorgehen feststellen (Camp 1994; Karlöf, Östblom 1994; Leibfried, McNair 1996). Dabei empfiehlt sich ein Vorgehen beim Benchmarking anhand der in Abb. 2.2-5 dargestellten fünf Phasen.

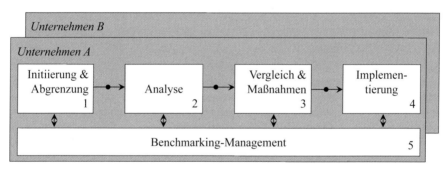

Abb. 2.2-5: Phasen des Benchmarking-Prozesses (in Anlehnung an Camp 1994)

In der Phase der „**Initiierung und Abgrenzung**" werden die Voraussetzungen für die Durchführung von Benchmarking-Projekten geschaffen. Nach der Formulierung der Zielsetzung des Benchmarking, der Identifizierung eines konkreten Benchmarking-Objektes und der Festlegung der Benchmarking-Art können die notwendigen Ressourcen (personell, finanziell, zeitlich etc.) zur Projektdurchführung geplant werden. Außerdem müssen in dieser Phase relevante Benchmarking-Partner für den Vergleich akquiriert werden.

In der „**Analyse**"-Phase werden zunächst die notwendigen Daten für den Benchmarking-Vergleich erhoben. Dazu ist es notwendig, das Benchmarking-Objekt eindeutig abzugrenzen und zu beschreiben. Die Datenerhebung wird im Anschluss bei jedem Benchmarking-Partner zur Bestimmung von Leistungsdifferenzen durchgeführt.

Die Phase „**Vergleich und Maßnahmen**" hat zur Aufgabe, die erhobenen Daten miteinander zu vergleichen und ggf. identifizierte Leistungsunterschiede zu beurteilen. Die sich anschließende Analyse von Ursache-Wirkungszusammenhängen trägt zum Verständnis der komplexen Zusammenhänge und letztlich zum Lernen von den Partnern bei. Darauf aufbauend werden für das betrachtete Benchmarking-Objekt Verbesserungsvorschläge abgeleitet.

Im Rahmen der „**Implementierungs**"-Phase werden die Verbesserungsmaßnahmen in konkrete Aufgaben und Tätigkeiten überführt. Neben den eigentlichen Umsetzungsmaßnahmen stellt das Umsetzungscontrolling, d. h. die Überprüfung der zeit- und sachgerechten Durchführung der beschlossenen Maßnahmen, einen weiteren Schwerpunkt dar. Abschließend erfolgt eine Kontrolle, inwieweit die zu Beginn des Benchmarking gesetzten Ziele und Erwartungen erfüllt wurden. Mit dieser Erfolgskontrolle wird letztlich der Grundstein für eine wiederholte Durchführung des Benchmarking mit neuer Zielsetzung gelegt.

Das „**Benchmarking-Management**" ist als begleitendes Aktivitätenbündel zu verstehen. Der komplexe und kontinuierliche Prozess des Benchmarking bedarf einer besonderen Planung und Organisation. Deshalb ist ein effizientes und effektives Projektmanagement Grundvoraussetzung für ein erfolgreiches Benchmarking.

Der Vorteil des Benchmarking gegenüber wettbewerbsorientierten Partialanalysen liegt vor allem darin begründet, dass nicht allein die Kosten- oder die Qualitätsvor- bzw. -nachteile identifiziert werden. Benchmarking hat vielmehr die Zielsetzung, sämtliche **Prozesse und Potenziale** und damit die Ursachen zu identifizieren, die dazu führen, dass Unternehmungen ihren Wettbewerbern überlegen sind (Walleck et al. 1991).

2.2.1.2 Analyse der Unternehmensumwelt – Chancen und Risiken

2.2.1.2.1 Inhalte der Analyse der Unternehmensumwelt

Die **externen Faktoren**, die im Rahmen der strategischen Analyse aufgegriffen werden, spiegeln die **Chancen und Risiken** wider, welche eine Unternehmung in Zukunft nutzen kann oder denen sie zu begegnen hat. Ziel ist es dabei vor allem auch, strategische Diskontinuitäten, d. h. Umweltzustände aufzudecken, die insgesamt nur sehr schwer vorherzusehen sind und die daher für die Unternehmung sowohl ein Risiko als auch eine Chance darstellen können (Ansoff 1976; Hinterhuber 2004).

Die Inhalte einer entsprechenden Chancen-Risiken-Analyse lassen sich in drei wesentliche Analysefelder untergliedern. Zum einen sind es Informationen über die **Aufgabenumwelt**, die in die Analyse einfließen. In diesem Zusammenhang sind Fragen z. B. zur allgemeinen Wirtschaftsentwicklung, Konjunkturdaten, aber auch Aspekte bezüglich der rechtlichen und politischen, der technologischen oder natürlichen bzw. geographischen Entwicklungen von Interesse.

Zum anderen sind Daten über den bearbeiteten bzw. den künftig zu bearbeitenden **Markt** zu erheben. Die Informationen können sich dabei sowohl auf den Gesamt- als auch auf den Branchen- oder einen Teilmarkt beziehen.

Schließlich sind es die verschiedenen **Marktteilnehmer**, die als Wettbewerber aufgrund ihrer Marktstellung, der Sortimentsstruktur oder ihrer Wettbewerbsstärke oder auf Seiten der Konsumenten bzw. Absatzmittler durch ihr Kaufverhalten oder ihre Kaufkraft die Entwicklungen und Entscheidungen innerhalb der analysierenden Unternehmung beeinflussen.

2.2.1.2.2 Prognose der Unternehmensumwelt

Im Rahmen der Analyse von Chancen und Risiken liegt ein wesentliches Problem der marktorientierten Unternehmensplanung in der Prognose zum Teil sehr komplexer und auch instabiler Entwicklungen (Brockhoff 1977). Letztlich geht es dabei vor allem darum, unter Einbeziehung der strategisch relevanten Umweltdaten das langfristig erreichbare **Markt- und Absatzpotenzial** der Unternehmung zu prognostizieren. Die strategische Prognose des Markt- bzw. Absatzpotenzials greift vor allem auf **Entwicklungsprognosen** zurück (Hüttner 1982). Dabei wird versucht, Entwicklungen zu antizipieren, die ihren Ursprung in der Vergangenheit haben und die gleichzeitig einer gewissen Gesetzmäßigkeit gehorchen (Meffert, Steffenhagen 1977).

Bei den Prognosemodellen unterscheidet man nach ihrem Aggregationsgrad zwischen **Makro- und Mikromodellen**. Während sich Makromodelle vor allem mit der Entwicklung des Absatzes bzw. Umsatzes auf einem Markt in hochaggregierter Form auseinandersetzen, befassen sich Mikromodelle mit dem individuellen Verhalten der einzelnen Marktteilnehmer, insbesondere der Konsumenten.

Zur Durchführung der Prognosen stehen unterschiedliche Methoden zur Verfügung. Im Rahmen von Makromodellen können zur Prognose beispielsweise **Trend- oder Indikatormodelle** herangezogen werden, die beide auf einer zeitreihenanalytischen Betrachtung basieren (Hüttner 1982; Makridakis, Wheelwright 1978). Bei mikroanalytischen Prognosen kommen dagegen Modellansätze zum Einsatz, die beispielsweise auf der Grundlage von **Markoffketten** zur Bestimmung des individuellen Marktwahlverhaltens bzw. des Kaufeintritts entwickelt worden sind (Topritzhofer 1974).

Gemeinsam ist diesen Methoden ihre quantitative Ausrichtung, die unweigerlich mit dem Problem der Quantifizierung qualitativer Daten einhergeht. Darüber hinaus ist mit derartigen Prognosen unmittelbar verbunden, dass auf Vergangenheitswerte und -erfahrungen zurückgegriffen werden muss, um Aussagen für die Zukunft treffen zu können. Gerade vor dem Hintergrund von diskontinuierlichen Entwicklungen, konjunkturellen Schwankungen sowie Strukturbrüchen sind die Ergebnisse entsprechender Prognosen deshalb kritisch zu hinterfragen (Nieschlag et al. 2002; Raffée 1989).

Aufgrund der Kritik an Prognosemodellen gewinnen **Früherkennungssysteme** an Bedeutung, um dennoch aussagekräftige Ergebnisse für die Analyse der Chancen und Risiken im Rahmen der strategischen Marketingplanung zu generieren, die der Komplexität und der Instabilität der Unternehmensumwelt Rechnung tragen (Wiedmann 1989; Rieser 1978). Durch das Erkennen und Verarbeiten so genannter „**schwacher Signale**" soll die Grundlage geschaffen werden, über ein alleiniges Reagieren hinaus zielgerichtet Aktivitäten und Konsequenzen frühzeitig zu planen (Köhler 1991).

„Schwache Signale" können laut Ansoff im Rahmen von Früherkennungssystemen als Anzeichen für das Auftreten **strategischer Diskontinuitäten** gewertet werden (Ansoff 1976). Ihrem Wesen nach ist jedoch mit diesen Signalen eine mehr oder weniger große

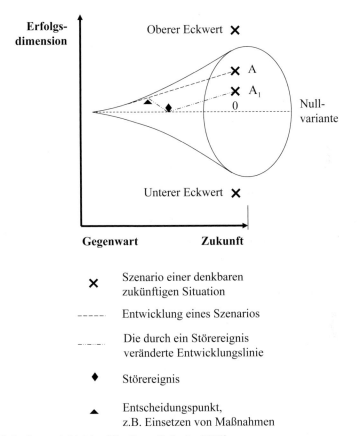

Abb. 2.2-6: Szenariotrichter (Quelle: v. Reibnitz 1983)

Unsicherheit, z. B. hinsichtlich des Zeitpunkts oder der Stärke des Auftretens einer Chance oder einer Bedrohung, verbunden (Mintzberg 1993). Nach Ansoff darf es jedoch nicht das Ziel sein, der Situation der Ungewissheit dadurch zu begegnen, dass man so viel Zeit verstreichen lässt, bis schließlich durch das Auftreten der Diskontinuität Sicherheit besteht. Vielmehr sind die Signale, die auf Unregelmäßigkeiten in der Zukunft schließen lassen, so zu sammeln und aufzubereiten, dass sie für strategische Entscheidungen und ein frühzeitiges Handeln genutzt werden können.

Der qualitative Charakter und der Unsicherheitsgrad dieser Informationen machen schließlich den Einsatz von **Szenariotechniken** erforderlich (Kahn, Wiener 1968; Albach 1978; Linnemann, Klein 1979). Hierbei wird untersucht, wie sich die Unternehmensumwelt unter der Einbeziehung bereits erkennbarer Entwicklungen, aber auch unter Berücksichtigung kaum absehbarer Diskontinuitäten entwickeln wird (Schoemaker 1995). Typischerweise werden mindestens drei Szenarien erarbeitet. Das erste Szenario unterstellt eine Entwicklung frei von Diskontinuitäten, während die beiden anderen auf der Grundlage eher optimistischer bzw. eher pessimistischer Erwartungshaltungen erstellt werden. Abb. 2.2-6 verdeutlicht den grundlegenden Aussagegehalt von Szenario-prognosen.

Unter weiterer Berücksichtigung der Wahrscheinlichkeiten, die dem Eintritt der verschiedenen Szenarien beigemessen werden, können auf diese Weise frühzeitig Strategien entwickelt werden, die die mit den Szenarien verbundenen Chancen nutzen bzw. den Risiken entgegenwirken (Mercerer 1995).

2.2.1.3 Integration der Analyseebenen

Marketingentscheidungen hängen grundsätzlich von der Kenntnis der eigenen Lage und der Einschätzung der Konkurrenz ab. Diese Erkenntnisse bilden die Grundlage für Entscheidungen über mögliche Marketingstrategien. Eine möglichst umfassende und genaue Analyse der internen und externen Umweltzustände wird sowohl durch die Stärken- und Schwächen-Analyse als auch durch die Chancen- und Risiken-Analyse ermöglicht. Zusammenfassend kann deshalb festgehalten werden, dass die SWOT-Analyse in Verbindung mit den vorgestellten Instrumenten einen umfassenden Überblick über die Situation gibt, in welcher sich eine Unternehmung gegenwärtig befindet und mit welcher sie sich künftig konfrontiert sieht.

Die Vorteile liegen dabei insbesondere in der Konzentration auf die **Schlüsselanforderungen** des Marktes und der Umwelt sowie in der kombinierten Betrachtung quantitativer und qualitativer Aspekte, sodass strategische Diskontinuitäten systematisch aufgedeckt werden können. Diesen Vorteilen stehen typischerweise Prognose- und Informationsprobleme beispielsweise hinsichtlich der Potenziale der Wettbewerber oder der künftigen technologischen Entwicklungen sowie die Probleme gegenüber, die aus der subjektiven Beurteilung einzelner strategierelevanter Erfolgsdimensionen erwachsen.

Gleichwohl ist die SWOT-Analyse als das umfassendste Analyseinstrument zu betrachten, in dessen Rahmen weitere Einzelanalysen durchgeführt werden können, die sich mit spezielleren Fragestellungen bzw. Analysefeldern auseinandersetzen und deren Ergebnisse entsprechend in die SWOT-Analyse einfließen. Im Folgenden sollen einzelne dieser **speziellen Analyseverfahren** dargestellt und mit Blick auf eine wettbewerbsorientierte Anwendung beurteilt werden. Dabei wird auf die Lebenszyklusanalyse, die Erfahrungskurven- und Gemeinkostenwertanalyse sowie das Zero-Base-Budgeting, die Portfolioanalyse und schließlich auf die Wertkettenanalyse eingegangen. All diese Analyseverfahren sind letztlich darauf gerichtet, die internen Stärken und Schwächen oder die externen Chancen und Risiken ausschnittsweise zu beleuchten.

2.2.2 Lebenszyklusanalyse

In Anlehnung an das evolutionstheoretisch fundierte Gesetz vom „Werden und Vergehen" setzt sich die Lebenszyklusanalyse mit den unterschiedlichen Phasen eines Lebenszyklus auseinander (Penrose 1952). Bezugsobjekte der Analyse sind jedoch nicht Lebewesen, sondern einzelne Produkte, Produktgruppen, Märkte oder auch Technologien.

Ein Lebenszyklus hat allgemein den in Abb. 2.2-7 am Beispiel des **Produktlebenszyklusmodells** dargestellten, idealtypischen Verlauf. An der Abszisse wird grundsätzlich die Zeit als unabhängige Größe abgetragen, welcher an der Ordinate unterschiedliche Größen – üblicherweise Umsatz oder Absatzmenge – gegenübergestellt werden. Insgesamt ist die Lebenszyklusanalyse somit als **zeitbezogenes Marktreaktionsmodell** anzusehen (Benkenstein 1996).

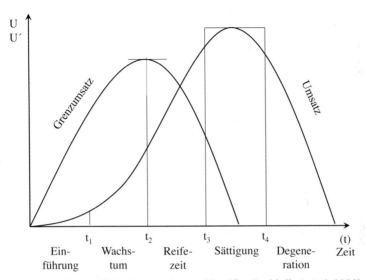

Abb. 2.2-7: Idealtypischer Verlauf des Lebenszyklus (Quelle: Meffert et al. 2008)

Auf der Basis der identifizierten Lebenszyklen ist es möglich, die Position der betrachteten Bezugsobjekte der Unternehmung zu bestimmen und wettbewerbsorientierte Maßnahmen abzuleiten. Im Folgenden sollen mit Blick auf unterschiedliche Bezugsobjekte verschiedene **Lebenszyklusanalysekonzepte** dargestellt und erläutert werden.

2.2.2.1 Produktlebenszyklusanalyse

Im Rahmen der **Produktlebenszyklusanalyse** betrachtet man den erwarteten Absatz oder Umsatz eines Produktes bzw. einer Produktgruppe innerhalb des gesamten Zeitabschnitts, in dem sich dieses Produkt bzw. die Produktgruppe am Markt befindet. Die Lebensdauer des Produkts kann dabei in unterschiedliche Phasen untergliedert werden, deren Zahl je nach Lebenszyklusmodell zwischen vier und sechs schwankt und die nicht eindeutig gegeneinander abgegrenzt werden können (Becker 2006; Meffert et al. 2008; Levitt 1965).

Geht man von dem in Abb. 2.2-7 dargestellten Modell aus, so lassen sich fünf Phasen abgrenzen. Die **Einführungsphase** beginnt mit der Markteinführung des Produktes, also mit den ersten Abverkäufen. In dieser Phase entscheidet sich, ob das Produkt von den potenziellen Bedarfsträgern nachgefragt wird, also wettbewerbsfähig ist und auch die restlichen Phasen des Lebenszyklus durchläuft. Andernfalls muss es aufgrund mangelnder Akzeptanz seitens der Nachfrager wieder eliminiert werden.

Die Einführungsphase ist durch ein zunächst eher geringes und erst langsam zunehmendes Umsatz- bzw. Absatzmengenwachstum gekennzeichnet und endet nach allgemeiner Auffassung, wenn die Break-Even-Menge und somit die Gewinnzone erreicht wird. Da jedoch das Erreichen der Gewinnzone zum einen vom Preis, zum anderen aber auch von der Periodisierung der Fixkosten der Unternehmung und somit beispielsweise von dem zugrunde gelegten Abschreibungsverfahren abhängig ist, wird bereits an dieser Stelle deutlich, wie willkürlich diese Phasenabgrenzung beeinflusst werden kann.

Die sich anschließende **Wachstumsphase** zeichnet sich durch überdurchschnittliche Umsatz- bzw. Absatzmengensteigerungsraten aus. Entsprechend geht man davon aus, dass diese Phase endet, wenn der Wendepunkt der Absatzkurve erreicht ist, die Grenzumsatz- oder -absatzkurve somit ihr Maximum erreicht.

Die **Reifephase** schließt an die Wachstumsphase an. Ihr Ende kann jedoch bereits nicht mehr eindeutig festgelegt werden. Entsprechend gibt es Ansätze, die davon ausgehen, dass diese Phase mit dem Absatzmaximum, d. h. dem Erreichen des Absatzpotenzials, endet, während andere Autoren bereits kurz vor dem Absatzmaximum vom Übergang zur Sättigungsphase sprechen (Meffert et al. 2008; Becker 2006).

Im Anschluss an diese Sättigungsphase durchläuft der Lebenszyklus eines Produktes noch die **Schrumpfungs- oder Verfallsphase**, bevor er mit der daran anschließenden Elimination des Produktes endet.

Die Analyse der Lebenszyklen sämtlicher Produkte einer Unternehmung liefert zum einen Informationen über die **Altersstruktur** des Produktprogramms und die damit verbundenen Chancen und Risiken. Zum anderen ist es aufgrund der Charakteristika der einzelnen Lebenszyklusphasen möglich, eine Klassifizierung strategisch relevanter Entscheidungssituationen vorzunehmen. Diese Klassifizierung ermöglicht einerseits die Systematisierung phasenspezifisch relevanter **strategischer Grundsatzentscheidungen**, die die Unternehmung zu treffen hat. Andererseits ist es auch möglich, Handlungsempfehlungen hinsichtlich der schwerpunktmäßigen Gestaltung der **operativen Marketingmaßnahmen** zu geben (Becker 2006).

Die besondere Aussagekraft des Produktlebenszykluskonzeptes ist in seinem **entscheidungsorientierten Ansatz** zu sehen, welcher markt- und wettbewerbsbezogene Strategien und Gestaltungshinweise direkt einbezieht. Im Zusammenhang mit der Ableitung von Aussagen für eine phasenspezifische Gestaltung des Marketinginstrumentariums ist allerdings auch auf einen maßgeblichen Kritikpunkt am Produktlebenszyklusmodell zu verweisen. Das Modell unterstellt, dass der Lebenszyklus aller Produkte den dargestellten idealtypischen Verlauf aufweist (Hoffmann 1972). Tatsächlich kann es jedoch zu erheblichen **Abweichungen** kommen, wie Markenprodukte wie Nivea Creme, Persil oder Tesa Film beispielhaft verdeutlichen. Die Ursache für diese individuellen Kurvenverläufe ist vor allem darin zu sehen, dass der Umsatz bzw. die Absatzmenge allenfalls bedingt abhängig von der Zeit sind. Vielmehr wird die Entwicklung des Absatzvolumens eines Produktes vor allem durch die abnehmergerichteten Aktivitäten beeinflusst, sodass die Unternehmung gestaltend auf den Verlauf des Produktlebenszyklus einwirken kann. Ein weiterer Kritikpunkt richtet sich darüber hinaus auf die Willkür, mit der die Abgrenzung der einzelnen Phasen und damit verbunden die Formulierung von Normstrategien im Allgemeinen vorgenommen wird.

Abgesehen von dieser Kritik machen die Handlungsempfehlungen allerdings auch deutlich, dass es nicht ausreichend ist, **pauschale Normstrategien** zu formulieren und die Gestaltung des Marketing-Mix ausschließlich an der Produktlebenszyklusphase zu orientieren. Im Rahmen des Benchmarking kann es vielmehr sinnvoll sein, die Lebenszyklen von Produkten erfolgreicher Wettbewerber oder vergleichbarer Unternehmungen und die von diesen eingeleiteten Maßnahmen zum Vergleich heranzuziehen.

Von großer Bedeutung ist darüber hinaus auch der Lebenszyklus des Marktes, auf welchem das Produkt angeboten wird. Die Ausgestaltung des Instrumentariums sollte somit auch von möglichen Abweichungen zwischen dem Markt- und dem Produktlebenszyklus abhängig gemacht werden.

2.2.2.2 Marktlebenszyklusanalyse

Das Marktlebenszyklusmodell orientiert sich am **Marktphasenschema** von Heuss (1965). Dieser unterscheidet anhand der Wachstumsraten des Marktvolumens zwischen **Einführungs-, Wachstums-, Stagnations- und Schrumpfungsphase**. Diese vier Phasen sind durch spezielle strategische Charakteristika gekennzeichnet und mit entsprechenden Herausforderungen für die Gestaltung des Marketing-Mix verbunden (Meffert 1994).

So ist beispielsweise die **Stagnationsphase** maßgeblich durch rückläufige Marktwachstumsraten gekennzeichnet. Diese Entwicklung ist darauf zurückzuführen, dass das Marktpotenzial ausgeschöpft ist und – mit Ausnahme später Adoptoren – allenfalls noch **Ersatzkäufe** getätigt werden. Die Konsumenten verfügen über ausreichende Produkterfahrungen und sind in der Lage, Unterschiede zwischen einzelnen Produkten zu erkennen und entsprechend – im Falle von Wiederholungskäufen – nach den eigenen Bedürfnissen und dem Grad ihrer Zufriedenheit auszuwählen. Die Massenmarktsituation trägt dabei zu einer starken Homogenität der angebotenen Leistungen bei. Daraus folgt zum einen, dass es kaum noch möglich ist, über die Produktqualität Wettbewerbsvorteile zu erlangen. Zum anderen ist die Wettbewerbsintensität sehr hoch, zumal sich die Unternehmungen häufig ausgeprägten **Marktaustrittsbarrieren** gegenübersehen. Letzteres beeinträchtigt ihre Handlungsflexibilität nachhaltig. Das Absatzrisiko der am Markt agierenden Unternehmungen ist demgegenüber relativ gering. Ursache hierfür ist vor allem die Transparenz der Märkte, welche wiederum mit der Dominanz von Basistechnologien verbunden ist, die durch etablierte Industriestandards abgesichert sind. Darüber hinaus konzentrieren sich die Marktanteile auf wenige Anbieter, die Marktaufteilung zwischen den Wettbewerbern ist relativ stabil.

Eine derartige Marktsituation lässt Rückschlüsse auf strategische Grundsatzentscheidungen zu, die – wenn nicht für alle, so doch wohl für die Mehrheit der Unternehmungen in stagnierenden Märkten – Gültigkeit besitzen. So sollten sich die marktgerichteten Strategien der Unternehmungen an den Zielsetzungen „Rentabilität" und „Stabilisierung bzw. Konsolidierung der Marktanteile" orientieren. Damit eng verbunden muss im Mittelpunkt der strategischen Ausrichtung die Sicherung der Wettbewerbsvorteile stehen, um so die Stellung am Markt zu behaupten.

Ähnlich wie für die Stagnationsphase können auch für die anderen Phasen des Marktlebenszyklus die jeweiligen **strategischen Besonderheiten** und ihre **Implikationen** für marktgerichtete Strategien systematisiert werden. Die Abb. 2.2-8 und 2.2-9 stellen diese Besonderheiten und strategischen Implikationen im Überblick dar.

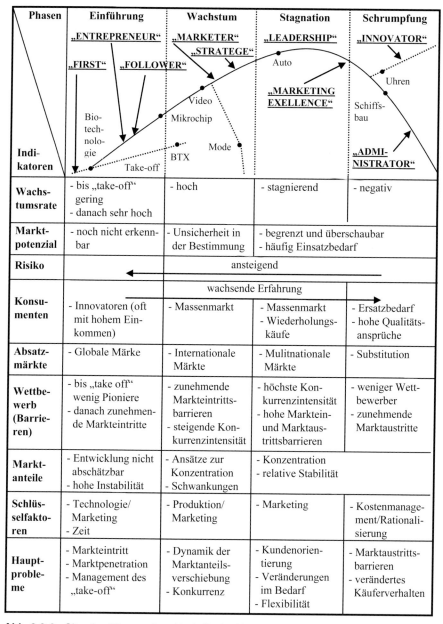

Phasen	Einführung		Wachstum	Stagnation	Schrumpfung
Indikatoren	"ENTREPRENEUR" "FIRST" Bio-tech-nolo-gie Take-off	"FOLLOWER"	"MARKETER" "STRATEGE" Video Mikrochip BTX Mode Auto	"LEADERSHIP" "MARKETING EXELLENCE" Schiffs-bau	"INNOVATOR" Uhren "ADMINISTRATOR"
Wachstumsrate	- bis "take-off" gering - danach sehr hoch		- hoch	- stagnierend	- negativ
Marktpotenzial	- noch nicht erkennbar		- Unsicherheit in der Bestimmung	- begrenzt und überschaubar - häufig Einsatzbedarf	
Risiko			ansteigend		
Konsumenten	- Innovatoren (oft mit hohem Einkommen)		wachsende Erfahrung - Massenmarkt	- Massenmarkt - Wiederholungs-käufe	- Ersatzbedarf - hohe Qualitäts-ansprüche
Absatzmärkte	- Globale Märke		- Internationale Märkte	- Mulitnationale Märkte	- Substitution
Wettbewerb (Barrieren)	- bis "take off" wenig Pioniere - danach zunehmende Markteintritte		- zunehmende Markteintritts-barrieren - steigende Konkurrenzintensität	- höchste Konkurrenzintensität - hohe Marktein- und Marktaustrittsbarrieren	- weniger Wettbewerber - zunehmende Marktaustritte
Marktanteile	- Entwicklung nicht abschätzbar - hohe Instabilität		- Ansätze zur Konzentration - Schwankungen	- Konzentration - relative Stabilität	
Schlüsselfaktoren	- Technologie/ Marketing - Zeit		- Produktion/ Marketing	- Marketing	- Kostenmanagement/Rationalisierung
Hauptprobleme	- Markteintritt - Marktpenetration - Management des "take-off"		- Dynamik der Marktanteils-verschiebung - Konkurrenz	- Kundenorientierung - Veränderungen im Bedarf - Flexibilität	- Marktaustritts-barrieren - verändertes Käuferverhalten

Abb. 2.2-8: Situative Phasencharakteristika im Marktlebenszyklus (Quelle: Meffert 1988)

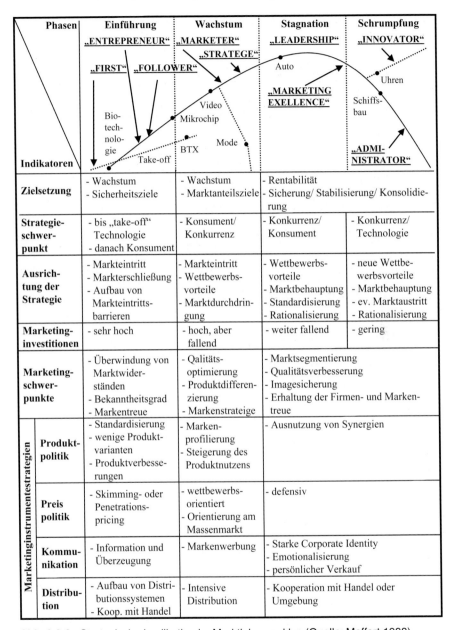

Phasen	Einführung „ENTREPRENEUR" „FIRST" „FOLLOWER"	Wachstum „MARKETER" „STRATEGE"	Stagnation „LEADERSHIP"	Schrumpfung „INNOVATOR"
Zielsetzung	- Wachstum - Sicherheitsziele	- Wachstum - Marktanteilsziele	- Rentabilität - Sicherung/ Stabilisierung/ Konsolidierung	
Strategieschwerpunkt	- bis „take-off" Technologie - danach Konsument	- Konsument/ Konkurrenz	- Konkurrenz/ Konsument	- Konkurrenz/ Technologie
Ausrichtung der Strategie	- Markteintritt - Markterschließung - Aufbau von Markteintrittsbarrieren	- Markteintritt - Wettbewerbsvorteile - Marktdurchdringung	- Wettbewerbsvorteile - Marktbehauptung - Standardisierung - Rationalisierung	- neue Wettbewerbsvorteile - Marktbehauptung - ev. Marktaustritt - Rationalisierung
Marketinginvestitionen	- sehr hoch	- hoch, aber fallend	- weiter fallend	- gering
Marketingschwerpunkte	- Überwindung von Marktwiderständen - Bekanntheitsgrad - Markentreue	- Qalitätsoptimierung - Produktdifferenzierung - Markenstrateige	- Marktsegmentierung - Qualitätsverbesserung - Imagesicherung - Erhaltung der Firmen- und Markentreue	
Marketinginstrumentestrategien — Produktpolitik	- Standardisierung - wenige Produktvarianten - Produktverbesserungen	- Markenprofilierung - Steigerung des Produktnutzens	- Ausnutzung von Synergien	
Preispolitik	- Skimming- oder Penetrationspricing	- wettbewerbsorientiert - Orientierung am Massenmarkt	- defensiv	
Kommunikation	- Information und Überzeugung	- Markenwerbung	- Starke Corporate Identity - Emotionalisierung - persönlicher Verkauf	
Distribution	- Aufbau von Distributionssystemen - Koop. mit Handel	- Intensive Distribution	- Kooperation mit Handel oder Umgebung	

Abb. 2.2-9: Strategische Implikation im Marktlebenszyklus (Quelle: Meffert 1988)

Die **Allgemeingültigkeit** des Verlaufs von Marktlebenszyklen und die damit verbundene Charakterisierung der strategisch relevanten Entscheidungssituationen vereinfachen es somit für die Unternehmung, marktgerichtete Strategien festzulegen, die den situativen Anforderungen in der jeweiligen Marktlebenszyklusphase gerecht werden. Darüber hinaus ermöglichen sie es der Unternehmung, die künftige Entwicklung des Marktes beispielsweise im Hinblick auf das Marktvolumen oder das Verhalten der Wettbewerber zu antizipieren und entsprechend strategische Stoßrichtungen frühzeitig zu planen. Die **Prognosefunktion** des Marktlebenszykluskonzeptes ist jedoch nur gewährleistet, wenn das Marktpotenzial sicher geschätzt werden kann, da ansonsten die Gefahr besteht, die Kennzeichen der jeweiligen Marktphase falsch zu interpretieren (Urban et al. 1993).

Das Marktlebenszykluskonzept gibt jedoch nicht nur Anhaltspunkte für die marktorientierte Unternehmensführung und die Gestaltung wettbewerbsgerichteter Strategien. Vielmehr lassen sich darüber hinaus Aussagen über die in den unterschiedlichen Marktstadien dominanten **Technologien** ableiten. Sie haben besondere Relevanz im Hinblick auf die Ausgestaltung der Innovationsstrategie der Unternehmung.

2.2.2.3 Technologielebenszyklusanalyse

Zur Kennzeichnung der Technologiedynamik und der damit zusammenhängenden Technologielebenszyklen ist es zunächst erforderlich, auf die Erkenntnisse des Industrieentwicklungsmodells und des S-Kurven-Modells zurückzugreifen (Benkenstein 1989; Moore, Pessemier 1993).

Im Rahmen des **Industrieentwicklungsmodells** wird – wie Abb. 2.2-10 verdeutlicht – ein Zusammenhang zwischen dem **Produktlebenszyklus** und der **Innovationsrate** hergestellt, wobei die Innovationsrate getrennt nach Produkt- und nach Prozessinnovationsraten analysiert wird (Utterback, Abernathy 1975; Abernathy, Utterback 1978).

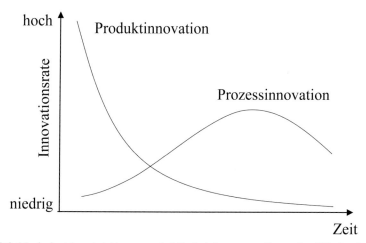

Abb. 2.2-10: Industrieentwicklungsmodell (in Anlehnung an Abernathy, Utterback 1978)

Im Rahmen empirischer Untersuchungen konnte festgestellt werden, dass die **Produktinnovationsrate** insgesamt zu Beginn eines Produktlebenszyklus sehr hoch ist (Abernathy, Utterback 1978; Galbraith, Schendel 1983). Ursache hierfür ist zum einen die Tatsache, dass noch kein Industriestandard etabliert ist, sodass dieser Zeitraum als „Phase des Experimentierens" bezeichnet werden kann. Zum anderen und damit zusammenhängend können Produktveränderungen zu diesem Zeitpunkt noch relativ einfach und ohne hohen F & E-Aufwand vorgenommen werden. Die Produktionstechnologien sind somit noch flexibel einsetzbar. Da die Märkte und die dort herrschenden Wettbewerbsstrukturen noch nicht eindeutig definiert sind, wird versucht, die angestrebte Marktstellung vor allem über einen intensiven Innovationswettbewerb auf Produktebene zu erlangen.

Im weiteren Verlauf eines Technologielebenszyklus lässt die Produktinnovationsrate nach. Hierzu tragen die zunehmende Verbreitung der Produkte und die damit zusammenhängenden Erfahrungen der Konsumenten auf der einen und die Erwartungen hinsichtlich einer Kontinuität des Erscheinungsbildes der Produkte auf der anderen Seite bei. **Produktvariationen** werden zur Differenzierung des Programms vorgenommen. Sie ziehen jedoch allein Anpassungen im Produktionsablauf mit sich und stellen daher keine wirklichen Innovationen dar. Diese können allenfalls durch Leistungssteigerungen der zugrunde liegenden Technologie erzielt werden. Zum Ende des Lebenszyklus kommt Produktdifferenzierungen hingegen eine noch geringere Rolle zu. Der Schwerpunkt liegt hier im Rahmen des sich verschärfenden Wettbewerbs mit zunehmend oligopolistischen Strukturen verstärkt auf dem Preis. Produktvariationen werden kaum noch vorgenommen, da die mit der Anpassung der Produktionsprozesse verbundenen Investitionen nicht mehr durch die entstehenden Differenzierungsvorteile ausgeglichen werden können.

Die **Prozessinnovationsrate** steigt demgegenüber mit voranschreitendem Lebenszyklus zunächst an (Abernathy, Townsend 1975; Abernathy, Wayne 1974). Ursache hierfür ist die nach der Etablierung eines Industriestandards bestehende Notwendigkeit, die Produktionsabläufe zunehmend effizienter und produktiver zu gestalten, um so im **Preiswettbewerb** bestehen zu können. Die mit diesen Innovationen häufig verbundene zunehmende Kapitalintensität der Produktion führt jedoch dazu, dass ab einem bestimmten Zeitpunkt Veränderungen des Produktionsprozesses zu hohe Investitionen verursachen, die nicht durch die angestrebten Kostensenkungen bzw. Absatzsteigerungen kompensiert werden. Die Prozessinnovationsrate nimmt entsprechend wieder ab.

Ein anderer, auf einem höheren Aggregationsniveau angesiedelter Ansatz zur Erklärung der technologischen Entwicklung ist das **S-Kurven-Modell**. In diesem Modell werden Produkt- und Prozesstechnologien nicht mehr isoliert betrachtet, sondern systematisch als voneinander abhängige und integrierte Technologien interpretiert (Sahal 1981). Im Zeitablauf kann dabei ein – wie in Abb. 2.2-11 dargestellt – s-förmiger Verlauf der **Leistungsentwicklung einer Technologie** beobachtet werden. Dieser Zusammenhang lässt Rückschlüsse auf die Innovationsplanung sowie das Technologiemanagement zu (Brockhoff 1984; Foster 1982 u.1986; Bright 1964; Sahal 1981).

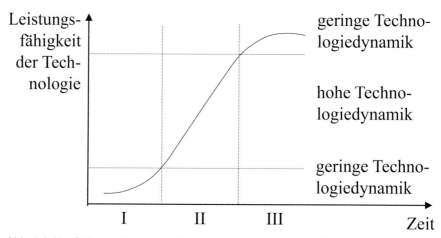

Abb. 2.2-11: S-Kurven-Modell der Technologieentwicklung (in Anlehnung an Sahal 1981, S. 70)

Ein Technologiezyklus ist danach durch eine Phase hoher zwischen zwei Phasen eher geringer Technologiedynamik gekennzeichnet (Wolfrum 1992a). Mit diesen Phasen sind unterschiedliche Technologietypen verbunden (Little o.J.). In Phase I herrschen so genannte **Schrittmachertechnologien** vor, für die es wesentliche Zukunftsgeschäftsfelder zu suchen gilt. Neben der Ableitung geeigneter Normstrategien steht die Bereitstellung ausreichender F & E-Budgets im Vordergrund, um ein für die künftigen Anforderungen ausreichendes Technologie-Know-how aufbauen zu können. In Phase II kommen demgegenüber **Schlüsseltechnologien** zur Anwendung. Diese Phase hoher Technologiedynamik ist mit einer hohen Innovationsintensität verbunden. Sie resultiert insbesondere aus dem Versuch, die Märkte schnell zu durchdringen, um eine starke Marktposition aufzubauen bzw. zu halten. Der hohen Innovationsintensität stehen dabei jedoch zunehmend kürzere Amortisationszeiten gegenüber. Investitionen in die F & E sind weiterhin relativ hoch, um mit der Technologiedynamik Schritt halten und dem damit zusammenhängenden Technologiewettbewerb begegnen zu können. Schließlich werden in Phase III **Basistechnologien** eingesetzt. Im Vordergrund des Technologiemanagements bzw. der Innovationsstrategie steht nun die Konsolidierung, d. h. die Erhaltung der Marktstellung in den bearbeiteten Märkten und Marktnischen. Insofern kommt es zu diesem Zeitpunkt zu einer Minderung der Innovationstätigkeit und damit verbunden auch zu einer Reduzierung der F & E-Budgets.

Der so beschriebene Leistungszyklus einer Technologie stellt jedoch nur ein stark verkürztes Abbild der Realität dar (Popper, Buskirk 1992). Unsicherheiten hinsichtlich der Technologieentwicklung, welche die Folge mangelnder Prognosemöglichkeiten sind, finden keine Berücksichtigung (Bright 1979; Schneider 1984; Stacey 1984). Auch der Wettbewerb zwischen unterschiedlichen Technologien wird in diesem Modell weitgehend vernachlässigt. Die Technologiedynamik besteht somit nicht nur innerhalb einer Leistungskurve, sondern auch zwischen unterschiedlichen Technologien, die sich im Laufe der Zeit substituieren können. Gerade aus dieser Problematik heraus ergeben sich Ansatzpunkte für das **Technologiemanagement**. Seine wesentliche Aufgabe besteht insbesondere darin, **Technologiesprünge**, die das Ergebnis neuer naturwissenschaftlicher Erkenntnisse sind, frühzeitig zu erkennen und hinsichtlich ihrer Wirkung auf den Technologiewettbewerb abzuschätzen. Das Problem hierbei liegt allerdings insbesondere darin, dass frühzeitig eine Bewertung neuer Technologien zu erfolgen hat, ohne dass die Möglichkeit besteht, ausreichende Erfahrungen mit diesen Technologien sammeln zu können.

Die Unterscheidung verschiedener Technologien hinsichtlich ihrer Dynamik ist schließlich auch Grundlage des **Technologielebenszyklusansatzes** (Ansoff, Stewart 1967; Ansoff, McDonnall 1990). In diesem Ansatz wird das S-Kurven-Modell mit dem Lebenszyklusmodell verknüpft. Dabei wird zwischen stabilen, dynamischen und sprunghaften Technologieentwicklungstypen unterschieden (Benkenstein 1996a). Abb. 2.2-12 stellt den Technologielebenszyklusansatz im Überblick dar.

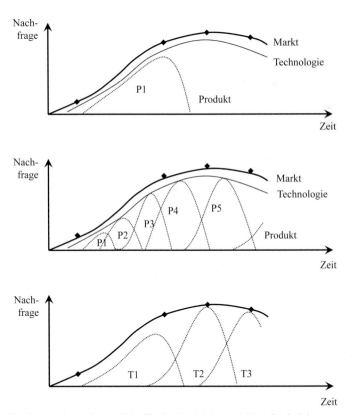

Abb. 2.2-12: Technologiedynamik im Technologielebenszyklus (in Anlehnung an Ansoff, McDonnell 1990)

Märkte mit einer **stabilen Technologieentwicklung** sind dadurch gekennzeichnet, dass keine gravierenden Veränderungen hinsichtlich der verwendeten Technologien auftreten. Die S-Kurve verläuft entsprechend relativ flach und ist lang gestreckt mit der

Folge, dass auch die Produktlebenszyklen vergleichsweise lang sind. Der Innovationswettbewerb ist äußerst gering. Wettbewerbsvorteile können daher entweder über die
Qualität oder über eine günstige Kostenstruktur erzielt werden. Der strategischen Innovationsplanung bzw. dem Technologiemanagement kommt folglich eine geringe
Bedeutung zu.

Kommt es hingegen während des Marktlebenszyklus zu ausgeprägten Leistungssteigerungen der eingesetzten Technologie, so spricht man von einer **dynamischen Technologieentwicklung**. Die S-Kurve verläuft in diesem Fall sehr steil, der Grenzertrag des
F & E-Budgets fällt vergleichsweise hoch aus. Diese Entwicklung ist für die Unternehmung ohne größere Risiken verbunden, da sie zwar weniger stabil ist, gleichzeitig jedoch
kontinuierlich verläuft. Die Unternehmungen stehen unter einem andauernden Innova-
tionsdruck, da laufend neue Produkte, die dem Stand der technologischen Entwicklung
entsprechen, in den Markt eingeführt werden müssen. Dem Innovationsmanagement
kommt daher eine große Bedeutung zu, da es trotz verkürzter Produktlebenszyklen gelingen muss, einen ausreichenden Return on Investment zu erzielen, um langfristig im
Innovationswettbewerb bestehen zu können.

Treten im Laufe eines Marktlebenszyklus **Technologiesprünge** auf, indem etablierte
Technologien kurzfristig durch neue, überlegene Technologien ersetzt werden, so ist
dieses mit erheblichen Risiken für die in diesem Markt agierenden Unternehmungen
verbunden, da das technologische Know-how rasch veraltet. Im Vordergrund der
marktorientierten Unternehmensführung stehen daher neben dem Technologiemanagement insbesondere Frühwarnsysteme, mit deren Hilfe versucht wird, entsprechende
technologische Sprünge zu antizipieren und in die strategische Planung einzubeziehen.

Das Technologielebenszykluskonzept trägt dazu bei, unterschiedliche technologische
Entwicklungen innerhalb eines Marktlebenszyklus zu typologisieren und daraus Implikationen für das **Innovations- und das Technologiemanagement** abzuleiten. Die Einbettung in das Marktlebenszyklusmodell führt dazu, dass die Technologieentwicklung
innerhalb eines Marktes idealtypisch betrachtet wird. Mischformen, d. h. die Möglichkeit, dass sich die Technologie innerhalb eines Marktlebenszyklus zunächst dynamisch
und anschließend sprunghaft entwickelt, finden hingegen keine Berücksichtigung (Ansoff, McDonnall 1990). Dies führt dazu, dass die Anforderungen an das Management
ungerechtfertigterweise verkürzt und Entscheidungen bezüglich des Technologie- und
des Innovationsmanagements unter Umständen auf der Basis falscher Ausgangsvoraus-
setzungen gefällt werden.

2.2.2.4 Stellenwert der Lebenszyklusanalyse für die strategische Marketingplanung

Die verschiedenen Lebenszykluskonzepte dienen insgesamt der Bestimmung der eigenen Position einer Unternehmung. Grundsätzlich wird dabei unterstellt, dass ein Produkt,
ein Markt oder eine Technologie im Zeitablauf eine vorbestimmte Entwicklung durchlaufen, deren Phasen wiederum durch spezifische Merkmale geprägt sind.

Entsprechend liegt ein Vorteil dieser Analysemethode darin, dass die besondere **Dynamik** von Märkten oder auch Technologien in den Vordergrund der Analyse gestellt wird. Gleichwohl handelt es sich nicht um ein Analyseinstrument, welches eine dynamische Planung im Sinne einer periodenbezogenen Betrachtungsweise erlaubt. Ursache hierfür ist insbesondere darin zusehen, dass die **Zeit** als unabhängige Größe in die Betrachtung eingeht, die Zeitintervalle jedoch nicht weiter spezifiziert werden. Aus der Analyse geht somit nicht hervor, ob der Lebenszyklus Jahre, Monate oder sogar nur wenige Wochen umfasst, wie dies beispielweise bei sehr modischen Artikeln häufig der Fall ist. Selbst wenn die zeitliche Bezugsgröße aufgrund der in der Branche oder in der Unternehmung gesammelten Erfahrungen genauer spezifiziert werden kann, ist eine **Periodisierung** nicht möglich, da sich die einzelnen Phasen des Lebenszyklus nicht eindeutig bestimmen und voneinander abgrenzen lassen.

Trotz der mangelnden Spezifizierbarkeit bietet das Konzept den Vorteil, für die Unternehmung strategisch relevante Umweltsituationen zu klassifizieren. Auf der Basis der Kennzeichnung der einzelnen Phasen im Hinblick auf die Nachfrage- oder die Wettbewerbssituation ist es möglich, rechtzeitig geeignete Marketingstrategien einzuleiten, um den jeweiligen Entwicklungen zu begegnen. Dabei ist jedoch auf das bereits in Zusammenhang mit dem Produktlebenszyklus aufgeführte Problem hinsichtlich der unterstellten **Allgemeingültigkeit** zu verweisen. Die Lebenszyklen einzelner Produkte, aber auch die ganzer Märkte oder der verwendeten Technologien können zum Teil ganz erheblich von dem dargestellten typischen Verlauf abweichen. Einige Phasen werden unter Umständen gar nicht erreicht oder aber übersprungen, auch die Wiederholung einzelner Phasen ist denkbar. Die Ursache für die Abweichung der tatsächlichen Entwicklung von der idealtypisch unterstellten liegt vor allem darin, dass die Möglichkeit, den Verlauf eines Lebenszyklus durch das absatzpolitische Instrumentarium zu beeinflussen, im Modell keine Berücksichtigung findet.

Wenn die Aussagekraft der Lebenszyklusanalyse somit entsprechend zu relativieren ist, ist sie gleichwohl nicht vollständig zu verwerfen, da sie mit zunehmendem Aggregationsgrad an Bedeutung und Richtigkeit gewinnt. Ursache hierfür ist vor allem die theoretische Fundierung, welche das Lebenszyklusmodell durch die **Adoptions- bzw. Diffusionstheorie** erfährt (Rogers 2003). Unter dem Diffusionsprozess eines Produktes versteht man die Ausbreitung von Innovationen unter den potenziellen Nachfragern, wobei diese nicht zeitgleich, sondern in der Regel verzögert erfolgt (Böcker, Gierl 1987; Gierl 1992). Dabei wird angenommen, dass ein bestimmtes Potenzial an Käufern besteht, die aufgrund ihrer Persönlichkeit, aber auch als Folge absatzpolitischer Maßnahmen ein Produkt kaufen.

Wie schnell sich dabei das Nachfragepotenzial konkret in Abverkäufe umsetzt, wie hoch also die Innovationsbereitschaft der einzelnen Kunden ist, hängt auf der einen Seite von den marktgerichteten Aktivitäten des Anbieters ab. Auf der anderen Seite wird die Übernahmegeschwindigkeit durch die Bedarfsintensität, vor allem jedoch durch sozio-psychologische Merkmale des Nachfragers beeinflusst. Ein derartiges Adoptionsmodell mit der zugehörigen Typologisierung der Erstkäufer hinsichtlich ihrer Innovationsbereitschaft verdeutlicht Abb. 2.2-13.

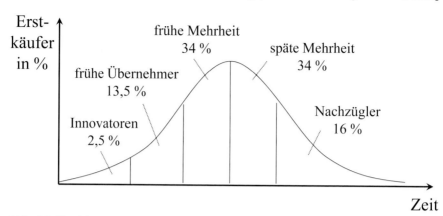

Abb. 2.2-13: Adoptionsmodell (Quelle: Rogers 2003)

Die Diffusionstheorie mit den zugrunde liegenden Prämissen (Mahajan et al.1990) bestätigt im Grundsatz die Annahmen des Produkt-, vor allem aber des Marktlebenszykluskonzeptes. Damit erfährt die Lebenszyklusanalyse eine theoriegeleitete Fundierung. Der Unterschied zwischen diesen sehr ähnlichen Konzepten liegt vor allem darin begründet, dass das Diffusionsmodell nur **Erstkäufer** betrachtet, während das Lebenszykluskonzept darüber hinaus auch die **Wiederholungskäufe** einbezieht.

Insgesamt kann festgestellt werden, dass die Lebenszyklusanalyse geeignet ist, die Risiken, die mit der Einführung neuer Produkte oder dem Auftreten neuer Wettbewerber verbunden sind, global zu erfassen und abzubilden. Darauf aufbauend dient sie der Ableitung globaler strategischer Stoßrichtungen, die insbesondere wettbewerbsgerichtet, aber auch für das Innovationsmanagement tragfähig sind.

2.2.3 Kostenorientierte Analysekonzepte

Gemeinsames Merkmal kostenorientierter Analysekonzepte ist die Identifikation relevanter Kostenpositionen der betrachteten Unternehmung mit dem Ziel, diese zu verbessern (Homburg, Demmler 1994). Die Verfahren werden im Rahmen der strategischen Unternehmensplanung eingesetzt und unterscheiden sich deutlich von herkömmlichen Verfahren der Kostenrechnung und der Kostenanalyse sowie auch untereinander bezüglich ihres Ansatzpunktes. Als bedeutende Vertreter der kostenorientierten Analysekonzepte sollen im Folgenden die Erfahrungskurvenanalyse, die Gemeinkosten-Wertanalyse und das Zero-Base-Budgeting dargestellt und mit Blick auf ihre Beiträge zur wettbewerbsorientierten Marketingplanung diskutiert werden.

2.2.3.1 Erfahrungskurvenanalyse

Die **Erfahrungskurvenanalyse** basiert auf den in den 1960er Jahren von Henderson empirisch abgeleiteten Erkenntnissen hinsichtlich des Zusammenhangs zwischen der im Zeitablauf gesammelten Erfahrung mit der Produktion von Gütern und der Entwicklung der jeweiligen Stückkosten (Henderson 1984). Die Kernaussage lautet, dass mit jeder Verdopplung der kumulierten Ausbringungsmenge die rein auf die Wertschöpfung bezogenen realen, d. h. um die Inflationsrate bereinigten Stückkosten um ca. 20 bis 30 % sinken können. Dadurch ergibt sich der in Abb. 2.2-14 dargestellte Verlauf der Stückkostenentwicklung. Die kumulierte Ausbringungsmenge wird dabei als Indikator für die im Rahmen des Produktionsprozesses gewonnene Erfahrung herangezogen.

Zur Erklärung des Erfahrungskurveneffektes werden verschiedene Ansätze herangezogen (Kreikebaum 1997; Sever 1985; Grimm 1983; Hieber 1991; Wacker 1980). Dies können Lernkurveneffekte, Größendegressionseffekte, Innovationen und Rationalisierungsmaßnahmen sein.

Lernkurveneffekte werden dabei zunächst als Hauptgrund für Erfahrungskurveneffekte angesehen. Die Reduktion der Kosten wird durch Lernkurveneffekte erreicht, da die Arbeitsgänge mit zunehmender Wiederholung effizienter gestaltet werden. Dadurch kann es z. B. zu einer verbesserten Ausbeute der Rohstoffe oder zu geringeren Umrüstzeiten kommen.

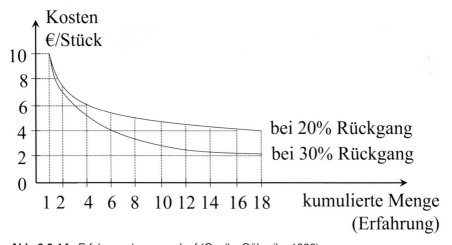

Abb. 2.2-14: Erfahrungskurvenverlauf (Quelle: Gälweiler 1986)

Neben diesen Lernkurveneffekten wirken jedoch zusätzlich weitere Einflussfaktoren auf die Entwicklung der Kosten, welche empirisch nicht eindeutig voneinander getrennt werden können. Entsprechend werden diese Faktoren zur Interpretation der Erfahrungskurve im weiteren Sinne herangezogen.

Dabei handelt es sich zum einen um **Größendegressionseffekte**, welche sich weiter in die Betriebsgrößen- und die Fixkostendegression unterteilen lassen. Bei der **Betriebsgrößendegression** entsteht der kostensenkende Effekt dadurch, dass z. B. mit dem Erreichen einer bestimmten Betriebsgröße verbesserte und leistungsfähigere Technologien eingesetzt werden können. Diese economies of scale sind jedoch nicht mit der so genannten Fixkostendegression zu verwechseln, welche allein die Verteilung der Fixkosten auf eine höhere Ausbringungsmenge erfasst. Im Gegensatz jedoch zum Erfahrungskurveneffekt, welcher sich auf die kumulierte Ausbringungsmenge bezieht, stellt die **Fixkostendegression** auf die Ausbringungsmenge innerhalb einer Periode ab.

Zum anderen eröffnen sich Kostensenkungspotenziale durch den **technologischen Fortschritt**. Dabei kann zwischen Produkt- und Verfahrensinnovationen unterschieden werden, wobei erstere nur dann eine Reduzierung der Kosten bewirken, wenn sie zu einer effizienteren Produktion beitragen. Entsprechend sind es vor allem **Verfahrensinnovationen**, die zu einer Verschiebung der Produktions- und – damit verbunden – der Kostenfunktion führen. Unter Verfahrensinnovationen fallen dabei nicht allein der Einsatz verbesserter Maschinen und Technologien, sondern auch effizientere Verfahren der Produktionssteuerung oder der Produktionsablaufgestaltung.

Schließlich tragen auch generelle **Rationalisierungsmaßnahmen** zu einer Reduktion der Stückkosten bei. Sie stehen in enger Beziehung zu den zuvor genannten Kosteneinflussgrößen und stellen im Prinzip die Umsetzung bzw. Ausnutzung der mit diesen verbundenen Kostensenkungspotenziale dar, indem die Verbesserung der Wirtschaftlichkeit betrieblicher Prozesse und Strukturen angestrebt wird (Kreikebaum 1997; Hieber 1991).

An dieser Stelle wird explizit das Wesen der Erfahrungskurve deutlich. Der Erfahrungskurveneffekt zeigt allenfalls das Potenzial zur Kostensenkung auf. Diese Möglichkeit kommt jedoch nicht einem Naturgesetz gleich, sondern muss im Rahmen der strategischen Planung umgesetzt werden. Die tatsächliche Durchführung kostensenkender Maßnahmen ist daher abhängig davon, „inwieweit das jeweilige Management die Fähigkeiten besitzt, die mit der zunehmenden Erfahrung sich eröffnenden Wege und Möglichkeiten zur Kostensenkung zu erkennen und realisieren zu können" (Henderson 1974).

Trotz der großen Resonanz, auf die das Erfahrungskurvenkonzept zunächst gestoßen ist, sind mit der Bestimmung des Effektes und der Interpretation seiner Ursachen grundlegende Voraussetzungen bzw. Probleme verbunden (Lange 1984; Bauer 1986; Hieber 1991). Die Kritik an der Aussagekraft des Erfahrungskurveneffektes erstreckt sich vor allem auf die **Abgrenzung des Kostenbegriffs** (Woolley 1972; Henderson 1984; Wacker 1980). Dabei wird insbesondere die Beschränkung auf Wertschöpfungskosten innerhalb des Unternehmens problematisiert. Außerdem sind die Anfangsstückkosten und damit die Kostenelastizität c.p. umso geringer, je besser der Output der vorbereitenden Produktionsplanung (wie z. B. Auswahl der Maschinen) ist und je höher das erwartete Absatzvolumen pro Periode ausfällt (Lange 1984).

Des Weiteren kann die **Wahl der Bezugsgröße** Anlass zur Kritik geben (Abernathy, Wayne 1974). In diesem Zusammenhang wird unterstellt, die Marktanteile bzw. abgesetzten Mengen entsprächen auch der tatsächlich produzierten Menge (Hieber 1991). Weiterhin finden mögliche **Kapazitätsgrenzen** oder **Sättigungsmengen** keinen Eingang in das Konzept.

Neben diesen praktischen Problemen bei der Anwendung des Erfahrungskurvenkonzeptes lassen sich auch Mängel bezüglich der **theoretischen Fundierung** anführen (Lange 1984). Hier ist kritisch anzumerken, dass zur theoretischen Begründung des Erfahrungskurveneffektes unterschiedliche Effekte, insbesondere der Lern- und der Größendegressionseffekt miteinander vermischt werden, obwohl diese Effekte unterschiedliche Bezugsgrößen haben. Mit Blick auf die mangelnde theoretische Fundierung ist zudem die fehlende **Falsifizierbarkeit** anzuführen, die daraus resultiert, dass es sich um eine reine Möglichkeitsaussage handelt, ein Nichteintreten des Kostensenkungseffektes somit nicht zwingend auf Fehler in der Konzeption, sondern auf andere Gründe zurückgeführt werden kann.

2.2.3.2 Gemeinkostenwertanalyse

Bei der **Gemeinkostenwertanalyse** handelt es sich um ein Analyseinstrument, welches zu Beginn der 1970er Jahre von McKinsey & Company unter dem Namen Overhead-Value-Analysis (OVA) entwickelt worden ist (Huber 1987).

Ziel der Gemeinkostenwertanalyse ist es die durch Ineffizienzen bedingten Gemeinkosten in der Unternehmung zu reduzieren bzw. zu eliminieren, ohne dabei den vom Kunden wahrgenommenen Produktnutzen zu mindern.

Wenngleich in der Praxis von vorrangiger Bedeutung, so wird in einer neueren Interpretation dieser Kostenanalysemethode nicht allein auf eine Senkung der Kosten abgestellt (Müller 1998; Schwaiger, Thomas 1985; Huber 1987). Vielmehr ist – wie Abb. 2.2-15 verdeutlicht – auch eine Steigerung des Nutzens der analysierten Leistungen durch Anwendung dieses Analysekonzeptes zu erreichen.

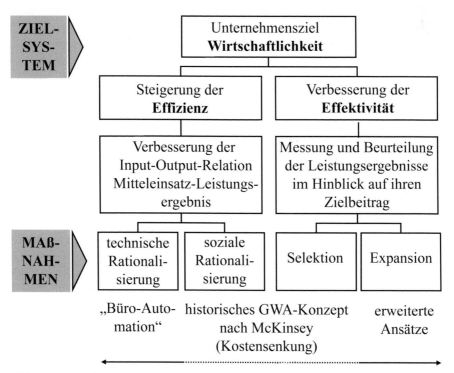

Abb. 2.2-15: Aufgabenspektrum der Gemeinkostenwertanalyse (in Anlehnung an Müller 1998)

Die Gemeinkostenwertanalyse lässt sich in mehrere Teilschritte untergliedern. Zunächst geht es darum, die Leistungen und die Kostenstruktur der einzelnen Gemeinkostenbereiche zu ermitteln und einander gegenüberzustellen. Dabei sind genaue Kenntnisse bezüglich der Aufbau- und Ablauforganisation erforderlich, die in einer **Tätigkeitsstrukturanalyse** zusammengefasst werden (Müller 1998). Anschließend erfolgt eine Bewertung der jeweiligen **Kosten-Nutzen-Relation** der betrachteten Unternehmensbereiche. Damit werden Struktureinheiten identifiziert, die vergleichsweise unproduktiv arbeiten und deren Reorganisation dringend geboten erscheint (Kleine-Doepke 1983). Schließlich sind geeignete kostensenkende Maßnahmen zu planen und zu realisieren (Schwaiger, Thomas 1985).

Probleme bei der Durchführung der Gemeinkostenwertanalyse können insbesondere mit mangelnder Akzeptanz bzw. Widerständen der Mitarbeiter zusammenhängen (Müller 1998; Jehle 1982). Deren Ursache liegt vor allem darin begründet, dass bei den Mitarbeitern die Angst besteht, eine Reduzierung der in ihrem Bereich verursachten Kosten sei vor allem durch Rationalisierungsmaßnahmen, verbunden mit Personaleinsparungen, zu erzielen.

2.2.3.3   Zero-Base-Budgeting (ZBB)

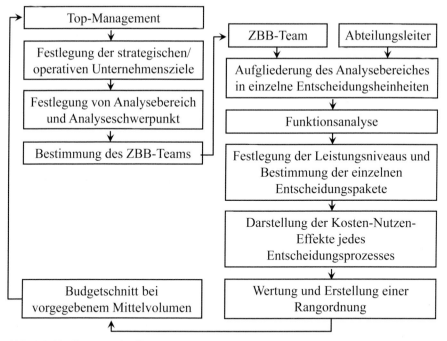

Abb. 2.2-16: Prozess des Zero-Base-Budgeting (Quelle: Müller 1998)

Das **Zero-Base-Budgeting** als drittes Instrument der Kostenanalyse wurde zu Beginn der 1970er Jahre bei Texas Instruments entwickelt und seither in einer Vielzahl von Unternehmungen angewandt (Pyhrr 1970, Hitschler 1990). Im Gegensatz zur GWA steht bei diesem Analyseverfahren nicht die Senkung der gesamten Gemeinkosten im Vordergrund, sondern die Verbesserung der **Kosten-Nutzen-Relation der Gemeinkostenstruktur**. In die Analyse gehen somit weniger die absoluten als vielmehr die auf den jeweiligen Nutzenbeitrag bezogenen relativen Gemeinkosten ein. Dabei ist im Ergebnis auch eine Erhöhung der Gemeinkosten denkbar.

Grundgedanke ist die zunächst hypothetische **Reorganisation** der Unternehmung, ohne dabei die bisherigen Strukturen zu berücksichtigen. Von dieser „Basis null" ausgehend müssen sämtliche Gemeinkosten neu begründet werden (Seibel 1980). Es wird somit versucht, eine weitgehende Optimierung der Gemeinkostenbereiche und eine entsprechende Senkung der relativen Gemeinkosten zu erzielen. Dies wird dadurch erreicht, dass jede einzelne Aktivität, unabhängig von der ihr bislang beigemessenen Bedeutung hinsichtlich ihrer Kosten-Nutzen-Relation, analysiert und bewertet wird. Der Prozess einer ZBB-Analyse lässt sich in die in Abb. 2.2-16 dargestellten Teilschritte untergliedern (Hitschler 1990).

2.2.3.4 Stellenwert der kostenorientierten Analysekonzepte für die strategische Marketingplanung

Bei der Analyse des Stellenwertes der kostenorientierten Konzepte soll im Folgenden eine Trennung zwischen der Erfahrungskurvenanalyse auf der einen Seite und der Gemeinkostenwertanalyse sowie des Zero-Base-Budgeting auf der anderen Seite vorgenommen werden.

Das Erfahrungskurvenkonzept bezeichnet als wesentliche Bestimmungsfaktoren für das Entstehen von Kostensenkungspotenzialen das **Marktwachstum** auf der einen und den (relativen) **Marktanteil** auf der anderen Seite. Ist eine Unternehmung auf wachsenden Märkten tätig und vereinigt sie einen höheren Marktanteil als der Hauptwettbewerber auf sich, so kann sie schneller als der Hauptwettbewerber die kumulierte Ausbringungsmenge verdoppeln und dadurch umfassende Erfahrungskurveneffekte realisieren. Dadurch erlangt die Erfahrungskurvenanalyse besondere Bedeutung für die **strategische Planung, da grundlegende Aussagen** bezüglich der langfristigen Prognose der **Kosten** und – soweit man einen entsprechenden Zusammenhang unterstellen kann – der **Preisentwicklung** getroffen werden.

Der Erfahrungskurveneffekt gibt deshalb auch Anhaltspunkte für die **Preisstrategie**, die bei der Einführung neuer Produkte zu wählen ist (Bauer 1986; Backhaus, Voeth 2007; Woolley 1972; Sallenave 1976; Picot 1981a). Grundsätzlich spricht die Betrachtung der Kostensenkungspotenziale für eine **Penetrationspreisstrategie**, d. h. für die Wahl eines niedrigen Einführungspreises, der mit der Erlangung eines bestimmten Absatzniveaus bzw. Marktanteils sukzessive erhöht wird, da so die kumulierten Mengen relativ schnell verdoppelt werden können. Dennoch hat das Konzept auch Relevanz bei Verfolgung einer **Präferenzstrategie** verbunden mit relativ hohen Preisen, da die Möglichkeit besteht, hohe Gewinnspannen abzuschöpfen (Kortge et al. 1994).

Schließlich ist es auch möglich, das Erfahrungskurvenkonzept in Zusammenhang mit der Marktlebenszyklusanalyse bei der Entscheidung für eine **Wettbewerbsstrategie** bei Eintritt in einen Markt heranzuziehen (Ghemawat 1985). Tritt eine Unternehmung beispielsweise in einen Markt ein, der sich bereits in der Reifephase befindet, so ist die Strategie der Kostenführerschaft häufig ungeeignet, da das Kostensenkungspotenzial aufgrund fehlender Erfahrungen gering ist und das eingeschränkte oder bereits rückläufige Marktwachstum eine schnelle Verdopplung der kumulierten Produktionsmenge und somit die Nutzung von Erfahrungskurveneffekten behindert. Eine Profilierung kann daher allenfalls über die Differenzierung erfolgen.

Bei der Betrachtung der Analysekonzepte **Gemeinkosten-Wertanalyse** und **Zero-Base-Budgeting** ist grundsätzlich positiv zu bewerten, dass mit Hilfe dieser Analyseverfahren versucht wird, die (Gemein-)Kostenstruktur eines Unternehmens zu verbessern und die Ansätze zu ihrer effizienteren Gestaltung transparent zu machen. Durch die Reduktion bzw. effizientere Verteilung von Gemeinkosten verbessert die Kostenstruktur und somit die Wettbewerbsposition der betrachteten Unternehmung. Dadurch werden Preissenkungsspielräume eröffnet und der erhöhte Cash-Flow kann die Gefahr von Liquiditätsengpässen vermindern. Zudem tragen die Renditeorientierung und Effizienzsteigerung in Unternehmensbereichen mit fehlender Marktnähe zu einer erhöhten Flexibilität der Unternehmung bei (Müller 1998, Roever 1980). Wettbewerbsvorteile sind allerdings nicht allein über eine im Vergleich zur Konkurrenz bessere Kostenposition, sondern auch über Differenzierungsvorteile zu erlangen. Deshalb stellen beide Analyseverfahren nicht nur auf die (Gemein-)Kostenreduktion ab. Insbesondere das Zero-Base Budgeting zielt auch auf eine **Verbesserung des Leistungsspektrums** im Sinne einer Erhöhung des (Kunden-)Nutzens.

In der Gegenüberstellung der Kosten, die durch die Erstellung der Leistungen anfallen, und des Nutzens, der durch die Leistungen erzielt wird, liegt jedoch ein zentrales Problem dieser Analyseverfahren. Es bleibt unklar, aus welcher Perspektive und auf welche Weise dieser Nutzen ermittelt wird. Im Vordergrund einer wettbewerbsorientierten Betrachtung muss dabei die Kundenperspektive stehen. Deshalb muss eine Bewertung der einzelnen Leistungen im Hinblick darauf erfolgen, inwieweit und in welcher Höhe der **Kundennutzen** verändert bzw. verbessert wird. Eine derartige Nutzenerfassung ist jedoch im Zusammenhang mit den hier dargestellten kostenorientierten Analyseverfahren nicht vorgesehen. Die Aussagefähigkeit dieser Analysen ist daher entsprechend eingeschränkt.

2.2.4 Portfolioanalyse

2.2.4.1 Grundlagen der Portfolioanalyse

Der Begriff des „Portefeuille" entstammt dem Finanzmanagement. Beim Management von Wertpapierportefeuilles geht es darum, die Wertpapiere so zu mischen, dass ein bestimmter Ertrag mit minimalem Risiko oder aber ein bestimmtes Risiko mit einem maximalen Ertrag verbunden ist (Markowitz 1959).

Erst in den 1970er Jahren ist dieser Begriff vor dem Hintergrund einer zunehmenden Diversifizierung der Unternehmungen auf Problemstellungen der strategischen Unternehmensplanung übertragen worden. Verfolgt wird dabei das Ziel, die Relation zwischen Erfolg und Risiko innerhalb eines Portfolios zu optimieren (Antoni, Riekhof 1994). Entsprechend soll die Portfolioanalyse transparent machen, welche **Erfolgsbeiträge** und welche **Risiken** durch die „Mischung" der strategischen Geschäftseinheiten einer Unternehmung entstehen. Sie kann dabei als „Hilfsmittel zur Charakterisierung und zielorientierten Zusammenstellung strategischer Alternativen" (Hahn 1982) bezeichnet werden.

Die Darstellung eines Portfolios erfolgt in der Regel in einer **Matrix**, in welcher zwei Dimensionen zur Kennzeichnung des Erfolgsbeitrags strategischer Geschäftseinheiten einander gegenübergestellt werden. Die Auswahl der beiden Dimensionen erfolgt so, dass zum einen eine **externe**, d. h. von der Unternehmung nicht zu beeinflussende Umweltvariable, und zum anderen eine **interne**, im Rahmen der strategischen Planung entsprechend beeinflussbare Variable in die Analyse einbezogen werden. Dies entspricht auch der Grundüberlegung der SWOT-Analyse sowie jedweder strategischen Unternehmensplanung, wonach die Unternehmensstrategie sowohl vom Potenzial der Unternehmung selbst als auch von der Entwicklung insbesondere der Aufgabenumwelt abhängig ist (Picot 1981, 1981a).

Die Portfoliodimensionen werden auf der Basis von **strategischen Erfolgsfaktoren** abgegrenzt. Diese Erfolgsfaktoren beeinflussen langfristig und unabhängig von sich ändernden Rahmenbedingungen den wirtschaftlichen Erfolg einer Unternehmung nachhaltig. Die Analyse und Identifikation entsprechender Erfolgsfaktoren ist Gegenstand der **Erfolgsfaktorenforschung** (Peters, Waterman 1982; Buzzell, Gale 1987; Lehner 1995; Schröder 1994; Hildebrandt 2002).

In Abhängigkeit von der Anzahl der zur Bewertung der Geschäftseinheiten herangezogenen Erfolgsfaktoren kann zwischen **klassischen Portfolios** und **synthetischen Portfolios** unterschieden werden. Erstere greifen bei der Wahl der internen und externen Portfoliodimension auf jeweils nur einen Erfolgsfaktor zurück (vgl. BCG-Portfolio in Punkt 2.2.4.2). Die synthetischen Ansätze ziehen demgegenüber mehrere Erfolgsfaktoren heran, die im Rahmen eines Bewertungsprozesses zu den beiden Portfoliodimensionen verdichtet werden (vgl. McKinsey-Portfolio in Punkt 2.2.4.2).

Sind die Dimensionen des Portfolios festgelegt, werden die strategischen Geschäftseinheiten anhand dieser Dimensionen bewertet und innerhalb der zweidimensionalen Matrix **positioniert**. Die Geschäftseinheiten werden dabei typischerweise als Kreise im Portfolio dargestellt.

Im Folgenden sollen die beiden genannten Portfoliomethoden und darüber hinaus das aus den Geschäftsfeld-Portfolios abgeleitete Technologie-Portfolio dargestellt und hinsichtlich ihrer Implikationen für die strategische Unternehmensführung erläutert werden.

2.2.4.2 Bedeutende Ansätze der Portfolioanalyse

Das **Marktanteils-Marktwachstums-Portfolio** der Boston Consulting Group (BCG-Portfolio) baut direkt auf den Erkenntnissen der Erfahrungskurvenanalyse sowie denen der Erfolgsfaktorenforschung hinsichtlich des Zusammenhangs zwischen relativem Marktanteil, Marktwachstum und Rentabilität auf (Antoni, Riekhof 1994; Baum et al. 2007; Becker 2006). Entsprechend werden – wie in Abb. 2.2-17 dargestellt – die strategischen Geschäftseinheiten einer Unternehmung anhand ihres relativen Marktanteils und des Marktwachstums gekennzeichnet. Indem man das Marktwachstum als finanzmittelverbrauchende und den relativen Marktanteil als finanzmittelfreisetzende Dimension parallel betrachtet, versucht man, den Zusammenhang zwischen Rentabilität, Cash-Flow, Verschuldungskapazität, Wachstums- und Dividendenpotenzial und Wettbewerbsfähigkeit herzustellen (Oetinger 2000). Der relative Marktanteil gibt dabei das Verhältnis zwischen dem eigenen Marktanteil und dem Marktanteil des größten Hauptwettbewerbers bzw. der drei größten Wettbewerber wieder.

Bei der Positionierung der strategischen Geschäftsfelder lassen sich vier grundlegende Positionen voneinander abgrenzen (Meffert et al. 2008; Meffert, Wehrle 1981; Dunst 1983; Abell, Hammond 1979), die jeweils auf ihre Bestimmungsfaktoren abgestimmte Strategien erforderlich machen (Picot 1981a; Wittek 1980; Abell, Hammond 1979; Hax, Majluf 1988).

Bei den so genannten **Fragezeichen** oder Question Marks handelt es sich um strategische Geschäftseinheiten, die durch ein überdurchschnittliches Marktwachstum und gleichzeitig durch einen geringen relativen Marktanteil gekennzeichnet sind. Damit stellen die Question Marks zwar potenzielle Zukunftsgeschäfte dar, jedoch erfordert ihre Entwicklung einen hohen Finanzmittelbedarf, dem keine entsprechenden Überschüsse innerhalb dieser Geschäftseinheiten gegenüberstehen. Zudem kann der künftige Erfolg nicht garantiert werden. Zur Sicherung der Zukunft der Unternehmung ist es deshalb sinnvoll, bei den vorhandenen Fragezeichen selektiv vorzugehen und nur eine gewisse Zahl an Fragezeichen im Portfolio mittel- bis langfristig zu Stars zu entwickeln. Bei den übrigen Fragezeichen sind dagegen Abschöpfungs- bzw. Desinvestitionsstrategien zu verfolgen.

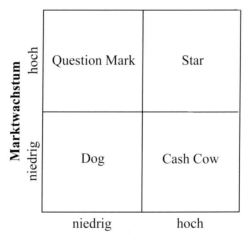

Abb. 2.2-17: Marktanteils-Marktwachstums-Portfolio (Quelle: Meffert 1986)

Stars bewegen sich in stark wachsenden Märkten und ihr Marktanteil ist im Verhältnis zu den Hauptwettbewerbern sehr groß. Um die starke Wettbewerbsposition zu halten oder unter Umständen noch auszubauen, vor allem aber wegen des nachhaltig hohen Marktwachstums ist der Finanzmittelbedarf dieser Geschäftseinheiten ebenfalls hoch. Dem Finanzmittelbedarf stehen jedoch aufgrund der starken Marktstellung hohe Finanzmittelüberschüsse gegenüber. Deren Reinvestition und die meist erforderliche Zuführung weiterer Finanzmittel sind allerdings zwingend erforderlich, um die Wettbewerbsposition der Stars zu halten. Investitionen in Stars sind gleichwohl erheblich risikoärmer als Investitionen in Question Marks.

Die Cash-Flow erwirtschaftenden Geschäftseinheiten der Unternehmung werden als **Milchkühe** oder Cash-Cows bezeichnet. Diese Geschäftseinheiten befinden sich bereits in der Reife- bzw. Sättigungsphase des Marktlebenszyklus. Der Finanzmittelbedarf ist äußerst gering, sodass die Finanzmittelüberschüsse einerseits zur Finanzierung der Fragezeichen und Stars und andererseits zur Entwicklung neuer strategischer Geschäftseinheiten verwendet werden. Eine ausreichende Zahl an Cash-Cows ist für eine Unternehmung erforderlich, um den jeweiligen Finanzmittelbedarf intern befriedigen zu können. Eine Konzentration auf die Cash-produzierenden Einheiten darf im Sinne eines ausgeglichenen Portfolios jedoch ebenfalls nicht erfolgen, da eine derartige Konzentration den langfristigen Bestand der Unternehmung gefährdet.

Schließlich können in einem Portfolio noch so genannte **Arme Hunde** oder Dogs identifiziert werden. Sie befinden sich in der Stagnations- oder der Degenerationsphase eines Marktes und zeichnen sich durch einen geringen relativen Marktanteil aus. Die geringen Finanzmittelüberschüsse werden zumeist direkt reinvestiert, um den noch bestehenden Finanzbedarf zu decken. Für diese strategischen Geschäftseinheiten ist der Rückzug aus dem Markt zu überdenken, da ihre Umpositionierung nur mit einem unverhältnismäßig hohen Aufwand und unter hohen Risiken zu bewirken ist. In Abhängigkeit von der Dringlichkeit und von möglichen Verbundeffekten kann dabei die Desinvestitionsstrategie kurz- oder langfristig gestaltet werden.

Die Erstellung des Marktanteils-Marktwachstums-Portfolio setzt zunächst die Prognose des künftig zu erwartenden **Marktwachstums** in den verschiedenen Geschäftseinheiten voraus, was sich insbesondere für Geschäftseinheiten in neuen Märkten als schwierig erweist, da hier die Prognosen mit hohen Unsicherheiten behaftet sind (Porter 1999; Walters 1984; Ansoff 1979).

Zur Bestimmung des relativen Marktanteils gilt es weiterhin, die relevanten **Hauptwettbewerber** zu identifizieren und ihren Marktanteil zu ermitteln. Dieses ist wiederum speziell in jungen Märkten mit Problemen verbunden, da mit dem Eintritt neuer Wettbewerber starke Marktanteilsverschiebungen einhergehen können. Auch neue aggressiv agierende Wettbewerber, die möglicherweise zu einer vollständigen Änderung der Wettbewerbssituation beitragen, bleiben unberücksichtigt (Nieschlag et al. 2002). Ein weiterer wesentlicher Kritikpunkt am BCG-Portfolio besteht darin, dass bei der Bestimmung der Hauptwettbewerber keine Anbieter von Substitutionsgütern berücksichtigt werden. Vor diesem Hintergrund sind die aufgrund der jeweiligen Positionierung im Portfolio für die einzelnen Geschäftseinheiten abgeleiteten pauschalen Strategieempfehlungen zu relativieren.

Zur Kennzeichnung der Geschäftsfelder als Question Marks, Stars, Cash-Cows oder Dogs ist schließlich die **Unterteilung des Portfolios** in vier Quadranten erforderlich. Zur Abgrenzung von Geschäftseinheiten mit einem hohen Marktwachstum von solchen mit niedrigem Marktwachstum greift man auf das durchschnittliche Marktwachstum zurück. Dieses bestimmt sich zum einen in Abhängigkeit vom Diversifikationsgrad des Unternehmens und zum anderen nach der Breite des abgegrenzten relevanten Marktes. Für einen Nischenanbieter ist die Portfolio-Analyse deshalb nicht geeignet, da das durchschnittliche Marktwachstum und das Marktwachstum seiner strategischen Geschäftseinheit identisch sind.

Häufig wird die Trennungslinie auch bei einem Marktwachstum von 10 % gezogen (Meffert 1994; Abell, Hammond 1979). Dies geschieht unter anderem mit der Begründung, dieses entspräche der von den Unternehmungen erwarteten **Rendite auf das investierte Kapital** nach Steuern (RIK). Dieser Begründung liegt jedoch die irrige Annahme zugrunde, dass freigesetzte Finanzmittel allein durch den Gewinn nach Steuern entstehen und lässt sämtliche anderen Bestandteile des Cash-Flow außer Acht.

Auch beim relativen Marktanteil ist die Trennungslinie zwischen Question Marks und Stars bzw. Dogs und Cash-Cows festzulegen. Nach gängiger Definition zeichnen sich Geschäftsfelder mit einem hohen relativen Marktanteil dadurch aus, dass ihr **absoluter Marktanteil** größer ist als der des Hauptwettbewerbers, der relative Marktanteil also über eins liegt. Betrachtet man jedoch alle Geschäftseinheiten einer Branche, so hat eine derartige Abgrenzung zur Folge, dass es immer nur einen Anbieter geben kann, der einen relativen Marktanteil größer eins hat. Folgt man den allgemeinen Normstrategien, die in Zusammenhang mit dem BCG-Portfolio abgeleitet werden, so führt dies zu einer Verhaltenshomogenisierung der Wettbewerber. Die aus der Portfolioanalyse abgeleiteten Strategieempfehlungen sind entsprechend kritisch zu hinterfragen.

Darüber hinaus erscheint es fraglich, ob es sinnvoll ist, langfristige Entscheidungen allein von den **Cash-Flow-Effekten** einer strategischen Position im Portfolio abhängig zu machen und darüber hinaus die Entstehung des Cash-Flow allein auf zwei Determinanten zurückzuführen. Insbesondere letztere Kritik wird durch synthetische Portfolios aufgegriffen. Vor dem Hintergrund der zahlreichen kritischen Punkte bezüglich des BCG-Portfolios wird von dessen Anwendung in jüngerer Vergangenheit zum Teil abgeraten (Drews 2008).

Ein bedeutender Vertreter der synthetischen Portfolios ist das **Wettbewerbsvorteils-Marktattraktivitäts-Portfolio**, das von der Unternehmensberatung McKinsey & Company entwickelt wurde. Wie das BCG-Portfolio baut auch das Multifaktoren-Portfolio von McKinsey auf den Ergebnissen der PIMS-Analyse auf. Ungefähr 40 Variablen wurden hier zu den beiden Portfoliodimensionen „**Wettbewerbsvorteile**" und „**Marktattraktivität**" verdichtet, die primär auf den Return-on-Investment als Haupterfolgsgröße der PIMS-Analysen abstellen und weniger auf den Cash-Flow (Antoni, Riekhof 1994). Die **Marktattraktivität** als externe Portfolio-Dimension kann durch vier wesentliche Bestimmungsfaktoren beschrieben werden. Dabei handelt es sich um das **Marktwachstum** in Zusammenhang mit der **Marktgröße**, die **Marktqualität**, die **Versorgung mit Energie und Rohstoffen** sowie die gesamte **Umweltsituation**. Die drei letztgenannten dieser vier Bestimmungsdimensionen konkretisieren sich durch jeweils zahlreiche spezielle Erfolgsfaktoren (siehe Abb. 2.2-18).

Unter den **relativen Wettbewerbsvorteilen** werden die Erfolgsfaktoren zusammengefasst, die von der Unternehmung direkt beeinflusst werden können. Sie lassen sich ebenfalls in vier Hauptfaktoren untergliedern. Dazu zählen die **relative Marktposition**, das **relative Produktionspotenzial**, das **relative Forschungs- und Entwicklungspotenzial** sowie die **relative Qualifikation** der Führungskräfte und Mitarbeiter. Auch diese vier übergeordneten Bestimmungsgrößen der relativen Wettbewerbsposition setzen sich – wie in Abb. 2.2-19 dargestellt – jeweils aus einer Reihe einzelner Erfolgsfaktoren zusammen (Hinterhuber 2004; Meffert et al. 2008; Abell, Hammond 1979).

(1) Marktwachstum und Marktgröße

(2) Marktqualität
- Rentabilität der Branche (Deckungsbeitrag, Umsatzrendite, Kapitalumschlag)
- Stellung im Marktlebenszyklus
- Spielraum für Preispolitik
- Technologisches Niveau und Innovationspotenzial
- Schutzfähigkeit des technischen Know-how
- Investitionsintensität
- Wettbewerbsverhalten der etablierten Unternehmen
- Anzahl und Struktur potenzieller Abnehmer
- Verhandlungsstärke und Kaufverhalten der Abnehmer
- Eintrittsbarrieren für neue Anbieter (Bedrohung durch neue Konkurrenten)
- Anforderungen an Distribution und Service
- Variabilität der Wettbewerbsbedingungen
- Bedrohung durch Substitutionsprodukte
- Wettbewerbsklima
- u.a.m.

(3) Energie- und Rohstoffversorgung
- Störungsanfälligkeit in der Versorgung von Energie und Rohstoffen
- Beeinträchtigung der Wirtschaftlichkeit der Produktionsprozesse durch Erhöhungen der Energie- und Rohstoffpreise
- Existenz von alternativen Rohstoffen und Energieträgern
- Verhandlungsstärke und Verhalten der Lieferanten
- u.a.m.

(4) Umweltsituation
- Konjunkturabhängigkeit
- Verhandlungsstärke und Verhalten der Arbeitnehmer und ihrer Organisationen
- Inflationsauswirkungen
- Abhängigkeit von der Gesetzgebung
- Abhängigkeit von der öffentlichen Einstellung
- Handelshemmnisse
- Abhängigkeit von den Spielregeln des Marktes
- Risiko staatlicher Eingriffe
- Umweltschutzmaßnahmen
- u.a.m.

Abb. 2.2-18: Bestimmungsfaktoren der Marktattraktivität (Quelle: Hinterhuber 2004)

(1) Relative Marktposition
- Marktanteil und seine Entwicklung
- Größe und Finanzkraft der Unternehmung
- Wachstumsrate der Unternehmung
- Rentabilität (Deckungsbeitrag, Umsatzrendite und Kapitalumschlag)
- Risiko (Grad der Etabliertheit im Markt)
- Marktpotenzial (Image der Unternehmung, Abnehmerbeziehungen, Preisvorteile, Qualität, Lieferzeiten, Service, Technik, Sortimentsbreite)
- Vertriebsorganisation
- Ausmaß der Differenzierung oder der Kostenführerschaft

(2) Relatives Produktionspotenzial (in Bezug auf die erreichte oder geplante Marktposition)

A) Prozesswirtschaftlichkeit
- Kostenvorteile aufgrund der Modernität der Produktionsprozesse, der Kapazitätsausnutzung, Produktionsbedingungen u.s.w.
- Innovationsfähigkeit und technisches Know-how der Unternehmung
- Lizenzbeziehungen, Patente, Schutzrechte u.s.w.
- Anpassungsfähigkeit der Anlagen an wechselnde Marktbedingungen

B) Hardware
- gegenwärtige oder im Bau befindliche Kapazitäten
- Standortvorteile
- Steigerungspotenzial der Produktivität
- Umweltfreundlichkeit der Produktionsprozesse
- Lieferbedingungen, Kundendienst u.s.w.

C) Energie- und Rohstoffversorgung
- voraussichtliche Versorgungsbedingungen
- Kostensituation der Energie und Rohstoffversorgung
- Eingangslogistik

(3) Relatives Forschungs- und Entwicklungspotenzial
- Stand der F&E im Vergleich zur Marktposition der Unternehmung
- Innovationspotenzial und Innovationskontinuität

(4) Relative Qualifikation der Führungskräfte und Mitarbeiter
- Professionalität und Urteilsfähigkeit, Einsatz und Kultur der Kader
- Innovationsklima
- Qualität der Führungssysteme
- Gewinnkapazität der Unternehmung, Synergien u.s.w.

Relativ: Im Vergleich zur stärksten Konkurrenzunternehmung

Abb. 2.2-19: Bestimmungsfaktoren der relativen Wettbewerbsposition (in Anlehnung an Hinterhuber 2004)

Bei der Verdichtung der bewerteten Erfolgsfaktoren zu den beiden Portfoliodimensionen werden die einzelnen Faktoren der Logik eines Scoring-Modells folgend typischerweise in Abhängigkeit von ihrem Einfluss auf den Unternehmenserfolg gewichtet.

Die bewerteten strategischen Geschäftseinheiten einer Unternehmung werden schließlich – wie in Abb. 2.2-20 dargestellt – in einer **Neun-Felder-Matrix** positioniert, um auf der Basis dieser Einordnung geschäftsfeldbezogene strategische Implikationen abzuleiten. Die Unterteilung der Matrix erfolgt dabei vereinfachend durch Drittelung der Achsen. Für die einzelnen Felder werden allgemeine **Normstrategien** formuliert (Hinterhuber 2004; Szyperski, Wienand 1978; Meffert, Wehrle 1981; Roventa 1981; Hedley 1977).

Für Geschäftsfelder, die sowohl hinsichtlich der Marktattraktivität als auch in Bezug auf ihre relativen Wettbewerbsvorteile als mittel bis hoch eingestuft werden können, werden so genannte **Wachstums- bzw. Investitionsstrategien** formuliert. Dies erfordert einen erhöhten Bedarf an Finanzmitteln, dem in der Regel keine entsprechenden Überschüsse gegenüberstehen. Entsprechend handelt es sich zumindest kurzfristig um mittelbindende Geschäftseinheiten.

Für strategische Geschäftseinheiten, bei denen sowohl die relativen Wettbewerbsvorteile als auch die Marktattraktivität als mittel bis gering zu bewerten sind, kommen hingegen **Abschöpfungsstrategien** zum Einsatz, falls noch Finanzmittelüberschüsse erwirtschaftet werden bzw. **Desinvestitionsstrategien** bei Geschäftseinheiten, die keinen positiven Cash-Flow mehr erwirtschaften (Hinterhuber 2004).

Schließlich werden für die übrigen Felder der Portfoliomatrix **selektive Strategien** empfohlen. Bei Geschäftsfeldern, die sich in einem Markt mit hoher Attraktivität bewegen, gleichzeitig jedoch nur geringe Wettbewerbsvorteile besitzen, ist eine **Offensivstrategie** zu wählen. Entweder wird somit in die betroffenen Einheiten investiert, um Wettbewerbsvorteile gegenüber der Konkurrenz auszubauen, oder die strategische Geschäftseinheit wird aufgegeben, falls eine Stärkung der Wettbewerbsposition nicht lohnt oder nicht möglich ist. Aufgrund der mit dieser Entscheidung verbundenen hohen Risiken ist eine gezielte Auswahl der Geschäftsfelder vorzunehmen, die künftig zu den Gewinnpotenzialen der Unternehmung beitragen werden.

Demgegenüber werden für Geschäftseinheiten mit hohen Wettbewerbsvorteilen bei gleichzeitig unattraktiven Marktentwicklungen **Defensivstrategien** empfohlen. Diese zielen neben der Abschöpfung des Cash-Flows insbesondere darauf ab, die Vorteile gegenüber der Konkurrenz zumindest zu halten sowie Wettbewerber davon abzuhalten, ebenfalls in dem bearbeiteten Marktsegment tätig zu werden.

Für Geschäftsfelder, die hinsichtlich beider Dimensionen durch eine mittlere Position gekennzeichnet sind, werden schließlich so genannte **Übergangsstrategien** empfohlen. Hier gilt es abzuwarten, wie sich die Marktattraktivität auf der einen und das Verhalten der Hauptwettbewerber auf der anderen Seite entwickeln.

Mit Blick auf die genannten strategischen Implikationen des Wettbewerbsvorteils-Marktattraktivitäts-Portfolios ist allerdings zu beachten, dass eine exakte und überschneidungsfreie Abgrenzung der einzelnen Portfoliofelder kaum möglich ist. Entsprechend sind die Strategieansätze zu überdenken und auf die jeweiligen Marktchancen und Wettbewerbsvorteile der betrachteten Geschäftseinheit zuzuschneiden (Hinterhuber 2004).

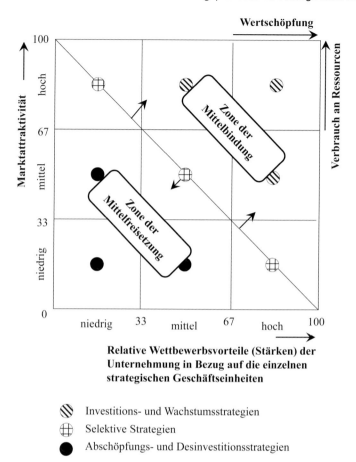

Abb. 2.2-20: Cash-Flow-Entwicklung im Marketing-Portfolio (Quelle: Hinterhuber 2004)

Der wesentliche Vorteil des Wettbewerbsvorteils-Marktattraktivitäts-Portfolios liegt in der Einbeziehung einer Vielzahl auch **qualitativer Erfolgsfaktoren** in die Bewertung der strategischen Geschäftseinheiten. Dabei stellen sich der Unternehmung jedoch schwierige Aufgaben, wie die Bewertung der einzelnen Faktoren in Relation zu den Hauptwettbewerbern und die Quantifizierung auch qualitativer Bewertungen. Dabei ergeben sich zumeist subjektive Spielräume und Informationsverluste im Rahmen der Faktorenverdichtung (Sabel 1971). Weitere Probleme bestehen darin, dass mögliche Wirkungszusammenhänge zwischen den einzelnen Einflussgrößen keine Berücksichtigung finden, sich positiv und negativ bewertete Faktoren in ihrer Wirkung kompensatorisch ausgleich, was eine Tendenz zur mittleren Einstufung der beiden Portfoliodimensionen nach sich zieht und sich Geschäftseinheiten typischerweise im mittleren Feld „klumpen".

Um der Dynamik der technologischen Entwicklung in vielen Branchen und ihren zunehmenden Einflüssen auf den Unternehmenserfolg Rechnung zu tragen, ist das **Tech-**

nologie-Portfolio entwickelt worden (Möhrle, Voigt 1993; Wolfrum 1992; Brose, Corsten 1983). In diesem Portfolio werden keine strategischen Geschäftseinheiten analysiert und bewertet, sondern die zum Einsatz kommenden Produkt- und Prozesstechnologien (Pfeiffer et al. 1991; Pfeiffer, Dögl 1990). Damit setzt sich diese Portfolio-Variante über die zeitliche Begrenzung des Marktlebenszyklus und der damit verbundenen Geschäftsfeld-Portfolios hinweg und versucht, die in Zusammenhang mit dem Technologie-Lebenszykluskonzept genannten Chancen und Risiken, die mit technologischen Entwicklungen und Sprüngen verbunden sind, zu antizipieren (Drucker 1992).

Ausgangspunkt der Technologie-Portfolioanalyse sind Geschäftsfeldportfolios. Auf ihrer Grundlage wird zunächst untersucht, wo die **Zukunftsgeschäftsfelder** der Unternehmung liegen. Diese werden – wie Abb. 2.2-21 verdeutlicht – im Anschluss dahingehend analysiert, inwieweit die Produkt-, aber auch die verwendeten Fertigungstechnologien künftigen Anforderungen entsprechen und technologischen Entwicklungen Rechnung tragen.

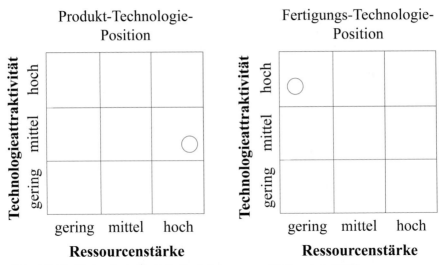

Abb. 2.2-21: Technologie-Portfolio (in Anlehnung an Pfeiffer et al. 1991)

Zur Ableitung so genannter „**Förderungsstrategien**" werden daher sowohl die Produkt- als auch die Prozesstechnologien im Hinblick auf ihre „Technologieattraktivität" auf der einen und die „Ressourcenstärke" der Unternehmung auf der anderen Seite bewertet. Diese Portfoliodimensionen verdeutlichen, dass auch das Technologie-Portfolio ein synthetisches Portfolio ist.

Die externe Portfoliodimension **Technologieattraktivität** wird vor allem durch das Weiterentwicklungs- und Anpassungspotenzial der betrachteten Technologie sowie deren Anwendungsspektrum und Kompatibilität mit anderen Technologien determiniert. Das **Weiterentwicklungspotenzial** kann dabei z. B. über die Betrachtung des in Zusammenhang mit dem Technologie-Lebenszykluskonzept genannten S-Kurven-Modells bestimmt werden. Junge Technologien mit einer dynamischen Entwicklung sind attraktiver als reife Technologien, die sukzessive substituiert bzw. verdrängt werden (Pfeiffer, Dögl 1990).

Die interne Portfoliodimension **Ressourcenstärke** stellt demgegenüber dar, inwieweit die Unternehmung im Vergleich zu den Hauptwettbewerbern in der Lage ist, die betrachtete Technologie zu beherrschen und anzuwenden. Hier geht es z. B. um die Frage, inwieweit und wie schnell die finanziellen oder personellen Ressourcen verfügbar sind, um eine Weiterentwicklung der Technologie zu verfolgen (Pfeiffer 1980).

Durch die Analyse der eigenen technologischen Ressourcen und der künftigen Anforderungen an die eingesetzten Technologien und deren Gegenüberstellung im Technologie-Portfolio wird deutlich, in welche Technologien investiert werden muss.

Darüber hinaus „ermöglicht die Technologie-Portfolio-Analyse die Identifizierung von Doppelforschungen, von sinnvoll sich ergänzenden Komplementärforschungen und von Forschungslücken" (Pfeiffer et al. 1991). **F & E-Ressourcen** können auf diese Weise gebündelt und zieladäquat eingesetzt werden.

Bei der Formulierung globaler strategischer Stoßrichtungen, die sich aus der Position innerhalb des Technologie-Portfolios ableiten lassen, kann – wie beim Wettbewerbsvorteils-Marktattraktivitäts-Portfolio – zwischen **Investitions-, Desinvestitions- und Selektionsstrategien** unterschieden werden (Pfeiffer, Dögl 1990). Danach sind solche Technologien durch Investitionen zu fördern, die sich durch mittlere bis hohe Attraktivität und Ressourcenstärke auszeichnen. **Desinvestitionen** sind im Gegensatz dazu sinnvoll, wenn die Technologien zunehmend verdrängt werden und die Ressourcen der Unternehmung vergleichsweise eher gering ausgeprägt sind. Dabei sind jedoch Interdependenzen zu anderen Technologien und die daraus resultierenden Synergiepotenziale zu berücksichtigen.

Für die verbleibenden Positionen im Technologie-Portfolio in den Diagonalfeldern werden **Selektionsstrategien** empfohlen. Bei hoher Technologieattraktivität und schwach ausgeprägten eigenen Ressourcen werden hohe Investitionen in den Aufbau des notwendigen Technologie-Know-hows erforderlich, um so der technologischen Entwicklung folgen zu können. Ist demgegenüber die Attraktivität der Technologie eher gering, dafür aber das Potenzial der Unternehmung eher hoch, so soll nur soweit investiert werden, um die Position gegenüber den Hauptwettbewerbern zu halten.

In der Einbindung technologischer Dimensionen in die Bewertung strategischer Geschäftsfelder liegt der wesentliche Vorteil des Technologie-Portfolios. Dadurch werden dynamische Entwicklungen, die den Erfolg der betrachteten Unternehmung maßgeblich beeinflussen, in die Analyse integriert (Michel 1990; Specht, Michel 1988). Erst durch die Berücksichtigung der Technologiepotenziale ist es möglich, Aussagen bezüglich der Erfolgsaussichten und der künftigen Entwicklung der einzelnen Geschäftsfelder zu treffen. Gleichwohl besteht dabei das Problem, die **Attraktivität einer Technologie** zu beurteilen, da insbesondere Technologiesprünge in aller Regel diskontinuierlich auftreten und somit ihrem Wesen nach kaum vorhersehbar und entsprechend schwer in die Analyse einzubeziehen sind. Bedrohungen durch **Substitutionstechnologien** sind daher nicht immer frühzeitig antizipierbar. Darüber hinaus werden keine Aussagen hinsichtlich der Marktpotenziale neuer Technologien getroffen.

Weiterhin ist es sehr schwierig, die **Ressourcenstärke** in Relation zu den Hauptwettbewerbern zu bewerten, da hierfür Kenntnisse über hochsensible Bereiche fremder Unternehmen notwendig sind.

Wie bereits bei den bisher aufgeführten Portfolio-Modellen ist weiterhin die Abgrenzung der Felder im Technologie-Portfolio zu bemängeln. Sie wird unterschiedlich und somit in der Regel willkürlich vorgenommen (Pfeiffer, Dögl 1990; Benkenstein 1987; Pfeiffer et al. 1991).

Die strategischen Implikationen, die aus der Analyse der Produkt- und der Prozesstechnologien innerhalb eines Technologie-Portfolios abgeleitet werden können, sind vor dem Hintergrund dieser Kritik nicht zu verwerfen, jedoch entsprechend zu relativieren.

2.2.4.3 Stellenwert der Portfolioanalyse für die strategische Marketingplanung

Bei einer zusammenfassenden Betrachtung der verschiedenen Portfolio-Analysen sind vor allem der hohe Kommunikationswert sowie die Anschaulichkeit und leichte Handhabbarkeit der Portfolioansätze hervorzuheben. Ein wesentliches Merkmal aller hier aufgeführten Portfolio-Methoden ist zudem, dass keine genauen Handlungsanweisungen zur Ausgestaltung einer bestimmten, wettbewerbsorientierten Strategie oder Marketing-Konzeption gegeben werden. Ausgehend von der jeweiligen Position einzelner Geschäftsfelder innerhalb eines Portfolios und von der daraus resultierenden Gesamtstruktur des Portfolios werden vielmehr Empfehlungen in Gestalt allgemeiner **globaler Stoßrichtungen** abgeleitet, welche sich vor allem auf die Art und Richtung der **Verwendung freigesetzter Finanzmittel** und auf die **Gestaltung der Geschäftsfeldstruktur** beziehen. Der Aggregationsgrad dieser Empfehlungen lässt jedoch keine konkreten Aussagen für die Marktwahlentscheidung oder die Gestaltung marktteilnehmerorientierter Strategien zu, sodass eine Spezifizierung der strategischen Stoßrichtungen in Abhängigkeit von der Art der angestrebten Wettbewerbsvorteile erforderlich ist (Gälweiler 1990; Meffert et al. 2008).

Ein Ansatzpunkt, um die strategischen Stoßrichtungen zu konkretisieren, ist die Gegenüberstellung eines Ist- und eines Soll-Portfolios (Pfeiffer, Dögl 1990). Ausgehend von der analysierten Ist-Situation wird unter Berücksichtigung der strategischen Unternehmensziele ein **Ziel-Portfolio** erstellt. Den einzelnen strategischen Geschäftsfeldern werden unter Berücksichtigung der Markt- und Branchenentwicklung sowie der eigenen Ressourcen Zielpositionen zugewiesen. Die abzuleitenden Strategien und Maßnahmen haben sich entsprechend an diesen Sollpositionen bzw. Zielvorgaben zu orientieren.

Ein Vorteil der Portfolioanalysen ist somit insbesondere in ihrer zukunftsgerichteten Betrachtung zu sehen. Diese **Zukunftsorientierung** kommt nicht nur durch die Gegenüberstellung von Ist- und Sollportfolios zum Ausdruck, sondern vor allem auch durch die Integration zukünftiger Entwicklungen, insbesondere des Marktwachstums in die Portfoliodimensionen. Die explizite Einbeziehung des Zeitfaktors erfolgt darüber hinaus beispielsweise in den Lebenszyklus-Portfolios. Sie bewerten die strategischen Geschäftsfelder, aber auch Technologien im Hinblick auf ihre relative Wettbewerbsposition auf der einen und der erreichten Lebenszyklusphase auf der anderen Seite. Auch im Ansatz des Marktanteils-Marktwachstums-Portfolios ist der Zeitfaktor zumindest indirekt integriert, indem sich den einzelnen Feldern des Portfolios die Lebenszyklusphasen eines Marktes zuordnen lassen. Gleichwohl ist die Portfolioanalyse als statisches Verfahren anzusehen (Robens 1985; Nieschlag et al. 2002; Jacob 1982). Wenngleich sie die Bewertung der Geschäftsfelder oder Technologien auf den strategischen Planungszeitraum bezieht, wird dieser jedoch nicht weiter strukturiert und phasenspezifisch untersucht. Es findet somit keine dynamische Analyse im Sinne einer mehrperiodigen Betrachtung statt.

Ein weiterer Vorteil ist in der Vielfalt der Portfoliovarianten und der damit einhergehenden **Anwendungsbreite** der Portfolioanalyse zu sehen. Über die bereits dargestellten markt- und technologieorientierten Portfolioansätze hinaus sind Portfolioanalysen für den Produktions- oder den Vertriebsbereich einer Unternehmung, Branchen-, Länder-, Ökologie- oder Kundenportfolios sowie beschaffungsmarktbezogene Portfolioanalysen entwickelt worden (Antoni, Riekhof 1994; Hammer 1998; Hahn 1990; Freter et al. 2008).

Unabhängig vom jeweiligen Bezugsobjekt bietet die Portfolioanalyse durch die Notwendigkeit zur exakten Abgrenzung der Analyseeinheiten einen geordneten, strukturierten und somit – trotz der subjektiven Beurteilungsmöglichkeiten – weitgehend **objektivierbaren** Überblick über die Aktivitäten der Unternehmung. Dabei wird jedoch unterstellt, dass die betrachteten strategischen Geschäftseinheiten unabhängig voneinander und allein über die Finanzmittelströme miteinander verbunden sind. Dadurch bleiben Synergien unberücksichtigt, die zwischen den Geschäftseinheiten bestehen können, wodurch Erfolgspotenziale, die eine Geschäftseinheit aufgrund dieser Interdependenzen tatsächlich besitzt, vernachlässigt werden (Meffert 1989a).

Portfolioansätze eignen sich jedoch nicht nur für die Analyse diversifizierter Unternehmungen, sondern sie sind vielmehr auch im Rahmen einer **wettbewerbsorientierten** Analyse einsetzbar. Zwar werden die Reaktionen der Konkurrenz und deren Auswirkungen auf die (Um-)Positionierung der strategischen Geschäftsfelder nicht explizit berücksichtigt, worin ein begründeter Nachteil dieser Methode zu sehen ist. Dagegen ist es jedoch möglich, in Abhängigkeit von den verfügbaren Informationen Portfolios für die verschiedenen Hauptwettbewerber zu erstellen und auf deren Basis die tatsächliche Stärke der Wettbewerber zu bestimmen sowie mögliche Strategien und Maßnahmen beispielsweise mit Hilfe der Szenario-Technik oder spieltheoretischen Ansätzen abzuleiten (Sieben, Schildbach 1994).

2.2.5　Analyse von Wertschöpfungsprozessen

Die Analyse von Wertschöpfungsprozessen basiert auf der Überlegung, dass Wettbewerbsvorteile nicht nur aus Endprodukten, sondern auch bei deren Erstellung und Vermarktung aufgebaut werden können. Unternehmen schaffen mit ihren Aktivitäten Werte, die über die Werte der eingesetzten Produktionsfaktoren hinausgehen und sich letztlich in der Zahlungsbereitschaft der Konsumenten widerspiegeln. Alle wertschöpfenden Aktivitäten einer Unternehmung wirken sich dabei einerseits auf die Unternehmenserlöse aus und verursachen andererseits auch Kosten. Die prozessorientierte Betrachtung und

Optimierung der Erlös- und Kostenwirkungen der wertschöpfenden Unternehmensaktivitäten ist daher ein bedeutender Bestandteil der strategischen Analyse und Planung. Im Folgenden soll zunächst Porters Wertkette als das traditionelle Instrument zur Analyse und Planung von Wertschöpfungsaktivitäten dargestellt werden. Daraufhin wird gezeigt, wie die Wertaktivitäten von solchen Unternehmen dargestellt und analysiert werden können, die von der Wertschöpfungslogik der Porterschen Wertkette abweichen.

2.2.5.1 Die Wertkettenanalyse von Porter

Die von Porter entwickelte Wertkettenanalyse ist darauf gerichtet, strategische Wettbewerbsvorteile im gesamten Unternehmen zu identifizieren und daraus strategische Stoßrichtungen zum Auf- und Ausbau von Wettbewerbsvorteilen abzuleiten. Dabei wird im Gegensatz zur Portfolioanalyse ein vertikaler Schnitt durch die Unternehmung oder einzelne strategische Geschäftseinheiten gelegt, um sie in ihren Grundfunktionen als Ganzes zu betrachten (Porter 1985).

Einzelne wertschöpfende Aktivitäten werden jeweils als potenzielle Verursacher von Wettbewerbsvorteilen betrachtet. Sie können entweder einen Beitrag zur Verbesserung der Kostensituation der Unternehmung und somit zur Erlangung von Kostenvorteilen leisten oder die Basis für einen Differenzierungsvorteil schaffen (Porter 1985). Durch die isolierte Betrachtung der wertgenerierenden Aktivitäten wird versucht, die Unternehmensbereiche zu identifizieren, in denen Wettbewerbsvorteile entstehen, wobei die **strategische Geschäftseinheit** im Mittelpunkt der Betrachtung steht.

Die Wertkette – wie sie in Abb. 2.2-22 beispielhaft dargestellt ist – spiegelt zum einen die einzelnen **Wertaktivitäten** wider, die einer Geschäftseinheit zuzuordnen sind (Gluck 1980; Buaron 1981). Diese werden dabei – unterteilt in **primäre** und **sekundäre** Aktivitäten – so angeordnet, dass man einen groben Gesamtüberblick über die jeweilige strategische Geschäftseinheit erhält. Zum anderen zeigt sie die Gewinnspanne auf, die durch den Wert auf der einen und die Kosten auf der anderen Seite entsteht.

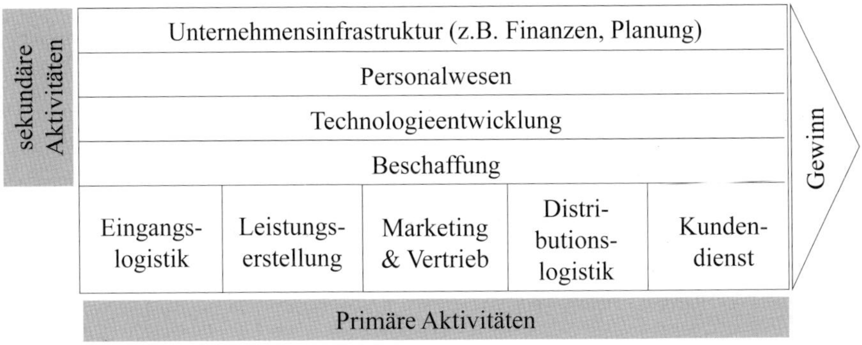

Abb. 2.2-22: Wertkette (Quelle: Porter 2000)

Unter den **primären Aktivitäten** werden solche betrieblichen Funktionen zusammengefasst, die mit dem physischen Durchlauf der zu erstellenden Leistungen verbunden sind und den Markt direkt mit Produkten oder Dienstleistungen versorgen. Hierzu zählen beispielsweise die Eingangslogistik, die Fertigung, der Vertrieb oder auch der Kundendienst. Die **sekundären Aktivitäten** umfassen demgegenüber die Tätigkeiten, die aufgrund ihrer unterstützenden Funktionen indirekt zur Gewährleistung der primären Aktivitäten erforderlich sind. Darunter fallen insbesondere die Beschaffung, das Personalwesen, die Technologieentwicklung und die gesamte Unternehmensinfrastruktur (Bircher 1988). Letztere dient dabei im Gegensatz zu den übrigen allein der Unterstützung der Wertkette in ihrer Gesamtheit und nicht darüber hinaus einzelnen primären Aktivitäten. Die sekundären Tätigkeiten richten sich auf die interne Versorgung des Unternehmens mit Leistungen, die zur Erfüllung der primären Funktionen erforderlich sind (Esser 1991).

Wichtig bei dieser Unterteilung in primäre und sekundäre Unternehmensaktivitäten ist vor allem, dass keine Übereinstimmung mit entsprechenden institutionalisierten Organisationseinheiten gegeben sein muss. Vielmehr kommt es zu einer **abteilungsübergreifenden Zusammenfassung** aller Tätigkeiten, die in Zusammenhang mit der aufgeführten „Basisfunktion" anfallen. Die sekundäre Wertaktivität „Beschaffung" entspricht beispielsweise nicht der unter Umständen gleichnamigen Abteilung in der Unternehmung, die sich mit dem Einkauf von Roh-, Hilfs- und Betriebsstoffen befasst. Bezogen auf eine einzelne strategische Geschäftseinheit umfasst sie vielmehr alle Tätigkeiten, die im weitesten Sinne mit Beschaffung zu tun haben, also zum Beispiel auch solche, die in Zusammenhang mit der Einstellung von Personal oder der Erhebung von absatzbezogenen Marktdaten stehen (Meffert, Benkenstein 1989).

Den insgesamt neun primären und sekundären Wertaktivitäten sind für die Analyse entsprechende Tätigkeiten zuzuordnen, die innerhalb der betrachteten Unternehmung bzw. Geschäftseinheit anfallen und die strategisch von Bedeutung sind. Auf welchem Aggregationsniveau die Tätigkeiten voneinander abgegrenzt werden, hängt dabei vom Zweck der Analyse bzw. von den wirtschaftlichen Zusammenhängen zwischen den einzelnen Aktivitäten ab. Prinzipiell sind solche Tätigkeiten isoliert voneinander zu betrachten, die entweder durch ein erhöhtes **Differenzierungspotenzial** oder durch einen erheblichen bzw. steigenden **Kostenanteil** gekennzeichnet sind. (Porter 1985).

Die Wertkette ist auf diese Weise sowohl ein Instrument zur **Abnehmernutzen-** als auch **Kostenanalyse.** Sie kann eingesetzt werden, um die im Vergleich mit den Wettbewerbsangeboten zusatznutzenschaffenden Wertaktivitäten aufzudecken oder es werden besonders kostenrelevante Aktivitäten in den Vordergrund gestellt (Meffert 1989a; Esser 1991). Aussagen darüber, in welcher Wertaktivität komparative Konkurrenzvorteile entstehen, erfordern einen Vergleich mit den Wertketten der Wettbewerber (Esser 1991). Vor- oder Nachteile ergeben sich insbesondere dort, wo die Wertketten der einzelnen Branchenmitglieder voneinander abweichen, wo sich demnach der Wert oder aber die Kostenstrukturen der Wertketten voneinander unterscheiden (Porter 1985).

Die alleinige Gegenüberstellung von generiertem Wert und verursachten Kosten der einzelnen Wertaktivitäten kann jedoch nicht die Basis für die abzuleitenden strategischen Maßnahmen sein. Eine solche isolierte Betrachtung würde Verflechtungen, die auf vielfältige Weise zwischen einzelnen Tätigkeiten bestehen können, unberücksichtigt lassen und entspricht somit nicht dem ganzheitlichen Prinzip der Wertkettenanalyse.

Über die wettbewerbsorientierte Analyse einzelner Tätigkeiten bzw. ganzer Wertaktivitäten hinaus ist es vielmehr das Ziel der Wertkettenanalyse, die **Interdependenzen**, die zwischen den Tätigkeiten einer Wertkette, aber auch zwischen den Wertketten verschiedener Geschäftsfelder einer Unternehmung bzw. den Wertketten vor- oder nachgelagerter Stufen eines vertikalen Systems bestehen, zu analysieren und für die Erlangung strategischer Wettbewerbsvorteile zu nutzen (Meffert 1989a; Esser 1991).

Verflechtungen zwischen einzelnen Wertaktivitäten innerhalb einer Wertkette äußern sich darin, dass die Art und Weise der Durchführung einer Wertaktivität die Kostenposition oder das Wertschöpfungsausmaß in einer anderen Wertaktivität beeinflusst. So werden die Kosten, die im Bereich des Kundendienstes anfallen, z. B. durch die Qualität im Rahmen der Produktion und Produktionsvorbereitung beeinflusst. Im Rahmen einer **Schnittstellenanalyse** gilt es, entsprechende Verflechtungen zu identifizieren, da diese durch Optimierung und Koordinierung ihrerseits zu strategischen Wettbewerbsvorteilen führen können (Porter 1985).

Darüber hinaus lassen sich in einer **synergieorientierten Vorgehensweise** auch Verflechtungen zwischen den Wertaktivitäten unterschiedlicher Wertketten diversifizierter Unternehmungen feststellen. Dies bedeutet, dass die Geschäftsfelder im Hinblick auf die Art und die Bedeutung ihrer bestehenden Verflechtungen untersucht werden (Vizjak 1994). Diese Verflechtungen können höchst unterschiedlicher Art sein (Meffert 1989a) und können z. B. im Austausch von Personal- oder Technologieleistungen bestehen sowie aus dem Transfer von Management-Know-how zwischen zwei oder mehreren Geschäftseinheiten resultieren. Schließlich können die Wertketten verschiedener Geschäftseinheiten durch **Konkurrenzbeziehungen** miteinander verbunden sein, wenn diversifizierte Unternehmungen mit verschiedenen Geschäftsbereichen gleiche Märkte bearbeiten und dort in Konkurrenz zueinander treten.

Neben dieser horizontalen, unternehmensinternen Betrachtung ist es schließlich möglich, die Beziehungen zwischen Wertketten oder Wertaktivitäten vor- oder nachgelagerter (Fertigungs-)Stufen vertikaler Systeme zu analysieren und im Hinblick auf die Erlangung strategischer Wettbewerbsvorteile zu gestalten. Daraus lassen sich beispielsweise Entscheidungen bezüglich der Fertigungstiefengestaltung ableiten. Innerhalb vertikaler Systeme lassen sich mit der Wertkettenanalyse außerdem auch Probleme der Koordination und Optimierung der vertikalen Beziehungen analysieren.

2.2.5.2 Analyse weiterer Wertschöpfungskonfigurationen

Der Porterschen Wertkettenanalyse liegt eine spezifische Wertschöpfungslogik zugrunde, die nicht für alle Unternehmen Gültigkeit besitzt. Vielmehr sind die zumeist komplexen Wertschöpfungsprozesse vieler Unternehmen individuell konfiguriert und weichen von der klassischen Wertkette ab. So geht Porters Wertkette zum Beispiel von einer sequenziellen Anordnung der Wertaktivitäten von Unternehmen aus, obwohl die wertschöpfenden Prozesse oftmals zyklisch und unstetig oder simultan ablaufen. Besonders deutlich wird die Notwendigkeit individueller Wertketten bei der Übertragung der Porterschen Wertkette auf den Dienstleistungsbereich. Im Rahmen der Analyse und Planung

der wertschöpfenden Prozesse müssen daher insbesondere bei vielen Dienstleistungsunternehmen die jeweiligen Besonderheiten der Leistungserstellung und -vermarktung
Berücksichtigung finden (Stabell, Fjeldstad 1998).

Die Integration des Kunden in den Leistungserstellungsprozess erzwingt beispielsweise
auch dessen Integration in die Analyse der Wertschöpfungsaktivitäten (Meffert, Bruhn
2008). Ebenso haben Faktoren wie Simultanität von Produktion und Konsum, indivi-
dualisierte Leistungserstellung sowie ein der Produktion vorgelagerter Absatz maßgeb-
liche Konsequenzen (Maleri, Frietzsche 2008).

Weiterhin ist die mitunter mehrstufige Leistungserstellung in der Analyse von Wertschöpfungsprozessen zu berücksichtigen (Corsten 1997). Ein Teil der hierfür erforderlichen Wertaktivitäten, und zwar solche, die dem Aufbau des Leistungspotenzials dienen,
sind den verschiedenen unterstützenden Tätigkeiten zuzuordnen. Die konkrete Leistungserstellung am Kunden zählt zu der Kategorie „Operationen". Dagegen kann die
von der Porterschen Wertkette bekannte Wertaktivität „Ausgangslogistik" häufig vernachlässigt werden, da Vorratshaltung und Lagerung bei vielen Unternehmen nicht
stattfinden (Maleri, Frietzsche 2008). Eine mehrstufige Leistungserstellung ist vor allem
bei solchen Unternehmen anzutreffen, deren Aktivitäten auf die Lösung komplexer
Probleme ausgerichtet sind, zum Beispiel Unternehmensberatungen oder Architektur-
büros (Woratschek et al. 2002).

2.2.5.3 Stellenwert der Analyse von Wertschöpfungsprozessen für die strategische Marketingplanung

Die Analyse von Wertschöpfungsaktivitäten mittels der Wertkette bzw. modifizierten
Versionen der Wertkette erfüllt im Rahmen der strategischen Unternehmensplanung
unterschiedliche Funktionen. Der besondere Vorteil dieses Instruments ist die umfassende und systematische Darstellung und Bewertung der Unternehmensstruktur sowie
der einzelnen Wertaktivitäten. Auf diese Weise kann sowohl eine horizontale als auch
eine vertikale Abstimmung der betrieblichen Funktionen und der Geschäftseinheiten
einer Unternehmung bzw. eines vertikalen Systems vorgenommen werden, indem die
Verflechtungen, die zwischen den Wertaktivitäten bestehen, koordiniert und optimiert
und somit auf die Erlangung strategischer Wettbewerbsvorteile ausgerichtet werden. Die
Wertkettenanalyse ist eine konsequent marktorientierte Analysemethode, die den Kundennutzen in den Vordergrund der Betrachtung stellt.

Neben der bereits ausführlich diskutierten **Analysefunktion** erfüllt die Wertkettenanalyse zusätzlich eine Gestaltungsfunktion und kann darüber hinaus auch als Kommunikationsinstrument eingesetzt werden. Als **Gestaltungsinstrument** dient die Wertkette immer dann, wenn der Ist-Wertkette einer Geschäftseinheit eine aus der
Ist-Wertkette und den strategischen Zielsetzungen abgeleitete Soll-Wertkette gegenübergestellt wird (Meffert 1989a). Schließlich kann die Wertkette auch als internes
Kommunikationsinstrument genutzt werden, da es möglich ist, die Funktionen und
Tätigkeiten innerhalb eines Unternehmens sowie die Beziehungen zwischen diesen
zu visualisieren und die damit verbundenen strategischen Wettbewerbsvor- und -nach-
teile aufzuzeigen.

Ein weiterer Vorteil der Grundkonzeption einer Wertkettenanalyse ist vor allem darin zu sehen, dass sie unternehmensspezifischen Gegebenheiten angepasst werden kann. Durch die explizite und differenzierte Berücksichtigung der Unternehmensspezifika wird die Ableitung pauschaler Normstrategien vermieden, die den Unternehmenskontext außer Acht lassen. Als Nachteil ist in diesem Zusammenhang jedoch der enorme **Informationsbedarf** zu sehen, dessen Deckung erforderlich ist, um die notwendige Datenbasis zu schaffen.

In Zusammenhang mit der Analyse- und der Gestaltungsfunktion wird zudem ein anderes erhebliches Problem deutlich, welches mit der Wertkettenanalyse verbunden ist. Die Identifikation von Wettbewerbsvorteilen und die daraus resultierende Festlegung einer Ziel-Wertkette setzt voraus, dass nicht nur die unternehmensinternen Aktivitäten hinsichtlich ihres Nutzens für den Kunden und ihres Kostenanteils betrachtet werden. Darüber hinaus ist vielmehr auch die Situation der jeweiligen **Hauptwettbewerber** entsprechend zu analysieren, um überhaupt Aussagen über mögliche strategische Wettbewerbsvorteile ableiten zu können. Auch daraus resultiert ein großer Informationsbeschaffungsaufwand und erhebliche Kenntnisse über die internen Strukturen der Hauptwettbewerber werden vorausgesetzt.

Erschwerend kommt in diesem Zusammenhang hinzu, dass aufgrund der mangelnden Übereinstimmung von Wertaktivitäten auf der einen und strukturellen Organisationsabteilungen auf der anderen Seite die **Kosteninformationen** im Allgemeinen nicht dem betrieblichen Rechnungswesen zu entnehmen sind, wodurch sich bezüglich der Aufschlüsselung der Kosten und dabei insbesondere der Gemeinkosten Probleme ergeben können (Kreilkamp 1987).

Nicht nur die Verrechnung der Kosten auf die Wertaktivitäten, sondern auch die **Bestimmung des Wertes**, der durch die einzelnen Tätigkeiten geschaffen wird, bereitet Probleme. Hierzu ist es erforderlich, Umsatzanteile zuzuweisen. Dies kann beispielsweise dadurch geschehen, dass hypothetisch der Zukauf der Leistung unterstellt wird und die anfallenden Kosten, die im Rahmen eines entsprechenden Outsourcing anfallen würden, als intern produzierter Wert herangezogen werden (Meffert 1989a).

Auch die **Abgrenzung der Tätigkeiten**, die in der Wertkette als Wertaktivitäten abgebildet und im Hinblick auf Wettbewerbsvorteile analysiert werden, kann mit Schwierigkeiten verbunden sein. Dies hängt vor allem damit zusammen, dass die einzelnen Tätigkeiten daraufhin zu untersuchen sind, inwieweit sie ein besonderes Differenzierungspotenzial oder einen hohen Kostenanteil besitzen. Eine entsprechende Analyse kommt jedoch der Suche nach strategischen Wettbewerbsvorteilen gleich. Somit entspricht sie vom Prinzip her dem Zweck, zu welchem die Wertkettenanalyse überhaupt durchgeführt werden soll und nimmt zum Teil die Ergebnisse der Wertkettenanalyse vorweg.

2.3   Zielbildung im strategischen Marketing

2.3.1   Zielhierarchien als Ausgangspunkt

Neben der Abgrenzung der relevanten Märkte und der Analyse der unternehmensexternen als auch der -internen Einflüsse auf die Unternehmenstätigkeit und deren Erfolgsbedingungen ist die Festlegung der **Mission der Unternehmung** sowie die Formulierung **langfristiger Ziele** eine wesentliche Voraussetzung für die Planung marktgerichteter Wettbewerbsstrategien (Hinterhuber 2004). Abb. 2.3-1 hebt diese Zusammenhänge nochmals hervor.

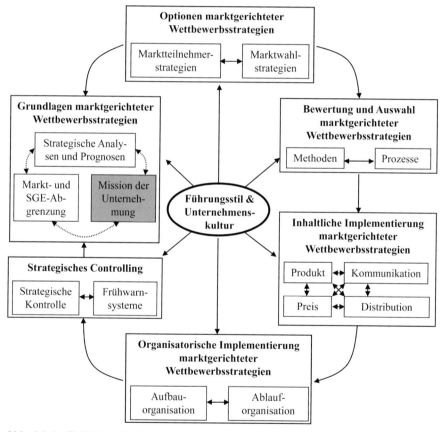

Abb. 2.3-1: Zielbildung im Prozess der strategischen Marketingplanung und -implementierung

Ausgangspunkt der Zielbildung ist die Definition des **Unternehmenszwecks** und die damit verknüpfte Festschreibung der **Unternehmensphilosophie** und der **Unterneh-**

mensgrundsätze (Schreyögg 1993). Dies ist letztlich die Grundlage für die Bestimmung der zu bearbeitenden Geschäftsfelder. Die Umsetzung der Unternehmensmission in **operationale Handlungsziele** ist wiederum erst für eindeutig abgegrenzte Geschäftsfelder möglich. Dieses, von Interdependenzen gekennzeichnete und damit iterative Vorgehen innerhalb der Zielbildung ist in Abb. 2.3-2 anhand einer gebrochenen Zielpyramide dargestellt (Becker 2006; Meffert 1994). Dabei definieren die oberen drei Ebenen die Leitlinien der Unternehmenstätigkeit, während die unteren drei Ebenen die Zielbildung im engeren Sinne umfassen (Becker 2006).

Im Mittelpunkt dieser Phase des strategischen Planungsprozesses steht somit die Definition eines langfristig gültigen **Zielsystems** der Unternehmung, das mit Hilfe von strategischen und – darauf aufbauend – operativen „Verhaltensplänen" (Meffert 1986) der einzelnen Unternehmensbereiche umgesetzt werden soll. Auf diese Weise ist es effektiver möglich, sich auf veränderte Umweltbedingungen unverzüglich einzustellen und vor allem vorausschauend im Wettbewerbsumfeld zu agieren. Gleichzeitig kann verhindert werden, dass sich die Unternehmensaktivitäten auf die rein „reaktive Anpassung" (Meffert 1994) an gesellschaftliche, politische, ökologische und/oder technologische Änderungen der Unternehmensumwelt im Sinne eines „muddling through" (Raffée 1984) beschränken.

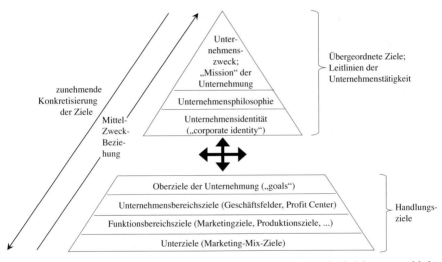

Abb. 2.3-2: Verknüpfungsbeziehungen innerhalb der Zielbildung (in Anlehnung an Meffert 1994)

Ziele sind dabei – auch im Rahmen der strategischen Marketingplanung – als Vorzugszustände zu charakterisieren, die durch die Implementierung der festgelegten Marketingstrategien erreicht werden sollen (Steffenhagen 2008). Dennoch stellen sie keine starren Orientierungsgrößen dar, sondern wandeln sich im Laufe geänderter interner als auch externer Rahmenbedingungen (Heinen 1976).

Zur konkreten Ableitung der strategischen Ausgangsziele einer marktorientierten Unternehmensplanung und deren weiterer Konkretisierung ist es erforderlich, das Zielsystem mit seinen unterschiedlichen Hierarchieebenen zu kennzeichnen und die zwischen den einzelnen Stufen bestehenden Mittel-Zweck-Beziehungen zu analysieren (Becker 2006). Grundsätzlich ist hierbei zwischen **übergeordneten Zielen** und **Handlungszielen** zu unterscheiden. Zunächst soll jedoch auf die Leitlinien der Unternehmenstätigkeit eingegangen werden.

2.3.2 Leitlinien der Unternehmenstätigkeit

Die Bestimmung der Leitlinien der Unternehmenstätigkeit ist der Ausgangspunkt für die Erstellung eines marktorientierten strategischen Zielsystems. Dabei gilt es, den Unternehmenszweck und die Mission der Unternehmung ebenso zu bestimmen wie die Unternehmensphilosophie und die Unternehmensidentität.

2.3.2.1 Mission der Unternehmung und Unternehmenszweck

Die Bestimmung der „Mission der Unternehmung" ist Ausgangspunkt für die Erstellung eines marktorientierten strategischen Zielsystems (Bleicher 1994; Hinterhuber 2004).

Jede Unternehmung übernimmt im wirtschaftlichen Umfeld eine näher spezifizierbare Aufgabe, auf deren Erfüllung sie alle Anstrengungen richtet. Ausgangspunkt für die Festlegung der Unternehmensmission ist deshalb die Bestimmung des **Unternehmenszwecks**. Diese Zwecksetzung gibt die Grundrichtung vor, an der sich die Unternehmung in ihrer marktorientierten Unternehmensführung orientiert. Mit der Formulierung und konsequenten Umsetzung des Unternehmenszwecks werden gleichzeitig zentrale Rahmenbedingungen für die Unternehmenstätigkeit festgelegt. Die Definition der **Unternehmensleistung**, die innerhalb des Güterversorgungsprozesses erbracht werden soll, bestimmt dabei die grundlegenden unternehmerischen Aktivitäten. Im Mittelpunkt des Interesses steht also die Beantwortung der Fragen „Was ist unser Geschäft?" und „Was sollte unser Geschäft sein?" (Aaker 1998; Meffert 1994). Die Antworten hierauf bilden den Ausgangspunkt für die weitere strategische Orientierung (Collins, Porras 1996).

Der Unternehmenszweck kann **produkt-, technologie-** oder auch **markt- bzw. kundenorientiert** ausgerichtet sein. Dabei ist in Zeiten dynamischer und diskontinuierlicher Marktveränderungen eine allein produktzentrierte Zweckbestimmung nicht ausreichend, um den Unternehmensbestand langfristig zu sichern. Dynamische Markt-, aber auch Technologieentwicklungen machen es erforderlich, dass auch diese Perspektiven in die Bestimmung des Unternehmenszwecks integriert werden. Somit gewinnt auch die Einbeziehung des Wettbewerbsumfeldes zunehmend an Bedeutung (Kotler, Bliemel 2001). Beispielhaft könnte eine derartige Formulierung des Unternehmenszweckes eines chemischen Unternehmens wie folgt lauten: „Als bevorzugter Partner unserer Kunden helfen wir mit innovativen Produkten bei der Lösung von Problemen auf den Gebieten der Grundstoffchemie, der Kunststoff- und Farbchemie".

Bei der Bestimmung des Unternehmenszwecks ist die korrekte **Abgrenzung der Unternehmenstätigkeit** von besonderem Interesse (Morris 1996). Sowohl die Vernachlässigung wichtiger Teilgebiete in der Zweckbestimmung als auch die Einbeziehung nebensächlicher, von der Kernkompetenz entfernter Bereiche birgt die Gefahr, dass sich die Mitarbeiter nicht mit dieser Zweckbestimmung identifizieren oder gar – weil falsche Aufgabenstellungen in den Mittelpunkt der Unternehmenstätigkeit gerückt werden – die Unternehmung in ihrer Existenz gefährdet ist.

2.3.2.2 Unternehmensphilosophie

In der Unternehmensphilosophie spiegeln sich die Werthaltungen und Grundeinstellungen der Unternehmung und ihrer Entscheidungsträger (Ulrich 1992) gegenüber internen sowie externen Anspruchsgruppen, beispielsweise Arbeitnehmern, Anteilseignern, Zulieferern, aber auch Kunden und Wettbewerbern wider. Um langfristig den Fortbestand der Unternehmung zu sichern, ist es notwendig, gesellschaftliche, kulturelle und auch politische Wertvorstellungen dieser Gruppen zu beachten und in die eigene Philosophie einzubeziehen (Hahn 1992). Sie können deshalb auch als System verbindlicher Leitlinien (Steinmann, Gerum 1978) oder Grundsätze für das tägliche Denken und Handeln der Unternehmensmitglieder definiert werden (Gabele 1981).

Im Rahmen einer empirischen Studie konnten zwei grundlegende Dimensionen innerhalb der **Unternehmensleitlinien** ermittelt werden. Vornehmlich fanden sich in den untersuchten Unternehmensgrundsätzen Aussagen zur allgemeinen Geschäftspolitik und zur Stellung gegenüber den die Unternehmenstätigkeit beeinflussenden Anspruchsgruppen (Gabele, Kretschmer 1986). Einen Überblick über die erfassten Grunddimensionen der Unternehmensphilosophie gibt Abb. 2.3-3.

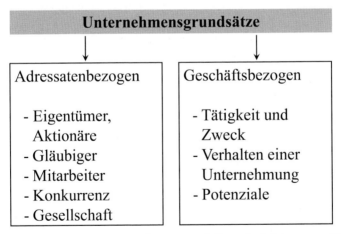

Abb. 2.3-3: Dimensionen von Unternehmensgrundsätzen (in Anlehnung an Meffert, Kirchgeorg 1998)

Die in Abb. 2.3-4 dargestellte Vision 2010 mit den Unternehmensgrundsätzen der BASF-AG kann diesen Dimensionen zugeordnet werden und unterstreicht damit die Ergebnisse der genannten empirischen Untersuchung.

Mit diesen Unternehmensgrundsätzen werden richtungsweisende Festlegungen für die Unternehmung bezüglich ihres Verhaltens gegenüber der Unternehmensumwelt getroffen (Ulrich 1977).

Geschäftsbezogen:	Anspruchsgruppenbezogen:
- alle Instrumente auf den Hauptmärkten einzusetzen, - sich auf technologische und regionale Stärken zu konzentrieren, - das Portfolio der Tätigkeiten ausgewogen und konjunkturstabil zu gestalten, - Hierarchie und Bürokratie abzubauen, - die Rohstoffbasis weiter zu entwickeln, - den Wert der anvertrauten Mittel zu vermehren	- Produkte und Leistungen an den Bedürfnissen und Ansprüchen der Gesellschaft zu orientieren, - sich auf die Kunden ausgeprägt einzustellen, - ökonomische, ökologische und soziale Erfordernisse zu berücksichtigen, - gesellschaftliche und unternehmerische Interessen in Einklang zu bringen, - engagierte, gestaltende und kreative Mitarbeiter aus unterschiedlichen Kulturen zu gewinnen, - mit leistungsfähigen Partnern zu kooperieren sowie - dauerhafte Attraktivität für Anteilseigner und Kapitalgeber zu sichern

Abb. 2.3-4: Unternehmensgrundsätze der BASF-AG (in Anlehnung an o.V. 1995)

Sie stellen **Orientierungshilfen** dar, können aber auch in Abhängigkeit von der Unternehmung und ihrem Umfeld Wandlungen unterworfen sein (Hoffmann 1989). Wesentlich ist hierbei, dass diese Grundsätze im Umgang mit dem gesellschaftlichen und kulturellen Umsystem umgesetzt werden und nicht zu einer Art „Alibi-Philosophie" verkommen (Demuth 1990; Dichtl 1994).

2.3.2.3 Unternehmensidentität

Mit der Erstellung eines Systems von Unternehmensgrundsätzen werden die angestrebten Verhaltenspositionen gegenüber Marktpartnern und der Gesellschaft umrissen sowie die Verknüpfungsbeziehungen mit der Umwelt definiert. Die Umsetzung dieser Maxime, die sich im Verhalten (Corporate Behaviour) niederschlägt, das Erscheinungsbild des Unternehmens (Corporate Design) sowie die Kommunikation nach außen (Corporate

Communication) sind Ausdruck einer über längere Zeit gewachsenen Unternehmensidentität (Kroehl 1994). Sie kann definiert werden als die „strategisch geplante und operativ eingesetzte Selbstdarstellung und Verhaltensweise eines Unternehmens nach innen und außen auf Basis einer festgelegten Unternehmensphilosophie, einer langfristigen Unternehmenszielsetzung und eines definierten (Soll-)Images – mit dem Willen, alle Handlungsinstrumente des Unternehmens in einheitlichem Rahmen nach innen und außen zur Darstellung zu bringen" (Birkigt et al. 2000).

Innerhalb eines derartigen **Corporate Identity-Konzeptes** wird demnach das entworfene Selbstbildnis der Unternehmung aus der Sicht der Führungskräfte und Mitarbeiter beschrieben und dem durch die bisherige Unternehmenspolitik geprägten Bild in der breiten Öffentlichkeit gegenübergestellt. Ziel dieser Analyse ist die Verringerung auftretender Diskrepanzen und die Gewinnung bzw. Steigerung des „Vertrauens aller Teilöffentlichkeiten" in die Unternehmung (Meffert 1994).

Die Formulierung der Corporate Identity soll letztlich zur **Imagebildung**, zur **Kommunikation** und zur **Identifikation** beitragen und die Schaffung einer prägnanten **Unternehmenspersönlichkeit** gewährleisten. Ausschlaggebend hierfür ist die Erkenntnis, dass unterschiedliche Verhaltensweisen der Mitarbeiter einer Unternehmung ein diffuses Image im Unternehmensumfeld hervorrufen. Mit der Definition des Soll-Images und der Übertragung in einen von allen Unternehmensmitgliedern getragenen Ist-Zustand werden die Verhaltensweisen der Anspruchsgruppen stabilisiert (Achterholt 1991; Birkigt et al. 2000). Neben der Imagebildung ist die Kommunikation der nach innen und außen gerichteten Verhaltensweisen einer Unternehmung und die glaubwürdige Darstellung der Unternehmenszielsetzungen eine vorrangige Aufgabe zur Erhöhung der Akzeptanz im allgemeinen Umfeld, aber auch bei den eigenen Mitarbeitern. Die Entstehung eines Wir-Gefühls fördert gleichzeitig die Motivation der Belegschaft und beeinflusst in gleichem Maß den Umgang der Mitarbeiter untereinander (Schmitt-Siegel 1990).

Mit der Bestimmung und Formulierung der Corporate Identity werden somit insgesamt die grundlegenden **Verhaltensweisen** eines Unternehmens unter Berücksichtigung der Unternehmensphilosophie und der langfristigen Unternehmensziele definiert.

2.3.3 Strategische Ziele der marktorientierten Unternehmensführung

Ausgehend von der Mission der Unternehmung und der damit in Zusammenhang stehenden Philosophie und Identität sind im Rahmen des Zielbildungsprozesses die strategischen Zielsetzungen der marktorientierten Unternehmensführung zu präzisieren. Dabei kann grundlegend zwischen den übergeordneten Zielsetzungen, den so genannten Oberzielen der Unternehmung und den bereits konkretisierten Handlungszielen differenziert werden. Die übergeordneten Ziele stellen „Leitlinien" (Meffert, 1994) bzw. Prädispositionen für die Festlegung der nachgeordneten Handlungsziele einzelner Funktionsbereiche und Geschäftseinheiten dar. Dieses Herunterbrechen der Oberziele in eine von den einzelnen Unternehmensbereichen handhabbare Form bewirkt mit der steigenden Zahl von Subzielen die zunehmende Determinierung des unternehmerischen Zielsystems. Dabei bestehen zwischen den Ober- und den Subzielen Mittel-Zweck-Beziehungen (Heinen 1976). Die Realisierung der nachgeordneten Ziele ist demnach notwendige Bedingung für das Erreichen der übergeordneten Zielsetzungen.

Mit der **Präzisierung** des unternehmerischen Zielsystems im Rahmen der Ableitung konkreter Handlungsnormen (Bea et al. 2005) bearbeitet die Unternehmensleitung somit eine nachgelagerte Stufe innerhalb des Zielbildungsprozesses. Alle in diesem Schritt formulierten Ziele stellen unmittelbare Richtgrößen für das tägliche Handeln in den Unternehmensbereichen bzw. den strategischen Geschäftseinheiten dar.

2.3.3.1 Spektrum strategischer Unternehmensziele

Die Primärorientierung der Unternehmensziele am Gewinn stellt für das Fortbestehen einer Unternehmung innerhalb des relevanten Marktes eine Notwendigkeit dar. Dennoch ist der Stellenwert der Gewinnmaxime durch die moderne Zielforschung relativiert worden (Koppelmann 2001; Becker 2006). Demnach ist es zur Sicherung des Unternehmensbestandes erforderlich, einen angemessenen Gewinn zu erzielen. Gleichzeitig werden jedoch mehrere Zielsetzungen mit wechselnden Prioritäten verfolgt. So konnte im Rahmen empirischer Untersuchungen nachgewiesen werden, dass beispielsweise mit zunehmender Ertragskraft einer Unternehmung die sozialen, auf die Mitarbeiterzufriedenheit gerichteten Zielsetzungen ebenso an Bedeutung gewinnen, wie ökologiegerichtete Ziele (Ansoff, McDonnell 1990; Becker 2006). Abb. 2.3-5 verdeutlicht dies anhand eines empirischen Beispiels.

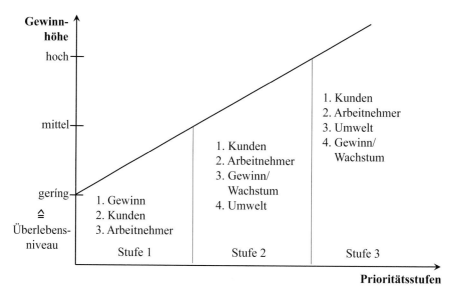

Abb. 2.3-5: Prioritätsänderungen von Unternehmenszielsetzungen (Quelle: Ansoff, Mc-Donnell 1990)

Die Vielzahl möglicher Unternehmensziele soll im Folgenden in sechs Zielkategorien zusammengefasst werden (Becker 2006; Meffert 1994). Dabei wird die Sicherung des

Unternehmensbestandes zunächst durch die finanziellen und die Rentabilitätsziele abgebildet. Die **finanziellen Ziele** sind auf die Gewährleistung der Kreditwürdigkeit, eine jederzeitige Zahlungsfähigkeit, einen hohen Grad an Selbstfinanzierung und eine angemessene Kapitalstruktur gerichtet. Die **Rentabilitätsziele** richten die Unternehmenstätigkeit auf einen angemessenen Gewinn sowie auf eine ausreichende Umsatz-, Eigenkapital- und Gesamtkapitalrendite bzw. auf den Return on Investment aus.

Neben diesen, die oberste Zielsetzung der Unternehmung abbildenden Zielsetzungen, zählen zu den strategischen Zielsetzungen der Unternehmung die **Marktstellungs-**, die **Prestige-**, die **Umweltschutz-** sowie **soziale Ziele**. Abb. 2.3-6 veranschaulicht diese Inhaltsdimensionen strategischer Ziele im Zusammenhang.

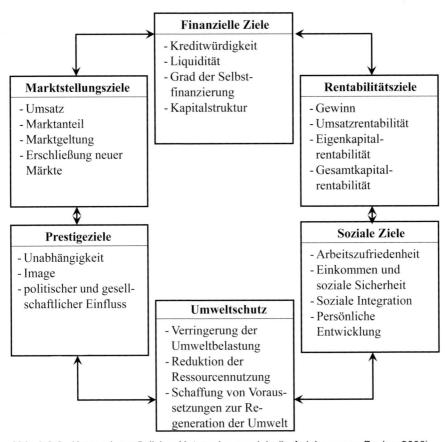

Abb. 2.3-6: Kategorien möglicher Unternehmensziele (in Anlehnung an Becker 2006)

Die jeweiligen Zielsetzungen können dabei nicht isoliert voneinander betrachtet werden. Vielmehr existieren sachlogische Zusammenhänge zwischen den einzelnen Zielkategorien. Die finanziellen Ziele bilden den Bedingungsrahmen für die dauerhafte Unternehmenstätigkeit. Gleichzeitig begrenzen sie den unternehmerischen Handlungsrahmen bezüglich des Ausbaus der Marktstellung. Letztgenannte Ziele bilden die Grundlage für die Erfüllung der Rentabilitätsziele einer Unternehmung (Meffert et al. 2008).

Eng verbunden mit dem sozialen und gesellschaftlichen Wandel in den 1970er Jahren ist die Aufnahme der Umweltschutz- und sozialen Ziele in das unternehmerische Zielspektrum. Darüber hinaus bildet die hierdurch erreichbare gesellschaftliche Akzeptanz einen nicht unerheblichen „Kulturfaktor" für die Erreichung rein ökonomischer Ziele" (Becker 2006) und dabei speziell für die Sicherung einer angemessenen Marktstellung.

Aufbauend auf den genannten Zielsetzungen ist in der betriebswirtschaftlichen Forschung immer wieder der Versuch unternommen worden, die einzelnen Zielinhalte hierarchisch zu gliedern. Das bekannteste Modell eines **deduktiv abgeleiteten Zielsystems** ist das DuPont-System (Weston 1992; Staehle 1969; Perridon, Steiner 2004; Botta 1997). In diesen Modellen werden die einzelnen Zielsetzungen im Hinblick auf ihren Stellenwert für die Verwirklichung anderer Ziele analysiert. Dabei greift man auf definitorische Zielinterdependenzen zurück, indem beispielsweise der Return on Investment als Produkt aus Umsatzrendite und Kapitalumschlag abgebildet wird. Diese zugrunde gelegten deduktiven Mittel-Zweck-Beziehungen ermöglichen es, Aussagen für die Ordnung der einzelnen Zielsetzungen zu treffen (Heinen 1976).

In Abb. 2.3-7 sollen diese Zusammenhänge an einem **ROI-Schema** verdeutlicht werden. Ausgehend von der Eigenkapitalrentabilität werden die wichtigsten ökonomischen Zielsetzungen anhand deduktiv abgeleiteter Mittel-Zweck-Beziehungen einbezogen.

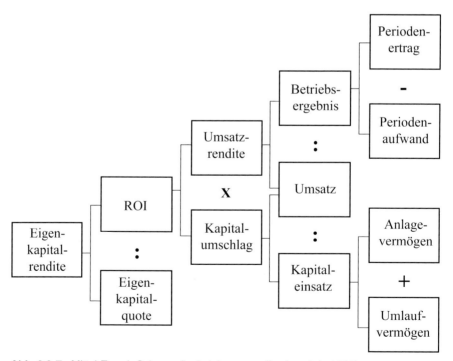

Abb. 2.3-7: Mittel-Zweck-Schema (in Anlehnung an Benkenstein 1992)

Die **Eigenkapitalrendite** kann als Relation von **Gesamtkapitalrendite** und **Eigenka-pitalquote**, korrigiert um das Produkt aus Fremdkapitalzins und Verschuldungsgrad, ausgedrückt werden. Entsprechend der definitorischen Beziehung setzt sich die Gesamt-kapitalrendite aus dem Produkt von **Bruttoumsatzrendite** und **Kapitalumschlag** zu-sammen, wobei die Bruttoumsatzrendite als Relation von Betriebsergebnis und Umsatz und der Kapitalumschlag als Relation von Umsatz und Kapitaleinsatz definiert ist. Das Betriebsergebnis lässt sich schließlich als Differenz von Periodenertrag und Aufwand abgrenzen (Benkenstein 1992).

Die Oberziele der Unternehmung können nur dann realisiert werden, wenn sie in Form von **Handlungszielen** weiter spezifiziert werden. Dabei sind zunächst die Oberziele anhand von Mittel-Zweck-Beziehungen in Ziele für die verschiedenen Funktionsberei-che zu überführen. Entsprechend der Aufgliederung großer Unternehmungen in strate-gische Geschäfteinheiten, die heterogene Tätigkeitsfelder bearbeiten, müssen für die einzelnen Unternehmensbereiche ebenfalls mit den Oberzielen kompatible **Geschäfts-feldziele** formuliert werden. Zu deren Erfüllung tragen **Unterziele** bei, die den Einsatz einzelner Marketing-Instrumente steuern. Ein entsprechendes, nach Zielebenen geord-netes Zielsystem, ist in Abb. 2.3-8 dargestellt.

Abb. 2.3-8: Ebene strategischer und operativer Marketingziele (in Anlehnung an Meffert 1994)

Trotz der vorgestellten Zielhierarchien und der damit einhergehenden Differenzierung in über- und untergeordnete Zielsetzungen erscheint eine Abgrenzung strategischer von operativen Zielen problematisch.

Dies resultiert aus den fließenden Übergängen zwischen der Formulierung eines grundle-genden strategischen Handlungsrahmens und der Festlegung operativer Zielsetzungen in-nerhalb des Marketing-Management-Prozesses. Beide Zielebenen greifen ineinander und erfordern **Rückkoppelungsprozesse**. Eine eindeutige Trennung ist deshalb nicht möglich.

Als weiterhin problematisch bei der Ableitung des Marketing-Zielsystems erweist sich die Tatsache, dass im Unterschied zum DuPont-Schema oftmals keine mathematisch deduzierbaren Mittel-Zweck-Relationen zwischen den einzelnen Zielebenen herzustellen sind. Deshalb ist es in aller Regel erforderlich, bei der Gestaltung umfassender Zielsysteme auf Mittel-Zweck-Vermutungen zurückzugreifen.

2.3.3.2 Strategische Zielsysteme und Erfolgsfaktorenforschung

Wesentliche Anregungen für die Formulierung derartiger Mittel-Zweck-Vermutungen hat die Erfolgsfaktorenforschung geliefert (Fritz 1995). Erfolgsfaktoren sind dabei Variablen der Aufgabenumwelt sowie unternehmensinterne Determinanten, die den langfristigen Erfolg einer Unternehmung nachhaltig beeinflussen. Sofern sich derartige Erfolgsfaktoren identifizieren lassen, können die genannten Mittel-Zweck-Vermutungen empirisch validiert und auf dieser Grundlage induktiv abgeleitete Zielsysteme mittels empirisch bestätigter Mittel-Zweck-Relationen gebildet werden. Dabei wird zwischen einer quantitativen und einer qualitativen Erfolgsfaktorenforschung differenziert (Böcker 1988; Hildebrandt 2002; Meffert, Patt 1988). Quantitative Erfolgsfaktoren zeichnen sich dadurch aus, dass sie auf metrischen Skalen in Mengen- oder Werteinheiten bzw. deren Relationen gemessen werden können. Hierzu zählen beispielsweise Stückkosten, Preise oder auch Marktanteile. Qualitative Erfolgsfaktoren können im Gegensatz dazu nicht exakt und damit allenfalls auf Ordinalskalen gemessen werden. Hierzu zählen beispielsweise der Führungsstil, die Organisationsstruktur oder das Know-how.

Der bekannteste und bedeutendste Ansatz der **quantitativen Erfolgsfaktorenforschung** ist die **PIMS-Studie** (Profit Impact of Market Strategies). Im Rahmen dieser empirischen Untersuchung werden die strategisch relevanten Determinanten von ca. 3 000 Geschäftseinheiten aus über 450 Unternehmungen unterschiedlichster Branchen erfasst und im Hinblick auf ihre Erfolgswirkungen analysiert (Buzzell, Gale 1987). Ziel der PIMS-Analysen ist es, die marktwirtschaftlichen Gesetzmäßigkeiten, die „Laws of the Market Place" (Branch 1988) zu erkennen, die die **Renditestruktur** einer Unternehmung maßgeblich beeinflussen.

Die in dieser Studie erhobenen Daten können den vier grundlegenden Erfolgsdimensionen „**Marktstruktur**", „**Wettbewerbsposition**", „**Strategien und Taktiken**" sowie „**Erfolg**" zugeordnet werden (Buzzell, Gale 1987; Meffert 1994; Hildebrandt 1992a). Die dabei erfassten Beziehungen zwischen den einzelnen Kriterien sowie die zugehörigen untersuchten Merkmale sind in Abb. 2.3-9 dargestellt. Hieran wird u. a. deutlich, dass die drei den Unternehmenserfolg bedingenden Faktorbereiche einen unmittelbaren Einfluss auf den Erfolg einer strategischen Geschäftseinheit haben, dass aber darüber hinaus auch Wechselwirkungen untereinander bestehen.

Das vorrangige Ziel der PIMS-Analyse bestand lange Zeit darin, einzelne Variablen und Variablenverbindungen zu identifizieren, die einen starken Einfluss auf den Erfolg – operationalisiert durch den **ROI** – einer strategischen Geschäftseinheit ausüben. Dabei wurde beispielsweise ein signifikanter positiver Zusammenhang zwischen Marktanteil (sowohl in absoluter als auch relativer Form), Marktwachstum, oder auch der Qualitätsposition der angebotenen Leistungen und dem ROI einer Geschäftseinheit nachgewiesen (Fritz 1994; Pümpin 1992; Schoeffler et al. 1990). Die vorgestellten Ergebnisse stehen dabei im Zentrum vielfältiger Kritik, die sich zum einen darauf bezieht, dass die in Abb. 2.3-9 visualisierten Rückkopplungen und Interdependenzen im Rahmen der empirischen Analysen unberücksichtigt bleiben, weil zunächst ausschließlich lineare Einfachregressionen zur Auswertung des Datensatzes eingesetzt wurden. Zum anderen setzt die Kritik an der unterstellten Homogenität der Geschäftseinheiten, aber auch an der überwiegenden Ausrichtung am ROI als alleinigem Erfolgsmaßstab an (Chrubasik, Zimmermann 1987; Jacobson 1990; Kreikebaum 1997).

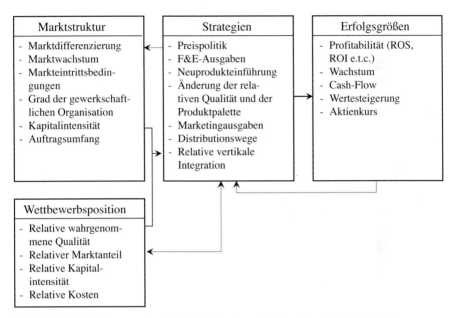

Abb. 2.3-9: Variablengruppen der PIMS-Analyse (Quelle: Buzzell, Gale 1987)

Speziell die Auseinandersetzung mit den stark verkürzten empirischen Analysen auf der Grundlage von Einfachregressionen hat dazu beigetragen, dass Forschungsarbeiten in jüngerer Vergangenheit komplexere empirische Untersuchungsdesigns gewählt haben (Hildebrandt 1992a; Fritz 1994). Dadurch konnte nachgewiesen werden, dass zwischen den verschiedenen quantitativen Erfolgsfaktoren ein ausgeprägtes **Beziehungsgefüge** besteht und speziell die aus Kundensicht bewertete relative Qualität der angebotenen Leistungen – relativ in Bezug auf die Leistungsangebote der Wettbewerber – über eine herausragende Stellung in diesem Beziehungsgefüge verfügt. Abb. 2.3-10 verdeutlicht diese Zusammenhänge.

Im Gegensatz zur PIMS-Analyse und ihren Folgeuntersuchungen stehen im Rahmen der **qualitativen Erfolgsfaktorenforschung** nicht metrisch erfassbare Erfolgsdimensionen im Mittelpunkt der Forschungsarbeiten. Ausgelöst wurde diese Art der Erfolgsfaktorenforschung durch eine Untersuchung von Peters und Waterman (1982).

Im Rahmen dieser Studie wurden 75 amerikanische Unternehmungen daraufhin untersucht, welche Führungs- und Strukturmerkmale erfolgreiche von weniger erfolgreichen Unternehmungen unterscheiden. Das Ergebnis ihrer Arbeiten haben Peters und Waterman im so genannten **7-S-Modell** – wie in Abb. 2.3-11 dargestellt – abgebildet.

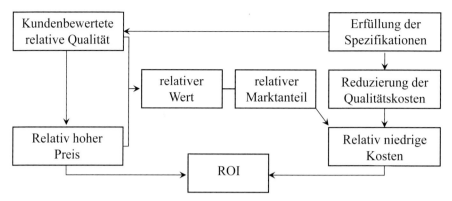

Abb. 2.3-10: Erfolgsfaktorenstruktur im PIMS-Datensatz (in Anlehnung an Hildebrandt 1989)

Die sieben Erfolgsmerkmale können wie folgt beschrieben werden:

- **Selbstverständnis:** Ein sichtbar gelebtes Wertesystem kennzeichnet erfolgreiche Unternehmungen. Unternehmenswerte bestimmen dabei die Handlungsweisen aller Mitarbeiter.
- **Strategie:** Klare Strategien und Zielsysteme müssen verfolgt bzw. realisiert werden. Die Unternehmenstätigkeit muss sich dabei auf die Zielsetzungen richten, bei denen eigenes Know-how eingesetzt werden kann. Somit wird eine Bindung an das angestammte Geschäft verfolgt.
- **Struktur:** Die Organisationsstrukturen sind einfach und überschaubar. Stäbe konzentrieren sich auf die wichtigsten Aufgaben. Ein einfacher flexibler Aufbau wird angestrebt und erhalten. Der Versuch, Organisationsprozesse und Berichtssysteme zu perfektionieren, wird unterbunden.
- **Stammpersonal:** Die Arbeit in einer erfolgreichen Unternehmung ist durch Eigenständigkeit gekennzeichnet. Es bieten sich den Mitarbeitern genügend Freiräume für Unternehmertum.
- **Stil:** Ein ausgewogenes Verhältnis zwischen zentralen und dezentralen Strukturen ermöglicht eine straff-lockere Führung der Mitarbeiter.
- **Systeme:** Flexible Systeme ermöglichen ein adäquates Verhältnis zwischen Standardisierung und Individualisierung. Ein wesentlicher Erfolgsfaktor ist das Primat des Handelns.
- **Spezialkenntnisse:** Die Produktivität der Unternehmungen ist abhängig von seinen Mitabeitern. Das Können der Unternehmensmitglieder bestimmt somit den Unternehmenserfolg.

Im Rahmen von empirischen Analysen konnten diese Merkmale geprüft (Böcker 1988) und um einen weiteren Erfolgsfaktor, die **Nähe zum Kunden**, ergänzt werden (Peters, Waterman 1982; Albers, Eggert 1988). Dabei bleibt jedoch anzumerken, dass eine präzise Abgrenzung und Operationalisierung der qualitativen Erfolgsfaktoren speziell bei Peters und Waterman vermisst wird. Dies hat zur Folge, dass die aufgeführten Erfolgsfaktoren, beispielsweise die Bindung an das angestammte Geschäft oder auch die Nähe zum Kunden, nicht über ein generalisierendes und damit häufig auch pauschalisierendes Aussagensystem hinauskommen.

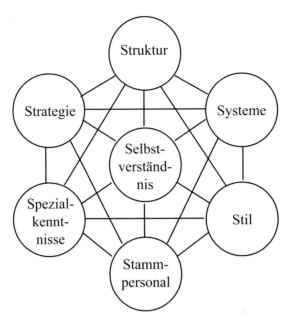

Abb. 2.3-11: 7-S-Modell der qualitativen Erfolgsfaktorenforschung (Quelle: Peters, Watermann 1982)

Diese Erkenntnisse, insbesondere der quantitativen Erfolgsfaktorenforschung, haben – trotz der angeführten Kritik – in strategischen Planungsmodellen, speziell den Portfolio-Modellen, besondere Beachtung gefunden (Hildebrandt 2002; Meffert 1994). Die in den Anfängen der Erfolgsfaktorenforschung vorherrschende Meinung, die Existenz allgemein gültiger Erfolgsfaktoren nachweisen zu können, musste jedoch im Rahmen der empirischen Untersuchungen relativiert werden. Eine umfassende Auflistung dieser Untersuchungen, die speziell in den 1980er Jahren durchgeführt wurden, findet sich beispielsweise bei Fritz (1990).

Bedingt durch die wachsende Bedeutung des Dienstleistungssektors werden gegenwärtig verstärkt die Mitarbeiter als Schlüsselquelle des Unternehmenserfolges entdeckt. Neben der marktorientierten Unternehmensführung wird damit der Einsatz eines die Mitarbeiter betreffenden internen Marketing insbesondere bei Dienstleistungsunternehmen zum Erfolgsfaktor (Meffert 2000).

Wenngleich die grundlegende Bedeutung von Erfolgsfaktoren wie der relativen Produktqualität nachgewiesen werden konnte (Hildebrandt, Buzzell 1991), musste man jedoch gleichzeitig erkennen, dass die Intensität der Einflüsse auf den Unternehmenserfolg in besonderer Weise von den Kontextbedingungen abhängig ist (Schröder 1994).

2.3.3.3 Inhaltsdimensionen strategischer Marketingziele

Bereits im Rahmen der Diskussion um die strategischen Unternehmensziele hat sich gezeigt, dass nicht sämtliche der genannten Inhaltsdimensionen auf metrischen Skalen operationalisiert werden können. Dies gilt insbesondere für die Prestigeziele, aber auch die sozialen und ökologischen Zielsetzungen, die deshalb häufig auch als „außerökonomische" Ziele der Unternehmung bezeichnet werden (Steffenhagen 2008).

Solche außerökonomischen Zielsetzungen haben speziell als Inhaltsdimensionen strategischer Marketingziele eine besondere Bedeutung (Becker 2006). Als Bekanntheits-, Einstellungs-, Zufriedenheits- oder Präferenzziele bilden sie die Brücke zwischen der Unternehmung und ihren Kunden. Vor diesem Hintergrund wird im Folgenden ein **zweidimensionales Marketingzielsystem** entworfen, das sowohl ökonomische als auch außerökonomische Inhaltsdimensionen umfasst. Dabei werden zum einen die Beziehungen und Zusammenhänge zwischen den käuferverhaltenstheoretisch begründeten Prozessen beim Nachfrager vor dem Kaufakt als auch die beobachtbaren Resultate der Kaufentscheidung aufgezeigt. Um aus diesen allgemeinen Marketingzielsetzungen Handlungsempfehlungen für den Einsatz des marketingpolitischen Instrumentariums abzuleiten, müssen diese grundlegenden Zielsetzungen für die Mix-Bereiche weiter spezifiziert werden.

Die Zusammenhänge zwischen den außerökonomischen, psychographischen und den ökonomischen Marketingzielen zeigt Abb. 2.3-12.

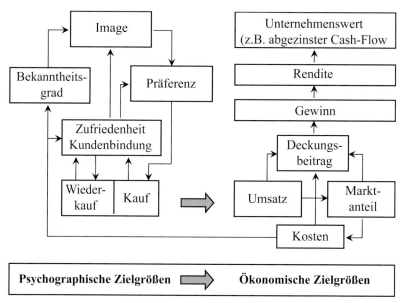

Abb. 2.3-12: Zusammenhänge zwischen psychographischen und ökonomischen Zielgrößen im Marketing (Quelle: Meffert 1994)

Zentrale Aufgabe aller marktgerichteten Aktivitäten der Unternehmung ist die Steuerung und Beeinflussung des Kaufverhaltens aktueller und potenzieller Kunden. Deshalb ist es für die Verwirklichung ökonomischer Marketingziele notwendig, zunächst **psychische Prozesse** beim potenziellen Kunden zu initiieren. Die **psychographischen Ziele** richten sich dementsprechend auf diese nicht unmittelbar beobachtbaren Prozesse bei den Nachfragern (Becker 2006).

Speziell die Kommunikationspolitik eines Unternehmens initiiert derartige psychische Prozesse und bildet somit die Grundlage für die Erfüllung der ökonomischen Zielsetzungen. Die Kommunikation mit den Nachfragern über ein Produkt trägt in hohem Maß dazu bei, dessen **Bekanntheit** zu steigern und Interesse für seine Verwendung zu wecken. Dabei kann zwischen aktiver und passiver Bekanntheit differenziert werden (Meffert 1994). Aktive Bekanntheit zeichnet sich dadurch aus, dass der Konsument den Markennamen ohne Unterstützung erinnert, während passive Bekanntheit die Vorgabe des Markennamens bedingt und der Konsument diesen wieder erkennt. Die Ergebnisse empirischer Studien zeigen dabei, dass speziell bei Convenience-Gütern, die vor allem durch ein geringes Ausmaß an **Involvement** gekennzeichnet sind, dem Bekanntheitsgrad eine hohe Kaufverhaltensrelevanz zukommt.

Gleichzeitig wird durch die Kommunikation mit dem Konsumenten die **Einstellungsbildung** gegenüber dem Produkt und der anbietenden Unternehmung beeinflusst. Positive Einstellungen beeinflussen die Wahrscheinlichkeit des Kaufs entscheidend und tragen somit zur Erfüllung der ökonomischen Zielgrößen bei (Kroeber-Riel et al. 2008; Trommsdorff 2009). Neben den Einstellungen wird in jüngerer Vergangenheit die **spezifische Kompetenz** in der Zielforschung genannt. Sie bezieht sich nicht auf das einzelne Produkt, sondern auf die Gesamtunternehmung und ihre Reputation beim Kunden (Backhaus, Weiss 1989; Amit, Schoemaker 1993; Peteraf 1993; Weigelt, Camerer 1988; McGrath et al.1995).

Eng verbunden mit der Formung von Einstellungen ist die Bildung von **Präferenzen** vor der Kaufentscheidung. Der Konsument klassifiziert dabei gleichartige Produkte und wählt jenes aus, dass den gewünschten Erfordernissen am meisten entspricht. Hierbei bezieht er sich sowohl auf objektive Produktmerkmale als auch auf subjektive Beurteilungen.

Neben der Neukundengewinnung ist es für eine Unternehmung zwingend erforderlich, Konsumenten zum Wiederkauf eines Produktes oder einer Leistung zu bewegen. In diesem Zusammenhang ist es nötig, bei den Kunden einen hohen Grad an **Zufriedenheit** mit der erlebten Leistung zu erreichen (Bauer 1983). Zufriedenheit kann dabei als Diskrepanz zwischen erwarteter und erlebter Leistung interpretiert werden (Bruhn 1982). Mit zunehmender Diskrepanz steigt die Unzufriedenheit. Im Sinne einer operationalen Formulierung dieser Zielkomponente können Unternehmungen versuchen, den Grad der Zufriedenheit beispielsweise in Form der eingehenden Beschwerden und der Beschwerdebewertung durch die Konsumenten zu messen (Stauss 1989; Meffert, Bruhn 1981; Hansen, Schoenheit 1987). Eine hohe Zufriedenheit ist notwendige Voraussetzung für den wiederholten Kauf einer angebotenen Leistung (Teas 1993; Parasuraman et al.1984; Diller 1996).

In zunehmend wettbewerbsintensiveren Märkten gewinnt das Ziel der **Kundenbindung** verstärkt an Bedeutung. Die Zusammenhänge der genannten psychograpischen Zielsetzungen für die Erzielung einer Kundenbindung und damit eines ökonomischen Erfolges werden in Abb. 2.3-13 im Rahmen ihrer Wirkung auf die Kundenbindung dargestellt. Dabei führt die Präferenz eines Kunden zu einer ersten Inanspruchnahme einer Leistung. Über die Bewertung der erbrachten Leistung bestimmt sich seine Zufriedenheit. Ein hoher Zufriedenheitsgrad kann dabei zur Kundenloyalität führen, die sich in Akzeptanz und Vertrauen gegenüber einem Anbieter ausdrückt. Damit ist die Voraussetzung für den Aufbau einer Kundenbindung auf freiwilliger Basis geschaffen (Homburg, Bruhn 1999).

Abb. 2.3-13: Wirkungskette der Kundenbindung (Quelle: Homburg, Bruhn 1999)

Dem steht die unfreiwillige Kundenbindung, z. B.. als Folge eines langfristigen Vertrages, gegenüber. Grundsätzlich sollte der Aufbau von freiwilliger Kundenbindung angestrebt werden (Dick, Basu 1994). Eine hohe Kundenbindung führt zu einem gesteigerten Kundenwert, wobei sich dieser anhand der diskontierten Einzahlungsüberschüsse, die ein Kunde im Verlauf seiner Geschäftsbeziehung für das Unternehmen erzeugt, definiert. Damit wirken die psychographischen Ziele Zufriedenheit, Loyalität und Kundenbindung nachhaltig positiv auf die Erreichung der ökonomischen Marketingziele (Homburg, Bruhn 1999).

Der Kauf bzw. Wiederkauf ist das Bindeglied zwischen den psychographischen Marketingzielen und dem **Umsatz** als die zu Verkaufspreisen bewertete abgesetzte Menge. Neben dem **Umsatzvolumen** ist hier speziell die Kenntnis der **Umsatzstruktur** bezogen auf die einzelnen Produktgruppen für die Unternehmung von besonderem Interesse, um Absatzschwankungen aufzudecken und deren Ursachen zu analysieren. Das Streben nach einer Steigerung des Umsatzes ist gerade in jungen Märkten eine notwendige Schlüsselgröße, um die Marktstellung zu erhalten oder zu verbessern.

Speziell in gesättigten Märkten und vor dem Hintergrund der wettbewerbsorientierten Unternehmensführung kommt dem absoluten Umsatzziel jedoch eine weitaus geringere Bedeutung zu als dem **relativen Umsatz** (Meffert 1994). Dabei wird das Umsatzvolumen auf das Marktvolumen bezogen. Als Ergebnis dieser Relation ergibt sich definitionsgemäß die wertmäßige Zielgröße „**Marktanteil**". Gerade die Erkenntnisse der Erfolgsfaktorenforschung weisen auf den positiven Zusammenhang zwischen Marktanteil und ROI hin, ein Ergebnis, dass den Stellenwert dieser Zielsetzung unterstreicht.

Neben dem Marktanteil ist die **Marktgeltung** eine weitere wesentliche Inhaltsdimension strategischer Marketingziele. Unter Marktgeltung kann das Gewicht einer Unternehmung auf einem Markt verstanden werden, aber auch die Bedeutung und das Ansehen, das einem bestimmten Produkt bzw. einer Marke dieser Unternehmung zukommt. Am Beispiel des Marktes für Papiertaschentücher ist dies leicht zu veranschaulichen. Hier steht der Markenname „Tempo" als Synonym für eine gesamte Produktgattung. Die herausragende Stellung von Produkten muss jedoch nicht allein durch derartige Gattungsbezeichnungen begründet sein. So ergaben empirische Untersuchungen, dass Pionierunternehmen auch Jahre nach Einführung ihrer Produkte einen um ca. 30–40 Prozent höheren Marktanteil und – damit verbunden – eine höhere Marktgeltung haben als ihre Wettbewerber (Kotler, Bliemel 2001; Kerin et al. 1992).

Zur Absicherung von Wettbewerbsvorteilen müssen schließlich auch die ökonomischen Schlüsselgrößen **Kosten**, **Gewinn** und **Rentabilität** in die weitere Betrachtung einbezogen werden. Eine in diesem Zusammenhang wichtige ökonomische Zielgröße für die marktorientierte Unternehmensführung stellt der **Deckungsbeitrag** als die auf ein Produkt bzw. eine Produktgruppe bezogene Differenz von Erlösen und den variablen Herstellkosten dar (Coenenberg, Baum 1976). Er bildet die Schnittstelle zwischen den klassischen Oberzielen der Unternehmung Gewinn bzw. Rendite und den Marktanteilszielen. Um die Aussagefähigkeit dieser Größe zu erhöhen, ist es im Rahmen der **Vertriebserfolgsrechnung** möglich, die den marktspezifischen Kategorien Vertriebsgebiete, Produkt- bzw. Leistungsgruppen, aber auch Abnehmergruppen direkt zurechenbaren Fixkosten schrittweise in die Deckungsbeitragsrechnung einzubeziehen (Küpper 2005; Reichmann 2001). Die daraus resultierenden **Erfolgsbeitragsstufen** geben einen differenzierteren Überblick und ermöglichen zugleich eine detaillierte Erfolgskontrolle.

Zur Durchsetzung der genannten strategischen Marketingziele sind **Zwischenziele** zu formulieren, die die Oberziele auf die jeweiligen Geschäftsfelder ausrichten. Darüber hinaus ist es erforderlich, handlungsweisende **Unterziele** festzulegen, die den Einsatz der absatzpolitischen Instrumente steuern. Durch die Festlegung dieser Subziele werden mögliche Marketingmaßnahmen vordefiniert. Dabei ist zu beachten, dass Zielinterdependenzen zwischen den einzelnen Geschäftsfeldern, aber auch den Marketing-Mix-Bereichen bestehen. Beispielsweise hat die Zielsetzung der Produktpolitik, ein designorientiertes Produkt anzubieten, mögliche Auswirkungen auf die Zielinhalte der Kommunikations-, der Kontrahierungs- und/oder der Distributionspolitik.

2.3.3.4 Marktstellungsziele und Wettbewerbsvorteile

Der Zielbildungsprozess einer Unternehmung hat sich an der jeweiligen Wettbewerbsposition zu orientieren. Er muss deshalb die jeweiligen Zielerreichungsgrade der Hauptwettbewerber in die Definition der eigenen Zielsetzungen integrieren. Diese Sichtweise findet ihren Niederschlag in der Formulierung relativer Zielsetzungen. Beispiele hierfür sind der relative Marktanteil als Relation von eigenem Marktanteil und dem Marktanteil des Hauptwettbewerbers oder auch die relative Produktqualität, in der zum Ausdruck kommt, wie die Nachfrager die Produktqualität in Relation zur Qualität von Wettbewerbsprodukten einschätzen. Ähnlich werden die Kostenziele in Relation zu der jeweiligen Kostensituation der Hauptwettbewerber definiert. Wesentlich ist somit nicht die absolute, sondern wiederum die relative Kostenposition.

Die Formulierung von Marketingzielen umfasst somit verstärkt auch **Wettbewerbsaspekte** und zielt auf die Realisierung von Wettbewerbsvorteilen im relevanten Markt ab. Die Bedeutung einer profilierenden Positionierung im Wettbewerbsumfeld ist deshalb relevant, weil allein dadurch die Erfolgspotenziale der Unternehmung langfristig gesichert werden können. Als generische Positionierung werden dabei die **Kosten- bzw. Preisführerschaft** sowie die **Qualitätsführerschaft** angesehen. Die Preisführerschaft ist durch die Realisierung von Kostenvorteilen, die Qualitätsführerschaft durch die Realisierung von Differenzierungsvorteilen erreichbar (Porter 1999; Aaker 1998; Meffert 1985).

Die Ausrichtung auf Kostenvorteile kann dabei als **eindimensionales Sachziel** der marktorientierten Unternehmensführung angesehen werden. Auf diese Eindimensionalität ist letztlich zurückzuführen, dass innerhalb eines eng abgegrenzten Marktes nur ein Kostenführer bestehen kann. Im Gegensatz dazu sind Differenzierungsvorteile typischerweise mehrdimensional, weil die Ansätze zur Differenzierung viele Formen annehmen können. Diese Ein- bzw. Mehrdimensionalität zeigt sich nicht zuletzt auch in empirischen Untersuchungen, in denen unterschiedliche Differenzierungsvorteile, jedoch nur eine Form von Kostenvorteilen identifiziert werden (White 1986; Galbraith, Schendel 1983; Morrison 1990).

Analysiert man die genannten und weitere empirische Untersuchungen im Hinblick auf die Übereinstimmung von Differenzierungsdimensionen, so lassen sich fünf derartige Dimensionen identifizieren (siehe Kapitel 2.4.2):

- Innovationsorientierung
- Produktprogrammbreite
- Qualitätsorientierung
- Marktabdeckung
- Markenorientierung.

Weiterhin wirken auf die Wettbewerbsposition der Unternehmung auch **Flexibilitätsvorteile** ein, wie sie bereits im Zusammenhang mit der Produktprogrammbreite angesprochen wurden. Flexibilitätsvorteile liegen immer dann vor, wenn eine Unternehmung sich besser und/oder schneller an dynamische und unvorhersehbare Umweltentwicklungen anpassen kann.

2.3.4 Strategische Zielsysteme im Marketing

Die dargestellten und in eine hierarchische Ordnung gebrachten Formal- und Sachziele sowie deren Relationen untereinander bilden in ihrer Gesamtheit das Zielsystem der Unternehmung. Grundlage für diese hierarchische Gliederung der Unternehmenszielsetzungen sind, wie bereits angesprochen, vorrangig Mittel-Zweck-Beziehungen sowie -Vermutungen (Hauschildt 1982).

2.3.4.1 Zielbeziehungen

Im Rahmen der Bildung strategischer – und auch operativer – Zielsysteme der marktorientierten Führung ist zu beachten, dass sowohl horizontal zwischen einzelnen Marketingzielen einer identischen Operationalisierungsebene als auch vertikal zwischen übergeordneten Zielen und generellen Handlungszielen Interdependenzen unterschiedlichster Art auftreten. Neben komplementären Zielbeziehungen, die die Grundlage für Mittel-Zweck-Beziehungen darstellen, können auch Zielkonflikte und Zielindifferenzen bestehen (Scheuch 2006; Adam 1996).

Konfliktäre Zielbeziehungen entstehen dann, wenn die Erfüllung eines Zieles die Zielerreichung eines anderen Zieles verhindert oder aber den Zielerreichungsgrad mindert. Derartige Zielkonflikte können auch partiell auftreten, sofern die Ziele nur innerhalb bestimmter Zielerreichungsgrade konfliktär sind. So ist beispielsweise bereits darauf hingewiesen worden, dass zwischen dem Bekanntheits-, dem Marktanteils- und den Ertragszielen komplementäre Beziehungen bestehen. Gleichzeitig ist jedoch davon auszugehen, dass ab einem spezifischen Bekanntheitsgrad eine Steigerung der Bekanntheit umfangreiche Budgetmittel erfordert und dadurch der Erfüllungsgrad der Ertragsziele rückläufig ist. Zwischen dem Bekanntheitsgrad und den Renditezielen liegen somit partielle Zielkonflikte vor.

Komplementäre Zielbeziehungen liegen hingegen vor, wenn die Erfüllung eines Zieles positive Wirkung auf die Erreichung eines anderen Zieles hat. Mit steigendem Unternehmensgewinn nimmt beispielsweise bei konstantem Eigenkapital die Eigenkapitalrentabilität zu. Derartig komplementäre Beziehungen werden zum widerspruchfreien Aufbau von Zielsystemen genutzt.

Eine **indifferente bzw. neutrale Zielbeziehung** ist demgegenüber dadurch charakterisiert, dass die Erfüllung eines Zieles keine Auswirkungen auf die Erreichung eines anderen Zieles hat. Die Verbesserung der sozialen Integration der Mitarbeiter hat z. B. auf das Ziel „Erschließung neuer Märkte" in aller Regel keinen Einfluss. Die Ziele verhalten sich somit neutral zueinander. Indifferente Zielbeziehungen bilden in der Praxis jedoch eher die Ausnahme.

Mit Hilfe der Ende der 1980er Jahre intensivierten empirischen Zielforschung auf der Basis kausalanalytischer Modelle können derartige Zielbeziehungen nachgewiesen werden (Fritz, Förster, Wiedmann, Raffée 1988; Haedrich et al. 1986; Töpfer 1985). Dabei zeigten sich in der 1988 durchgeführten Untersuchung von Fritz et al. – wie Abb. 2.3-14 verdeutlicht – die stärksten Korrelationen zwischen den marktgerichteten Zielen und den ökonomischen Zielgrößen Umsatz und Marktanteil, den Leistungszielen mit den Zieldimensionen Angebotsqualität, Umweltfreundlichkeit sowie Ansehen in der Öffentlichkeit und den Ertragszielen mit der Zieldimension Unternehmensgewinn. Des Weiteren zeigt sich ein hierarchisches Zielsystem in Form der Unterordnung der Markt-, Ertrags- und Leistungsziele unter das Wettbewerbsziel. Der stärkste positive Zusammenhang besteht in diesem Beispiel zwischen der Wettbewerbsfähigkeit und den Markt- sowie den Ertragszielen. Wesentlich schwächer ausgeprägt scheint – den Ergebnissen

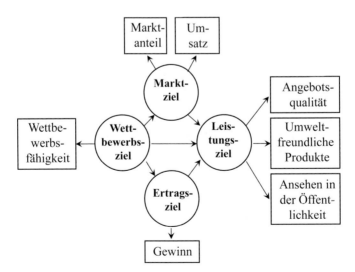

Abb. 2.3-14: Kausalanalyse der Zielbeziehungen in Industrieunternehmen (Quelle: Fritz 1988)

der dargestellten Untersuchung folgend – der Zusammenhang zwischen Wettbewerbsfähigkeit und den Leistungszielen.

2.3.4.2 Zielbildungsprozesse

Neben den Zielinterdependenzen ist bei der Formulierung eines marktorientierten Zielsystems zu beachten, dass sich die Zielbildung innerhalb – mehr oder weniger – komplexer Planungs- und Analyseprozesse vollzieht.

Der Prozesscharakter der Zielbildung wurde in der wirtschaftswissenschaftlichen Literatur lange Zeit wenig beachtet. Speziell durch die traditionellen Modellkalküle entscheidungsorientierter Arbeiten, die die Zielfunktion als gegeben ansehen, wird die Vorstellung einer zeitpunktorientierten Zielbildung suggeriert (Hauschildt, Salomo 2007). Diese Vorstellung wird nicht zuletzt auch dadurch unterstützt, dass sich der Zielbildungsprozess bei intrapersonaler Zielbildung einer Beobachtung entzieht (Sounders 1973). Im Rahmen der Bildung komplexer strategischer Zielsysteme muss diese Vorstellung einer zeitpunktorientierten Zieldefinition grundsätzlich verworfen werden, weil vielfältige Interdependenzen zwischen den verschiedenen Zielinhalten, die Zusammenhänge zur jeweiligen internen und externen Unternehmenssituation sowie die Vielzahl von Funktionen und – damit zusammenhängend – von Entscheidungsträgern, die im Rahmen der Zielbildung mitwirken, eine prozessorientierte Zielbildung erfordern (Grün 1976; Hauschildt 1977).

Der **Zielbildungsprozess** vollzieht sich deshalb typischerweise als iterativer Lernprozess (Schreyögg 1993; Meffert 1994). Im Verlauf dieses Prozesses werden die strategischen Ziele der marktorientierten Unternehmensführung verändert und dabei insbesondere – im Sinne der in Abb. 2.3-2 dargestellten Zielpyramide – konkretisiert. Ausgangspunkt ist die Festlegung relativ globaler **strategischer Ausgangsziele** für die markt- und wettbewerbsgerichtete Unternehmensführung. Diese Ausgangsziele sollen den strategischen Planungsprozess auf die Leitlinien der Unternehmenstätigkeit ausrichten. Sie werden deshalb nach Mittel-Zweck-Vermutungen aus den Oberzielen abgeleitet und müssen im Einklang mit der Unternehmensmission, der Unternehmensidentität und der Unternehmensphilosophie stehen (Becker 2006; Hauschildt 1975). Im Anschluss an die Festlegung der strategischen Ausgangsziele erfolgt der **Analyseprozess**, innerhalb dessen zum einen die marktrelevanten Umweltbedingungen und -trends sowie die daraus abzuleitenden Chancen und Risiken, zum anderen die Stärken und Schwächen der Unternehmung erfasst werden. Diese Analysen geben immer dann Anlass zur **Revision der Ausgangsziele**, wenn erkennbar ist, dass durch die alternativen Geschäftsfeldstrategien diese Ausgangsziele nicht erfüllt oder aber übererfüllt werden können. Dabei wird entweder das Anspruchsniveau der Ziele angepasst oder gar in einem grundlegenden Anpassungsprozess die Zielpriorität verändert. Je nach Intensität der Zielanpassung wird die strategische Analyse fortgesetzt oder in der folgenden Prozessphase die **Geschäftsfeldstrategie** festgelegt. Im Zuge der ersten Iteration dieses Zielbildungsprozesses sind die Geschäftsfeldstrategien noch relativ global formuliert.

Sie geben jedoch Anlass zur Konkretisierung der marktorientierten Zielsetzungen, die wiederum Ausgangspunkt der zweiten und – sofern notwendig – weiterer Prozessiterationen sind. Die einzelnen Phasen dieses strategischen Zielbildungsprozesses sowie den Prozessverlauf verdeutlicht Abb. 2.3-15.

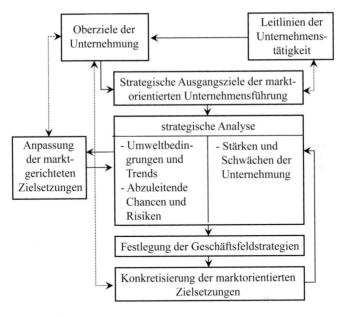

→ Prozessverlauf

←··→ Prüfung der Zielkomplementarität

Abb. 2.3-15: Prozess der strategischen Zielbildung (in Anlehnung an Benkenstein 1987)

2.4 Wettbewerbsorientierte Strategie-optionen im Marketing

An die Analyse der Wettbewerbsposition einer Unternehmung schließt sich – wie Abb. 2.4-1 verdeutlicht – unmittelbar die Suche nach Strategiealternativen an.

Wettbewerbsorientierte Strategien haben dabei zum Ziel, einer Unternehmung dauerhaft Wettbewerbsvorteile zu verschaffen und zu sichern. Die Wettbewerbsvorteile bestimmen sich dabei durch das Vermögen eines Anbieters, die Bedürfnisse der jeweiligen Zielgruppen besser zu befriedigen, als es den relevanten Wettbewerbern am Markt gelingt (Aaker 1998, Meffert 1994).

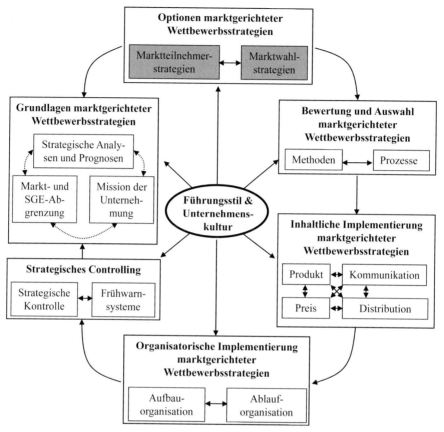

Abb. 2.4-1: Optionen marktgerichteter Wettbewerbsstrategien im Prozess der strategischen Marketingplanung und -implementierung

2.4.1 Grundlagen marktgerichteter Strategieoptionen

In der Literatur werden zahlreiche Strategiekonzepte diskutiert, die sich als Partialansätze nur auf bestimmte Ausschnitte strategischer Entscheidungsprobleme beschränken. Hierzu zählt – neben den Normstrategien der Portfolioplanung (Hinterhuber 1992; Dunst 1983) oder den Marktanteilsstrategien (Kotler 1994) – beispielsweise auch das Konzept der Lückenplanung von Ansoff (1966). Ausgangspunkt dieses Konzeptes ist der Vergleich der Wachstumsziele der Unternehmung mit der zu erwartenden Umsatz- oder Absatzentwicklung unter Fortsetzung der aktuell verfolgten Vermarktungsstrategie. Sofern Lücken zwischen den Wachstumszielen und der zu erwartenden Entwicklung auftreten, müssen diese Lücken durch Anpassung oder Veränderung der marktgerichteten Strategien geschlossen werden (Kreikebaum 1997; Becker 2006).

Hierzu entwickelt Ansoff in seiner in Abb. 2.4-2 dargestellten Produkt-Markt-Matrix Strategiekonzepte, die vor allem vom Gedanken der Nutzung von Synergiepotenzialen getragen sind.

Märkte Produkte	gegenwärtig	neu
gegenwärtig	Marktdurchdringung	Marktentwicklung
neu	Produktentwicklung	Diversifikation

Abb. 2.4-2: Produkt-Markt-Matrix nach Ansoff (Quelle: Meffert 1994)

Marketingstrategischer Ausgangspunkt zur Schließung von Wachstumslücken ist die **Marktdurchdringung**. Bestehende Marktpotenziale sind durch diese Strategie umfassender zu nutzen, indem entweder die Verwendungsintensität der bislang belieferten Kunden erhöht oder neue Kunden im bestehenden Marktsegment gewonnen werden (Wansink, Ray 1996). Diese neuen Kunden sind entweder beim Wettbewerber abzuwerben oder bei den bisherigen Nichtverwendern zu finden. Sofern durch die Marktdurchdringung die identifizierte Wachstumslücke nicht geschlossen werden kann, eröffnen sich weitere Wachstumspotenziale sowohl aus der **Erschließung neuer Absatzmärkte** mit bestehenden Produkten als auch durch die **Entwicklung neuer Produkte** für bestehende Märkte. Neue Absatzmärkte können entweder räumlich durch die regionale und internationale Ausdehnung der Marktbearbeitung oder inhaltlich durch die Identifikation neuer Marktsegmente erschlossen werden. Bei neuen Produkten kann es sich sowohl um Markt- als auch um Unternehmensneuheiten handeln. Dabei ist zu beachten, dass der kundenbezogene Neuigkeitsgrad einen wesentlichen Einfluss auf die Wachstumspotenziale hat. Marktneuheiten schließen Wachstumslücken somit erheblich stärker als Unternehmensneuheiten.

Sofern die bislang genannten Strategieoptionen der Produkt-Markt-Matrix nicht ausreichen, die Wachstumslücken zu schließen, schlägt Ansoff als letzte Möglichkeit die **Diversifikation** vor (Ansoff 1958; Zanger 1995). Er unterscheidet dabei drei Diversifikationsalternativen. Bei der **horizontalen Diversifikation** erweitert die betrachtete Unternehmung ihre Geschäftstätigkeit auf der bislang bearbeiteten Wertschöpfungsstufe um Geschäftseinheiten, die zumindest in einzelnen Aktivitäten der Wertkette die Nutzung von Synergiepotenzialen ermöglichen (Very 1993). Diese Synergien können darauf beruhen, dass in den neuen Geschäftsfeldern auf identische Produkt- bzw. Prozesstechnologien zurückgegriffen werden kann oder die Kunden über identische Absatzkanäle beliefert werden. Im Rahmen der **vertikalen Diversifikation** dehnt die Unternehmung ihre Geschäftstätigkeit auf vor- oder nachgelagerte Wertschöpfungsstufen aus. Schließlich bestehen bei der **lateralen Diversifikation** keinerlei Beziehungen zwischen den bislang bearbeiteten und dem neuen Geschäftsfeld. Lassen die drei erstgenannten Strategieoptionen inhaltliche Synergien deutlich erkennen, gilt dies für die Diversifikation und dabei speziell für die laterale Diversifikation in erheblich geringerem Ausmaß.

Ansoffs Ansatz zur Lückenplanung betont ausschließlich Wachstumsstrategien und wird deshalb den heutigen Wettbewerbsbedingungen auf vielen Märkten nicht hinreichend gerecht (Köhler 1993). Speziell die Portfolioplanung hat deutlich gemacht, dass Unternehmungen vielmehr auch **Abschöpfungs- und Rückzugsstrategien** planen müssen, um ihre Wettbewerbsposition zu sichern (Servatius 1985).

Michael Porter hat – diesen Überlegungen Rechnung tragend – eine duale strategische Grundkonzeption entwickelt, die sich nahezu ausschließlich auf die Sicherung und den Ausbau von Erfolgsfaktoren im Wettbewerb richtet (Porter 1980). Danach müssen sich wettbewerbsgerichtete Strategien nicht allein auf einzelne Erfolgsdimensionen innerhalb der Wettbewerbsstruktur eines Marktes richten, sondern – wie im Rahmen der Marktabgrenzung bereits angesprochen – sowohl die Marktteilnehmer als auch die Absatz- und die Beschaffungsmärkte sowie mögliche Substitutionstechnologien innerhalb eines Marktes berücksichtigen. Ausgehend von der Analyse dieser Bestimmungsfaktoren des Wettbewerbs werden – wie in Abb. 2.4-3 dargestellt – die **Preisvorteils- und die Leistungsvorteilsstrategie** zur nachhaltigen Profilierung im Wettbewerb abgeleitet (Becker 2006).

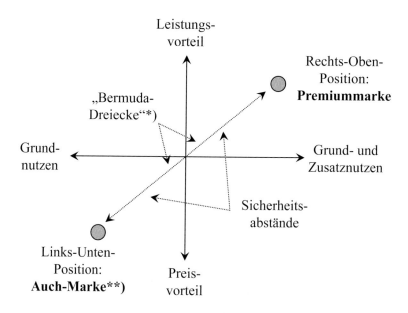

Abb. 2.4-3: Strategische Optionen der Wettbewerbspositionierung (in Anlehnung an Becker 2006)

Anhand der Analyse der Wettbewerbsstruktur und der Identifikation von Preisvorteils- und Leistungsvorteilsstrategien kommt Porter zu drei generischen Strategietypen (Porter 1980; Corsten, Will 1992). Neben den beiden gesamtmarktgerichteten Wettbewerbsstrategien der Preis- und der Qualitätsführerschaft ist die so genannte **Nischenorientierung** als Wettbewerbsstrategie in besonderer Weise profilbildend (Dalgic, Leeuw 1994). Diesen Zusammenhang hat Porter auch empirisch nachgewiesen. Innerhalb der von ihm untersuchten Branchen waren – gemessen am Marktanteil – sehr kleine und sehr große Unternehmungen besonders erfolgreich (Porter 1999). Diesen Zusammenhang verdeutlicht Abb. 2.4-4 mit der so genannten **U-Kurve**. Unternehmungen, die nicht hinreichend klein sind, um sich in Marktnischen auf ausgewählte Marktsegmente zu konzentrieren und die dort bestehenden Kundenwünsche überdurchschnittlich gut zu befriedigen, und nicht groß genug sind, um sämtliche Kostensenkungspotenziale zu nutzen, sitzen danach **„zwischen den Stühlen"** und erzielen einen unterdurchschnittlichen ROI.

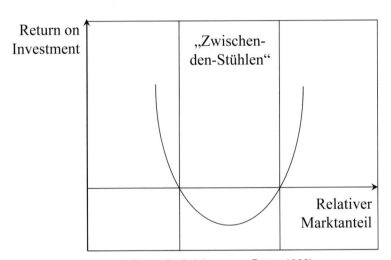

Abb. 2.4-4: Die U-Kurve nach Porter (in Anlehnung an Porter 1999)

Aus dem Umfang der Marktabdeckung – Gesamt- oder Teilmarkt – und der angestrebten Grunddimension der Wettbewerbsprofilierung – Kosten- oder Differenzierungsvorteil – lassen sich die **generischen Wettbewerbsstrategien** ableiten. **Differenzierungs- bzw. Qualitätsführer** richten ihre Aktivitäten auf den Gesamtmarkt aus und versuchen, durch Leistungsvorteile im gesamten Sortiment ihre sehr guten Leistungen zu relativ hohen Preisen an die Nachfrager abzusetzen. Die aggressive **Kosten- bzw. Preisführerschaft** ist ebenfalls auf den Gesamtmarkt ausgerichtet, versucht aber einen besonders hohen Marktanteil durch eine konsequente Niedrigpreisstrategie zu erlangen.

Die Strategie einer **selektiven Qualitätsführerschaft** ist auf bestimmte Marktnischen ausgerichtet, um einzelne, zielgruppenrelevante Leistungsvorteile zu erzielen und dadurch hohe Preise durchzusetzen. Eine **selektive Niedrigpreisstrategie** beschränkt sich ebenfalls auf einzelne Marktnischen, in denen die Unternehmensleistungen zu besonders niedrigen Preisen angeboten werden. Der Nischenanbieter versucht dabei, in diesem Teilsegment Preisführer zu werden. Um diese Strategie durchsetzen zu können und eine entsprechende Kostenposition zu erreichen, müssen derartige Anbieter oftmals Produkte oder auch Dienstleistungen unmodifiziert kopieren. In Abb. 2.4-5 sind die generischen Wettbewerbsstrategien im Zusammenhang dargestellt.

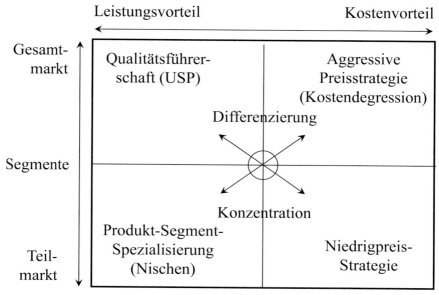

Abb. 2.4-5: Optionen wettbewerbsgerichteter Strategien nach Porter (in Anlehnung an Porter 1999)

Schließlich wurde in der Literatur auch der Versuch unternommen, die auf der Grundlage von Partialansätzen abgeleiteten Strategieoptionen in einem Gesamtansatz zu integrieren und so eine **Strategiesystematik** zu entwickeln (Backhaus, Voeth 2007; Haedrich et al. 2003; Becker 2006). So unterscheidet Becker (2006) beispielsweise vier unterschiedliche Ebenen strategischer Entscheidungen. Neben der **Marktfeldstrategie**, die die verschiedenen Strategietypen der Produkt-Markt-Matrix im Sinne Ansoffs unterscheidet, wird durch die **Marktstimulierungsstrategie** die grundlegende Wettbewerbsstrategie determiniert. Daneben legt die **Marktparzellierungsstrategie** den Umfang der Gesamtmarkt- oder der Nischenorientierung fest. Schließlich wird im Rahmen der **Marktarealstrategie** die räumliche Ausdehnung des Absatzmarktes bestimmt. Aus der Kombination der vier Strategieebenen ergibt sich eine Vielzahl verschiedener Strategieoptionen. Abb. 2.4-6 zeigt dieses „Strategieraster" im Überblick.

Während die Konzeption von Becker insbesondere unter didaktischen Aspekten besticht, weist sie dennoch zahlreiche inhaltliche Probleme auf. Die von Porter betonte Wettbewerbsorientierung ist nur eingeschränkt erkennbar und beschaffungsmarkt- oder handelsbezogene Überlegungen fehlen völlig. Darüber hinaus ordnet Becker die Entscheidungen zur Geschäftsfeldplanung und Segmentierung verschiedenen Ebenen zu und zertrennt somit diese typischerweise hochgradig interdependente Entscheidung (Meffert 1994). Zudem bleiben in diesem Konzept wesentliche Strategiebausteine unberücksich-

Strategieebenen	Marketingstrategische Optionen			
(1) Marktfeldstrategien *Produkt-Markt-Kombinationen*	Marktdurch-dringungs-strategie ◯	Marktent-wicklungs-strategie ◯	Produktent-wicklungs-strategie ◯	Diversi-fikation ◯
(2) Marktstimulierungs-strategie *Art der Markt-beeinflussung*	Präferenzstrategie ◯		Preis-Mengen-Strategie ◯	
(3) Marktparzellierungs-strategien *Grad der Differenzierung*	Massenmarktstrategie (total) (partiell) ◯ ◯		Segmentierungsstrategie (total) (partiell) ◯ ◯	
(4) Marktarealstrategien *Ausmaß des Absatzmarktes*	Regionale Strategie ◯ Lokale Strategie ◯	Überregio- nale Strategie ◯ Nationale Strategie ◯	Multinatio- nale Strategie ◯ Internationale Strategie ◯	Weltmarkt- strategie ◯

Abb. 2.4-6: Bausteine der Marketingstrategie nach Becker (in Anlehnung an Becker 1994)

tigt. Hierzu zählen insbesondere die für Markteintrittsstrategien wesentlichen Timing-optionen (Remmerbach 1988).

Vor diesem Hintergrund sollen im Folgenden marktgerichtete Strategieoptionen unter dem spezifischen Aspekt der **Wettbewerbsorientierung** diskutiert werden. Dabei wird zunächst auf die Dimensionen wettbewerbsgerichteter Marketingstrategien eingegangen. Im Anschluss daran sollen die marktteilnehmergerichteten Strategiebausteine aufgear-beitet werden, indem hinterfragt wird, wie Wettbewerbsvorteile in Bezug zur Konkur-renz, zu den Abnehmern, zum Handel sowie zu den Zulieferern realisiert werden können. Die marktwahlstrategischen Aspekte wettbewerbsgerichteter Marketingstrategien schlie-ßen die Überlegungen zu den wettbewerbsgerichteten Strategieoptionen ab.

2.4.2 Dimensionen wettbewerbsgerichteter Marketingstrategien

Für die Profilierung im Wettbewerbsumfeld ist es notwendig, dass sich eine Unterneh-mung mit ihrem Leistungsangebot klar von ihren Wettbewerbern abgrenzt (Collis, Mont-gomery 1995). Eine derartig klare und profilierende Positionierung ist wesentlich, weil sich nur auf diese Weise die Erfolgspotenziale einer Unternehmung langfristig sichern lassen (Mühlbacher et al. 1996). Neben Kosten- bzw. Preisvorteilen sowie Differenzierungsvorteilen als bereits angesprochenen generischen Strategiedimensionen werden in der Literatur noch weitere Aspekte genannt, die ergänzend hinzutreten können (Meffert 1985; Aaker 1988). Hierzu zählen insbesondere Zeitvorteile als eigenständige Strategiedimension (Simon 1989; Slater 1996).

2.4.2.1 Differenzierungsvorteile

Strategien, die auf Differenzierungsvorteile ausgerichtet sind, sollen monopolistische Preisspielräume eröffnen. Unternehmungen, die derartige Vorteile realisiert haben, sind deshalb in der Lage, einen höheren Preis als ihre Wettbewerber im Markt durchzusetzen (Thwaites et al. 1996).

Zentral für die Gestaltung marktorientierter Wettbewerbsstrategien ist allerdings, dass es sich bei den verschiedenen Ansatzpunkten zur Realisierung von **Differenzierungsvorteilen** nicht um objektive Leistungsvorteile handeln muss (Scharrer 1991). Wesentlich ist somit nicht, dass ein Produkt in seinen technischen Leistungsmerkmalen Wettbewerbsprodukten überlegen ist. Vielmehr ist der Erfolg einer auf Qualitätsvorteilen basierenden Wettbewerbsstrategie allein von der subjektiv vom Konsumenten **wahrgenommenen Qualität** einer Unternehmensleistung abhängig (Simon 1988). Während objektive Qualitätsmerkmale häufig mit den subjektiven direkt korrespondieren, entstehen subjektive Qualitätsvorteile durchaus auch ohne direkten Bezug zu objektiven Leistungsmerkmalen. Die kommunikative Positionierung und Profilierung von Kosmetika oder Zigaretten ist hierfür ein sehr anschauliches Beispiel.

Differenzierungsvorteile können auf unterschiedlichen Grundlagen aufbauen und durch unterschiedlichste Aktivitäten der Unternehmung realisiert werden. Von der Beschaffung über die eigene Fertigung bis hin zu Logistik und Vertrieb bilden letztlich sämtliche Unternehmensaktivitäten potenzielle Ansatzpunkte, sich von den Leistungsangeboten der Wettbewerber zu differenzieren. Neben technologischen Leistungsmerkmalen des Produktes können solche Ansatzpunkte beispielsweise der Kundendienst, ein leistungsstarkes Händlernetz, der qualifizierte Mitarbeiterstamm, der Markenname, die schnelle und pünktliche Lieferzeit oder auch umweltorientierte Gesichtspunkte der Produktherstellung bzw. -verwendung bieten. Differenzierungsvorteile sind dementsprechend – wie bereits im Rahmen der Zielbildung angesprochen – mehrdimensional. Sie lassen sich auf sehr unterschiedliche Weise in der Unternehmung und im Markt durchsetzen (Meffert 1994; Bolz 1992).

Die **Innovationsorientierung** als ein erster Ansatzpunkt zum Aufbau von Differenzierungsvorteilen (Albach 1989; Perlitz 1988; Köhler 1985) zielt darauf ab, laufend Leistungsprogramme anzubieten, die in den Augen der Nachfrager an der Grenze des technologischen Fortschritts angesiedelt sind. Deshalb sind Unternehmungen, die einen derartigen Wettbewerbsvorteil anstreben, typischerweise **Pionieranbieter** in den von ihnen bearbeiteten Märkten. Sie versuchen als Pioniere, neue **Standards** im Markt zu etablieren und gleichzeitig Erfahrungs- und sonstige Kostendegressionseffekte zu realisieren (Remmerbach 1988). Letztlich sollen damit **Markteintrittsbarrieren** für die frühen und späten Folger aufgebaut werden (Simon 1989a).

Wesentlich für die Durchsetzung von Innovationsvorteilen sind – neben einer dominanten **Technologieorientierung** in der Unternehmung – **Kooperationsstrategien** mit

Zulieferern und Absatzmittlern (Rotering 1990). Durch derartige Kooperationen lassen sich innovative Produkte und Prozesse wesentlich schneller entwickeln und vermarkten. Damit wird auch die dominante Rolle des Faktors „Zeit" für die Durchsetzung von Innovationsvorteilen deutlich. **Zeitvorteile** – speziell innerhalb der Entwicklungszyklen neuer Produkte und Fertigungsprozesse – sind somit wesentlich für die Durchsetzung von Innovationsvorteilen.

Für die Durchsetzung von Innovationsvorteilen ist es erforderlich, das – insbesondere technische – **Know-how** in den entsprechenden Unternehmensbereichen zu entwickeln und effektiv zu nutzen (Hauschildt, Salomo 2007). Darüber hinaus müssen technische und absatzmarktgerichtete Kenntnisse und Fähigkeiten gebündelt werden, um so durch ein **Schnittstellenmanagement** die verschiedenen Unternehmensbereiche auf die wesentlichen Innovationsziele auszurichten (Benkenstein 1987; Specht 1989; Brockhoff 1989). Schließlich sind technisch-technologische **Markteintrittsbarrieren** aufzubauen, um sicherzustellen, dass die Innovationen nicht kurzfristig oder nur unter kontrollierten Bedingungen von Wettbewerbern kopiert werden (Albach 1990).

Eine weitere Dimension zur Erzielung von Differenzierungsvorteilen ist die **Produktprogrammbreite** (Hambrick 1983). Diese Dimension trägt zur Profilierung im Wettbewerbsumfeld bei, indem durch ein **differenziertes Produktprogramm** jedem Kunden ein höchst individuelles Leistungsangebot unterbreitet werden kann. Ein derartig differenziertes Produktprogramm hat typischerweise steigende Stückkosten zur Folge. Um diesen Kostennachteilen entgegenzuwirken, müssen Unternehmungen mit breitem Produktprogramm **Synergien** zwischen den angebotenen Leistungen umfassend nutzen. Dies umfasst einerseits eine effiziente Gestaltung, Koordination und Kontrolle der Fertigungsprozesse. Andererseits müssen die Synergien zwischen den Leistungsangeboten bereits in der Entwicklungsphase umfassend eingeplant werden. So können beispielsweise modulare Produktkonzepte – wie sie von Einbauküchenherstellern seit Jahrzehnten vermarktet werden – die Kostenentwicklung bei gleichzeitig flexiblen Leistungsangeboten begrenzen.

Die **Qualitätsorientierung** als weitere Dimension zur Realisierung von Differenzierungsvorteilen (Segev 1989) richtet sich nicht allein auf technisch-objektive Kriterien, sondern umfasst auch vom Kunden wahrgenommene, subjektive Leistungsmerkmale einer **„relativen" Produktqualität** (Scharrer 1991). Entsprechend sind Qualitätsvorteile dadurch gekennzeichnet, dass das einzelne Produkt oder auch das gesamte Produktprogramm von der relevanten Kundengruppe qualitativ besser eingestuft wird als die Wettbewerbsprodukte (Shetty 1987). Qualitätsvorteile lassen sich auf höchst unterschiedliche Qualitätsmerkmale zurückführen, die einerseits technisch-objektiver Natur wie die Höchstgeschwindigkeit eines PKW oder auch subjektiv-psychologischer Natur wie der Prestigewert eines spezifischen Automobils sein können.

Zur Durchsetzung von Qualitätsvorteilen muss die gesamte Unternehmung mit ihren verschiedenen Funktionsbereichen auf die Qualitätswahrnehmung potenzieller Kunden ausgerichtet werden (Mollenhauer 1991; Oakland 1993). Eine solche **abnehmerbezogene Qualitätsorientierung** wird vor allem durch den Gebrauchsnutzen und – damit verbunden – durch die verschiedenen Leistungsmerkmale eines Produktes bestimmt (Garvon 1988). Dabei ist insbesondere auch die **Lebensdauer** eines Produktes ein Indikator für die vom Kunden wahrgenommene Qualität. Sie wird insbesondere durch die

Konstruktion sowie die technische Qualität der Teile und Komponenten bestimmt (Specht, Schmelzer 1992). Darüber hinaus ist auch die Art der Nutzung entscheidend für die jeweilige Lebensdauer.

Weiterhin beeinflusst die **Zuverlässigkeit**, mit der ein Produkt über den Nutzungszeitraum hinweg genutzt werden kann, die Qualitätswahrnehmung des Kunden. Insbesondere bei Investitionsgütern verursachen Ausfall- und Wartungszeiten erhebliche Kosten, speziell Opportunitätskosten, und sind deshalb ein wesentliches Qualitätsmerkmal.

Ein weiterer Aspekt der subjektiven Qualitätswahrnehmung ist die **Ausstattung** eines Produktes. Neben der Kernleistung umfasst ein Produkt in der Regel auch ein mehr oder weniger umfangreiches Bündel an Zusatzleistungen. Konsumenten sprechen diesen begleitenden Leistungsangeboten vielfach für die Gesamtqualität eine sehr große Bedeutung zu. Bei – nahezu – homogenen Gütern dienen Zusatzleistungen deshalb als wirkungsvolles Mittel zur Differenzierung gegenüber Wettbewerbern.

Schließlich beeinflusst die **Produktgestaltung** die Qualitätsbeurteilung durch den Konsumenten. Zahlreiche Anbieter versuchen, speziell durch eine wiedererkennbare Gestaltung ihrer Produkte eine gleich bleibende gute Qualität zu signalisieren. Auch eine umweltgerechte Produktgestaltung gewinnt in diesem Zusammenhang an Bedeutung.

Ein wesentlicher Ansatzpunkt zur Erzielung derartiger Qualitätsvorteile ist die auf eine **Null-Fehler-Qualität** ausgerichtete Gestaltung der Fertigungsprozesse. Dabei müssen jedoch nicht allein die Prozesse in der eigenen Unternehmung optimiert, sondern auch die Prozesse bei Zulieferern und Handelspartnern einbezogen werden. Der besondere Stellenwert einer qualitätsorientierten Optimierung der Fertigungsprozesse wird nicht zuletzt durch Konzepte wie das „**Total Quality Management**" (TQM) bestätigt (Oess 1993; Engelhardt, Schütz 1991; Witte 1993). Durch TQM soll ein hohes Qualitätsbewusstsein in allen Unternehmensbereichen implementiert werden, um so systematisch Qualitätsverbesserungen im Gesamtunternehmen zu erreichen (Schildknecht 1992; Stauss 1994). In diesem Zusammenhang ist auch die zunehmende Verbreitung der Unternehmenszertifizierung einzuordnen. Dabei werden auf der Grundlage von DIN- und ISO-Normen die angebotenen Leistungen in ihrer Qualität transparent gemacht (Homburg, Becker 1996; Petrick 1987).

Die **Marktabdeckung** als eine weitere Dimension zur Erzielung von Differenzierungsvorteilen (Roth, Morrison 1990) beschreibt den Umfang der jeweils bedienten Segmente innerhalb eines Gesamtmarktes. Diese Differenzierungsdimension ist in der Unterscheidung von **Gesamtmarkt- oder Nischenorientierung** bereits im Konzept von Porter angesprochen und bedarf deshalb keiner weiteren vertiefenden Diskussion. Hervorzuheben bleibt, dass mit einer Nischenorientierung über die damit verbundene Möglichkeit zur Spezialisierung vor allem besonders ertragreiche Marktsegmente angesprochen werden können.

Die **Markenorientierung** ist schließlich eine letzte, jedoch in Konsumgütermärkten sehr zentrale Dimension zum Aufbau von Differenzierungsvorteilen (Miller 1986). Speziell in stagnierenden und schrumpfenden Märkten werden die angebotenen Leistungen tendenziell homogener. Die Markierung der Leistungsangebote kann in einem solchen Wettbewerbsumfeld eine differenzierende Wirkung erzeugen, sofern sich objektive Vergleichskriterien für eine Qualitätsbeurteilung nicht verwenden lassen oder die Vergleiche zu keinen nennenswerten Produktunterschieden führen. In einer derartigen Situation gewinnt die **Markierung** und das damit verbundene **Image** der angebotenen Leistungen im Rahmen der Kaufentscheidung an Bedeutung. Deshalb ist es das zentrale Ziel der Markenorientierung, insbesondere durch kommunikationspolitische Maßnahmen, aber beispielsweise auch durch ein einzigartiges Design der Verpackung, unverwechselbare Imagepositionen aufzubauen und damit die Marke im Vorstellungsbild der zentralen Zielgruppen zu positionieren (Winkelgrund 1984). Die Markenorientierung führt auch in Kooperation mit Zulieferern und Abnehmern zum Aufbau von Differenzierungsvorteilen. Besonders qualifizierte Zulieferermarken, die als Teile oder Komponenten in das Endprodukt eingehen, oder der Vertrieb über eine besonders etablierte Handelsunternehmung können die Markenpositionierung positiv beeinflussen.

Die genannten Dimensionen zum Aufbau von Differenzierungsvorteilen liefern allenfalls globale Ansatzpunkte zur Identifikation von Differenzierungspotenzialen. Deshalb ist es wesentlich, die aktuellen und potenziellen Kunden mit ihren jeweiligen Nutzenerwartungen möglichst detailliert zu identifizieren. So weisen Endverbraucher, öffentliche Institutionen sowie privatwirtschaftliche Unternehmungen grundlegende Unterschiede in ihrem Kaufverhalten auf. Derartige Heterogenitäten wiederum können als Ausgangspunkt zum Aufbau von Differenzierungsvorteilen herangezogen werden (Meffert 1992; Kroeber-Riel et al. 2008). Gleichzeitig muss jedoch auch beachtet werden, dass die mit den angestrebten Differenzierungsvorteilen verbundenen Preisspielräume nicht durch die Differenzierungskosten kompensiert werden. Die differenzierungsbedingten Preisprämien müssen deshalb langfristig über den jeweiligen Differenzierungskosten liegen. Vor diesem Hintergrund müssen insbesondere jene Aktivitäten innerhalb der Wertkette einer Unternehmung, die nicht unmittelbar der Durchsetzung von Differenzierungsvorteilen dienen, ihre Kostenentwicklung konsequent begrenzen. Dies leitet bereits zu den **Kostenvorteilen**, der zweiten wesentlichen Dimension wettbewerbsgerichteter Strategien, über.

2.4.2.2 Kostenvorteile

Kostenvorteilsgerichtete Wettbewerbsstrategien sollen der betrachteten Unternehmung im Vergleich zu den Hauptwettbewerbern eine nachhaltig günstigere Kostenposition sichern (Porter 1999; Aaker 1998). Diese Kostenposition wird bei der Gestaltung der Unternehmensprozesse durch die Nutzung sämtlicher Kostensenkungspotenziale erreicht (Simon, Fassnacht 2008). Sofern die Kostenvorteile an die Abnehmer weitergegeben werden, sollen sie zu Preispräferenzen der Kunden im Vergleich zu den Wettbewerbsangeboten führen. Damit wird letztlich die Preisführerschaft in einem Markt begründet.

Im Kern ist die Strategie der **Kosten- bzw. Preisführerschaft** somit allein auf die im Vergleich zu den Wettbewerbern günstige Kostenposition gerichtet (Stein 1988). Unter Verzicht auf andere präferenzbildende Maßnahmen beruht das akquisitorische Potenzial dieser Strategie einzig auf einem günstigen Preis. Dadurch entstehen jedoch auch erhebliche Absatzmarktrisiken, weil aufgrund fehlender Alternativen zur Präferenzbildung ein kontinuierlicher Druck zur Preissenkung besteht, um Markteintrittsbarrieren für potenziell kostenorientierte Wettbewerber aufzubauen.

Kostenvorteile entstehen demzufolge – ohne direkten Bezug zum Absatzmarkt – zunächst wettbewerbsorientiert. Erst dann, wenn die Kostenvorteile über im Konkurrenzvergleich niedrigere Preise an die Kunden weitergegeben werden, entsteht ein direkter Marktbezug. Eine Preisstrategie, die – wie die Penetrationsstrategie – an den langfristigen Kostensenkungspotenzialen orientiert ist, kann dabei relativ schnell zu stabilen Wettbewerbsstrukturen führen (Diller 2007). Sofern jedoch kurzfristig Preisprämien abgeschöpft werden, treten unter diesem Preisschirm neue Wettbewerber in den jeweiligen Markt ein und erhöhen so die Wettbewerbsintensität.

Kostenvorteile entstehen vor allem durch die im Rahmen der Diskussion des Erfahrungskurvenkonzeptes bereits angesprochenen **Lernkurven- und Größendegressionseffekte** (Backhaus, Voeth 2007) sowie durch die Nutzung von technologisch induzierten **Prozessinnovationen** und den damit verbundenen Rationalisierungspotenzialen (Hendersen 1984; Kreilkamp 1987). Kostenvorteile sind dementsprechend an modernste Fertigungsanlagen und -prozesse gekoppelt, die mit möglichst großen Stückzahlen optimal auszulasten sind (Corsten, Will 1993). Unternehmungen, die Kostenvorteile erzielen wollen, sind deshalb häufig gezwungen, ihre Produkte und Dienstleistungen weltweit zu vermarkten, um die notwendigen Marktanteile und die damit verbundenen Stückzahlen zu erreichen (Backhaus, Voeth 2007).

Weiterhin sind kostenvorteilsorientierte Unternehmungen bestrebt, Kostensenkungspotenziale an den **Schnittstellen** zum Absatz- und zum Beschaffungsmarkt oder auch bei Entscheidungen über Produktionsstandorte zu realisieren. Speziell an der Schnittstelle zum Beschaffungsmarkt werden Kostenvorteilsstrategien intensiv diskutiert. Neben einer auf Kostensenkungspotenziale ausgerichteten Auswahl der Zulieferer – unter den Stichworten „single sourcing" oder „global sourcing" diskutiert (Homburg 1995; Kaufmann 1995) – werden im Rahmen von vertikalen Kooperationen Zulieferer zunehmend auch direkt in die Leistungserstellungsprozesse integriert, um Transaktionskosten zu vermeiden (Benkenstein 1994; Picot et al. 1996). Just-in-Time-Konzepte oder integrierte F & E-Prozesse sind Beispiele für derartige vertikale Kooperationen (Fandel, Reese 1989; Dale 1986; Haack 1988). Schließlich werden auch **horizontale Kooperationen** zwischen Anbietern derselben Wertschöpfungsstufe in vielen Branchen mit dem Ziel eingegangen, Kostensenkungspotenziale zu nutzen, die die Wettbewerbsposition der beteiligten Unternehmungen verbessern. Derartige Kooperationen sind jedoch nur dann langfristig stabil und erfolgreich, wenn die kooperierenden Unternehmungen nicht in direktem Wettbewerb zueinander stehen, sondern beispielsweise unterschiedliche Marktnischen bearbeiten.

Neben der Optimierung der Fertigungsprozesse lassen sich auch durch eine kostenorientierte **Produktentwicklung und -gestaltung** Kostenvorteile realisieren. Mit möglichst eingeschränkten Produktprogrammen und standardisierten Produkten lassen sich in höherem Maße Kostenvorteile erzielen als mit ausdifferenzierten Angeboten (Coenenberg, Prillmann 1995). Allerdings werden international tätige Unternehmungen durch nationale Normen und Standards häufig zu Produktvariationen gezwungen, die einer Standardisierung der Leistungsangebote entgegenstehen. Sofern jedoch diese verschiedenen Normen und Standards bereits in der Phase der Produktentwicklung Beachtung finden, wird die Standardisierung erleichtert und die Realisation von Kostenvorteilen unterstützt. Damit lassen sich z. T. kostenintensive Modifikationen in der Fertigung vermeiden und Kostenvorteile aufgrund der „economies of scale" erreichen.

Schließlich können auch bereits in der **Produktentwicklungsphase** Kostenvorteile erzielt werden. Konzepte wie das „Target Costing" liefern hierfür Ansatzpunkte (Adam

2000). Darüber hinaus werden zahlreiche Produkte in so genannten Modulkonzepten entworfen. Neben den Möglichkeiten einer standardisierten Fertigung bieten diese Modulkonzepte Kostenvorteile bei Wartungen und Reparaturen, indem defekte Module nicht repariert, sondern ausgetauscht werden können.

Die Kostenposition einer Unternehmung im Wettbewerbsumfeld wird letztlich durch die Effizienz der einzelnen Wertschöpfungsaktivitäten bestimmt. Deshalb muss am Anfang einer kostenvorteilsorientierten Wettbewerbsstrategie die Analyse des Kostenverhaltens der Prozesse und Aktivitäten innerhalb der Unternehmung – jedoch immer im Vergleich zu den relevanten Wettbewerbern – stehen (Oster 1999). Die bereits angesprochene Wertkettenanalyse ist hierfür ebenso relevant wie das Benchmarking. Für eine kostenvorteilsgerichtete Strategie ist schließlich eine umfassende Kostenplanung und -kontrolle unabdingbar, um Veränderungen in den Kostenstrukturen frühzeitig zu erkennen.

2.4.2.3 Zeitvorteile

Speziell in technologieintensiven Branchen gehen mit den notwendigen Produktinnovationen zunehmend längere Entwicklungszyklen und gleichzeitig kürzere Produktlebenszyklen einher (Backhaus 1991). Diese „Zeitfalle" ist in Abb. 2.4-7 am Beispiel elektronischer Bauteile dargestellt. Vor diesem Hintergrund ist nachvollziehbar, dass Produkte oftmals bereits veraltet sind, bevor sich die zu ihrer Entwicklung notwendigen Investitionen amortisieren (Backhaus, Voeth 2007).

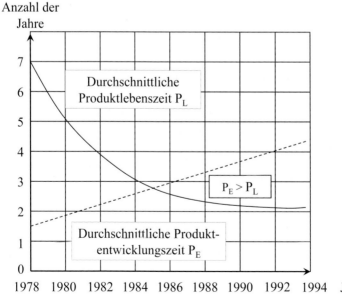

Abb. 2.4-7: Die „Zeitfalle" kürzerer Produktlebenszyklen und längerer Entwicklungszeiten (Quelle: Bullinger 1989)

Um dieser Herausforderung gerecht zu werden, konzentrieren sich viele Unternehmungen auf ihre jeweiligen Kernkompetenzen und versuchen dadurch, die Entwicklungszeiten ihrer Produktinnovationen – auch unter Bildung von vertikalen und horizontalen Kooperationen – wesentlich zu verkürzen (Töpfer 1995). Ebenso stehen Unternehmungen beispielsweise im Handel unter Zeitdruck, um neue Betreibungskonzepte, die sich kaum gegen Imitationen durch die Wettbewerber schützen lassen, am Markt zu etablieren und damit ihre Wettbewerbsposition zu sichern.

Neben Qualitäts- und Kostenvorteilen wird daher in der Literatur zunehmend die herausragende Bedeutung des Erfolgsfaktors „Zeit" hervorgehoben (Perillieux 1987; Dichtl 1994). Wettbewerbsstrategien, die sich auf Differenzierungsvorteile, also auf eine hohe Innovationskraft und flexible Fertigungsstrukturen, eine große Produktvielfalt oder ein ausgeprägtes Serviceniveau richten, beziehen sich letztendlich immer auch auf den Faktor Zeit. Ebenso spielt der Faktor Zeit bei kostenorientierten Strategien eine wesentliche Rolle, indem Kostensenkungspotenziale schnell auszuschöpfen und damit langfristige Wettbewerbsvorteile gegenüber Konkurrenten nachhaltig abzusichern sind. Wettbewerbsstrategien haben somit immer auch eine zeitliche Dimension. Letztlich muss die jeweils betrachtete Unternehmung im Rahmen ihrer Wettbewerbsstrategie schneller als ihre Konkurrenten qualitäts- oder kostenorientierte Wettbewerbspositionen besetzen und laufend gegen die Wettbewerber verteidigen (Schellinck 1983).

Die zunehmende Bedeutung des Wettbewerbsfaktors „Zeit" ist in vielen Branchen vor allem auf die zunehmende Dynamik des **technologischen Wandels** und die mit dieser Dynamik einhergehende Steigerung des **Investitionsbedarfs** für neue Produkte zurückzuführen (Benkenstein 1992a). Gleichzeitig trägt die Technologiedynamik zu einer Verkürzung der **Produktlebenszyklen** bei (Benkenstein, Bloch 1993). Dies gilt gleichermaßen für Anbieter, die eine kostenorientierte Wettbewerbsstrategie verfolgen, als auch für Anbieter, die sich über Differenzierungsvorteile im Markt profilieren wollen.

Vor diesem Hintergrund wird der Stellenwert von **Pionierstrategien** deutlich (Remmerbach 1988; Robinson, Fornell 1986; Ansoff, Steward 1967; Murray 1984). Derjenige, der als erster Anbieter in einen Markt eintritt, hat den längsten Schutz vor Konkurrenten und kann Pioniergewinne erzielen (Abell 1978; Slater 1993). Alle übrigen Anbieter müssen ihre Investitionen in kürzeren Zeiträumen amortisieren (Abell 1978). Zeitvorteile entstehen somit dadurch, dass eine Unternehmung schneller als ihre Wettbewerber am Markt agiert (Robinson et al. 1992). Diese Zeitvorteile und die damit einhergehende „Monopolstellung" kann der Pionier über längere Zeiträume sichern, indem er **Markteintrittsbarrieren** aufbaut (Harrigan 1981; Simon 1989a). Markteintrittsbarrieren entstehen immer dann, wenn es dem Pionier gelingt, die Markteintrittskosten seiner Wettbewerber zu erhöhen oder deren Umsatzpotenziale zu senken (Yip 1982; Porter 1985). Abb. 2.4-8 verdeutlicht dies an einem Beispiel. Der kumulierte Umsatzverlust einer Verzögerung des Markteintrittszeitpunktes um ein Jahr beträgt danach bei einem Umsatzpotenzial von 60 Mio. Euro pro Jahr nach zehn Jahren bereits 95 Mio. Euro. Sofern es dem Pionier somit gelingt, frühzeitig Branchenstandards zu setzen oder Erfahrungskurveneffekte zu realisieren, kann er nachhaltige Markteintrittsbarrieren aufbauen (Schewe 1993).

€ Mill.

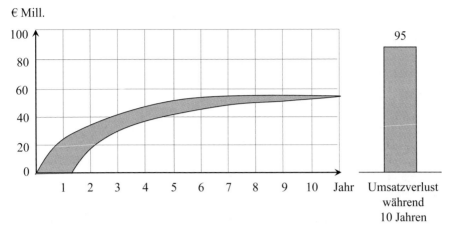

Abb. 2.4-8: Opportunitätskosten einer zeitlichen Markteintrittsverzögerung
(Quelle: Simon 1989)

Neben dem Gesichtspunkt, Kosten- und/oder Qualitätsvorteile frühzeitig zu realisieren und dadurch Marktpotenziale umfassender auszuschöpfen, können Zeitvorteile in den **Geschäftsprozessen** selbst zu Qualitätsvorteilen werden (Kern 1992). So kann beispielsweise eine schnelle Auftragsbearbeitung und Belieferung die Kundenzufriedenheit erhöhen und die Bindung aktueller sowie die Gewinnung neuer Kunden wesentlich fördern. Auf der anderen Seite sind Kunden häufig bereit, für eine schnelle Leistungserstellung Preisprämien zu zahlen (Kotler 1988).

Um derartige Zeitvorteile zu realisieren, müssen Geschäftsprozesse gestrafft werden. Dabei sind **Schnittstellenprobleme** zwischen Funktionsbereichen und Teilprozessen aufzudecken und zu bereinigen. In der Konsequenz können durch die zeitliche Prozessoptimierung Qualitätsvorteile geschaffen werden. Insgesamt erfordert die Ausrichtung auf den flankierenden Faktor Zeit deshalb eine ganzheitliche Sichtweise, die sich konsequent auf sämtliche Wertkettenaktivitäten und deren Verknüpfungen und Verflechtungen ausrichtet.

2.4.2.4 Integration wettbewerbsgerichteter Strategieoptionen

Die Entscheidung für die Durchsetzung von Qualitäts-, Preis- und/oder Zeitvorteilen als Grundlage der spezifischen Wettbewerbspositionierung einer Unternehmung bzw. einzelner strategischer Geschäftseinheiten wird durch zahlreiche externe und interne Faktoren bestimmt. Welche Prioritäten eine Unternehmung letztlich setzt, hängt in hohem Maße von den eigenen Stärken und Schwächen, der jeweiligen Branche und den Ressourcen der Hauptwettbewerber ab. Mit der Entscheidung für Kosten- oder Qualitätsvorteile sind darüber hinaus zugleich auch weitere Parameter im strategischen Entscheidungsprozess festgelegt.

Verschiedene angebotsinduzierte Entwicklungen der letzten Jahre haben allerdings das Entscheidungsfeld von strategischen Marketingentscheidungen wesentlich komplexer gestaltet. Einhergehend mit den sprunghaften und turbulenten **Diskontinuitäten** in vielen Branchen und Märkten – insbesondere hervorgerufen durch technologische Entwick-lungen – hat sich dabei auch ein Wandel in der Diskussion um die wettbewerbsstrategi-schen Optionen vollzogen (Köhler 1993). Inzwischen lässt sich bereits auf zahlreichen Märkten eine **Integration** der verschiedenen wettbewerbsstrategischen Dimensionen beobachten (Reitsperger et al. 1993). So lassen sich beispielsweise durch flexible Fer-tigungstechnologien Differenzierungs- und Kostenvorteile derartig kombinieren, dass der bisherige **Dualismus** zwischen diesen beiden Wettbewerbsdimensionen relativiert wird (Eversheim, Steinfatt 1990; Wildemann 1988; Corsten 2007). Dies hat auch in der wissenschaftlichen Diskussion seinen Niederschlag gefunden. So hat bereits Porter da-rauf hingewiesen, dass durchaus mehr als eine Wettbewerbsdimension in die strategische Positionierung einfließen kann (Porter 1980). Darüber hinaus wurden diese Überlegun-gen von der Diskussion um das Konzept der „Outpacing Strategies" (Gilbert, Strebel 1985) wesentlich befruchtet.

Im Konzept der „Outpacing Strategies" werden die wettbewerborientierte Kostenvor-teilsstrategie und die Differenzierungsstrategie in einem **dynamischen Strategiekon-zept** zusammengeführt (Kleinaltenkamp 1987). Die Grundidee ist dabei, dass die bislang als Alternativen angesehenen Wettbewerbsstrategien der Qualitäts- und der Kosten- bzw. Preisführerschaft sich nicht grundsätzlich diametral gegenüberstehen, sondern im Rah-men der zeitlichen Marktentwicklung miteinander kombiniert werden müssen.

Im deskriptiven Ansatz der „Outpacing Strategies" wird deutlich, dass die beiden gene-rischen Wettbewerbsstrategien im Rahmen der Branchenentwicklung zu einer ganzheit-lichen Strategie zusammenwachsen. Langfristig sind danach nur solche Anbieter erfolg-reich, denen es gelingt, ausgehend von einem hohen Produktnutzen oder von niedrigen Kosten ihre Angebote zu verbessern und dann Produkte anzubieten, die einen hohen Nutzen mit niedrigen Kosten kombinieren. Das Konzept der „Outpacing Strategies" legt somit nahe, dass eine Unternehmung zur Erzielung langfristig absicherbarer Wettbe-werbsvorteile zwischen den Porterschen Wettbewerbsstrategien wechselt, um so einen nachhaltigen Vorsprung vor der Konkurrenz zu erlangen. Abb. 2.4-9 verdeutlicht diese Konzeption.

Das Konzept der „Outpacing Strategies" kommt zu ähnlichen Grundaussagen wie das bereits angesprochene Industrieentwicklungsmodell (Abernathy, Utterback 1978). Im **Industrieentwicklungsmodell** verlagert sich der Schwerpunkt der Innovationstätigkeit im Verlauf des Marktlebenszyklus von Produktinnovationen zu Prozessinnovationen. Diese unterschiedlichen Schwerpunkte werden im Konzept der „Outpacing Strategies" als eine Form des **Strategiewechsels** aufgegriffen und in einem wettbewerborientierten Konzept integriert.

Mit ihrem Ansatz haben Gilbert und Strebel zweifellos zur Weiterentwicklung der Dis-kussion um Wettbewerbsstrategien beigetragen. Ihr Konzept versucht, die generischen Wettbewerbsstrategien Porters nicht nebeneinander zu stellen, sondern miteinander zu verbinden. Durch die Einbeziehung von Veränderungen der Wettbewerbsverhältnisse wird dabei eine **dynamische Betrachtung** möglich. Allerdings hat das Konzept eher deskriptiven Charakter und eröffnet – vergleichbar dem Produktlebenszykluskonzept – vor allem ex post-Erklärungen zur Entwicklung wettbewerbsstrategischer Orientie-rungen. Als Planungs- oder Prognosemodell ist es dagegen nur sehr eingeschränkt ein-zusetzen (Kleinaltenkamp 1987).

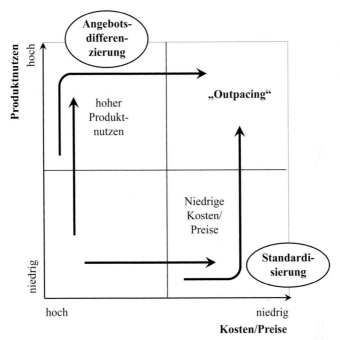

Abb. 2.4-9: Das Konzept der „Outpacing Strategies" (Quelle: Gilbert, Strebel 1987)

An die Grundüberlegungen der Outpacing Strategies knüpft auch die von Pine begründete Wettbewerbsstrategie der **Mass Customization** an (Pine 1993). In diesem Konzept sollen „Wettbewerbsvorteile durch maßgeschneiderte Problemlösungen bei einem dem Massenmarketing vergleichbaren Kostenniveau" erzielt werden (Reiß, Beck 1995). Die Zielsetzung der Mass Customization liegt in der Realisierung einer größtmöglichen Individualisierung des Leistungsoutputs bei weitgehender Standardisierung der Leistungserbringung. Der Mass Customization-Ansatz trägt somit explizit den zunehmend heterogenen Bedürfnissen der Kunden und damit dem Trend zur Individualisierung Rechnung. Gleichzeitig soll das in vielen Branchen vorherrschende Spannungsfeld von Kundenorientierung und Kostendruck abgebaut werden.

So unterstreicht das Prinzip der Mass Customization, dass die Erzielung lediglich eindimensionaler Wettbewerbsvorteile in Form von Differenzierungs- oder Kostenvorteilen – wie noch von Porter in den Mittelpunkt seiner Überlegungen gestellt – im Rahmen veränderter und verschärfter Wettbewerbsbedingungen nicht mehr ausreichend ist. Erfolgreiche Unternehmungen sind mehr denn je herausgefordert, simultan eine Verbesserung ihrer Differenzierungs- als auch ihrer Kostenposition herbeizuführen, um Wettbewerbsvorteile zu erlangen (Corsten, Will 1995). Hierzu trägt das Konzept der Mass Customization bei, indem durch eine modulare Produktarchitektur dem Kunden Individualisierungsoptionen geboten werden (Piller 2001).

Die Mass Customization stellt explizit den Kunden an den Anfang der Wertschöpfungskette. So sind die Informationen über die spezifischen Kundenbedürfnisse der Ausgangspunkt zur kundenindividuellen Leistungsgestaltung (Piller 1998). Damit integriert das Mass Customization-Konzept den Kunden in den Leistungserstellungsprozess, was von der reinen Informationseingabe spezifischer Wünsche bis hin zur aktiven Teilnahme der Kunden am Leistungserstellungsprozess reichen kann. Die Möglichkeiten des Internets unterstützen dabei wesentlich die Kundenintegration in die Leistungserstellung und werden zu einem wesentlichen Bestandteil des Mass Customization-Konzeptes. Mit Hilfe der Individualisierungsinformationen können Präferenzstrukturen aufgedeckt und in konkrete Produktspezifikationen überführt werden (Piller 1998a). Auf Basis klar definierter modularer Produktkonzepte wird dann mit Hilfe von flexiblen Fertigungssystemen eine individuelle Leistungsgestaltung ermöglicht. Um Größen- und Synergieeffekte und damit Kostenvorteile zu realisieren, werden standardisierte Bauteile zentralisiert gefertigt. Wesentlich für den Erfolg der Mass Customization ist zudem, dass die Individualisierung der Leistung erst auf einer sehr späten Produktionsstufe erfolgt (Corsten 1998). Nur so können die Kosten der Fertigung auf einem der Massenproduktion vergleichbaren Niveau gehalten werden.

In engem Zusammenhang zum Konzept der Mass Customization stehen Ansätze des **Customer Relationship Management**. Grundgedanke dieser Ansätze ist der Übergang von einem traditionell produktzentrierten Geschäftsmodell zum aktiven Management der Kundenbeziehungen (Bach et al. 2000). Das Customer Relationship Management umfasst dabei die Planung, Durchführung und Kontrolle aller Aktivitäten einer Unternehmung, die unter Nutzung von modernen Informations- und Kommunikationstechnologien profitable Kundenbeziehungen aufzubauen und zu festigen versuchen (Bruhn 2001; Hettich et al. 2000). Neben einer bewusst auf den Kundennutzen ausgerichteten Veränderung der Geschäftsprozesse beinhaltet Customer Relationship Management vor allem die Integration sämtlicher kundenbezogenen Daten durch den Einsatz integrierter Informationssysteme. Diese kundenzentrierte Datenintegration gewährleistet eine Informationsbasis, um die Kundenbeziehungen gezielter und individualisierter zu steuern, ohne dass dadurch nachhaltige Differenzierungskosten entstehen. Damit wird deutlich, dass ein umfassendes Customer Relationship Management-System eine wesentliche Voraussetzung zur Implementierung des Mass Customization-Gedankens darstellt.

Auch wenn Qualitäts- und Preisvorteilsstrategien in vielen Branchen nach wie vor als eher alternative Schwerpunkte wettbewerbsstrategischer Entscheidungen angesehen werden (Kühn 1996), bietet das Outpacing-Konzept und auch die Mass Customization einen Ansatzpunkt zur Integration wettbewerbsgerichteter Basisstrategien. Wenngleich damit in zahlreichen Branchen langfristig eine Verbindung von Qualitäts- und Preisvorteilsstrategien möglich erscheint und sich auch im Rückblick beobachten lässt, stehen die beiden Strategieoptionen in vielen anderen Branchen einander noch immer diametral gegenüber. Es kann dabei gleichwohl zu Überlagerungen der beiden wettbewerbsstrategischen Dimensionen kommen, weil der Preiswettbewerb eine **Mindestqualität** voraussetzt oder der Qualitätswettbewerb an **Preisobergrenzen** stößt. Die Marktentwicklung und der Innovationswettbewerb können in diesem Zusammenhang zu Niveauveränderungen beitragen, indem der Preisführer die Mindestqualität erhöhen oder der Qualitätsführer die Kostensituation verbessern muss. Gleichwohl bleibt in den Augen der Kunden die Preis- bzw. die Qualitätsführerschaft vielfach bestehen.

2.4.3 Wettbewerbsorientierte Marktteilnehmer-strategien

Neben den strategischen Grundsatzentscheidungen zur Erzielung von Wettbewerbsvorteilen, mit denen eine Unternehmung zunächst über ihre Profilierungsschwerpunkte entscheidet, lassen sich auch für die jeweils unmittelbar an den Markttransaktionen beteiligten Bezugsgruppen wettbewerbsstrategische Ansatzpunkte formulieren (Meffert 1994). Wettbewerbsorientierte Marketingstrategien müssen gegenüber allen Marktteilnehmern und nicht allein gegenüber den unmittelbaren Konkurrenten die Wettbewerbspositionen bestimmen. Entsprechend müssen auch gegenüber Zulieferern, Händlern und den Endabnehmern Strategieoptionen entwickelt werden.

2.4.3.1 Konkurrenzorientierte Marketingstrategien

Der Konkurrenzaspekt marktgerichteter Strategieoptionen richtet sich auf die Festlegung grundsätzlicher, langfristig gültiger Verhaltensweisen gegenüber den Hauptwettbewerbern. Die Auswahl dieser Strategieoptionen wird durch die Wettbewerbsintensität einer Branche und dabei vor allem von den Zielen und Verhaltensweisen der Hauptwettbewerber geprägt.

Zur Kennzeichnung konkurrenzorientierter Strategien kann zunächst zwischen einer aktiven und einer passiven Wettbewerbsorientierung unterschieden werden (Meffert 1994; Becker 2006). Dieser dualen Abgrenzung folgend ist eine **passive Orientierung** dadurch gekennzeichnet, dass im Rahmen der Festlegung marktgerichteter Unternehmensstrategien die Aktivitäten der Hauptwettbewerber unberücksichtigt bleiben. Solche Verhaltensweisen sind bei dominanten Marktführern – aus einer Position der Stärke heraus – zu beobachten. Sie sind jedoch auch für solche Unternehmungen typisch, die die Bedeutung der marktgerichteten Verhaltensweisen ihrer Hauptwettbewerber für ihre Marktstellung nicht umfassend erkennen. Demgegenüber werden die Verhaltensweisen der Wettbewerber bei einer aktiven Wettbewerbsorientierung in die Gestaltung marktgerichteter Strategieoptionen einbezogen.

Die **aktiven wettbewerbsgerichteten Strategieoptionen** können auf unterschiedlichen Wegen weitergehend typologisiert werden. Neben den bereits angesprochenen Porterschen Dimensionen kann beispielsweise auch zwischen innovativen und imitativen Verhaltensweisen oder zwischen proaktivem oder reaktivem Wettbewerbsverhalten differenziert werden (Meffert 1994). Abb. 2.4-10 kennzeichnet diese beiden Verhaltendimensionen und die daraus abzuleitenden wettbewerbsgerichteten Strategieoptionen im Überblick.

Innovatives Verhalten beinhaltet – neben entsprechenden Potenzialen vor allem auch in der F & E zur Durchsetzung technologischer Innovationen – eine konsequente Ausrichtung an den Marktchancen verbunden mit einem hohen Maß an Risikobereitschaft. **Imitativ-konservative Verhaltensweisen** sind dagegen in stärkerem Maße an bewahrendem Verhalten orientiert und durch eine geringere Risikobereitschaft gekennzeichnet.

Proaktives Wettbewerbsverhalten zeichnet sich dadurch aus, dass Unternehmungen bereits frühzeitig auf die Marktentwicklung, aber auch auf Strukturbrüche in dieser

Verhaltens-dimensionen	Innovativ	Imitativ
Reaktiv	Ausweichen	Anpassung
Proaktiv	Konflikt	Kooperation

Abb. 2.4-10: Typologie konkurrenzorientierter Verhaltensstrategien (Quelle: Meffert 1994)

Marktentwicklung in eigenständiger Weise reagieren. Dabei werden entsprechende Unternehmensressourcen systematisch vor allem auch darauf verwandt, entsprechende Marktveränderungen frühzeitig erkennen zu können. Während ein solches Verhalten nicht frei von Risiken einer Fehleinschätzung ist, bietet es zugleich Chancen, Marktveränderungen vor den Hauptwettbewerbern zu erkennen und diese – auch als schwache Signale bezeichneten – Veränderungen für die Verbesserung der eigenen Wettbewerbsposition zu nutzen.

Im Gegensatz zum proaktiven Wettbewerbsverhalten ist **reaktives Verhalten** dadurch gekennzeichnet, dass Unternehmungen nicht antizipativ im Wettbewerbsumfeld agieren, sondern in ihrem marktgerichteten Verhalten den Strategien der Hauptwettbewerber folgen. Derartige Imitations- bzw. Folgerstrategien sind mit dem klassischen wettbewerbsgerichteten Marketingparadigma nicht vereinbar, weil sich die Unternehmung weder bewusst mit den Marktentwicklungen auseinandersetzt noch diese Entwicklungen gezielt nutzt, um Wettbewerbsvorteile zu realisieren. Dadurch wird zwar das Risiko von Fehlprognosen vermieden. Gleichzeitig schlägt die Unternehmung damit jedoch auch Chancen zur Erzielung von Wettbewerbsvorteilen aus.

In der Kombination der beiden Verhaltensdimensionen lassen sich die in Abb. 2.4-10 aufgeführten Basisstrategien unterscheiden. Mit **Ausweichstrategien** versuchen Unternehmungen, sich dem Wettbewerbsdruck durch innovative Verhaltensweisen zu entziehen und in solche Marktnischen oder Technologiefelder auszuweichen, in die – zumindest mittelfristig – kein Wettbewerber folgen kann (Mattson 1985). Wesentliche Voraussetzung für den dauerhaften Erfolg einer solchen Strategie ist, dass die Marktnischen oder Technologiefelder durch den Aufbau von Markteintrittsbarrieren vor potenziellen Folgern geschützt werden können (Carpenter, Nakamoto 1989).

Anpassungsstrategien sind dagegen auf die Erhaltung und Absicherung der von der Unternehmung bereits erreichten Marktposition ausgerichtet. Die wettbewerbsgerichtete Strategie wird deshalb so gestaltet, dass potenzielle Reaktionen der Hauptwettbewerber antizipiert und die jeweilige Unternehmung branchentypische Verhaltensweisen ergreift, um für die Wettbewerber berechenbar zu bleiben. Letztlich soll auf diese Weise einer **Verschärfung der Wettbewerbsintensität** entgegengewirkt werden. Vor diesem Hintergrund liegt hier eine zeitlich instabile Strategieoption vor. Sobald einer der Hauptwettbewerber seine marktgerichteten Strategien verändert und dadurch die Wettbewerbsintensität verschärft, geht die jeweilige Unternehmung von der Anpassungsstrategie zu anderen Strategien über.

Mit der **Konfliktstrategie** wird die direkte Konfrontation mit den Hauptwettbewerbern gezielt eingeleitet (Reese, Trout 1985). Diese Strategie ist typischerweise darauf gerichtet, durch ein neuartiges und unerwartetes Verhalten im Wettbewerbsumfeld die eigene Marktposition zu verbessern und dadurch Marktanteile zu gewinnen. Dazu wird die Marktposition einzelner Hauptwettbewerber entweder direkt angegriffen oder es werden in Form eines **Flankenangriffs** gezielt ausgewählte Schwächen dieses Konkurrenten genutzt, um seine Marktposition zu unterwandern. In jedem Fall ist zur Durchsetzung einer solchen Strategie ein aggressives Vorgehen notwendig, das auch erhebliche Risiken für die eigene Unternehmung birgt. So können die angegriffenen Wettbewerber versuchen, durch ebenfalls aggressives Vorgehen ihre Marktposition zu verteidigen. Diese Zusammenhänge sind aus der Oligopoltheorie hinlänglich bekannt (Krelle 1976; Albach 1973; Selten 1980). Besondere Komplexität gewinnt eine solche Strategie allerdings immer dann, wenn Anbieter in mehreren Märkten miteinander in Konkurrenz stehen und das aggressive Verhalten in andere Märkte übertragen wird. Ein derartiger **Mehrpunktwettbewerb** kann dazu führen, dass die betrachtete Unternehmung in einem der von ihr bearbeiteten Märkte durch Konfliktstrategien ihre Position zu Lasten eines Hauptwettbewerbers verbessert, dieser jedoch in einem anderen Markt „zurückschlägt" (Karnani, Wernerfeldt 1985; Watson 1982). Vor diesem Hintergrund ist zu beachten, dass typischerweise erhebliche Finanzmittel aufzuwenden sind, um eine solche Strategie erfolgreich einzusetzen.

Grundsätzlich können Konfliktstrategien aber nur **Übergangsstrategien** sein, die zu einer veränderten Wettbewerbsstruktur führen sollen. Ist diese neue Wettbewerbsstruktur erreicht, müssen auch die wettbewerbsstrategischen Optionen neu entwickelt werden.

Kooperationsstrategien sind insbesondere dann zu beobachten, wenn Unternehmungen keine deutlichen Wettbewerbsvorteile aufweisen oder über zu geringe Ressourcen verfügen, derartige Wettbewerbsvorteile aufzubauen bzw. langfristig abzusichern. Deshalb wird im Rahmen von Kooperationsstrategien versucht, gemeinsam mit Konkurrenten Wettbewerbsvorteile zu generieren und die Wettbewerbsintensität möglichst zu reduzieren (Backhaus, Meyer 1993; Gugler 1992). Typisch für diese Verhaltensweise sind Oligopolmärkte, in denen sich die Anbieter kennen und Absprachen überschaubar bleiben. Neben derartig informellen Kooperationen (Lambin 1987), die wettbewerbspolitisch höchst bedenklich und in Industrienationen typischerweise verboten sind, bestehen auch offene Kooperationen, die durch vertragliche Vereinbarungen institutionalisiert werden (Schäfer 1994). Neben der rechtlichen Ausgestaltung lassen sich Kooperationen auch danach unterscheiden, welche **Funktionsbereiche** (F & E, Beschaffung, Fertigung oder Vertrieb) in die Zusammenarbeit einbezogen werden. Darüber hinaus ist die **Fristigkeit** entsprechender Vereinbarungen ein wesentliches Gestaltungsmerkmal. Grundsätzlich bestimmt natürlich der **Kooperationszweck** die jeweilige Ausgestaltung der Kooperationsstrategie.

Wesentlich für die wettbewerbsstrategische Bewertung von Kooperationsstrategien ist die Frage, inwieweit durch die Zusammenarbeit zweier oder mehrerer Anbieter, die bislang im Wettbewerb zueinander standen, Wettbewerbsvorteile für die **Koalition** als Ganzes und die einzelnen Teilnehmer erreicht werden. Für die Koalition insgesamt werden Wettbewerbsvorteile immer dann erreicht, wenn die Anbieter, die sich zur Zusammenarbeit entschließen, über komplementäre Ressourcenprofile verfügen. Dadurch werden Synergiepotenziale eröffnet, die ohne eine Kooperation nicht vorhanden wären. Wettbewerbsvorteile für die Koalition entstehen jedoch nur dann, wenn diese Synergiepotenziale im Rahmen der Zusammenarbeit genutzt werden. Inwieweit dadurch auch die einzelnen Teilnehmer an der Koalition jeweils Wettbewerbsvorteile erzielen, kann nur durch die vertragliche Absicherung der Kooperation gewährleistet werden. Die individuellen Wettbewerbsvorteile sind jedoch wesentlich für die langfristige Stabilität der Koalition. Typischerweise treten kooperative Strategien immer dann auf, wenn neue Geschäftsfelder oder Märkte aufgebaut, strategische Grundorientierung im Sinne der „Outpacing Strategies" gewechselt oder Fertigungsvolumina zur Realisation von Erfahrungs- oder anderen Kostendegressionseffekten zusammengelegt werden sollen.

2.4.3.2 Abnehmergerichtete Marketingstrategien

Abnehmergerichtete Optionen einer marktorientierten Wettbewerbsstrategie sind vor allem auf die Frage gerichtet, in welcher Weise aktuelle und potenzielle Kunden angesprochen und in ihren Bedürfnissen befriedigt werden sollen. Sie beziehen sich somit insbesondere auf die Art der Marktbearbeitung und damit auf die Frage, ob eine Unternehmung standardisierte Produkte und Leistungen anbieten oder den jeweiligen Kundengruppen differenzierte Angebote unterbreiten soll. Die Entscheidung über diesen Strategiebaustein ist damit eng mit jenen Wettbewerbsdimensionen verknüpft, die den Wettbewerbsvorteil inhaltlich festlegen.

Eine **undifferenzierte** Strategie der Marktbearbeitung ist im Kern auf die Gemeinsamkeiten der Kundenbedürfnisse gerichtet. Die Unternehmung versucht, mit einem standardisierten Leistungsangebot den „kleinsten gemeinsamen Nenner" einer möglichst großen Gruppe von Abnehmern zu treffen. Realisiert wird diese auch als „Market Integration" bezeichnete Strategie durch die gezielte Suche nach Konsumbedürfnissen, die für eine große Zahl von Nachfragern Gültigkeit besitzen (Rosenberg 1977). Die Leistungen werden gleichzeitig so universell wie möglich konzipiert und beworben.

Differenzierte Marktbearbeitungsstrategien sind hingegen dadurch gekennzeichnet, dass der Gesamtmarkt in homogene Gruppen von Nachfragen aufgeteilt wird, die anschließend als eigenständige Marktsegmente gezielt angesprochen werden (Freter et al. 2008). Durch individuell auf diese Zielgruppen ausgerichtete Leistungsangebote wird der Gesamtmarkt insgesamt effizient angesprochen, die segmentspezifischen Nachfragepotenziale werden umfassend abgeschöpft. Die Differenzierung der Leistungsangebote wird dabei solange betrieben, bis die Grenzkosten der Differenzierung den Grenzerlösen entsprechen (Frank et al. 1972).

Die differenzierte Marktbearbeitung hat nicht zuletzt aufgrund zunehmender Sättigungstendenzen in zahlreichen Märkten an Bedeutung gewonnen. Die Anbieter sehen sich in dieser Marktsituation zunehmendem **Verdrängungswettbewerb** ausgesetzt, der vor allem auch durch Preiskämpfe geprägt ist (Meffert 1994a). Durch die Befriedigung von Zusatzbedürfnissen einzelner Zielgruppen versuchen Unternehmungen deshalb, sich diesem aggressiven Preiswettbewerb zu entziehen, indem der Gesamtmarkt in einzelne Segmente zerlegt wird. Diese Segmente werden dann – im Sinne der Mass Customization – mit nahezu individualisierten Angeboten bedient, um der Vergleichbarkeit von Leistungsangeboten zu entgehen. Nur so lässt sich erklären, warum selbst Marken, die in der Vergangenheit mit undifferenzierten Strategien erfolgreich waren, in zunehmendem Maße ihr Angebot differenzieren (Harrigan 1985a).

In Verbindung mit den Grunddimensionen wettbewerbsgerichteter Marketingstrategien lassen sich für die abnehmergerichteten Marketingstrategien vier Strategieoptionen ableiten. **Differenzierte und undifferenzierte Marktbearbeitungsstrategien** lassen sich grundsätzlich in Verbindung mit **Differenzierungs- oder Kosten- bzw. Preisführerschaftsstrategien** realisieren. Allerdings ergänzen sich undifferenzierte Marktbearbeitungsstrategien und die Kostenführerschaft in besonderer Weise. Die Kostenorientierung findet dabei ihren Niederschlag in standardisierten Produkten, die auf einen möglichst großen Absatzmarkt ausgerichtet sind. Synergien bestehen zudem zwischen der wettbewerbsgerichteten Differenzierungsstrategie und einer differenzierten Marktbearbeitung.

Welche Vorgehensweise im Einzelnen geeignet ist, Wettbewerbsvorteile zu generieren und sich dem Abnehmer gegenüber erfolgreich zu positionieren, ist von der jeweiligen Markt- und Branchensituation sowie den Leistungsmerkmalen der angebotenen Produkte abhängig. Aus Sicht einer marketingorientierten Unternehmensführung erscheint jedoch die Forderung berechtigt, differenzierungsfähige Märkte auch mit einem entsprechend differenzierten Angebot zu bedienen. Nur so wird die Identität zwischen angebotener Marktleistung und den Abnehmerbedürfnissen gewährleistet (Nieschlag et al. 2002). Allerdings ist dabei auch die Preisbereitschaft der angesprochenen Marktsegmente zu berücksichtigen. Differenzierungs- und Standardisierungsaspekte müssen deshalb im Spannungsfeld zwischen **Bedürfnisheterogenität** und **Preisbereitschaft** „optimiert" werden.

2.4.3.3 Handelsgerichtete Marketingstrategien

Als Sonderform „abnehmergerichteter" Strategien werden handelsgerichtete Marketingstrategien als eine eigenständige Dimension marktteilnehmergerichteter Strategieoptionen behandelt (Irrgang 1989). Dies ist darauf zurückzuführen, dass – speziell in Konsumgütermärkten – die absatzmarktgerichteten Transaktionen typischerweise nicht zwischen Herstellern und Endverbrauchern vollzogen werden. Vielmehr ist in diesen Märkten dem Handel die Distributionsfunktion übertragen (Müller-Hagedorn 2005). Der Händler ist somit der direkte Abnehmer des Herstellers. Entsprechend müssen in Märkten mit mehrstufigen Distributionssystemen abnehmergerichtete Strategien auch die Wünsche und Erwartungen des Handels beinhalten.

Dies gilt umso mehr, als der Handel in vielen Branchen aufgrund von **Konzentrationsprozessen** erheblich an Nachfragemacht gewonnen hat (Niestrath 1983). Wenngleich sich die massiven Konzentrationsprozesse im Handel etwas verlangsamt haben, ist das Konzentrationsniveau mittlerweile sehr hoch. Mit dieser zunehmenden **Marktmacht** hat der Handel verstärkt eigene Marken aufgebaut. In Verbindung mit der wachsenden Produktvielfalt in- und ausländischer Anbieter wird der Wettbewerb um den ohnehin knappen Regalplatz dadurch intensiviert (Ahlert 1996). Entsprechend müssen speziell Konsumgüterhersteller handelsgerichtete Strategien entwickeln, um im Kampf um diesen Regalplatz zu bestehen. Dabei sind mehrere Dimensionen handelsgerichteter Strategien voneinander abzugrenzen. Diese Dimensionen handelsgerichteter Strategien beinhalten die Frage, welche Betriebsformen des Handels in welchem Umfang in den Absatzkanal des Herstellers integriert werden sollen, um darauf aufbauend Strategien der **Absatzmittlerakquisition** anzugehen (Meffert 1994). Zunächst ist jedoch die Frage zu beantworten, wie sich der Hersteller im Grundsatz absatzkanalgerichtet verhalten will.

Handelsgerichtete Verhaltensstrategien lassen sich danach differenzieren, wie der Hersteller einerseits seine Absatzwege gestaltet und wie er andererseits auf die Marketingaktivitäten seiner Absatzmittler reagiert. Danach können Anpassungs-, Konflikt-, Kooperations- und Umgehungsstrategien gegeneinander abgegrenzt werden. Abb. 2.4-11 systematisiert diese Alternativen handelsgerichteter Verhaltensstrategien mit Blick auf das **Machtgefälle** im Absatzkanal.

Marketing des Herstellers	Passiv in der Absatzwegegestaltung	Aktiv in der Absatzwegegestaltung
Passiv in der Reaktion auf das Handelsverhalten	Anpassung *(Machtduldung)*	Konflikt *(Machtkampf)*
Aktiv in der Reaktion auf das Handelsverhalten	Kooperation *(Machterwerb)*	Umgehung/ Ausweichen *(Machtumgehung)*

Abb. 2.4-11: Alternativen handelsgerichteter Verhaltensstrategien (Quelle: Meffert 1994)

Handelsgerichtete **Anpassungsstrategien** sind dadurch gekennzeichnet, dass der Hersteller auf branchenübliche Vertriebswege zurückgreift und sich darüber hinaus den absatzmarktgerichteten Aktivitäten des Handels weitgehend anpasst. Typischerweise ist mit einer derartigen Strategie auch verbunden, dass der Hersteller eine Reihe von Funktionsleistungen – so beispielsweise die Regalpflege – übernimmt, die klassisch dem Absatzmittler obliegen. Ein derartiges Verhalten kann in aller Regel immer dann beobachtet werden, wenn der Händler im Absatzkanal ein erhebliches **Machtübergewicht** aufgebaut hat und es dem Hersteller an Vertriebswegealternativen fehlt (Wilde 1979a). Ein Hersteller, der dieser „Strategie" folgt, verfügt in aller Regel über keinerlei Gestaltungsoptionen im Absatzkanal. Entsprechend kann diese Verhaltensoption – im Sinne der markt- und wettbewerbsorientierten Unternehmensführung – keinesfalls als Strategie im engeren Sinne verstanden werden. Insbesondere sind derartige Anpassungsstrategien ungeeignet, Wettbewerbsvorteile aufzubauen oder abzusichern, weil aufgrund der branchenüblichen Distribution keine Alleinstellung im Handel möglich ist.

Handelsgerichtete **Konfliktstrategien** zeichnen sich dadurch aus, dass der Hersteller aktiv in die Gestaltung der Absatzwege eingreift, dabei jedoch die Interessen des Handels entweder bewusst missachtet oder von vornherein nicht in seine Planungsüberlegungen einbezieht. Entsprechend entstehen zumindest **latente Konflikte** zwischen Hersteller und Händler, die immer dann auch ausgetragen werden, wenn die Händler im Absatzkanal über eine ausreichende Nachfragemacht verfügen (Steffenhagen 1975). Das Ergebnis derartiger Konflikte ist dann insbesondere davon abhängig, in welche Richtung das **Machtgefälle im Absatzkanal** verläuft. Vor diesem Hintergrund ist unmittelbar einsichtig, dass Konfliktstrategien keinesfalls als stabile Verhaltensstrategien anzusehen sind. Sie sind vielmehr **Übergangsstrategien** und können immer dann beobachtet werden, wenn sich das Machtgefüge im Absatzkanal verschiebt und deshalb Hersteller oder Händler ihre bislang verfolgten Verhaltensstrategien verändern. Konfliktstrategien selbst können keine Wettbewerbvorteile generieren.

Angesichts des komplexen Beziehungsgeflechts zwischen Hersteller und Handel mit sehr unterschiedlichen Abhängigkeitsverhältnissen sind **Kooperationsstrategien** am ehesten geeignet, Wettbewerbsvorteile für den Hersteller, aber auch für den Händler aufzubauen und abzusichern (Buzzell, Ortmeyer 1995). Vor allem ist es allein durch Kooperationsstrategien möglich, die unterschiedlichen Interessenlagen und Zielvorstellungen im Absatzkanal aufeinander abzustimmen, ohne dass die grundlegenden Interessenkonflikte dadurch überwunden werden (Specht, Fritz 2005). Letztlich werden jedoch unnötige Auseinandersetzungen vermieden (Kumar 1996).

Kooperationsstrategien treten in höchst unterschiedlichen Formen auf. Sie reichen von losen Verhaltensabsprachen mit schwachem Verbindlichkeitsgrad bis hin zu einer vertraglich begründeten „Quasi-Filialisierung" (Ahlert 1996; Grossekettler 1981). Besondere Aufmerksamkeit haben dabei **vertragliche Vertriebssysteme** erlangt (Ahlert 1981; Ahlert, Schröder 1996). Abb. 2.4-12 ordnet die verschiedenen Kooperationsformen im Absatzkanal anhand der Intensität von Verhaltensabstimmungen. Zu den wichtigsten Formen vertraglicher Vertriebssysteme zählen dabei der Kommissionsvertrieb, Vertriebsbindungs- und Alleinvertriebssysteme sowie das Franchising (Specht, Fritz 2005). Grundlage dieser Systeme sind vertragliche Vereinbarungen zwischen Hersteller und Händler, die die jeweiligen **Rechte** und **Pflichten**, aber auch die jeweiligen **Kontrolloptionen** sehr umfassend regeln.

Neben Anpassungs-, Konflikt- und Kooperationsstrategien kann der Hersteller als handelsgerichtete Verhaltensoption auch **Ausweichstrategien** einsetzen. Hierbei umgeht der Hersteller diejenigen Handelsunternehmen bewusst, deren Interessen in Relation zu seinen Zielsetzungen in besonderer Weise konfliktgeladen sind. Allerdings erfordert diese Verhaltensoption, dass der Hersteller auf andere Handelsunternehmungen ausweichen kann. Angesichts der Konzentration im Handel ist eine Ausweichstrategie zunehmend schwerer durchzusetzen.

Die extremste Form der Ausweichstrategie ist die **Umgehungsstrategie**. Sie ist dadurch gekennzeichnet, dass der Hersteller seine Endabnehmer direkt beliefert, den Handel also bewusst aus dem Absatzkanal ausschließt. Für die Durchsetzung dieser Entscheidung sind notwendigerweise eigene Vertriebswege erforderlich, für deren Aufbau in aller Regel erhebliche Investitionen erforderlich sind. Das damit verbundene Investitionsrisiko ist für den Hersteller mit dem Vorteil verbunden, dass er den Vertriebsweg bis zum Endabnehmer vollständig kontrolliert.

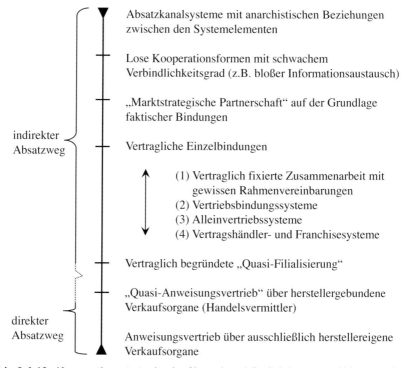

Abb. 2.4-12: Kooperationsstrategien im Absatzkanal (in Anlehnung an Ahlert 1991)

2.4.3.4 Zulieferergerichtete Marketingstrategien

Neben dem Handel steht in den letzten Jahren vor allem die Zulieferindustrie verstärkt im Blickpunkt unternehmensstrategischer Überlegungen. Im Zuge einer stärkeren Ausrichtung auf Wertschöpfungsprozesse und deren wettbewerbsfähige Ausgestaltung gilt es daher nicht nur, innerhalb der Herstellerunternehmung Wettbewerbsvorteile zu generieren, sondern ebenso auch die vorgelagerten Stufen mit in die marktgerichteten Wettbewerbsstrategien einzubeziehen (Benkenstein 1994). Dies hat zu teilweise drastischen Strukturveränderungen in Wertschöpfungssystemen geführt (Ihde 1988; Picot et al. 2003). In besonderer Weise ist dies innerhalb der Automobilindustrie zu beobachten. Hier sind neben der Umstrukturierung von Wertschöpfungsprozessen weit reichende Kooperationen und Konzentrationstendenzen zu beobachten (Mitzkat 1996; Hibbert 1993).

Wettbewerbsstrategische Entscheidungen zur Gestaltung von Zulieferer-Hersteller Beziehungen sind zunächst an die klassische Problemstellung des **„Make-or-Buy"** geknüpft (Anderson, Weitz 1986). Ein Hersteller muss grundsätzlich entscheiden, in welchem Umfang er Leistungen selbst erstellen und welche Leistungen er von Zulieferern fremdbeziehen will (Koppelmann 2003; Venkatesan 1992). Im Gegensatz zu den klassischen Make-or-Buy-Modellen (Männel 1981), die ein rein dichotomes Entscheidungskalkül unterstellen, wird inzwischen – aufbauend auf **transaktionskostentheoretischen Arbeiten** – ein breites Spektrum an Gestaltungsalternativen diskutiert (Picot 1991; Williamson 1975; Benkenstein, Henke 1993; Wielenberg 1996; Kalwani, Narayandas 1995). Abb. 2.4-13 zeigt diese Gestaltungsalternativen der Hersteller-Zulieferer-Beziehung.

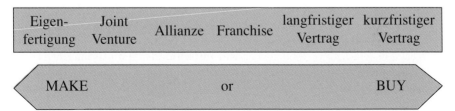

Abb. 2.4-13: Gestaltungsalternativen von Hersteller-Zulieferer-Beziehungen (in Anlehnung an Adam 2001)

Zulieferergerichtete Marketingstrategien können zu Kosten-, zu Differenzierungs- und auch zu Zeitvorteilen führen. Durch die Gestaltung der Schnittstelle zwischen Hersteller und Zulieferer lassen sich dauerhafte Wettbewerbsvorteile aufbauen (Benkenstein 1992).

Kostenvorteile entstehen beim Übergang zum Fremdbezug immer dann, wenn der Zulieferer bei der jeweiligen Teilefertigung eine günstigere Kostenposition erreicht als der Hersteller. Derartig günstigere Kostenpositionen werden vor allem mit Größendegressions- und Erfahrungskurveneffekten sowie der Nutzung von Prozessinnovationen begründet. Weiterhin können auch Produktionsfaktoren durch günstigere Kostensätze Vorteile beim Zulieferer begründen (Dichtl 1991; Bierich 1988). Darüber hinaus muss beachtet werden, dass durch den Zukauf von Leistungen Fixkosten abgebaut und durch variable Kosten des Fremdbezuges substituiert werden. Damit erhöht sich die **Flexibilität** des Herstellers.

Wurden in der Vergangenheit insbesondere diejenigen Kostenvorteile betont, die sich durch den Übergang zum Fremdbezug realisieren lassen, können auch aus der **Integration** bislang zugekaufter Leistungen – beispielsweise durch Synergien zu bestehenden Unternehmensaktivitäten – Kostenvorteile erwachsen. Für die Beantwortung der Frage, ob eine Integration oder Auslagerung von Aktivitäten zu einer Reduktion von Stückkosten führt, ist allein die einzelfallbezogene Analyse der Kostensituation von Hersteller und Zulieferer sowie die konkrete Ausgestaltung der Lieferbeziehungen ausschlaggebend (Harrigan 1983, 1986; Dichtl 1991).

Neben den breit diskutierten Kostenvorteilen lassen sich im Rahmen der wettbewerbsstrategischen Ausgestaltung der Hersteller-Zulieferer-Beziehung auch **Differenzierungsvorteile** generieren. Sie können sich dabei auf Markennamen, die Produktqualität, die Lieferzuverlässigkeit und -flexibilität oder auf die Nutzung von Know-how Potenzialen beziehen. So lassen sich Ansatzpunkte für Qualitäts-, Innovations- oder auch Markierungsvorteile ableiten (Benkenstein 1995).

Entscheidungen über die Schnittstelle zum Zulieferer haben Einfluss auf die Produkt-qualität und damit auf die Erzielung von **Qualitätsvorteilen**. Neben den objektiv-technischen Eigenschaften der zugelieferten Leistungen sind dabei auch die subjektiven Dimensionen der Produktqualität grundsätzlich zur Profilierung geeignet. Soweit sie vom Nachfrager wahrgenommen werden, können sie sein Kaufverhalten beeinflussen. Wesentlich ist dabei das **Qualitätsimage** des Zulieferers. **Innovationsvorteile** entstehen in der Wertschöpfungskette immer dann, wenn potenzielle Zulieferer Innovationen hervorbringen, die sich in das Endprodukt integrieren lassen und beim Kunden den **wahr-genommenen Innovationsgrad** des Endproduktes steigern. Schließlich kann die Entscheidung für den Fremdbezug zu Veränderungen der **Markenpositionierung** führen, indem die Markenwahrnehmung und -beurteilung der Zuliefermarke auf das Endprodukt übergeht. Ein derartiger **vertikaler Markentransfer** (Meffert, Heinemann 1990; Hätty 1989) setzt allerdings voraus, dass die Zuliefermarken als Teil des Endproduktes eigenständig identifizierbar sind.

Die Gestaltung der Zuliefererbeziehung als ein Element der Wettbewerbsstrategie eröffnet Handlungsalternativen, die sich nicht ausschließlich auf Kosten- oder auf Differenzierungsvorteile beziehen müssen, sondern beides auch simultan ermöglichen (Benkenstein 1994). So lassen sich beispielsweise durch den Bezug von Teilen eines Marken-Zulieferers gegenüber der Eigenerstellung gleichzeitig Kosten- und Qualitätsvorteile realisieren, falls der Zulieferer über größere Stückzahlen niedrigere Stückkosten realisiert und aufgrund von spezifischem Know-how bessere Qualität zu liefern vermag. Ist er darüber hinaus dem Endverbraucher als Markenlieferant bekannt und verfügt über ein entsprechendes Markenimage, lassen sich möglicherweise zusätzlich Markierungsvorteile erzielen.

Aus den jeweiligen Unterschieden in den Kosten- und Differenzierungspositionen von Hersteller und Zulieferer lassen sich strategische Grundausrichtungen für die Hersteller-Zulieferer Beziehung ableiten (Stuckey, White 1993), die in Abb. 2.4-14 systematisiert sind. Dabei lassen sich Kosten- und Differenzierungsaspekte miteinander verbinden, um Gestaltungsentscheidungen zugleich wettbewerbs- und abnehmergerichtet zu fundieren (Mitzkat 1996).

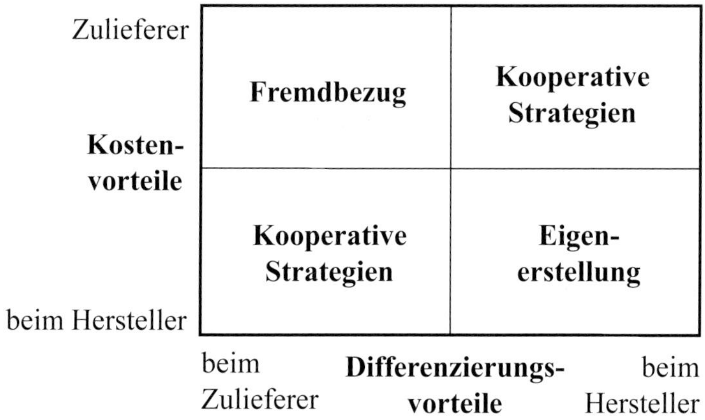

Zulieferer Kosten-vorteile		
	Fremdbezug	**Kooperative Strategien**
	Kooperative Strategien	**Eigen-erstellung**

beim Hersteller

beim Zulieferer   **Differenzierungs-vorteile**   beim Hersteller

Abb. 2.4-14: Zuliefergerichtete Strategieoptionen (Quelle: Mitzkat 1996)

Eigenerstellung führt immer dann zu Wettbewerbsvorteilen, wenn das Kosten- und auch das Differenzierungsgefälle zugunsten des Herstellers ausfällt. Eine solche Konstellation trifft häufig für jene Komponenten eines Endproduktes zu, bei denen die Kunden dem Hersteller Kernkompetenzen zuordnen (Backhaus, Weiss 1989).

Der klassische **Fremdbezug** ist dagegen immer dann vorteilhaft, wenn das Kosten- und das Differenzierungsgefälle dem Zulieferer Wettbewerbsvorteile zuweisen. **Kooperative Strategien** sind dann angezeigt, wenn das Kosten- und das Differenzierungsgefälle in unterschiedliche Richtungen verlaufen. Im Rahmen kooperativer Vereinbarungen ist dann der Versuch zu unternehmen, die Kostenvorteile des Zulieferers (Backhaus 1979) mit den Differenzierungsvorteilen des Herstellers zu kombinieren und vice versa (Gemünden 1981). Für die Fertigung von Teilen und Komponenten kann der Hersteller – sofern er über die Kostenvorteile verfügt – beispielsweise **Entwicklungskooperationen** mit Zulieferern eingehen und selbst fertigen oder aber – auch offiziell – als **Lizenznehmer** des Zulieferers auftreten. Alternativ kann der Hersteller – sofern bei ihm Kostennachteile bestehen – durch Fertigung von mit seinem Markennamen versehenen Teilen und Komponenten beim Zulieferer die eigenen Kostennachteile vermeiden, ohne seine Differenzierungsvorteile preiszugeben.

2.4.4 Wettbewerbsorientierte Marktwahlstrategien

Die Marktwahl und die Festlegung der Geschäftsfelder, die eine Unternehmung bearbeiten will, sind Entscheidungskomplexe, die besondere Interdependenzen aufweisen (Becker 2006). Deshalb werden im Folgenden neben den inhaltlichen Aspekten der Geschäftsfeld- und Marktwahl auch die wettbewerbsstrategischen Aspekte der räumlichen Marktwahl im Rahmen von teilnationalen, nationalen und internationalen Strategieoptionen dargestellt. Dabei ist selbstverständlich, dass die Entscheidungen zur Geschäftsfeldabdeckung nicht unabhängig von der räumlichen Marktwahl und vice versa getroffen werden können. Dies gilt umso mehr, als es unter wettbewerbsstrategischen Gesichtspunkten kaum tragbar ist, wenn eine Unternehmung sich in einem Marktraum als Nischenanbieter positioniert und in einem anderen Marktraum den Gesamtmarkt abdeckt.

2.4.4.1 Geschäftsfeldabdeckung und Segmentierung

Die Geschäftsfeldabdeckung ist als konstitutive Führungsentscheidung über die „Wahl des Unternehmensgegenstandes" einzuordnen (Sandig 1966). Aus strategischer Sicht ist es dabei unzureichend, Aufgaben- und Tätigkeitsbereiche einer Unternehmung nur über die jeweiligen Leistungsangebote zu definieren. Bereits Levitt hat am Beispiel der US-amerikanischen Eisenbahnen darauf verwiesen, dass eine zu enge, produktbezogene Formulierung der Unternehmensaufgabe zu erheblichen Fehleinschätzungen der Bedarfs- und Marktveränderungen führen kann (Levitt 1960). Angesichts der ansteigenden Dynamik und zunehmender Diskontinuitäten in nahezu allen Branchen gewinnt daher die Entscheidung darüber, in welchen Geschäftsfeldern eine Unternehmung tätig sein will, entscheidende Bedeutung für den Unternehmenserfolg.

Die Ausführungen zur Geschäftsfeldabgrenzung im Rahmen der strategischen Analyse haben bereits auf die zwei- und dreidimensionalen Ansätze zur Bildung strategischer Geschäftsfelder verwiesen. Lässt sich der Gesamtmarkt im Rahmen dieser Abgrenzungsbemühungen sinnvoll zerlegen, muss die Anzahl und die Art der strategischen Geschäftsfelder bestimmt werden, die die Unternehmung bearbeiten will. Ausgehend von einem zweidimensionalen Konzept zur Geschäftsfeldabgrenzung lassen sich fünf **Basisstrategien** unterscheiden (Abell 1980; Walters 1984), die in Abb. 2.4-15 zusammenfassend dargestellt sind.

Die **vollständige Marktabdeckung** sieht eine Marktbearbeitung mit einer vollständigen Produktpalette vor, die in allen Bedürfnissegmenten angeboten wird. **Marktnischenstrategien** konzentrieren sich demgegenüber auf ein ausgewähltes Produkt-Markt-Feld.

Durch eine derartige Konzentration auf eine einzige Produkt-Markt-Kombination soll ein spezifischer Wettbewerbsvorteil erreicht werden. Bei der **Produktspezialisierung** wird nur ein Produkt bzw. eine Produktgruppe möglichst allen Abnehmergruppen – eventuell den speziellen Bedürfnisstrukturen in den Zielgruppen angepasst – angeboten. Durch diese Form der Spezialisierung sollen Synergien in der Entwicklung und Fertigung genutzt und dadurch Wettbewerbsvorteile insbesondere in Form von Kostenvorteilen erzielt werden. Die **Marktspezialisierung** verfolgt dagegen das Ziel, mit einer umfassenden Produktpalette lediglich ein Marktsegment zu bedienen. Durch die genaue Kenntnis dieses Segmentes kann eine Unternehmung wiederum Synergien erzielen. Im Rahmen dieser Geschäftsfeldstrategie entstehen die Synergien allerdings aus der umfassenden Kenntnis der Bedürfnisstrukturen der bearbeiteten Zielgruppe und eröffnen damit Potenziale zur Nutzung von Differenzierungsvorteilen. Eine **selektive Spezialisierung** ist schließlich auf die Bearbeitung ausgewählter Kundengruppen mit einem begrenzten Produktangebot ausgerichtet. Dazu werden in der Regel besonders lukrative Teilsegmente ausgesucht. Diese Strategie ist letztlich die Kombination von Markt- und Produktspezialisierung sowie der Marktnischenstrategie.

In engem Zusammenhang zur Geschäftsfeldwahl steht die Auswahl der **Zielgruppen**, die die Unternehmung mit ihren Leistungsangeboten ansprechen will. Mit der Geschäftsfeldwahl ist dabei die anzusprechende Abnehmergruppe bereits grob definiert. Mit Hilfe der Marktsegmentierung sind die Abnehmergruppen dann in bezüglich ihrer Bedürfnisse homogene Kundengruppen zu untergliedern. Unter der Marktsegmentierung wird daher die Aufteilung eines heterogenen, nur grob abgegrenzten Gesamtmarktes in bezüglich ihrer Marktreaktion intern homogene und extern heterogene Teilmärkte sowie die gezielte segmentspezifische Bearbeitung eines oder mehrerer dieser gebildeten Segmente verstanden (Freter et al. 2008).

Zur Abgrenzung der Marktsegmente und zur Auswahl der relevanten Zielgruppen können **sozio-demographische, psychographische** und **verhaltensbezogene Segmentierungskriterien** verwendet werden. (Bauer 1976; Böhler 1977). Traditionelle Segmentierungsansätze basieren dabei in der Regel auf **sozio-ökonomischen Kriterien**, wie das Alter, das Geschlecht, die Schulbildung, das Vermögen oder den Beruf. Die besondere Bedeutung der sozio-ökonomischen Segmentierungskriterien ergibt sich aus der relativ leichten Erkennbarkeit und der kostengünstigen Erfassung der Daten sowie einer vielfach unterstellten engen Korrelation von sozio-ökonomischen Merkmalen mit dem

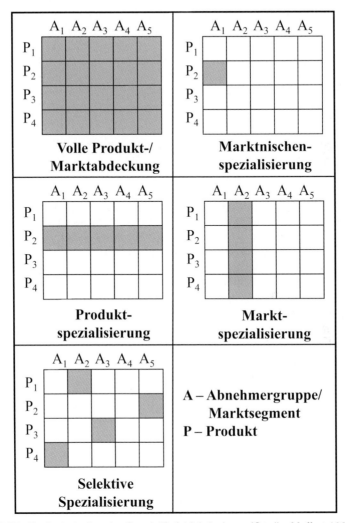

Abb. 2.4-15: Basisstrategien der Geschäftsfeldabdeckung (Quelle: Meffert 1986)

tatsächlichen Kaufverhalten (Böhler 1977). Vor dem Hintergrund eines steigenden Wohlstands, einer verstärkt einkommensunabhängigen Nachfrage sowie dem zunehmend differenzierten und hybriden Konsumentenverhalten können die sozio-ökonomischen Kriterien in aller Regel nur noch indirekte und sehr unspezifische Bezüge zum Kaufverhalten herstellen. Letztlich werden diese Kriterien der Komplexität des menschlichen Verhaltens nicht mehr ausreichend gerecht.

Aus diesem Grund finden im Rahmen moderner Marktsegmentierungsansätze verstärkt **psychographische Kriterien** Berücksichtigung, wie z. B. das Einstellungskonstrukt, Motive, Nutzenvorstellungen, aber auch der Lebensstil (Aktivitäten, Interessen, Meinungen) und Persönlichkeitsinventare (z. B. die Wagnisfreudigkeit) der Abnehmer. Sie weisen unmittelbare Bezüge zum Kaufverhalten auf und sind deshalb zur Zielgruppen-definition unverzichtbar (Freter et al. 2008; Meffert 1992; Bonoma, Shapiro 1985). Eine weitere Gruppe möglicher Segmentierungsvariablen bilden die **verhaltensbezo-genen Kriterien**, also die Merkmale des beobachtbaren Kaufverhaltens. Werden im Rahmen von psychographischen Kriterien die Ursachen von Verhaltensweisen ergründet und Bestimmungsfaktoren des Kaufverhaltens für die Segmentierung verwendet, wird hierbei der Output in Form von offenbartem Verhalten bzw. realisierten Kaufentschei-dungen für die Segmentierung herangezogen.

Die Darstellung der Segmentierungsansätze zeigt zum einen die Vielfalt der mit unter-schiedlichen Vor- und Nachteilen behafteten Methoden zur Zielgruppenabgrenzung, veranschaulicht aber zugleich auch eine Evolution der Marktsegmentierung von ehemals überwiegend einfachen sozio-ökonomischen hin zu modernen, psychographisch-ver-haltensorientierten Ansätzen. Der im Konsum- und Dienstleistungssektor übliche Einsatz von Partialansätzen, welche lediglich auf Basis einzelner Kriterien die Marktsegmente abgrenzen, erweisen sich in vielen Fällen als nicht mehr ausreichend. Um der Segmen-tierungsanforderung gerecht werden zu können, müssen Segmentierungsvariablen in ihrer Kombination eingesetzt werden. Während sich psychographische und verhaltens-bezogene Kriterien wie Einstellungen, Motive und Lebensstile oder auch die Kauf- bzw. Nutzungszufriedenheit (Kroeber-Riel et al. 2008) in besonderer Weise zur Definition der Zielgruppen eignen, werden demographische und sozio-ökonomische Merkmale verstärkt zu deren Beschreibung herangezogen, um diese Zielgruppen leichter identifi-zieren zu können. Lebensstilgruppen im Rahmen der Life-Style Segmentierung, wie die „Yuppies" (Young Urban Professionals) oder die „Dinks" (Double Income, No Kids) sind hierfür anschauliche Beispiele.

2.4.4.2 Teilnationale, nationale und internationale Strategieoptionen

Neben den inhaltlichen Aspekten der Geschäftsfeldwahl ist als weiterer zentraler Aspekt der Marktwahlentscheidung die räumliche Marktabdeckung festzulegen. Dabei ist of-fensichtlich, dass die Entwicklung des Absatzgebietes von Unternehmungen ausgehend von einem lokalen Markt über die Stufen einer regionalen, überregionalen bis hin zu einer nationalen und internationalen Marktabdeckung führt (Becker 2006). Parallel da-zu gestaltete sich das Wachstum der Unternehmung. Es stellt zugleich Voraussetzung und Folge von Absatzgebietserweiterungen dar und ist eng mit der Marktstellung und der Rentabilität von Unternehmungen verbunden.

Neben der regionalen Marktabdeckung gewinnt die Frage der **internationalen Unter-nehmenstätigkeit** seit Anfang der 1970er Jahre stetig an Bedeutung (Backhaus 1989). Abb. 2.4-16 zeigt die Entwicklung der Weltwirtschaftsleistung sowie der weltweiten Exporte von Produkten und Dienstleistungen seit 1980.

Einhergehend mit der Internationalisierung nahezu sämtlicher Branchen hat aber auch die Wettbewerbsintensität auf den jeweiligen Märkten nachhaltig zugenommen und einen tiefgreifenden Strukturwandel hervorgerufen. Im Ergebnis sind die nationalen Volkswirtschaften in zunehmendem Maße durch **Waren- und Finanzströme** miteinan-der verflochten (Meffert, Bolz 1998). Dies gilt insbesondere auch für die Bundesrepublik

Deutschland, deren führende Rolle unter den Exportnationen seit den 1960er Jahren besteht (Dichtl 1992).

Abb. 2.4-16: Entwicklung der Weltwirtschaft (Quelle: World Trade Organization 2008)

Auch die Wissenschaft hat sich zunehmend mit Fragen der Internationalisierung der Unternehmenstätigkeit auseinandergesetzt (Bartlett, Goshal 1990; Berekoven 1985; Czinkota, Ronkainen 2007; Keegan 1984; Meissner 1995). Im Mittelpunkt stehen dabei die besonderen **Informations-, Gestaltungs- sowie Implementierungsprozesse und -systeme** von Unternehmungen, die über nationale Grenzen hinweg agieren. Eine Theorie der internationalen Unternehmenstätigkeit soll deshalb vor allem Erkenntnisse über die Bestimmungsfaktoren für die Wahl alternativer Formen der internationalen Unternehmenstätigkeit liefern. Da bislang aber noch kein umfassendes und zusammenhängendes Aussagensystem existiert, das als gemeinsame paradigmatische Basis dienen könnte, dominieren vielmehr Einzelaspekte, die als konkurrierend oder als einander ergänzend einzuschätzen sind (Backhaus et al. 2003; Meffert, Bolz 1998; Macharzina 1982). Daneben bestimmen vor allem Erklärungs- statt Entscheidungsmodelle den wissenschaftlichen Diskurs (Perlitz 2004; Dieckheuer 2001; Buckley 1996).

Im Folgenden soll einer dieser Aspekte aufgegriffen werden, indem hinterfragt wird, welche Grundtypen internationaler Marketingstrategien eine Unternehmung ergreifen kann. Das Spektrum der Wahlmöglichkeiten für eine über den nationalen Heimatmarkt hinausgehende Strategie reicht dabei von einer weltweit einheitlichen, **globalen** Bearbeitung der verschiedenen Ländermärkte bis hin zu einer den jeweiligen nationalen Besonderheiten Rechnung tragenden, **multinationalen** Marketingstrategie. Je nach Ausgestaltung der jeweiligen Strategie stehen dabei unter wettbewerbsstrategischen Aspekten entweder **Integrations- oder Differenzierungsvorteile** im Vordergrund. Die Integrationsaspekte richten sich vor allem auf mögliche Kostenvorteile, die sich durch relativ standardisierte Produkte und Prozesse im internationalen Geschäft erzielen lassen. Stehen dagegen Lokalisierungsvorteile, d. h. durch Anpassung an spezifische Marktbedingungen in den einzelnen Ländern zu erzielende Wettbewerbsvorteile im Vordergrund, richtet sich die Strategie der Internationalisierung stärker auf die Nutzung von Differenzierungsvorteilen (Meffert, Bolz 1998). Die Integration zielt somit insbesondere auf gleiche Kundenbedürfnisse und Marktbedingungen ab, während die Differenzierung gerade aus den nationalen Unterschieden ihre Erfolgspotenziale ableitet.

Aufbauend auf dieser grundlegenden Abgrenzung lassen sich vier **Grundtypen internationaler Marketingstrategien** ableiten, die in Abb. 2.4-17 dargestellt sind. Sie lassen sich im Hinblick auf die Auswahl und Bearbeitung internationaler Märkte, die zugrunde liegende Wettbewerbsorientierung, die Form der Internationalisierung und deren organisatorische Ausgestaltung charakterisieren und voneinander abgrenzen.

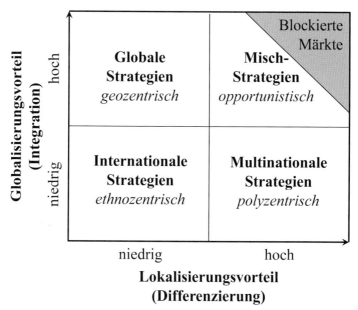

Abb. 2.4-17: Grundtypen internationaler Marketingstrategien (in Anlehnung an Meffert, Bolz 1998)

Zu Beginn der Internationalisierung konzentrieren sich die Marketingaktivitäten der jeweiligen Unternehmung im Wesentlichen auf den angestammten Heimatmarkt. Das **internationale Marketing** ist in dieser Situation meist auf die Wahrnehmung besonders lukrativer Auslandsgeschäfte beschränkt und dient letztlich der Bestandssicherung und der Ertragssteigerung der Unternehmung.

In dieser Phase wird nur begrenzt auf die spezifischen Besonderheiten der Auslandsmärkte eingegangen. Das Unternehmensverhalten ist durch eine ausgeprägt **ethnozentrische** Orientierung gekennzeichnet. Die Hauptwettbewerber sind dementsprechend die stärksten Anbieter im Heimatmarkt. Das internationale Marketing ist organisatorisch typischerweise in einer Exportabteilung angesiedelt. Kleinere und mittelständische Unternehmungen verfolgen vielfach noch immer eine derartige internationale Marketingstrategie, weil ihnen die Mittel und das Know-how für ein stärkeres internationales Engagement fehlen.

Mit der **multinationalen Marketingstrategie** tritt die Sicherung des internationalen Erfolgs der Unternehmung in den verschiedenen Ländermärkten als eigenständige Zielsetzung stärker in den Vordergrund (Buzzell, Quelch 1988). Die ausländischen Tochtergesellschaften sind weitgehend autonom in ihrer marktgerichteten Strategie. Sie können insbesondere auf die jeweiligen länderspezifischen Konsumgewohnheiten und Marktbesonderheiten eingehen. Häufig agieren sie in den Auslandsmärkten wie die dort ansässigen einheimischen Unternehmungen. Diese **polyzentrische** Ausrichtung der Unternehmensaktivitäten geht mit einer differenzierten Bearbeitung der jeweiligen Ländermärkte einher. Die organisatorischen Abläufe sind bei multinationalen Unternehmungen verbunden mit einer starken Dezentralisation von Entscheidungskompetenzen und gekennzeichnet durch internationale Produktionsstandorte und Tochtergesellschaften. Unter **wettbewerbsstrategischen Aspekten** ist darauf hinzuweisen, dass Unternehmungen, die eine derartige multinationale Strategie verfolgen, keinen weltweiten Hauptwettbewerber identifizieren. Vielmehr sind in den einzelnen Ländermärkten die dort tätigen stärksten Anbieter Hauptwettbewerber der jeweiligen Landesgesellschaft.

Im Rahmen der **globalen Marketingstrategie** werden die Marketingziele unabhängig von den Besonderheiten in den einzelnen Ländermärkten mit Blick auf den gesamten Weltmarkt festgelegt. Diese als **geozentrisch** zu kennzeichnende Orientierung versucht, durch konsequente Integration aller Unternehmensaktivitäten die einzelnen Ländermärkte weltweit einheitlich zu bearbeiten (Morrison 1990; Kreutzer 1989). Diese Strategie wird in aller Regel von globaler Arbeitsteilung und Spezialisierung getragen und versucht dadurch, mit standardisierten Massenprodukten **weltweite Kostenvorteile** zu generieren. Dabei wird eine weltweit „optimale" Strategie unter bewusster Inkaufnahme national „suboptimaler" Strategien implementiert. Als Wettbewerber werden insbesondere die ebenfalls weltweit agierenden Konkurrenten gesehen, Hauptwettbewerber ist der stärkste weltweit tätige Anbieter (Ghewamat, Spence 1989). Organisatorisch zeichnet sich diese Strategieoption durch ein hohes Maß an zentraler Koordination und Integration in der Unternehmenszentrale aus. Die ausländischen Tochtergesellschaften müssen sich dieser länderübergreifenden Steuerung unterordnen und geben dabei ihre Eigenständigkeit in der Marktbearbeitung weitgehend auf (Meffert 1990).

Schließlich versuchen Unternehmungen mit so genannten **Mischstrategien** im internationalen Marketing, Globalisierungs- und Lokalisierungsvorteile gleichermaßen zu nutzen. Die durch eine **opportunistische** Grundhaltung gekennzeichnete Mischstrategie ist allerdings kein streng konsistentes Strategiemuster. Vielmehr erfordert diese Verhaltensweise ausgeprägte **Flexibilitätspotenziale**, wenn Unternehmungen situationsabhängig auf die Markt- und Wettbewerbsbesonderheiten in den Ländermärkten eingehen müssen. In diesem Zusammenhang sind nationale Normen und Regelungen hervorzuheben, die den Wettbewerb beschränken oder – wie in vielen Telekommunikations- oder Energiemärkten typisch – sogar unterbinden können. Erst der Abbau solcher Monopole und die Liberalisierung und Deregulierung in den jeweiligen Monopolmärkten öffnen solchermaßen **„blockierte Märkte"** für den internationalen Wettbewerb.

Die genannten internationalen Marketingstrategien stehen nicht unabhängig nebeneinander. Vielmehr lassen sich typische **Entwicklungspfade** identifizieren. Sie sind in Abb. 2.4-18 dargestellt. Dabei ist die ethnozentrisch orientierte Strategie des internationalen Marketing in aller Regel Ausgangspunkt der länderübergreifenden Marktbearbeitung. Darauf aufbauend können international tätige Unternehmungen unterschiedliche Entwicklungspfade verfolgen. Typisch für europäische und US-amerikanische Unternehmungen war lange Zeit der Übergang zu den polyzentrisch orientierten multinationalen Strategien, während ostasiatische Anbieter häufig zu den geozentrisch orientierten globalen Strategien neigen. Mittlerweile können diese gegenläufigen Entwicklungen jedoch nicht mehr derartig eindeutig voneinander abgegrenzt werden. Wie bereits im Zusammenhang mit den **Outpacing Strategies** angedeutet versuchen globale Kostenführer zunehmend, über die Anpassung an die länderspezifischen Marktbesonderheiten und Kundenbedürfnisse ihre Wettbewerbsposition auszubauen. Gleichzeitig geraten multinationale Anbieter zunehmend unter Kostendruck, dem sie durch Integration und Standardisierung – also durch Anpassungen in Richtung Globalisierung – zu entgehen suchen.

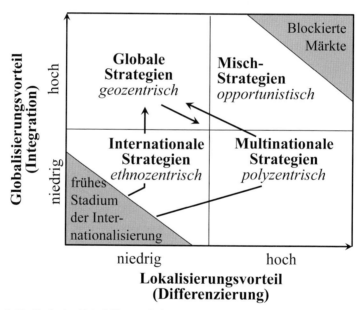

Abb. 2.4-18: Typische Entwicklungspfade internationaler Marketingstrategien (in Anlehnung an Meffert, Bolz 1998)

Die Polarisierung internationaler Marketingstrategien zwischen multinationalen Strategien einerseits und globalen Strategien andererseits hat Anfang der 1980er Jahre eine Grundsatzdiskussion über die Erfolgsbedingungen globaler bzw. multinationaler Strategien wiederbelebt, deren Ausgangspunkt sich bis in die 1960er Jahre zurückverfolgen lässt (Meffert, Bolz 1998). Die beiden Strategietypen werden dabei als **Gegensatzpaa-**

re diskutiert, die zwischen nationalen Bedürfnissen auf der einen und globalem Wettbewerbsdruck auf der anderen Seite stehen. Besonders hervorgetreten ist in dieser **Globalisierungsdebatte** Theodore Levitt (1983), der zu der Überzeugung gelangt, dass die veränderten Markt- und Umweltbedingungen zu einem sich selbst verstärkenden **Globalisierungsprozess** führen.

Ausgehend von der Annahme einer zunehmenden Homogenisierung in den Bedürfnisstrukturen beruht seine Argumentation zunächst auf der **Konvergenz-These**, nach der die Annäherung in den demographischen Merkmalen und den Lebensstilen der Konsumenten zu einer Bedarfskonvergenz der Nachfrager auf den Weltmärkten führt. Daraus leitet Levitt die Forderung nach einer standardisierten, d. h. weitgehend vereinheitlichten Marktbearbeitung ab. Diese **Standardisierungs-These** wird mit Degressions- und Lerneffekten bei der Planung und Kontrolle vor allem der Marketinginstrumente begründet. Die Standardisierung umfasst dabei das Produkt selbst, aber auch instrumentelle und prozessuale Aspekte der Marktbearbeitung. Durch die standardisierte Marktbearbeitung ist es weiterhin möglich, die Organisationsstrukturen in Form einer weltweit produktorientierten Aufbauorganisation und einem globalen Produktmarketing zu zentralisieren. Diese **Zentralisations-These** verlangt demzufolge ein hohes Maß an Integration der Entscheidungs- und Steuerungsprozesse für globale Strategien (Raffée, Kreutzer 1986). Aus der Standardisierung von Produkten und Prozessen leitet Levitt schließlich die **Kosten- bzw. Preisvorteils-These** ab. Danach resultiert der Erfolg globaler Strategien insbesondere aus der konsequenten Nutzung von Kostenvorteilen. Mit der Weitergabe dieser Vorteile an die Nachfrager lässt sich eine starke Preisvorteilsposition in den Märkten realisieren. Das zunehmende Angebot von derartig preisgünstigen globalen Produkten führt wiederum zur Homogenisierung der Nachfrage. Der Globalisierungsprozess verstärkt sich damit selbst.

Die Thesen Levitts werden in der Literatur kontrovers diskutiert (Meffert 1989b, 1990a; Zou, Cavusgil 1996). Dabei wird insbesondere die vielfach zu beobachtende **Fragmentierung zahlreicher Märkte** betont. Differenzierung und Individualisierung führen dabei zu einer Angebotsvielfalt, die eher die Vermutung heterogener Nachfragestrukturen auf den Weltmärkten stützt (Berekoven 1978). Gegen die Standardisierungs-These werden in diesem Zusammenhang vor allem die Vernachlässigung lukrativer Marktsegmente in den einzelnen Ländermärkten und die damit verbundenen **Opportunitätskosten** angeführt (Samiee, Roth 1992). Darauf aufbauend nimmt die Zentralisierung der Organisationsstrukturen einer Unternehmung die **Flexibilität**, sich auf länderspezifische Besonderheiten einzustellen. Darüber hinaus stehen die zentralen Organisations- und Entscheidungseinheiten einer marktnahen Unternehmensstruktur entgegen. Im Ergebnis sehen die Kritiker der Globalisierungsthesen Levitts erhebliche Wettbewerbsvorteile für Unternehmungen, die differenzierte Marketingstrategien im internationalen Kontext einsetzen.

Beide Argumentationsketten sind in Abb. 2.4-19 mit ihren jeweils gegenläufigen Begründungen dargestellt. So betont Levitt in seinem Regelkreis ausschließlich Economies of Scale, während seine Kritiker Economies of Scope hervorheben (Panzar, Willig 1981). In vielen Märkten können derartig einseitige Betonungen jedoch nicht nachgewiesen werden. Während in der Mehrzahl der Investitionsgütermärkte die Globalisierungsthesen Levitts zutreffen, sind viele Konsumgütermärkte nach wie vor derartig fragmentiert, dass globale Strategien nicht zum Einsatz kommen können.

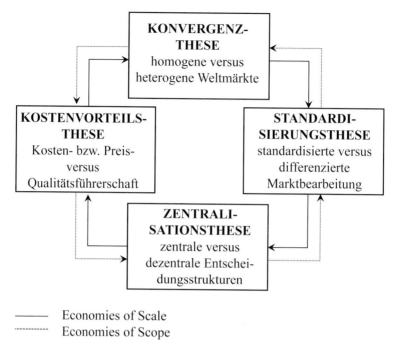

Abb. 2.4-19: Argumentationsketten in der Globalisierungsdebatte (Quelle: Meffert 1986a)

Allerdings gewinnen auch in Konsumgütermärkten **transnationale Zielgruppen**, so genannte „cross cultural groups", an Bedeutung (Yavas et al. 1992). Diese länderübergreifenden Marktsegmente zeichnen sich durch eine ähnliche Nachfrage- und Bedürfnisstruktur aus und können länderübergreifend einheitlich bearbeitet werden (Kreutzer 1991; Anders 1991).

Beispielsweise sind die Konsumgewohnheiten Jugendlicher in den westlichen Industrienationen relativ homogen. Ebenso treten nationale Märkte angesichts einheitlicher Wirtschaftsräume in Europa, Nordamerika und Südostasien zunehmend in den Hintergrund (Meffert, Bolz 1998). Nicht zuletzt wird in diesem Zusammenhang beispielsweise bereits vom Europa der Regionen gesprochen (Proff, Proff 1996).

Weiterhin unterstreichen zahlreiche empirische Untersuchungen, dass das Ausmaß der Standardisierung von Produkten und Prozessen sehr stark von **situativen Faktoren** bestimmt wird. Neben kulturellen beeinträchtigen insbesondere rechtliche und infrastrukturell bedingte Einflüsse die Möglichkeiten globaler Produkt- und Prozessstandardisierung. Die Globalisierungsdebatte verkürzt darüber hinaus auch die Diskussion um die **organisatorische Implementierung** internationaler Marketingstrategien. Neben einer strikten Zentralisierung der Marketingorganisation auf der einen und einer länderspezifisch ausgerichteten Organisation auf der anderen Seite finden sich in der Unternehmensrealität eine Vielzahl von Zwischenformen. In diesem Zusammenhang werden seit geraumer Zeit beispielsweise Konzepte diskutiert, die die Vorteile zentralisierter und flexibler Organisationen miteinander verbinden. Zu nennen sind dabei das „**Lead-**

Country"-Konzept, strategische Koordinationsgruppen oder internationale Entscheidungsgremien (Kreutzer 1987).

Zusammenfassend hat die Diskussion um Marketingstrategien im internationalen Umfeld eine Vielzahl empirischer Untersuchungen angeregt, die den Gestaltungsraum internationaler Marketingstrategien erheblich erweitert haben. Darauf aufbauend sehen Bartlett und Goshal (1988, 1991) Standardisierung und Differenzierung als wesentliche Wettbewerbsvorteile an, die im internationalen Kontext gleichzeitig anzustreben sind. Der Erfolg internationaler Marketingstrategien hängt danach davon ab, in welchem Umfang eine Unternehmung in der Lage ist, globale Effizienz und lokale Flexibilität gleichzeitig zu realisieren. Damit folgt die Diskussion um die Erzielung weltweiter Wettbewerbsvorteile dem Grundgedanken der **Outpacing Strategies**.

2.5 Situative Strategieoptionen im Marketing

Sich ständig wandelnde Märkte und Umweltsituationen stellen die Unternehmen vor neue Herausforderungen bezüglich des Marketing und der in diesem Zusammenhang anzuwendenden Strategien. Aufgrund der steigenden Bedeutung von Hightech-Märkten und schnellen Innovationszyklen werden Unternehmen zunehmend vor die Herausforderung gestellt, angepasste Strategien für junge Märkte und innovative Produkte bzw. Leistungen umzusetzen. Im Gegensatz dazu ist eine Vielzahl der bestehenden Märkte durch Stagnations- und Schrumpfungstendenzen gekennzeichnet, deren Besonderheiten ebenfalls eine Strategieanpassung für diese Marktgegebenheiten und Wettbewerbsbedingungen erfordern.

2.5.1 Marketingstrategien in jungen Märkten

2.5.1.1 Charakteristika junger Märkte

Die Bezeichnung junge Märkte findet für solche Märkte Anwendung, die sich bei der Betrachtung ihres Lebenszyklusverlaufes in der Einführung- oder schnellen Wachstumsphase befinden (Meffert 1994). Diese Märkte lassen sich insbesondere dadurch kennzeichnen, dass noch keine speziellen Erfahrungen der Unternehmen bezüglich des Wettbewerbs und der Technologie bestehen. Häufig zeichnen sich junge Märkte neben einer hohen technologischen Unsicherheit auch durch Unsicherheiten bezüglich der Strategie aus (Porter 1999). Es bestehen zum Teil mehrere Technologien nebeneinander, die um die Etablierung als Industriestandard kämpfen. Des Weiteren konnte sich noch keine strategische Ausrichtung der Unternehmen als richtig erweisen, was eine erhöhte Turbulenz auf den Märkten und verschiedenste Strategiekonzepte zur Folge hat. Ebenso steht das Marketing vor der Herausforderung, die noch unbekannten Kundenbedürfnisse zu erkennen und anzusprechen, um Erstkäufer zu akquirieren (Porter 1999).

Diese Charakteristika sind insbesondere in so genannten Hightech-Märkten zu finden, die durch folgende zentrale Auswirkungen der Technologien und ihrer Entwicklung gekennzeichnet sind (Meffert 1994):

- verkürzte Produktlebenszyklen,
- hohe Innovationsraten,
- schneller Rückgang der Produktionskosten bei stetig steigender Produktionsleistung,
- schneller Preisverfall,
- hohe technologische Kaufbarrieren,
- steigender Globalisierungszwang, um eine schnelle Amortisation der Investitionen zu erreichen,
- ständige Erweiterung der Produktfunktionen,
- Verschmelzung verschiedener Technologierichtungen,
- Aufweichung traditioneller Marktabgrenzungen und Überschneidungen bezüglich der relevanten Märkte.

2.5.1.2 Markteintrittsstrategien in jungen Märkten

Aufgrund der bestehenden Unsicherheiten bezüglich des Marktes und seiner Strukturen kommt der Planung des Markteintritts eine besondere Bedeutung zu. Die dem Markteintritt zugrunde liegenden Ziele leiten sich aus den Oberzielen der Unternehmung ab und gehen zumeist mit deren Wachstums- und Sicherheitsstreben einher. Mögliche Gründe für solche Wachstumsstrategien stellen dabei z. B. die Erschließung neuer Absatzmöglichkeiten, die Zukunftssicherung der Unternehmung, mögliche Synergien zu anderen Geschäftsfeldern, Prestigestreben, die Besetzung von Märkten aus strategischen Überlegungen heraus oder bestimmte Entwicklungen der Märkte insgesamt dar (Remmerbach 1988).

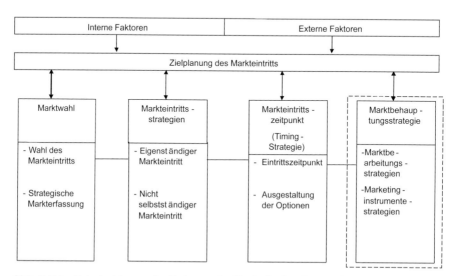

Abb. 2.5-1: Entscheidungen im Rahmen der Markteintrittsplanung (in Anlehnung an Meffert 1994)

Wie in Abb. 2.5-1 dargestellt, gehen mit der Markteintrittsplanung verschiedene Entscheidungen einher. Neben der Wahl des Eintrittsmarktes liegt ein weiterer Schwerpunkt auf der Wahl der Eintrittsstrategie. Dabei kann zwischen eigenständigem und nicht eigenständigem Markteintritt unterschieden werden. Aus dieser Dichotomie ergeben sich weitere Eintrittsformen (siehe Abb. 2.5-2).

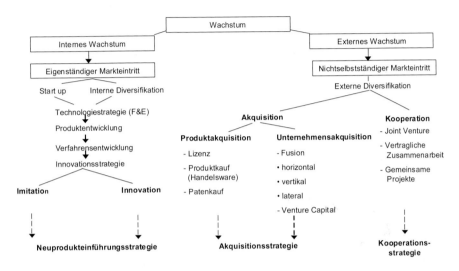

Abb. 2.5-2: Mögliche Markteintrittsstrategien (Quelle: Remmerbach 1988)

Neben der Planung der Markteintrittsstrategie steht die Planung des Zeitpunktes des Markteintritts im Vordergrund der Betrachtungen. Die besondere Bedeutung der Timing-Strategie resultiert insbesondere aus der Stellung der Zeit als zentralem Wettbewerbsvorteil in verschiedenen Märkten (Backhaus, Schneider 2007). Im Rahmen des Timing des Markteintritts werden folgende Strategietypen unterschieden (Schnaars 1986; Remmerbach 1988):

- Pionierstrategie,
- frühe Folgerstrategie,
- späte Folgerstrategie.

Der Pionier tritt als Erstes in den Markt ein und begründet damit den Entstehungszeitpunkt des Marktes. Der Strategieschwerpunkt liegt hier im Aufbau des Marktes. Der Eintrittszeitpunkt des frühen Folgers liegt nach dem Eintritt des Pioniers und kann zeitlich bis zur so genannten take-off-Phase des Marktes erfolgen. Seine Strategie ist auf eine Neustrukturierung des Marktes ausgerichtet (Meffert 1994). Der Markteintritt des späten Folgers ist nach dem frühen Folger und nach dem Erreichen der take-off-Phase einzuordnen (Remmerbach 1988). Die Timing-Strategien sind in Abb. 2.5-3 nochmals grafisch dargestellt.

Jede der Strategien ermöglicht aufgrund des gewählten Eintrittszeitpunktes verschiedene Wettbewerbsvorteile, aber zum Teil auch Nachteile gegenüber Wettbewerbern. Die

Pionierstrategie gilt häufig als aussichtsreichste Strategie im Rahmen des Markteintritts, führt aber nicht automatisch zum Erfolg und kann damit nicht als Allheilmittel gelten (Golder, Tellis 1993; Kerin et al. 1992). Die Wahl des jeweiligen Eintrittszeitpunktes hängt von verschiedenen Faktoren des Marktes, der Unternehmung, des Produktes sowie technologischer Bedingungen ab (siehe Abb. 2.5-4).

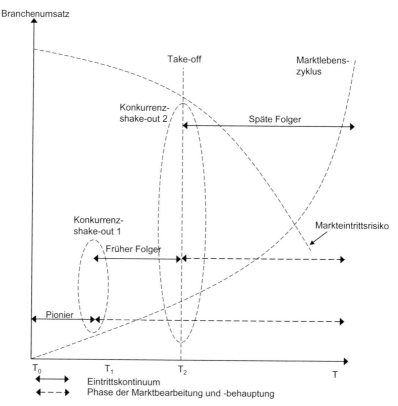

Abb. 2.5-3: Timing-Strategien in jungen Märkten (in Anlehnung an Remmerbach 1988)

Während zu den unternehmerischen Einflussfaktoren die strategische Grundhaltung und Risikoneigung des Unternehmens sowie die Unternehmensgröße gezählt werden, üben auch verschiedene Gegebenheiten des Absatzmarktes wie die Marktattraktivität und eventuelle Widerstände auf Seiten der Konkurrenz oder Kunden einen Einfluss auf die Timingstrategie aus. Weiterhin beeinflussen das Produkt selbst und damit verbundene technologische Einflussfaktoren den Zeitpunkt des Markteintritts.

Dem Pionier eröffnen sich aufgrund der Frühe des Markteintritts und der zeitweiligen Alleinstellung verschiedene Vorteile. Zum einen haben Pionierunternehmen als Erste die Wahl verschiedener Marktsegmente und Marktpositionen, können die Einstellungen und Kaufkriterien der Kunden frühzeitig beeinflussen (Carpenter, Nakamoto 1989) und außerdem die Spielregeln des Wettbewerbs festlegen. Zum anderen ergeben sich Vorteile

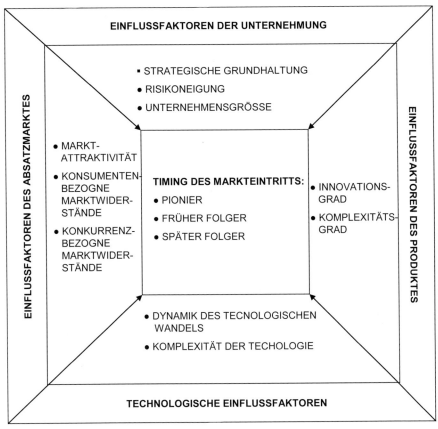

Abb. 2.5-4: Einflussfaktoren auf die Wahl der Timing-Strategie (Quelle: Remmerbach 1988)

bei der Wahl der Distributionskanäle und dem Aufbau von Barrieren für spätere Wettbewerber in diesem Bereich. Ebenso ergeben sich Vorteile bei der Ressourcenbeschaffung und der Auswahl möglicher Zulieferer. Darüber hinaus können Pioniere eher Erfahrungen mit dem Markt sammeln, ihre Skalenerträge erhöhen und von Netzwerkeffekten profitieren. Da Pioniere als Erste in den Markt eintreten, entstehen für Kunden in dieser frühen Phase relativ hohe Wechselkosten (Walker, Mullins 2008). Den Vorteilen der Pionierstrategie stehen aber auch Risiken gegenüber. Die Risiken resultieren vor allem vor dem Hintergrund der herrschenden Unsicherheit bezüglich des neuen Marktes, der Technologie und der Nachfrageentwicklung. Die hohen Kosten der Markterschließung trägt der Pionier zunächst allein, von denen spätere Folgeunternehmen profitieren können. Des Weiteren besteht ein hohes Risiko in Bezug auf die Innovation und ihre Akzeptanz durch die Nachfrager. Aufgrund immer kürzer werdender Produktlebenszyklen besteht die zwingende Notwendigkeit in der schnellen Amortisation der Investitionen (Meffert 1994).

Aus den dargestellten Vorteilen des Pioniers können sich auf der anderen Seite aber auch Möglichkeiten für den frühen Folger ableiten. Dieser profitiert von den bereits vorhandenen

Erfahrungen mit dem Markt und den Kunden und kann somit eventuelle Fehler des Pioniers für sich nutzen. So kann der Folger z. B. mögliche Fehler des Pionierproduktes behoben haben oder den vom Pionier etablierten Standard aktualisieren und somit einen strategischen Wettbewerbsvorteil generieren (Walker, Mullins 2008). Gleichwohl ergeben sich für die frühen und späten Folger auch Nachteile, da der Pionier bereits einen Teil des Marktes besetzt und strategische Verbindungen zu Zulieferern und Händlern aufbauen konnte.

2.5.1.3 Marktbehauptungsstrategien in jungen Märkten

Bei der Wahl der Marktbehauptungsstrategie muss neben der Entscheidung der Markt-abdeckung (Gesamt- oder Teilmarkt) und der Art der Marktbearbeitung (differenziert oder undifferenziert) auch festgelegt werden, mit welchem strategischen Wettbewerbs-vorteil (Kosten- oder Leistungsvorteil) die Unternehmung auf dem Markt bestehen will. Die jeweilige Marktbearbeitungsstrategie wird dabei erheblich vom gewählten Eintritts-zeitpunkt des Unternehmens bestimmt (Meffert 1994).

Im Fokus von **Pionierunternehmen** steht der Aufbau von Markteintrittsbarrieren, die den Markteintritt für Folgeunternehmen erschweren sollen. So sollen z. B. durch ag-gressive Marketingkonzepte potenzielle Neukonkurrenten von einem Eintritt in den Markt abgehalten werden. Mit Hilfe signalisierter Wettbewerbsgegebenheiten wie bereits besetzter Marktsegmente, belegter Absatzkanäle, gebundene Zulieferer oder bestimmter Preise kann eine Abschreckung möglicher Folgeunternehmen erreicht werden (Becker 2006). Treten gleichwohl neue Konkurrenten auf den Markt ein, können Pioniere im Rahmen von Angriffs- oder Vergeltungsstrategien (wie z. B. Exklusivlieferverträge mit Lieferanten, strenge Imitationsprüfung) versuchen, die Wettbewerbsposition des Folgers zu schwächen (Meffert 1994).

Bei den Instrumenten des Marketing-Mix kommt der Produktpolitik eine bedeutende Stellung zu. Es wird vor allem versucht, einen Industriestandard zu setzen und Verbesse-rungen gemeinsam mit den Abnehmern zu entwickeln. Preispolitisch wird oftmals eine Skimming-Strategie verfolgt, d. h. zunächst werden hohe Einführungspreise angesetzt (Meffert, Remmerbach 1988), um die getätigten Investitionen abzudecken. Im Gegensatz dazu kann aber auch das Angebot von niedrigen Preisen im Sinne einer Penetrationsstra-tegie zielführend sein, weil dadurch Markteintrittsbarrieren für Folgeunternehmen aufge-baut werden (Becker 2006). Die Kommunikationspolitik muss offensiv ausgerichtet sein, um potenziellen Kunden den Produktnutzen näher zu bringen und Erstkäufe zu generieren. Bei beratungsintensiven Produkten wird der persönliche Verkauf genutzt. Klassische Kom-munikationsmaßnahmen sind dagegen bei großen Abnehmersegmenten möglich und wer-den häufig mit Testaktionen und Geld-zurück-Garantien verbunden (Meffert 1994). Des Weiteren dienen Maßnahmen der Öffentlichkeitsarbeit dazu, die Kompetenz des Unter-nehmens hervorzuheben (Becker 2006). Aufgrund der Neuigkeit des Marktes und der bestehenden Unsicherheit wird im Rahmen der Distributionspolitik eine Flexibilität der Systeme empfohlen (Meffert, Remmerbach 1988). Bei erklärungsbedürftigen Innovationen wird aufgrund der Beratungsintensität eine Verbindung zum Fachhandel unumgänglich.

Der **frühe Folger** profitiert davon, dass der Pionier bereits die Risiken der Markterschließung getragen hat, und kann über zwei verschiedene Strategieausrichtungen eine führende Posi-tion im Markt erreichen. Beim imitativen Überbieten (Out-Imitating) wird versucht, in demselben Marktsegment des Pioniers durch verbesserte Produkte und Marketingmaßnahmen Kunden zu gewinnen. Durch eine Verbesserung der Fehler und eine Weiterentwicklung der Produkte des Pioniers kann somit eine führende Rolle im Wettbewerb eingenommen werden. Eine zweite Strategie liegt im direkten Überspringen (Leap Frogging) des Pioniers. Im Mittelpunkt dieser Strategie steht eine wesentliche Verbesserung des Produktes z. B. im Rahmen einer Weiterentwicklung zu einer zweiten Produktgeneration. Das direkte Überspringen erweist sich oftmals als schwierig, da der Folger bei der Entwicklung von Innovationen schneller als der Pionier sein muss. Diese Strategie kann aber erfolgreich sein, wenn der Pionier für die Entwicklung der ersten Produktgeneration hohe Investitionen tätigen musste und die Mittel für eine Weiterentwicklung nicht ausreichen (Kotler et al. 2007).

Bei der Ausgestaltung des Marketing-Mix liegt der Fokus auf der Produktpolitik und der ständigen Weiterentwicklung der Produkte unter Beachtung der Kundenwünsche. Die Ausgestaltung der Preispolitik orientiert sich am Pionier, um Preiskämpfe zu vermeiden. Bei möglichen Rationalisierungspotenzialen können die Preisvorteile aber im Sinne einer Penetrationspreisstrategie an die Kunden weitergegeben und somit Wettbewerbsvorteile geschaffen werden. Die kommunikationspolitischen Maßnahmen beinhalten insbesondere die Vorteile des Produktes, auch im Vergleich zum Pionierprodukt. Im Rahmen der Distributionspolitik erfolgt eine Orientierung am Pionier. Bei bereits belegten Absatzkanälen durch Exklusivlieferverträge müssen neue Vertriebswege erschlossen werden (Meffert 1994).

Der **späte Folger** sieht sich geringeren Unsicherheiten des Marktes gegenüber, es haben sich aber schon einige Unternehmen auf dem Markt etabliert. Daraus ergeben sich beschränkte Gewinnpotenziale, da das Preisniveau bereits gesunken ist (Becker 2006). Der Wettbewerb ist insgesamt durch eine stärkere Dynamik gekennzeichnet. Späte Folger können aus den Fehlern des Pioniers und der frühen Folger lernen und lassen sich durch eine hohe Kundenorientierung kennzeichnen. Kostenersparnisse ergeben sich aus einer Imitation des vorliegenden Industriestandards. Bei dieser Strategie lassen sich Wettbewerbsvorteile aber nur durch eine Niedrigpreisstrategie unterstützt durch starke Kommunikationsmaßnahmen realisieren. Neben dem direkten Angriff über die Imitation kann der späte Folger ferner eine Nischenstrategie verfolgen und die direkte Konfrontation umgehen. Diese Strategie erfordert eine differenzierte Bearbeitung des Marktes. Eine weitere mögliche Strategie der späten Folger liegt in der Entwicklung einer Innovation, mit der die bereits bestehenden Unternehmen überholt werden können. Eine Neuordnung des Marktes und der bestehenden Wettbewerbsregeln ist insbesondere dann möglich, wenn der späte Folger einen neuen Industriestandard setzt und somit bestehende Markteintrittsbarrieren durchbrochen werden können. Dazu muss das Unternehmen jedoch über eine starke Ressourcenbasis verfügen. Neben technischen Innovationen kann sich der späte Folger auch mit Hilfe von Marketinginnovationen im Markt behaupten. Die Innovation kann dabei z. B. in dem Aufbau eines neuen Vertriebsweges oder der Neupositionierung eines Produktes liegen (Meffert 1994).

2.5.1.4 Markteintrittsbarrieren als Determinanten der Strategiewahl

Die Wahl der jeweiligen Eintrittsstrategie in einen Markt hängt neben den Anforderungen des Produktes bzw. der Leistung auch von bestehenden Markteintrittsbarrieren ab, die einen erheblichen Einfluss auf die endgültige Strategieentscheidung haben können. Je nach Wahl einer Pionier- oder Folgerstrategie ergeben sich damit verschiedene Vor- oder Nachteile hinsichtlich des Wettbewerbs auf dem Markt (siehe Abb. 2.5-5).

Markteintrittsbarrieren	Ausnutzung durch Pioniere	Wirkung auf frühe und später Folger
Skaleneffekte/ Economies of Scale	- Ausbau von Preissenkungspotentialen - Mengenmäßige Abdeckung des Gesamtmarkts möglich	- Kostennachteile - Ausgleich durch andere Wettbewerbsinstrumente oder Investitionen in Economies of Scale erforderlich
Produktdifferenzierung	- Profilierung der angebotenen Produkte aus Abnehmersicht, dadurch Aufbau von Bekanntheit, Firmen- und Produktimage, Hersteller- bzw. Produkttreue möglich - Bei Wirksamkeit hohe Freiheitsgrade bei übrigen Marketingparametern (z.B. Preise)	- Marketingstrategische Nachteile - Hohe Marktinvestitionen und Anlaufverluste
Kapitalbedarf	- Reduzierung (z.B. durch Kooperation) bzw. Sicherung der investierten Mittel (z.B durch Patentrechte) - Künstliche Kapitalbedarfserhöhung (z.B. Vermietung statt Verkauf von Kopiergeräten)	- Häufig verzögerter Wirkungseffekt - Hohe Verlustrisiken
Umstellungskosten	- Aufbau von Kosten auf Abnehmerseite bei Lieferantenwechsel (z.B. durch Inkompatibilität von Datenverarbeitungsanlagen) - Produktbezogene Personalausbildungs- und Serviceleistung	- Notwendigkeit der Gewährung von Risikorabatten bei Lieferantenwechsel - Optimierung im Kosten-/Leistungsbereich mit den dazu erforderlichen Investitionen
Zugang zu Distributionskanälen	- Sicherung des Absatzsystems z.B. durch langfristige Lieferkontakte, leistungsfähigen Kundendienst, vertragliche Vertriebssysteme usw.	- Notwendigkeit des Aufbaus eigener Distributionswege bzw. Zugangssicherung z.B. durch niedrige Preise und' Servicezugeständnisse
Eingriffe des Staates	- Massive Bevorteilung einzelner durch Zuschüsse für F&F, billige Kredite usw. - Rechtliche Regelungen (Kontingentierung, Kontrollbestimmungen z.B. Umweltschutz) - Lange Test- und Genehmigungsverfahren - Politische Interessen (ausschließlich Betätigung einzelner Unternehmungen, z.B. Rüstungsindustrie)	

Abb. 2.5-5: Markteintrittsbarrieren (Quelle: Meffert 1994)

2.5.2 Marketingstrategien in stagnierenden und schrumpfenden Märkten

2.5.2.1 Charakteristika stagnierender und schrumpfender Märkte

Die Phase der Stagnation bzw. Schrumpfung im Rahmen des Marktlebenszyklus lässt sich insbesondere durch rückläufige Nachfragequoten und ein damit verbundenes stagnierendes bzw. sinkendes Marktvolumen beschreiben. Während sich stagnierende Märkte durch ein relativ konstantes Marktvolumen auszeichnen, ist in schrumpfenden Märkten ein Absinken des Marktvolumens zu beobachten (Meffert 2006). Kennzeichen stagnierender und schrumpfender Märkte (siehe Abb. 2.5-6) lassen sich vor allem auf Veränderungen des Wettbewerbs zurückführen. Aufgrund des Austritts aus der Wachstumsphase verschärft sich der Verdrängungswettbewerb, da eine Steigerung der Marktanteile bzw. Umsätze nur auf Kosten anderer Wettbewerber möglich ist. Der hohe Kostendruck führt zu einer zunehmenden Aggressivität der Marketingmaßnahmen, insbesondere der Preispolitik. Der Preisdruck auf die Unternehmen wird auch durch die geringeren Handelsspannen und die sich daraus ergebende niedrigere Kooperationsbereitschaft des Handels verschärft. Insgesamt kommt es zu einem Absinken der Rendite der jeweiligen Branche (Meffert 1994; Meffert 1983).

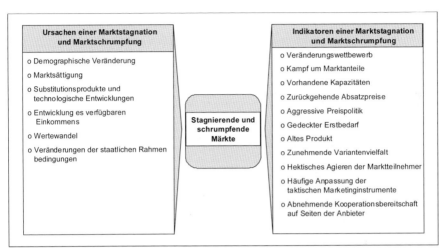

Abb. 2.5-6: Ursachen und Indikatoren stagnierender und schrumpfender Märkte (Quelle: Göttgens 1996)

Die Gründe für die Stagnation bzw. Schrumpfung eines Marktes sind vielfältiger Natur. Zum einen kann solch eine Entwicklung aus demografischen Veränderungen wie Geburtenzahl, Bevölkerungsentwicklung oder Familienbildung resultieren. So wirken sich beispielsweise sinkende Geburtenraten auf den Markt der Nahrungsmittel, Bekleidung oder Spielartikel für Kinder aus. Zum anderen ist eine Sättigung des Marktes denkbar (Meffert 2006), die mit einer geringeren Rate an Neuverwendern der Leistung einhergeht. Darüber hinaus kann die Entwicklung neuer Technologien oder Substitutionsprodukte zu einem Absinken des Marktvolumens führen. Auch der Wertewandel in der Gesellschaft, Änderungen des verfügbaren Einkommens sowie veränderte staatliche Rahmenbedingungen stellen mögliche Faktoren einer Marktstagnation bzw. -schrumpfung dar (Göttgens 1996). Eine starke Marktschrumpfung aufgrund der Änderung rechtlicher Rahmenbedingungen zeigt der Produktbereich der alkoholischen Mischgetränke, wo die Änderung der Besteuerungssätze zu einem Absinken des Marktvolumens von 60 Millionen Euro im Jahr 2003 auf 8 Millionen Euro im Jahr 2005 geführt hat (Wübbenhorst, Wildner 2007). Weitere Ursachen eines stagnierenden oder schrumpfenden Marktvolumens können darüber hinaus auf wirtschaftliche Krisenzeiten (wie der Öl- oder der Bankenkrise) oder besondere weltpolitische Ereignisse wie den 11. September 2001 oder Kriege zurückzuführen sein (Meffert 2006).

2.5.2.2 Strategieoptionen in stagnierenden und schrumpfenden Märkten

Sieht sich ein Unternehmen mit einer Stagnation oder Schrumpfung des von ihr bearbeiteten Marktes konfrontiert, muss eine Entscheidung zwischen zwei grundsätzlichen

Strategieausrichtungen getroffen werden: die Marktbehauptung oder der Marktaustritt. Bei der Marktbehauptung kommen im Wesentlichen die allgemeinen Marketingstrategien zur Anwendung – differenziert nach dem angestrebten Wettbewerbsvorteil (Kosten- oder Qualitätsführerschaft) sowie der Marktabdeckung (Nische oder Gesamtmarkt) (Meffert et al. 2008).

Die mögliche Ausgestaltung des Marketing-Mix ist je nach Wettbewerbsstrategie vorzunehmen (siehe Abb. 2.5-7).

Strategieschwerpunkte / Marketinginstrumente		Kostenführerschaft (auf dem Gesamtmarkt oder in der Nische)	Differenzierung (Qualitätsführerschaft auf dem Gesamtmarkt oder in der Nische)
Produkt- und Sortiments- politik	Sortiment	Produktrationalisierung durch Wertanalyse; Programmbereinigung durch Produkteliminierung	Produktdifferenzierung und Sortimentsabrundung
	Innovation	Vorwiegend Prozessinnovation	Vorwiegend Produktinnovation; Schaffung von Angebotsinnovation
	Kundendienst	Minimierung von Kundendienstleistungen durch Entwicklung von Produkten mit geringem oder keinem Servicebedarf (z.B. Wegwerfprodukte)	Verstärkung der kundendienstpolitischen Aktivitäten
	Markierung	Konzentration auf eine oder wenige starke Einzelmarken	Verwendung von Dachmarkenstrategien
Preispolitik		Preisreduzierung entsprechend den mengen- und rationalisierungsbedingten Kostensenkungen	Ausnutzung der Preisbereitschaft der Konsumenten durch eine Hochpreispolitik sowie durch Preisdifferenzierung
Kommunikationspolitik		Umsetzung des Strategieschwerpunktes „Preisgünstigkeit" durch standardisierte Zielgruppenansprache über Massenmedien	Umsetzung des Strategieschwerpunktes „Qualität" durch differenzierte Zielgruppenansprache über zielgruppenadäquate Medien sowie über Direktwerbung
Distributons- politik	Distributions- konzept	Intensive und selektive Distribution (Selektionskriterium: Abnahmemenge)	Exklusive oder selektive Distribution (Selektionskriterium: Einkaufsstättenimage)
	Kooperation mit dem Handel	In erster Linie zur Reduzierung von Distributionskosten	Enge, umfassende Kooperation auf der Basis vertraglicher Vertriebssysteme; insbesondere über Franchisesysteme
	Direktvertrieb	Wegen der Notwendigkeit einer breiten Distribution durch eigene Verkaufsstellen der Hersteller kaum finanzierbar. Vertrieb über Versandaktivitäten erwägenswert	Bei exklusiven und erklärungsbedürftigen Produkten durch eigene Verkaufs- und Beratungsstellen der Hersteller zweckmäßig

Abb. 2.5-7: Gestaltung des Marketing-Mix in stagnierenden und schrumpfenden Märkten (Quelle: Meffert 1994)

Im Rahmen von Portfoliokonzepten werden für stagnierende Märkte Abschöpfungsstrategien und Strategien zur Erhaltung des Marktanteils empfohlen, wenn sich die betroffene Geschäftseinheit durch einen hohen Marktanteil auszeichnet. Die Strategie der Desinvestition wird immer dann vorgeschlagen, wenn geringe Marktanteile vorliegen. Der Tatbestand schrumpfender Märkte wird dagegen vielfach nicht weiter spezifiziert (Meffert 1983). Nur wenige Autoren erweitern die klassische Portfoliomatrix der Boston Consulting Group um zwei Spezifikationen für schrumpfende Märkte (siehe Abb. 2.5-8).

Sowohl „Underdog" als auch „Bucket" zeichnen sich durch ein negatives Marktwachstum aus. Während der „Underdog dabei ebenfalls durch einen niedrigen Marktanteil gekennzeichnet ist, erreichen die so genannten „Buckets" hohe Marktanteile (Gelb

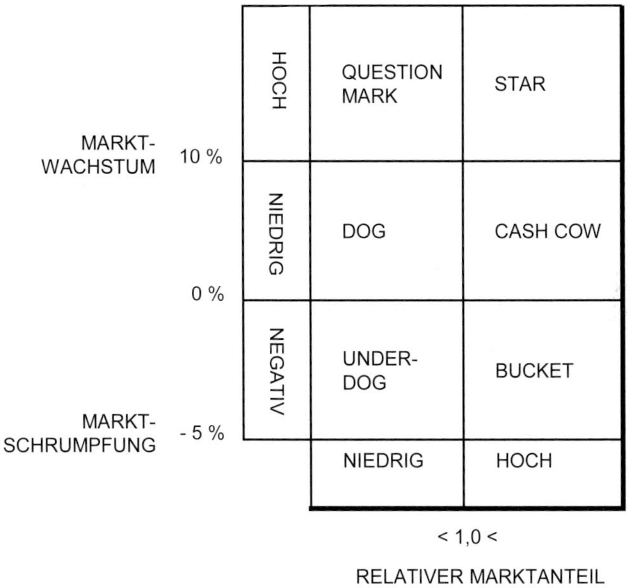

		QUESTION MARK	STAR
MARKT-WACHSTUM	10 % (HOCH)		
	0 % (NIEDRIG)	DOG	CASH COW
MARKT-SCHRUMPFUNG	- 5 % (NEGATIV)	UNDER-DOG	BUCKET
		NIEDRIG	HOCH

< 1,0 <

RELATIVER MARKTANTEIL

Abb. 2.5-8: Erweiterte Portfolio-Matrix (Quelle: Meffert 1983)

1982; Meffert 1983). Entsprechend der Charakteristik dieser beiden Geschäftseinheiten lassen sich Strategieoptionen für die Unternehmung ableiten. Aufgrund des negativen Marktwachstums und eines geringen Marktanteils steht für den Underdog eine Desinvestitionsstrategie im Vordergrund, wobei mögliche Verbundeffekte nicht unberücksichtigt bleiben dürfen. Außerdem ist es möglich, dass ein Underdog – auch bezeichnet als „Dodo" (Barksdale, Harris 1982) – wieder höhere Marktanteile generiert, wenn aufgrund der negativen Marktwachstumsraten Konkurrenzunternehmen den Markt verlassen.

Für Buckets, die teilweise auch als „War Horses" deklariert werden, muss dagegen vor dem Hintergrund des von ihnen generierten hohen Marktanteils eher eine Abschöpfungs-, Marktanteilserhaltungs- oder Repositionierungsstrategie verfolgt werden. Wie auch die Cash Cows leisten die Buckets einen entscheidenden Beitrag zur Umsatzgenerierung und dürfen somit nicht vorschnell abgesetzt werden, da die Schrumpfung des Marktes auch nur vorübergehend anhalten kann (Barksdale, Harris 1982). Trotzdem müssen auch hier etwaige Desinvestitionsmöglichkeiten geprüft werden, die langfristig angelegt sind.

Eine weitere Gliederung für Strategiemöglichkeiten insbesondere in schrumpfenden Märkten ist in Abb. 2.5-9 dargestellt. Um eine Entscheidung für eine der Strategien der Matrix treffen zu können, muss vom Unternehmen zunächst eine Einschätzung der Attraktivität der Branche sowie ein Vergleich mit Konkurrenzanbietern vorgenommen werden. Erst dann ist es möglich, die weitere strategische Vorgehensweise im Markt festzulegen (Harrigan 1989).

	Große Vorteile gegenüber den Konkurrenten um attraktive Nischen	Einige Vorteile gegenüber den Konkurrenten um attraktive Nischen	Keine Vorteile gegenüber den Konkurrenten um attraktive Nischen
Günstige Branchenstruktur und Nachfrageerwartung	»Investitionen steigern« oder »Investitionsniveau halten«	»Investitionsniveau halten« oder »selektiv schrumpfen«	»Selektiv schrumpfen« oder »die Investition melken«
Mittelgünstige Branchenstruktur und Nachfrageerwartung	»Investitionsniveau halten« oder »selektiv schrumpfen«	»Selektiv schrumpfen oder »die Investition melken«	»Die Investition melken« oder »sofort veräußern«
Ungünstige Branchenstruktur und Nachfrageerwartung	»Selektiv schrumpfen« oder »die Investition melken«	»Die Investition melken« oder »sofort veräußern«	»Sofort veräußern«

Abb. 2.5-9: Erweiterte Matrix der Endspielsituation (Quelle: Harrigan 1989)

2.5.2.3 Marktaustrittsbarrieren als Determinanten der Strategiewahl

Neben der Bewertung der Attraktivität des Marktes sowie seiner vermuteten weiteren Entwicklung können ebenfalls bestehende Marktaustrittsbarrieren die Strategiewahl beeinflussen. Marktaustrittsbarrieren sind solche Faktoren oder Gegebenheiten, die eine Aufgabe bzw. Desinvestition des betroffenen Geschäftsfeldes durch das Unternehmen behindern. Diese Barrieren können unterschiedlichen Typs sein (Göttgens 1996):

- Ökonomische Austrittsbarrieren,
- Strategische Austrittsbarrieren,
- Emotionale Austrittsbarrieren,
- Rechtliche, politische, soziale und gesellschaftliche Austrittsbarrieren.

Ökonomische Austrittsbarrieren resultieren vor allem aus spezialisierten Aktiva des Unternehmens. Aufgrund des langlebigen Charakters von spezialisierten Maschinen und Anlagen entstehen bei einem Marktaustritt erhebliche finanzielle Einbußen, wenn diese Unternehmenswerte nicht veräußert werden können. Ist der zu erwartende Liquidationserlös der Aktiva geringer als die weiteren Kosten einer Aufrechterhaltung des Geschäftszweiges kann dies Unternehmen dazu bewegen, trotz der Stagnation oder Schrumpfung am Markt zu bleiben (Porter 2008; Göttgens 1996). Ebenso ist es möglich, dass eine Liquidation der Anlagen aufgrund von Verflechtungen zu anderen Unternehmensbereichen nicht möglich ist (Walker, Mullins 2008). Neben den zum Teil nur schwierig zu veräußernden Aktiva können ökonomische Austrittsbarrieren auch in Form von möglichen Kosten für die Aufrechterhaltung bestehender Lieferverträge mit Kunden oder der Garantie für Ersatzteile bestehen (Göttgens 1996). Des Weiteren kann es wegen der Aufgabe des Geschäftsbereichs notwendig werden, Sozialpläne für die Arbeitnehmer zu vereinbaren. Mit dem Marktaustritt können darüber hinaus auch verdeckte Austrittskosten wie eine sinkende Arbeitsproduktivität sowie zurückgehende Auftragsvolumina – mitunter auch in anderen Bereichen des Unternehmens – einhergehen (Porter 2008).

Neben ökonomischen Austrittsbarrieren können auch verschiedene strategische Barrieren den Austritt aus einem Markt erschweren. Zwischen dem aufzugebenden Geschäftsbereich und anderen Teilen des Unternehmens können Verflechtungen und somit Abhängigkeiten bestehen. Diese können eine Austrittsbarriere darstellen, wenn beispielsweise gemeinsame Einkaufskanäle oder Vertriebswege genutzt werden und durch die mögliche Aufgabe eines Geschäftsbereiches die Einkaufsmacht oder die Position gegenüber Vertriebspartnern geschwächt wird. Dies ist auch der Fall, wenn der aufzugebende Geschäftsbereich Ressourcen für nachgelagerte Unternehmensbereiche zur Verfügung stellt. Außerdem ist es denkbar, dass sich die finanzielle Situation des Unternehmens durch das Bekanntwerden eines Marktaustritts verschlechtert, weil die Kreditwürdigkeit gegebenenfalls eingeschränkt wird und mögliche Investoren mit Zurückhaltung reagieren (Porter 2008; Walker, Mullins 2008; Harrigan 1989).

Auch emotionale Barrieren des Managements können einen Marktaustritt verzögern. Der Stolz sowie das Verbundenheits- bzw. Pflichtgefühl von Managern gegenüber dem Unternehmen oder der betroffenen Geschäftseinheit kann dazu führen, dass psychologische Barrieren aufgebaut werden, die einen schnellen Marktaustritt verhindern (Harrigan 1989; Walker, Mullins 2008). Darüber hinaus können rechtlich-politische Austrittsbarrieren wie Arbeitsplatzgarantien oder Druck durch die Öffentlichkeit ebenso bestehen wie soziale oder auch gesellschaftliche Austrittsbarrieren, die sich beispielsweise in der Verpflichtung gegenüber Arbeitnehmern äußern (Porter 2008).

Je nach Bedeutung bzw. Entscheidungsgewicht der vorhandenen Marktaustrittsbarrieren muss eine Abwägung getroffen werden, ob es für das Unternehmen sinnvoll ist, im Markt zu verbleiben oder den Marktaustritt vorzubereiten. In jedem Fall erscheint eine frühzeitige Festlegung auf eine der gegebenen Strategiealternativen sinnvoll, um dem Unternehmen Zeit- und somit auch Wettbewerbsvorteile zu sichern.

2.6 Bewertung und Auswahl von Marketingstrategien

Mit der Bewertung und Auswahl der Strategieoption, die der Unternehmung die strategisch günstigste Wettbewerbsposition eröffnet, ist – wie Abb. 2.6-1 verdeutlicht – der Planungsprozess des strategischen Marketing abgeschlossen.

Alle Informationen, Empfehlungen sowie Handlungsrichtungen, die in den vorherigen Stufen des Planungsprozesses erarbeitet werden, laufen in dieser Phase zusammen. Dementsprechend ist der Bewertung und Auswahl der Marketingstrategien besondere Beachtung beizumessen, da in dieser Phase die weitere strategische Orientierung der Unternehmung abschließend festgelegt wird (Florin 1988).

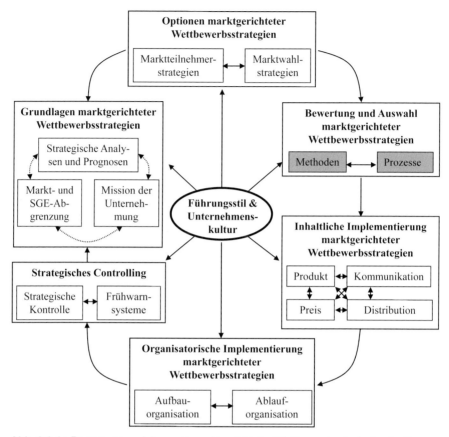

Abb. 2.6-1: Bewertung und Auswahl marktgerichteter Wettbewerbsstrategien im Prozess der strategischen Marketingplanung und -implementierung

Die Bewertung der alternativen Strategieoptionen einer marktorientierten Unternehmensführung hat mit Blick auf die **langfristigen Unternehmensziele** zu erfolgen (Schreyögg 1993; Wilde 1989). Dabei sind insbesondere die Konsequenzen eines grundlegenden Strategiewechsels aus der Perspektive der verschiedenen Marktteilnehmer und der unterschiedlichen Anspruchsgruppen abzuwägen (Ansoff 1982). Vor allem sind auch deren Reaktionen im Entscheidungskalkül abzubilden. Entsprechend müssen die verschiedenen Strategieoptionen grundsätzlich im Vergleich zur aktuell implementierten Strategie bewertet werden.

Die Bewertung und Auswahl von Marketingstrategien umfasst eine Reihe von Bausteinen, die zur Lösung des Entscheidungsproblems beitragen. Dabei handelt es sich um

- die Abbildung des Entscheidungsfeldes,
- die Darstellung des Bewertungsprozesses sowie
- die Darlegung der spezifischen Methoden der Strategiebewertung (Wilde 1989).

2.6.1 Abbildung des Entscheidungsfeldes

Eine für den Entscheidungsträger wichtige Fragestellung betrifft die Vollständigkeit der Informationen, die er der Strategiebewertung und Auswahl zugrunde legt (Schirmeister 1981). Damit alle relevanten Bewertungselemente bei der Entscheidungsfindung berücksichtigt werden können, ist es im Vorfeld der Strategiebewertung notwendig, das Entscheidungsfeld möglichst vollständig abzubilden. Dabei wird es jedoch nicht möglich sein, das reale Entscheidungsfeld isomorph abzubilden. Für die Bewertung und Auswahl der Strategien muss es daher genügen, ein realitätsnahes Abbild des Entscheidungsproblems zu entwerfen, in dem alle Elemente des Entscheidungsfeldes enthalten sind. Die konstitutiven Elemente des Entscheidungsfeldes und die Zusammenhänge zwischen diesen Elementen zeigt Abb. 2.6-2.

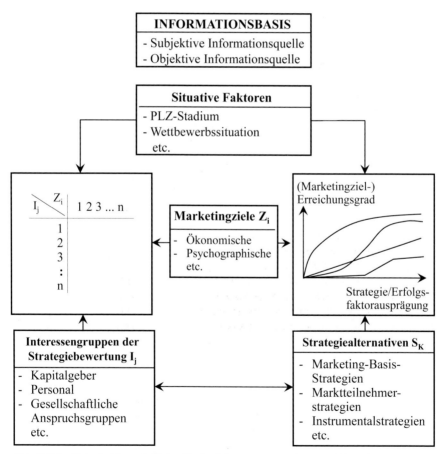

Abb. 2.6-2: Entscheidungsfeld der Strategiebewertung und –auswahl (in Anlehnung an Meffert et al. 2008)

Bei der Erstellung eines realitätsnahen Abbildes des Entscheidungsproblems sind in einem ersten Schritt sämtliche **Informationen** über Ziele, Strategiealternativen und Wirkungsrelationen sowie Interessengruppen zusammenzutragen. Diese Informationen und die zugehörigen Quellen bilden im Entscheidungsfeld den Ausgangspunkt des Bewertungs- und Auswahlprozesses. Charakteristisch für unternehmerische Entscheidungsprobleme ist die Unvollständigkeit der vorhandenen Informationsgrundlagen (Roventa, Müller 1981). Deshalb kommt es innerhalb des strategischen Entscheidungsfeldes typischerweise zu Informations- und – darauf aufbauend – auch zu Bewertungsunsicherheiten, die zu Entscheidungen unter Risiko führen (Forman 1982; Wilde 1989) und beispielsweise durch möglichst flexible Marketingstrategien bewältigt werden müssen (Tomczak 1989; Raffée 1984a).

In Abhängigkeit von der Informationsbasis kann insbesondere zwischen objektiven und subjektiven Informationen differenziert werden (Roventa, Müller 1981; Reichert 1982).

Zu den **subjektiven Informationen** zählen dabei

- die Erfahrungen der Entscheidungsträger sowie
- die intuitiven Informationen – wie Spekulationen oder Gefühle –, die sich im Rahmen des Bewertungsprozesses beim Management ergeben (Wilde 1989).

Objektive Informationen können dahingegen klassifiziert werden in

- empirisch abgesichertes und somit fundiertes Wissen,
- Experimentaldaten und
- Daten, die sich intern auf die Unternehmung oder das Geschäftsfeld (Kostendaten) oder extern auf die jeweilige Marktkonstellation (Marktanteilsdaten) beziehen (Wilde 1989).

Im Weiteren ist – aufbauend auf der Informationsbasis – der **situative Kontext** im Entscheidungsfeld abzubilden. So beeinflussen beispielsweise die Wettbewerbssituation, die Lebenszyklusphase oder auch die technologische Entwicklung maßgeblich die Bewertung und Auswahl einer Strategiealternative. In Abhängigkeit von der Beeinflussbarkeit der Kontextdimensionen können unterschiedliche Situationsfaktoren unterschieden werden (Wilde 1989):

- **kontrollierbare Kontextdimensionen** (z. B. verfügbare F & E-Budgets der Unternehmung)
- **partiell kontrollierbare Variablen** (z. B. Lebenszyklusverlauf eines Produktes)
- **nicht kontrollierbare Variablen** (z. B. Markteintrittszeitpunkt eines Wettbewerbers).

Neben den situativen Faktoren sind sämtliche relevanten **Strategieoptionen** in das Entscheidungsfeld aufzunehmen. Diese Optionen müssen möglichst detailliert beschrieben werden. Deshalb sind neben den grundlegenden strategischen Stoßrichtungen zumindest auch bereits die Marktteilnehmerstrategien zu formulieren, um so eine möglichst präzise Bewertung der Strategien zu ermöglichen. Häufig wird es jedoch erforderlich sein, auch die Instrumentalstrategien zu definieren, bevor eine abschließende Strategieauswahl möglich ist.

Für die Strategieauswahl ist es vor allem erforderlich, die **Wirkungszusammenhänge** zwischen den jeweiligen Strategiebausteinen, den relevanten Kontextfaktoren und dem Zielerreichungsgrad in das Entscheidungsfeld aufzunehmen (Ansoff 1981). Im Mittelpunkt des Interesses steht dabei vor allem der Beitrag, den die jeweilige Strategie zum Erfolgspotenzial der Unternehmung leistet (Lange 1982).

Die verschiedenen, in die Bewertung einbezogenen Strategieoptionen erfüllen einzelne Erfolgsfaktoren typischerweise in unterschiedlichem Ausmaß. Da die Anspruchsgruppen im Umfeld der Unternehmung den verschiedenen Erfolgsfaktoren jeweils eine spezifische Bedeutung beimessen, sind Bewertungskonflikte kaum zu vermeiden. So wird beispielsweise eine Strategie, die zur Vollbeschäftigung führt, jedoch eine relativ geringe Eigenkapitalrendite verspricht, von den Kapitalgebern schlechter bewertet als von den Mitarbeitern und den Gewerkschaften. Deshalb stellt die bestmögliche Verwirklichung der Ziele aller **Interessengruppen** eine Kernaufgabe der strategischen Unternehmenspolitik dar (Hahn 1999). Gleichwohl ist es oftmals nicht zu vermeiden, dass im Rahmen der Strategieauswahl auch Ziel- und Interessenkonflikte auftreten.

2.6.2 Prozesse der Strategiebewertung

Die Bewertung von Marketingstrategien und in deren Folge die Selektion einer erfolgversprechenden Strategie ist mit den vorgelagerten Phasen der strategischen Marketingplanung wechselseitig verknüpft. Damit wird sichergestellt, dass sich die im Endeffekt gewählte Alternative möglichst eng am Zielsystem der Unternehmung orientiert.

Die Bewertung alternativer marktgerichteter Strategien erfolgt zweistufig. In der ersten Stufe werden die Strategien einer **Vor- bzw. Grobauswahl** unterzogen, um die grundsätzlich nicht zur Unternehmung passenden Strategien herauszufiltern. Auf der zweiten Stufe sind die verbleibenden Alternativen einer **Feinauswahl** zu unterziehen, in deren Rahmen die angestrebten Ergebniswirkungen der Strategievarianten analysiert werden (Wiedmann, Kreutzer 1989).

Eine differenziertere Form, den Prozess der Strategiebewertung und -auswahl zu systematisieren, unterscheidet zwischen drei Phasen der Strategieprüfung,

- dem Konsistenztest,
- dem Kompetenztest und
- dem Funktionstest (Florin 1988; Wiedmann, Kreutzer 1989),

deren hierarchische Ordnung in Abb. 2.6-3 deutlich wird.

Mit dem **Konsistenztest** als erstem Schritt der Strategiebewertung und -selektion werden die Strategien im Hinblick auf ihre Kompatibilität zum Unternehmenszweck und der daraus abgeleiteten Unternehmensphilosophie unter Berücksichtigung der Ziele aller relevanten Anspruchsgruppen geprüft (Becker 1997). Bei erheblichen Divergenzen zu den relevanten Oberzielen der Unternehmung muss davon ausgegangen werden, dass die betrachtete marktgerichtete Strategie für die Unternehmung ungeeignet ist.

Werden mehrere Strategien den durch das Zielsystem der Unternehmung gesetzten Ansprüchen gerecht, sind im Rahmen des **Kompetenztests** jene Strategieoptionen auszu-

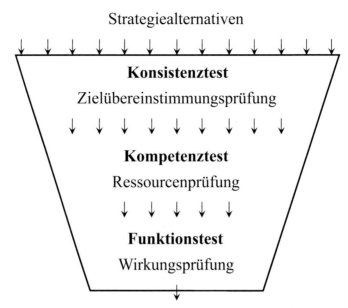

Abb. 2.6-3: Prozess der Strategiebewertung (in Anlehnung an Wiedmann, Kreutzer 1989)

sondern, für deren Implementierung die Ressourcen der Unternehmung nicht ausreichen. Es ist somit zu prüfen, welche Ressourcen der Unternehmung in welchem Umfang zur Strategieimplementierung erforderlich sind.

Dieser Ressourcenbedarf muss dann mit den in der Unternehmung vorhandenen oder entwickelbaren Ressourcenpotenzialen verglichen werden.

Der **Funktionstest** ist abschließend für solche Strategieoptionen durchzuführen, deren Ressourcenbedarf durch die Ressourcenpotenziale der Unternehmung gedeckt werden kann. Innerhalb dieser Wirkungsprüfung werden die folgenden Fragen untersucht:

- Welche Reaktionen sind bei Implementierung der Strategien von der Konkurrenz und den anderen Marktteilnehmern zu erwarten?
- Welche Auswirkungen haben die vorgeschlagenen Strategieoptionen auf die Erfüllung der angestrebten Unternehmens- und Marketingziele?

2.6.3 Methoden der Strategiebewertung

Im Rahmen des Konsistenz-, des Kompetenz- und des Funktionstests können unterschiedliche Methoden der Strategiebewertung eingesetzt werden. Diese Methoden sollen im Folgenden – in Anlehnung an Wilde (1989) – in drei Methodenklassen untergliedert werden, die sich vor allem hinsichtlich der Komplexität im Rahmen ihrer Anwendung, aber auch im Hinblick auf das Anspruchs- und Detaillierungsniveau ihrer Ergebnisse unterscheiden.

2.6.3.1 Checklisten und Strategieprofile

Die einfachste Methodenklasse, die Zulässigkeitsprüfung (Becker 1997), beschränkt sich darauf, die generelle Realisierbarkeit der Strategieoptionen im Hinblick auf ausgewählte strategische Parameter – beispielsweise den notwendigen Finanzbedarf oder das Technologie-Know-how – zu prüfen. Eine Analyse der Zusammenhänge zwischen diesen Parametern sowie die Gesamtbewertung der Strategieoptionen bleiben bei dieser Gruppe von Methoden zur Strategiebewertung den subjektiven Einschätzungen der Entscheidungsträger überlassen.

In der Literatur finden sich unterschiedliche Fragenkataloge zur Abgrenzung der Bewertungsparameter (Aaker 1998; Lambin 1987). Die wesentlichen Parameter mit den jeweiligen Fragestellungen sind im Folgenden aufgelistet.

- **Vorteilhaftigkeit:**
  Resultiert aus der Strategieoption ein langfristig absicherbarer Wettbewerbsvorteil? Greift man auf eigene wettbewerbsstrategische Stärken zurück oder nutzt man die Schwächen der Wettbewerber?
  Können unternehmensspezifische Schwächen neutralisiert oder Stärken der Wettbewerber relativiert werden?
- **Validität:**
  Sind die Schlüsselannahmen über Umwelttrends und die erwarteten Ergebnisse der Strategieimplementierung plausibel?
  Basieren die Schlüsselannahmen auf zuverlässigen Informationen?
- **Kompatibilität:**
  Ist die jeweilige Strategieoption auf die Mission der Unternehmung ausgerichtet?
  Ist es möglich, die Strategieoption an die externen Rahmenbedingungen anzupassen?
- **Durchführbarkeit:**
  Kann die Strategie mit vorhandenen Ressourcen/Fähigkeiten umgesetzt werden?
  Widerspricht die interne Struktur der Unternehmung der Implementierung der Strategieoption?
- **Gefahrenpotenzial:**
  Welche Unternehmensressourcen werden bei der Implementierung der jeweiligen Strategieoption in welchem Umfang verbraucht?
  Können die Unternehmensziele auch bei einem Fehlschlag der Strategieoption noch erreicht werden?
  Sind die bestehenden Risiken akzeptabel?
- **Flexibilität:**
  Ermöglicht die Implementierung der Strategieoption eine Reaktion auf unerwartete Veränderungen der Aufgabenumwelt?
- **Zeit**
  Ist der Planungshorizont der Strategieoption und der Zeitrahmen der Oberziele deckungsgleich?

Darüber hinaus erwächst aus der Notwendigkeit zum bewussten Umgang mit knappen Ressourcen für die Unternehmung die Erfordernis, mit Umweltressourcen sparsam umzugehen. Entsprechend ist auch bereits im Rahmen der Zulässigkeitsprüfung zu analysieren, inwieweit die Strategieoptionen diesem Bewertungsparameter genügen.

Im Rahmen der Zulässigkeitsprüfung kann

- die Checklistenmethode oder
- die Strategieprofilmethode

eingesetzt werden. Diese beiden Methoden unterscheiden sich hinsichtlich der Skalierung der Bewertungsparameter.

Bei der **Checklistenmethode**, die im Rahmen der Bewertung der erfolgsrelevanten Parameter allein Nominalskalen einsetzt, kann zur Festlegung der Vorteilhaftigkeit von Strategieoptionen die Häufigkeit der Erfüllung bzw. Nichterfüllung der Parameter herangezogen werden (Adam 1996). Dabei greift man entsprechend Abb. 2.6-4 auf die bereits angesprochenen Fragestellungen der Strategiebewertung zurück, deren punktuelle Realisierung zu bewerten ist. Entsprechend der Anzahl von Übereinstimmungen mit den gestellten Anforderungen obliegt dem Entscheidungsträger die Annahme bzw. Ablehnung der Strategievariante (Wilde 1989).

	ja	nein
Ist die Strategie vereinbar mit der Unternehmensmission (Unternehmenszweck, -identität, -philosophie)?	☐	☐
Ist das Ressourcenpotenzial ausreichend für die Strategierealisation?	☐	☐
Sind die bestehenden Risiken für unseren Unternehmung tragbar?	☐	☐
Können Synergien mit anderen Geschäftsfeldern genutzt werden?	☐	☐
Sind Wachstumschancen erkennbar?	☐	☐

.
.
.

Abb. 2.6-4: Checklistenmethode (in Anlehnung an Siegwart 1974)

Die Vorteile der Checklistenmethode liegen in der leichten Handhabbarkeit der Anforderungslisten und deren Bewertung sowie in der Möglichkeit, sämtliche Zieldimensionen detailliert abzubilden. Darüber hinaus können Checklisten jederzeit an veränderte Zielsetzungen angepasst werden (Koch 1982). Der Nachteil der Checklistenmethode ist – neben der Subjektivität – darin zu sehen, dass die einzelnen Ergebnisse ohne explizite Gewichtung in die Bewertung eingehen und damit keine Prioritäten im Sinne einer hierarchischen Gliederung der einzelnen Bewertungsdimensionen gesetzt werden.

Mittels der **Strategieprofilmethode** können erheblich differenziertere Strategiebewertungen vorgenommen werden. Dies ist darauf zurückzuführen, dass die Bewertung der einzelnen Erfolgsdimensionen auf Ordinalskalen erfolgt und dadurch keine dichotomen, sondern – in Abhängigkeit von der Skalenbreite – abgestufte Bewertungen möglich sind (Koch 1982; Strebel 1975; Wilde 1989). Die Bewertung erfolgt jedoch ebenso wie bei der Checklistenmethode durch subjektive Schätzungen der Entscheidungsträger. Sofern keine dominanten Strategieprofile vorliegen, kann darüber hinaus nicht über die Vorteilhaftigkeit von Strategieoptionen entschieden werden.

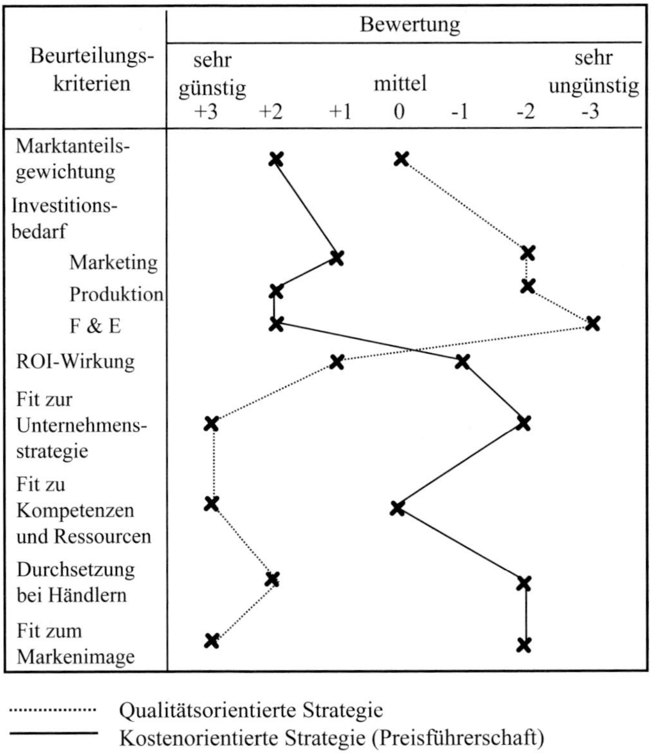

Beurteilungs-kriterien	Bewertung						
	sehr günstig +3	+2	+1	mittel 0	-1	-2	sehr ungünstig -3
Marktanteils-gewichtung							
Investitions-bedarf							
Marketing							
Produktion							
F & E							
ROI-Wirkung							
Fit zur Unternehmens-strategie							
Fit zu Kompetenzen und Ressourcen							
Durchsetzung bei Händlern							
Fit zum Markenimage							

·············· Qualitätsorientierte Strategie
———— Kostenorientierte Strategie (Preisführerschaft)

Abb. 2.6-5: Strategieprofil (in Anlehnung an Meffert et al. 2008)

Abb. 2.6-5 verdeutlicht die Ergebnisse einer Strategiebewertung am Beispiel eines Strategieprofils. Der aktuell verfolgten Wettbewerbsstrategie sind in diesem Beispiel zwei

Strategieoptionen gegenübergestellt, die den generischen Wettbewerbsstrategien entlehnt sind. Dabei zeigt sich, dass die Qualitätsführerschaftsstrategie zwar in der Mehrzahl der Bewertungsdimensionen den anderen Strategieoptionen überlegen ist. Sie ist jedoch gleichwohl keine dominante Strategieoption, weil ihr bei den Marketinginvestitionen die aktuelle Strategie und beim Return-on-Investment sowie der herstellerinternen Durchsetzung die Preisführerschaftsstrategie überlegen sind. Eine dominante Strategie liegt somit nur dann vor, wenn eine Strategie in allen Beurteilungskriterien mindestens genauso gut wie die jeweils anderen Entscheidungsalternativen und bei mindestens einem Kriterium den Alternativen überlegen ist (Adam 1996).

Bei der Durchführung der Strategiebewertung anhand von Strategieprofilen können auch Anspruchsniveaus in Form von **Mindestprofilen** definiert werden (Koch 1982; Wilde 1989). Dadurch lassen sich Schwellwerte für die Strategieoptionen festgelegen, die erreicht werden müssen, wenn diese Strategieoptionen im weiteren Bewertungsprozess verbleiben sollen. Problematisch ist jedoch die Definition solcher Mindestprofile, da sich hier wiederum subjektive Spielräume ergeben.

Insgesamt ist festzustellen, dass die Zulässigkeitsprüfung sowohl anhand von Checklisten als auch Strategieprofilen lediglich einzelne Bewertungsdimensionen heranzieht und so die Strategieoptionen bewertet. Zusammenhänge zwischen den Bewertungsdimensionen bleiben somit unberücksichtigt (Schwienhorst 1989).

2.6.3.2 Nutzwertanalyse

Die zweite Methodenklasse, die im Zusammenhang mit der Bewertung von Strategieoptionen angesprochen werden soll, verknüpft die Einzelbewertungen der Zulässigkeitsprüfung zu einer Gesamtbewertung. Zugleich werden damit auch die Wirkungszusammenhänge zwischen den einzelnen Bewertungsdimensionen transparent und Zieldominanzen bzw. -prioritäten (Becker 2006) durch entsprechende Gewichtungen berücksichtigt. Der wesentliche Vorteil gegenüber den Verfahren der Zulässigkeitsprüfung liegt dabei in der Möglichkeit, die bewerteten Strategieoptionen in eine Rangfolge hinsichtlich ihrer Vorteilhaftigkeit zu bringen.

Als Weiterentwicklung der Checklisten- und Profilmethoden werden im Rahmen der **Nutzwertanalyse** die Bewertungen auf den einzelnen Bewertungsdimensionen miteinander verknüpft (Bechmann 1978), um so eine umfassende Gesamtaussage zur Vorteilhaftigkeit einer Strategievariante zu erhalten. Dabei können insbesondere lineare und nichtlineare Verfahren der Nutzwertanalyse unterschieden werden (Adam 1996).

Die **lineare Nutzwertanalyse** ist dadurch gekennzeichnet, dass die verschiedenen Strategieoptionen anhand der bereits im Rahmen der Strategieprofile angesprochenen Dimensionen bewertet werden. Im Beispiel der Abb. 2.6-6 werden als solche Bewertungsdimensionen die Marktattraktivität, die Verfügbarkeit der erforderlichen Produktionsmittel sowie das F & E-, das Fertigungs- und das Finanzierungspotenzial herangezogen, die weiterhin in einzelne Beurteilungskriterien – so genannte Unterfaktoren – zerlegt werden (Koch 1982). Die Bewertung erfolgt auf einer Ordinalskala, deren schlechteste Ausprägung den Wert 0 und deren beste Ausprägung den Wert 100 annimmt.

Erfolgsfaktor	Erfolgs-faktor-gewicht	Erfolgs-faktor-wert	Teil-nutzen-wert
I. Marktattraktivität	**(3,00)**		
1. Marktgröße	0,15	1	0,45
2. reale Marktwachstumsrate	0,10	3	0,90
3. Möglichkeit der Marktanteils-ausdehnung	0,05	1	0,15
4. Wettbewerbssituation	0,25	5	3,75
5. Nachahmungsschutz gegen Konkurrenten	0,15	10	0,45
6. Ergänzung des bisherigen Programms	0,05	8	1,20
7 Einführung ins bisherige Vertriebssystem	0,15	4	1,80
II. Verfügbarkeit der erforderlichen Produktionsmittel	**(2,00)**		
1. Personal	0,45	2	1,80
2. Rohstoffe	0,01	2	0,04
3. Energie	0,30	8	4,80
4. Fertigungsanlagen	0,15	6	1,80
III.Forschungs- und Entwicklungs-potenzial	**(1,00)**		
1. Know-how-Schutzfähigkeit	0,55	1	0,55
2. Ausnutzung des vorhandenen Know-hows	0,25	2	0,50
3. Innovationspotenzial	0,20	1	0,20
IV.Fertigungspotenzial	**(2,00)**		
1. Ausnutzung vorhandenen Prozess-Know-hows	0,10	5	1,00
2. Ausnutzung von Überkapazitäten	0,10	7	1,40
3. Standortvorteile	0,50	3	3,00
4. relative Kostenposition zur Konkurrenz	0,30	6	3,60
V. Finanzierungspotenzial	**(2,00)**		
1. Verfügbarkeit der nötigen Finanz-mittel	0,75	8	12,00
2. Annehmbarkeit der Entwicklungs-/Einführungskosten	0,25	10	5,00

Abb. 2.6-6: Nutzwertanalyse zur Bewertung marktgerichteter Strategien (in Anlehnung an Koch 1982)

Um auf dieser Bewertung aufbauend den Nutzwert (Zangemeister 1976) der einzelnen Strategieoptionen ermitteln zu können, ist eine **Gewichtung** der jeweiligen Bewertungsdimensionen vorzunehmen (Thomas 1982). In dem angeführten Beispiel erhält die Marktattraktivität einen Gewichtungsfaktor von 3,0, die Verfügbarkeit der erforderlichen Produktionsmittel einen Faktor von 2,0, das F & E-Potenzial den Faktor 1,0, das Fertigungspotenzial sowie das Finanzierungspotenzial jeweils einen Faktor von 2,0. Die Gewichtung wird dann weiter differenziert, indem die einzelnen Unterfaktoren Teilgewichtungen erhalten. Die Teilgewichtungsfaktoren summieren sich auf einen Wert von 1,0.

Zur Ermittlung des **Nutzwertes** werden dann in einem ersten Schritt die einzelnen Bewertungen mit dem jeweiligen Teilgewichtungsfaktor multipliziert. Die so ermittelten Teilnutzenwerte werden für jede Bewertungsdimension aufaddiert und mit dem Gewichtungsfaktor der jeweiligen Bewertungsdimension multipliziert. Abschließend werden in einem dritten Schritt die Teilnutzenwerte, die sich für die einzelne Bewertungsdimension ergeben, durch Summation zum Nutzwert der jeweiligen Strategieoption aggregiert (Adam 2000; Bechmann 1978; Knigge 1975). Die Rangfolge der Vorteilhaftigkeit von Strategieoptionen ist dann von der Höhe der jeweiligen Nutzwerte abhängig (Hanusch 1994; Wilde 1989). Greift man auf das Beispiel der Abb. 2.6-6 zurück, errechnet sich ein Nutzwert von 44,39.

Die Vorteile der Nutzwertanalyse als Instrument der Strategiebewertung liegen in ihrer leichten Handhabbarkeit und dem geringen Aufwand für den Anwender. Als grundlegender Nachteil der Nutzwertanalyse, die auch als **Punktbewertungsverfahren** oder als **Scoring-Modell** bekannt ist, muss vor allem der hohe Grad an Subjektivität in der Ermittlung der Nutzwerte genannt werden (Sabel 1974; Wilde 1989). Dies ist vor allem auch deshalb problematisch, weil der ermittelte Nutzwert, der im Zweifel auf zwei Nachkommastellen exakt berechnet wird, dem Entscheidungsträger Objektivität suggeriert. Subjektive Einflüsse ergeben sich jedoch bereits im Rahmen der Auswahl der Bewertungsdimensionen. Sie setzen sich fort in der subjektiven Bestimmung der Gewichtungsfaktoren und der subjektiven Festlegung der Punktwerte, die den verschiedenen Strategieoptionen bezogen auf die einzelnen Bewertungsdimensionen zugeordnet werden. Im Rahmen der Festlegung der relevanten Bewertungsdimensionen und ihrer Gewichtungsfaktoren kann der Entscheidungsträger jedoch auch auf die Erkenntnisse der Erfolgsfaktorenforschung zurückgreifen, um so subjektive Einflüsse zu relativieren. So ist beispielsweise im Rahmen der Festlegung der Bewertungsdimensionen, die in Abb. 2.6-6 aufgeführt sind, auf Erkenntnisse der Erfolgsfaktorenforschung zurückgegriffen worden.

Die wesentliche Schwachstelle der Nutzwertanalyse liegt jedoch darin, dass ein **linearer Zusammenhang** zwischen den Teilnutzenwerten und dem aggregierten Nutzwert unterstellt wird. Nur dann, wenn dieser lineare Zusammenhang der Nutzenwahrnehmung der Entscheidungsträger entspricht, führt eine additive Verknüpfung der Teilnutzenwerte zu einer nutzenadäquaten Rangfolge der Strategieoptionen.

Sofern dieser lineare Zusammenhang nicht unterstellt werden kann, sind **nichtlineare Prioritätskennziffernmodelle** zur Bewertung der Strategieoptionen heranzuziehen, indem beispielsweise die Teilnutzenwerte multiplikativ verknüpft werden (Hanssmann 1995). Allerdings ist auch hier zu beachten, dass der so ermittelte Wert in erheblichem

Maße subjektiv gefärbt ist und deshalb die exakte Ermittlung nur eine Scheinobjektivität erzeugt.

Der wesentliche Vorteil der beschriebenen nutzwertanalytischen Verfahren liegt in der Strukturierung strategischer Entscheidungsfelder. Dabei bleibt es dem Anwender überlassen, die relevanten Bewertungsdimensionen festzulegen und die Strategien anhand dieser Dimensionen zu analysieren und zu bewerten (Wilde 1989).

2.6.3.3 Wirtschaftlichkeitsanalyse und Geschäftsfeldsimulation

Im Gegensatz zu den bislang diskutierten Verfahren der Strategiebewertung versuchen die im Folgenden zu erörternden Methoden, das Erfolgspotenzial der zu bewertenden Strategieoptionen in Ertrags- oder Renditemaßen, also auf metrischen Skalen abzubilden. Dabei können zwei Gruppen von Verfahren unterschieden werden: Die investitionstheoretischen Methoden, welche die Entwicklung des Unternehmenswertes bei Implementierung der jeweiligen Strategieoptionen analysieren und die Simulationsmodelle, die die Entwicklung der Erfolgsbeiträge bei Veränderung der Rahmenbedingungen untersuchen (Buchinger 1979; Rappaport 1981; Wilde 1989).

Die **Investitionsrechnung** unterscheidet eine Reihe statischer und dynamischer Verfahren (Olfert, Reichel 2005; Perridon, Steiner 2004; Schmidt, Terberger 1997), die vor allem zur Bewertung von Ersatz- und Erweiterungsinvestitionen in den Produktionsfaktor Betriebsmittel entwickelt wurden. Letztlich lassen sich jedoch sämtliche Entscheidungsprobleme mit mehrperiodigen Entscheidungskonsequenzen auch mittels investitionsrechnerischer Verfahren bewerten. Damit sind auch marktgerichtete Strategieoptionen einer Bewertung durch Investitionsrechnungen zugänglich.

Die bekanntesten Methoden der Investitionsrechnung sind die **Kapitalwertmethode**, die **interne Zinsfußmethode** sowie die statischen Verfahren der **Gewinn-** und der **Kostenvergleichsrechnung**. Letztere sind noch immer in der Unternehmenspraxis sehr verbreitet.

Während die statischen Verfahren die Kosten- oder Ertragskonsequenzen marktgerichteter Strategien auf eine fiktive Durchschnittsperiode verdichten und deshalb die Zeitprioritäten der Entscheidungsträger nicht hinreichend abbilden können (Eilenberger 2003), zeichnet sich die **Kapitalwertmethode** dadurch aus, dass der durch die Strategie erwirtschaftete Netto-Cash-Flow periodenindividuell ermittelt und auf den Planungs- bzw. den Bewertungszeitpunkt abgezinst wird (Perridon, Steiner 2004; Süchting 1995; Adam 2001; Hachmeister 1996). Der Kapitalwert C_0 einer Strategieoption errechnet sich somit als (Schmidt 1995; Serfling, Pape 1996)

$$C_0 = \sum_{t=0}^{n} NCF_t \, (1+k)^{-t}$$

mit NCF = Netto-Cash-Flow
k = Kapitalkostensatz
t = Planungsperiode
n = Planungshorizont.

Der errechnete Kapitalwert gibt Aufschluss über die Vorteilhaftigkeit der bewerteten Strategieoption. Die Strategieoption ist nach diesem Entscheidungskriterium immer dann zu implementieren, wenn keine andere Strategieoption einen höheren Kapitalwert erwirtschaftet und der ermittelte Kapitalwert einen Wert größer null erreicht (Heinhold

1999; Kruschwitz 2007). In diesem Fall liegt die Rendite der bewerteten Strategieoption über dem Kapitalkostensatz.

Die Ermittlung des **internen Zinsfußes** der Strategieoptionen führt zu gleichen Ergebnissen wie die Kapitalwertermittlung. Im Gegensatz zur Kapitalwertberechnung wird dabei jedoch nicht der Barwert einer Investition bei einem gegebenem Kalkulationszinsfuß untersucht, sondern der Zinsfuß, der zu einem Kapitalwert von null führt. Die Methode des internen Zinsfußes stellt also gewissermaßen die Umkehrung der Kapitalwertberechnung dar. Dementsprechend ergibt sich der interne Zinsfuß r durch die Ermittlung der Nullstelle der bereits dargestellten Kapitalwertfunktion:

$$C_0 = \sum_{t=0}^{n} NCF_t (1+r)^{-t} = 0$$

Die Ermittlung des internen Zinsfußes r ist jedoch mathematisch komplex, da eine Gleichung n-ten Grades vorliegt. Zur Lösung können Iterations- oder Interpolationsverfahren eingesetzt werden (Altrogge 1996; Perridon, Steiner 2004).

Insgesamt gesehen ist nach dieser Bewertungsmethode diejenige Strategieoption vorteilhaft, die den höchsten internen Zinsfuß erwirtschaftet. Sie ist zu implementieren, wenn dieser Zinsfuß über dem Kapitalkostensatz liegt.

Sofern Methoden der dynamischen Investitionsrechnung zur Bewertung und Auswahl marktgerichteter Strategieoptionen eingesetzt werden, behalten sämtliche Kritikpunkte Gültigkeit, die grundsätzlich an diesen Methoden angebracht werden (Heinhold 1999; Olfert, Reichel 2005; Perridon, Steiner 2004; Süchting 1989). Sie beziehen sich insbesondere auf die **Auswahl des Kapitalkostensatzes** sowie die **Wiederanlageprämissen** (Grob 2006). Im Rahmen der Bewertung von Strategieoptionen kommt darüber hinaus das Problem hinzu, die Ein- und Auszahlungsströme der Strategieoptionen exakt prognostizieren zu müssen, um auf dieser Basis Investitionsrechnungen durchführen zu können. Diese Prognosen sind jedoch typischerweise mit erheblichen **Unsicherheiten** behaftet (Schneider 1992). Die exakte Bestimmung von Kapitalwerten oder internen Zinsfüßen für die Strategieoptionen suggeriert deshalb – ähnlich der Nutzwertanalyse – eine Scheingenauigkeit.

Um die Unsicherheiten, die den Wirtschaftlichkeitsrechnungen speziell bei der Bewertung von marktgerichteten Geschäftsfeldstrategien immanent sind, und damit die Investitionsrisiken hinreichend im Entscheidungskalkül abzubilden, sind eine Reihe von Verfahren vorgeschlagen worden. Klassisch sind dabei die Vorschläge, den Kapitalkostensatz um einen **Risikozuschlag** zu korrigieren, um dadurch der Unsicherheit der Zahlungsreihenprognose zu begegnen (Biergans 1979; Blohm et al. 2006; Perridon, Steiner 2004). Diese Vorgehensweise, die im Grundsatz kapitalmarkttheoretisch auch vom **Capital Asset Pricing Model** gestützt wird, unterstellt jedoch, dass sich die Entscheidungsträger grundsätzlich risikoscheu verhalten. Vor diesem Hintergrund erscheint es sinnvoller, die Ermittlung der Vorteilhaftigkeitsmaße durch **Sensitivitätsanalysen** zu ergänzen, um so zu erkennen, welche Veränderungen im Entscheidungsfeld die Vorteilhaftigkeit einer Strategieoption beeinflussen (Blohm et al. 2006; Hax 1985). Mit derartigen Sensitivitätsanalysen können Prognoseunsicherheiten differenzierter abgebildet werden, indem nicht nur die Risiken, sondern auch die Chancen marktgerichteter Strategien in die Ermittlung der Vorteilhaftigkeitsmaße einfließen (Adam 2000).

Die **Simulationsmodelle** als zweite Gruppe der Methoden, die sich auf metrischen Skalen mit der Bewertung von Strategieoptionen auseinandersetzen, analysieren die Auswirkungen von Änderungen kontrollierbarer und auch nicht beeinflussbarer Variablen im Entscheidungsfeld auf das Erfolgspotenzial der jeweiligen Strategieoption (Buchinger 1979; Wilde 1989). Derartige Simulationsmodelle sind in der Literatur in vielfältiger Form vorgestellt worden (Berens, Delfmann 2002). Sie sind als klassische Simulations- oder auch als Optimierungsmodelle, als deterministische oder als stochastische Modelle und schließlich als Totalmodelle oder als Partialmodelle formuliert, die sich entweder auf die Gestaltung der Gesamtunternehmung oder einzelner Geschäftsfelder bzw. Funktionsbereiche beziehen (Wilde 1989; Mag 1995). Zu diesen Modellen zählen beispielsweise auch jene Simulationsansätze, die auf der Basis des bereits angesprochenen PIMS-Datensatzes arbeiten.

Zu den wesentlichen Vorteilen der Simulationsmodelle zählt die Möglichkeit, die Strategieoptionen in ihren Wirkungen auf die unterschiedlichen Erfolgsdimensionen und die **Wirkungsrelationen** zwischen diesen Erfolgsdimensionen im Zeitablauf abzubilden. Damit liefern sie umfassende Informationen über die mit der Strategieimplementierung verbundenen Entscheidungskonsequenzen (Adam 1996). Diesem Vorteil stehen jedoch der enorm hohe Planungsaufwand und die umfassenden Anforderungen an die Informationsbasis gegenüber.

Insgesamt können zur Bewertung marktgerichteter Strategieoptionen höchst unterschiedliche Bewertungsmethoden und -modelle eingesetzt werden. Sie unterscheiden sich vor allem in dem für die Bewertung notwendigen Detaillierungsniveau der Daten, die die Konsequenzen der Strategieoptionen für die Ziele und den Erfolg der Unternehmung abbilden (Wilde 1989). Ihre Anwendung geht deshalb mit unterschiedlichen Informationskosten einher. Vor diesem Hintergrund erscheint es sinnvoll, mit zunehmendem Detaillierungsniveau der unterschiedlichen Strategieoptionen auch den Detaillierungsgrad der Bewertungsmethoden anzuheben. So ist es beispielsweise für den Einsatz von Wirtschaftlichkeitsberechnungen erforderlich, dass neben den globalen marktteilnehmergerichteten Strategien auch bereits die wettbewerbsorientierte Implementierung der Strategien hinsichtlich ihrer instrumentalen Umsetzung festgelegt ist. Nur dann, wenn für ein Geschäftsfeld wettbewerbsgerichtet produkt-, preis-, kommunikations- und distributionspolitische Strategien zumindest global aus den marktteilnehmergerichteten Strategieoptionen abgeleitet sind, können die Zahlungsströme hinreichend exakt bestimmt werden. Dies leitet bereits zur Strategieimplementierung über.

3 Implementierungsprozesse im strategischen Marketing

3.1 Implementierungsbarrieren im Marketing

Nachdem bislang die Planungsprozesse marktgerichteter Wettbewerbsstrategien im Vordergrund der Diskussion standen, soll im Folgenden die Implementierung dieser Strategien und deren Prozesse näher analysiert werden. Dabei steht – wie Abb. 3.1-1 verdeutlicht – neben der instrumentellen und organisatorischen Umsetzung der Strategien in konkrete wettbewerbsgerichtete Maßnahmen auch das strategische Controlling und darüber hinaus die Notwendigkeit zur eventuellen Anpassung von Führungsstilen und der Unternehmenskultur im Mittelpunkt.

In der wissenschaftlichen Diskussion kommt der Umsetzung marktgerichteter Wettbewerbsstrategien in konkrete Maßnahmenbündel ein untergeordneter Stellenwert zu (Gould 1996). Während sich die Literatur vor allem mit der Diskussion marktgerichteter Zielsysteme, der Konzeption von Analysekonzepten und integrierten wettbewerbsorientierten Marketingstrategien auseinandersetzt, treten in der Unternehmenspraxis erheblich häufiger Probleme im Rahmen der Implementierung dieser Strategien auf (Webster 1988; McDonald 1990). Diese **Implementierungslücke** hat zur Folge, dass marktgerichtete Wettbewerbsstrategien nicht erfolgreich implementiert werden, weil sie im Labyrinth der Hierarchien versanden oder Widerstände seitens der Führungskräfte oder auch des mittleren Management gegenüber einem Strategiewechsel den erforderlichen Wandel verhindern (Welge et al. 1996).

Sofern sich marktgerichtete Wettbewerbsstrategien nach ihrer Implementierung als nicht erfolgreich erweisen, ist die Analyse der Ursachen für einen derartigen Misserfolg höchst komplex. Die Unternehmenspraxis tendiert allerdings dazu, diese Komplexität zu verkürzen und die Ursachen vor allem in einer falschen bzw. nicht situationsadäquaten Marketingstrategie zu suchen. Dabei besteht jedoch die Gefahr, dass eine erfolgversprechende Strategie, die aufgrund einer unzureichenden Implementierung gescheitert ist, angepasst wird, ohne dass zuvor die **Implementierungsmängel** beseitigt werden (Hilker 1993). Diese Zusammenhänge verdeutlicht Abb. 3.1-2 (Bonoma 1985; Weiss 1990; Kolks 1990). Dabei ist insbesondere interessant, dass die gute Implementierung einer wenig erfolgversprechenden Strategie die negativen Konsequenzen der Planungsmängel kompensieren kann, während die mangelhafte Implementierung einer erfolgversprechenden Strategie typischerweise zum Misserfolg führt (Hilker 1993).

Vor diesem Hintergrund erscheint es – sofern eine marktorientierte Wettbewerbsstrategie nicht die erwarteten Erfolge erzielt – angezeigt, zunächst nach Implementierungsmängeln zu suchen, bevor umfassende Strategieanpassungen durchgeführt werden. Die marktorientierte Unternehmensführung benötigt somit nach wie vor neue Konzepte und Strategien, um auf die Herausforderungen des Marktes reagieren und ihre Wettbewerbsposition ausbauen zu können (Bonoma 1984). Darüber hinaus muss jedoch auch gewährleistet sein, dass die strategische Planung und die dort entwickelten Strategien bestmöglich innerhalb der Unternehmung und im Markt durchgesetzt werden (Bonoma 1985).

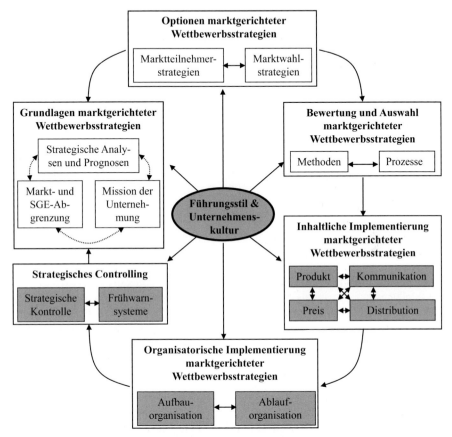

Abb. 3.1-1: Prozess der Implementierung im strategischen Marketing

Selbstverständlich hat sich die Wissenschaft bereits mit den Implementierungslücken und ihren Ursachen auseinandergesetzt. Insbesondere sind auch erste empirische Untersuchungen zu diesem Problemkreis durchgeführt worden. So identifizierten beispielsweise Baker und Hart (1989) fünf Ursachen für Implementierungslücken:

- Unklarheiten über Zielsetzung und Inhalt der Implementierungsaufgabe
- mangelnde Qualifikation der Implementierungsträger
- fehlende, unangemessene oder unbekannte Implementierungsprozesse
- fehlende Unterstützung durch Machtpromotoren
- Widerstand der Implementierungsträger gegen die Umsetzung der marktgerichteten Wettbewerbsstrategie

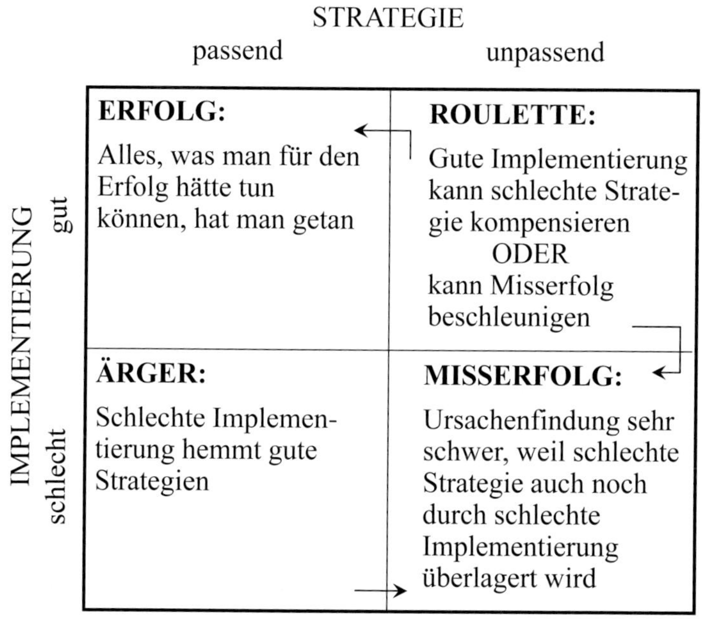

STRATEGIE

passend   unpassend

IMPLEMENTIERUNG gut	**ERFOLG:** Alles, was man für den Erfolg hätte tun können, hat man getan	**ROULETTE:** Gute Implementierung kann schlechte Strategie kompensieren ODER kann Misserfolg beschleunigen
schlecht	**ÄRGER:** Schlechte Implementierung hemmt gute Strategien	**MISSERFOLG:** Ursachenfindung sehr schwer, weil schlechte Strategie auch noch durch schlechte Implementierung überlagert wird

Abb. 3.1-2: Konsequenzen von Planungs-Implementierungs-Interdependenzen (Quelle: Bonoma 1985)

Specht und Ewald (1991) führen in Bezug auf die Implementierung eines strategischen Technologiemanagements als Ursachen für Implementierungslücken **Barrieren bei den Fach- und Machtpromotoren** (Witte 1973) an. Dies betrifft einerseits Art und Grad der Implementierungsunterstützung durch die Unternehmensleitung und andererseits die Verfügbarkeit interner Spezialisten und Fachkräfte, die die Implementierung vollziehen (Walker, Ruekert 1987).

Betrachtet man derartige Untersuchungen zu den Ursachen von Implementierungslücken (Romer, van Doren 1993), können grundlegend strukturelle sowie menschlich-personelle Ursachen identifiziert werden (Hilker 1993). Die **strukturelle Ursachenkomponente** verkörpert die „harten" Faktoren potenzieller Implementierungslücken. Sie bezieht sich zum einen auf den Inhalt der Implementierung, der sich insbesondere in der Ausgestaltung des Marketinginstrumentariums zur Umsetzung der Strategien im Markt niederschlägt. Zum anderen müssen die Strategien auch innerhalb der Unternehmung strukturell umgesetzt werden, indem Koordinationskonzepte, die Ablauf- und Aufbauorganisation und auch das Marketingcontrolling an den strategischen Wandel angepasst werden.

Um den Implementierungserfolg zu sichern, sind neben den „harten" Faktoren auch die „weichen" Faktoren zu beachten. Sie umfassen die **menschlich-personelle** Komponente der Implementierung. Die von der Implementierung der marktgerichteten Wettbewerbsstrategie betroffenen Mitarbeiter der Unternehmung müssen die Strategie verstehen, deren Umsetzung akzeptieren und letztlich auch die Implementierung vollziehen können. Dies bedingt nicht zuletzt eine strategieadäquate Unternehmenskultur und setzt einen am strategischen Wandel orientierten Führungsstil voraus.

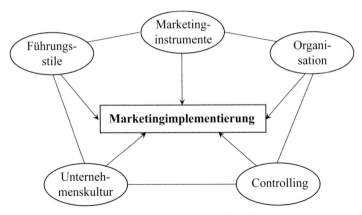

Abb. 3.1-3: Erfolgsfaktoren der Marketingimplementierung

Nur die Beachtung aller genannten, in Abb. 3.1-3 nochmals zusammengefassten **Erfolgsfaktoren der Implementierung** marktgerichteter Wettbewerbsstrategien kann die erfolgreiche Umsetzung einer Strategie in konkrete markt- und wettbewerbsgerichtete Aktionen gewährleisten. An diesen Erfolgsfaktoren orientiert sich die weitere Diskussion der Implementierungsprozesse im strategischen Marketing. Zunächst soll dabei auf die instrumentale Implementierung eingegangen werden.

3.2 Gestaltung des strategischen Marketing-Mix

Im Anschluss an die Festlegung, Bewertung und Auswahl marktgerichteter Wettbewerbsstrategien folgt unmittelbar im Prozess der strategischen Marketingplanung und -implementierung deren inhaltliche Implementierung. Im Rahmen der inhaltlichen Implementierung gilt es zu entscheiden, welche grundsätzlichen Strategien hinsichtlich des Marketing-Mix-Einsatzes verfolgt werden sollen. Instrumentalstrategien umfassen dabei alle Entscheidungen der Unternehmung hinsichtlich der Gestaltung des Marketinginstrumentariums (Bruhn 2009).

Versteht man unter der Marketingstrategie einen bedingten, langfristigen und globalen Verhaltensplan (Meffert et al. 2008) zur Erreichung von Wettbewerbsvorteilen, so dient das Marketinginstrumentarium der Umsetzung dieser Strategien im Zuge einer operativen Marktgestaltung. Diese Aufgabe ist im Vergleich zur strategischen Planung nicht durch Langfristigkeit und Globalität gekennzeichnet, sondern soll innerhalb des durch die strategische Planung gesteckten Rahmens die zur Erreichung von Wettbewerbsvorteilen nötigen strategiekonformen Maßnahmen der Marktbearbeitung treffen.

Um dies zu erreichen, können unterschiedliche Marketinginstrumente eingesetzt werden. Sie haben in der Literatur unterschiedlichste Abgrenzungen und Systematisierungen erfahren (Nieschlag et al. 2002; Becker 2006). Im Folgenden soll – wie Abb. 3.2-1 verdeutlicht – von vier **Instrumentebündeln des Marketing-Mix** ausgegangen werden (Meffert 1986; Benkenstein 2001).

Abb. 3.2-1: Marketing-Mix-Instrumente (in Anlehnung an Meffert 1986)

3.2.1 Produkt- und Programmstrategien

3.2.1.1 Produktstrategien

Das Produkt-Instrumentarium kennzeichnet alle Aktionsparameter, die sich auf die marktgerechte Gestaltung des vom Unternehmen auf dem Absatzmarkt angebotenen Leistungsprogramms beziehen (Wind 1991). Dabei wird der spezielle Stellenwert der Produkt- und Programmpolitik immer wieder betont. Diese Instrumente – auch als „Herz des Marketing" bezeichnet (Meffert et al. 2008) – bestimmen in vielen Geschäftsfeldern die Ausgestaltung der übrigen Marketinginstrumente. Denn nur, wenn die Qualitätsdimensionen der angebotenen Leistungen die Bedürfnisse der Nachfrager treffen, sind auch über die anderen Instrumente des Marketing-Mix komparative Konkurrenzvorteile zu erzielen. Diese Qualitätsdimensionen werden – sieht man von wenigen Ausnahmen wie beispielsweise Zigaretten ab – vor allem von der Produkt- und Programmpolitik bestimmt.

Im Rahmen der **Produktpolitik** werden Entscheidungen getroffen, die sich unmittelbar auf das einzelne Produkt beziehen. Die gesamte dem Kunden angebotene Nutzleistung wird unter dem Produkt zusammengefasst. Dementsprechend bezieht sich der Produktbegriff nicht nur auf materielle Sachleistungen, sondern kann auch in Bezug auf immaterielle Dienstleistungen angewendet werden (Meffert et al. 2008). Auf Produktebene stehen Entscheidungen über die Entwicklung neuer Produkte im Rahmen der Produktinnovation, über die Produktvariation bzw. -pflege, über die Produktdifferenzierung sowie die Produkteliminierung an (Benkenstein 2001).

Eine Voraussetzung, um im Wettbewerb bestehen zu können, sind **Produktinnovationen**. Als Produktinnovation werden sämtliche Änderungsprozesse, die mit der Entwicklung von Neuprodukten verbunden sind, bezeichnet (Schmitt-Grohe 1972). Mit Hilfe der Produktinnovationen können neue Anforderungen erfüllt bzw. bestehende Anforderungen der Konsumenten in einer neuartigen Weise bedient werden (Hauschildt, Salomo 2007). Der aufgrund eines technologischen Angebotsdrucks („technology-push") oder nachfragebedingten Sogs („market-pull") ausgelöste Innovationsprozess (Meffert et al. 2008) untergliedert sich in folgende Kernphasen (Meffert 1973):

- Ideengewinnung,
- Ideenprüfung,
- Ideenrealisation,
- Markteinführung.

Für die erste Phase der Ideengewinnung sind ein hohes kreatives Potenzial und eine umfangreiche Ideensammlung aufgrund einer hohen Ausfallrate erforderlich. Bei der Ideenproduktion wird auf der einen Seite zwischen einer systematischen und unsystematischen Vorgehensweise differenziert und auf der anderen Seite zwischen unternehmensinternen sowie externen Ideenquellen unterschieden (Pepels 2000; Herrmann 1998). In der anschließenden Phase der Ideenprüfung werden die nicht erfolgversprechenden Ideen in einem mehrstufigen Auswahlprozess, der mindestens aus einer Grob- und Feinauswahl besteht, ausgesondert (Schmitt-Grohe 1972). Die konkrete Ausgestaltung der Neuproduktmerkmale wie Farbe oder Verpackungsgröße ist Gegenstand der Ideenrealisationsphase (Meffert et al. 2008; Bruhn 2009). Um die verschiedenen Entscheidungsalternativen bewerten zu können, werden neben Expertenurteilen auch die Reaktionen von Konsumenten, gemessen in Produkt- und Markttests, einbezogen. In der den Innovationsprozess abschließenden Phase der Markteinführung erfolgen die zeitliche Planung des Markteintritts sowie die Abstimmung sämtlicher Entscheidungen bezüglich Distribution und Kommunikation sowie preispolitischer und rechtlicher Fragestellungen (Brockhoff 1999).

Im Gegensatz zu Innovationen befassen sich **Produktvariationen** mit bereits am Markt eingeführten Produkten. Mit Hilfe der Produktvariation werden die Produkte an veränderte Konsumentenbedürfnisse oder Aktivitäten der Konkurrenz angepasst und somit eine Verlängerung des Produktlebenszyklus angestrebt (Meffert et al. 2008). Ähnlich wie beim Innovationsprozess werden mehrere Stufen bei der Entwicklung von Produktvariationen – unterschieden werden Produktmodifikation und Produktpflege – durchlaufen.

Ein weiterer Entscheidungstatbestand der Produktpolitik ist die **Produktdifferenzierung**, mit der Unternehmen auf die Bedürfnisheterogenität in den unterschiedlichen

Konsumentengruppen reagieren. Dabei werden, anders als bei der Produktvariation, zeitlich parallel mehrere Varianten eines Produktes angeboten (Meffert et al. 2008). Durch die Individualisierung des Produktes soll die Preisbereitschaft bei den Konsumenten erhöht werden.

Auch der Entscheidungstatbestand der **Produkteliminierung** spielt bei der Produktpolitik eine wesentliche Rolle. Erfolglose Produkte sind für Unternehmen langfristig nicht tragbar und müssen infolgedessen schnell aus dem Programm entfernt werden. Die Ursachen können sowohl quantitativer Art – z. B. sinkende Umsätze oder Marktanteile – als auch qualitativer Art – z. B. Änderung der Bedarfsstruktur – sein. Wichtig bei der Produkteliminierung ist der optimale Rückzugszeitpunkt aus dem Markt (Brockhoff 1999). Er sollte sorgfältig geplant und unauffällig vollzogen werden.

3.2.1.2 Programmstrategien

In der Regel können die Entscheidungstatbestände der Produktpolitik nicht isoliert betrachtet werden, sondern sind stets im Zusammenhang mit dem gesamten Produktprogramm des Unternehmens zu sehen.

Die Bestimmung der Produktvarianten, die von der Unternehmung im jeweiligen Geschäftsfeld angeboten werden sollen, ist Aufgabe der **Produktprogramm-** bzw. – im Handel – der **Sortimentspolitik**. In diesem Zusammenhang wird zwischen der Breite und der Tiefe des Programms unterschieden (Hansen, Leitherer 1972). Wie Abb. 3.2-2 verdeutlicht, stellt die **Breite des Programms** auf die Anzahl der verschiedenen Produktlinien ab. Als Produktlinie wird eine Gruppe von Produkten oder Produktvarianten bezeichnet, die aufgrund bestimmter Kriterien in enger Beziehung zueinander stehen (Brockhoff 1999; Meffert et al. 2008).

	◄─────── Tiefe ───────►							
Produktlinie 1	1 a	1 b	1 c					
Produktlinie 2	2 a							
Produktlinie 3	3 a	3 b	3 c	3 d	3 e			
Produktlinie 4	4 a	4 b	4 c	4 d	4 e	4 f	4 g	
Produktlinie 5	5 a	5 b	5 c	5 d				Breite
Produktlinie 6	6 a	6 b	6 c	6 d	6 e	6 f	6 g	6 h
Produktlinie 7	7 a	7 b	7 c	7 d	7 e			
Produktlinie 8	8 a	8 b	8 c	8 d	8 e	8 f		
Produktlinie 9	9 a	9 b	9 c	9 d				

Artikel

Abb. 3.2-2: Sortimentsbreite und -tiefe (Quelle: Hüttel 1998)

Die Abgrenzung der verschiedenen Produktlinien ist dabei nicht unproblematisch. So können beispielsweise für einen Kosmetikhersteller Lippenstift und Make-up sowohl eine als auch unterschiedliche Produktlinien darstellen. Methoden zur Bildung strategischer Geschäftseinheiten können hier zu einer Lösung des Abgrenzungsproblems beitragen (Meffert 2000). Schließlich versteht man unter der **Programmtiefe** die Anzahl der verschiedenen Produkte oder Produktvarianten, die innerhalb einer Produktlinie angeboten werden. Analog zu Produktlinien wird im Handel der Begriff der Warengruppe verwendet (Gümbel 1963). Im Hinblick auf die Gestaltung von Produktlinien ist zu entscheiden, ob die Produktlinie „ausgeweitet", „aufgefüllt", „modernisiert" oder „bereinigt" werden soll (Cardozo 1979; Kotler 2009).

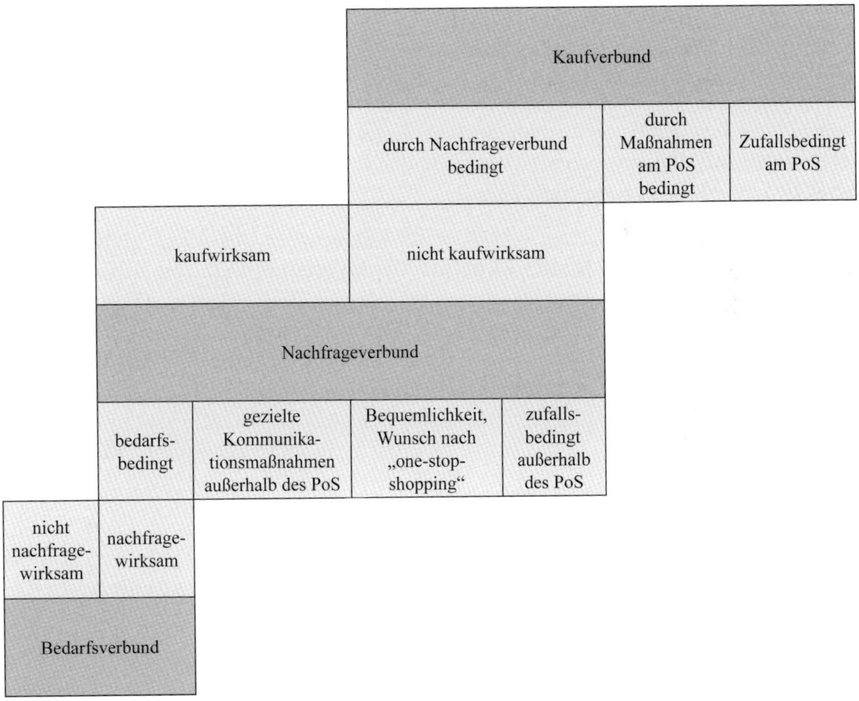

Abb. 3.2-3: Typen von Verbundeffekten (Quelle: Meffert et al. 2008)

Bei allen Entscheidungstatbeständen, insbesondere bei Eliminationsentscheidungen, sind jedoch bestehende **Verbundbeziehungen** zwischen den Produkten zu berücksichtigen (Engelhardt 1976). Ein Verbund liegt vor, wenn zwischen den Produkten ein sachlicher Zusammenhang – bedarfs-, nachfrage- oder kaufbezogener Art – besteht (Böcker 1978). Bei einem **Bedarfsverbund** handelt es sich um Güter, die gemeinsam ge- bzw. verbraucht werden und somit in einem komplementären Zusammenhang stehen. Der Bedarfsverbund unterteilt sich in einen nachfragewirksamen, d. h. beide Produkte werden gleichermaßen nachgefragt, und einen nicht nachfragewirksamen Verbund. Somit kann der nachfragewirksame Bedarfsverbund als Teil des Bedarfsverbundes angesehen werden, bei dem jedoch nicht zwangsläufig ein gemeinsamer Ge-

bzw. Verbrauch der Produkte unterstellt werden kann. Der **Nachfrageverbund** kann u. a. auch dadurch entstehen, dass die Konsumenten bestrebt sind, möglichst viele Produkte unterschiedlichster Art in einem Geschäft zu kaufen (Bänsch 1998). Beim Nachfrageverbund wird wiederum zwischen einem kaufwirksamen und nicht kaufwirksamen Verbund unterschieden. Letzterer entsteht dadurch, dass einzelne Produkte generell oder temporär nicht verfügbar sind. Wird der Nachfrageverbund kaufwirksam, entsteht der **Kaufverbund**, der sich generell auf nur einen Kaufakt bezieht. Dieser kann jedoch auch durch verkaufsfördernde Maßnahmen am Point-of-sale verursacht werden oder zufallsbedingt sein. In Abb. 3.2-3 werden die Zusammenhänge noch einmal dargestellt.

3.2.1.3 Qualitätsmanagement

Zum Erreichen und zur Verbesserung einer gewünschten bzw. geforderten Produktqualität ist ein gut funktionierendes Qualitätsmanagement erforderlich. Für die unterschiedlichen Aufgaben des Qualitätsmanagements in Form von Qualitätsplanung, -lenkung, -sicherung, -prüfung und -verbesserung (Geiger, Kotte 2005) stehen den Unternehmen verschiedene Methoden zur Verfügung.

Eine wesentliche Methode, die vorrangig im Rahmen der Qualitätsplanung zur Anwendung kommt, ist das **Quality Function Deployment** (QFD). Mit Hilfe des Ende der 1960er Jahre in Japan entwickelten und Mitte der 1980er Jahre in Europa eingeführten QFD soll die Kundenorientierung in den verschiedenen Phasen der Planung und Realisierung von Produkten oder Dienstleistungen sichergestellt werden (Bruhn 2009). Die Kundenwünsche werden hierfür systematisch erfasst und in Produkt- und Prozessmerkmale überführt. Die Umsetzung des QFD soll wesentlich zu einer Verkürzung der Entwicklungszeiten sowie zu einer Reduktion der Entwicklungskosten beitragen.

Wie in Abb. 3.2-4 schematisch dargestellt, besteht der QFD-Prozess in der Regel aus vier aufeinanderfolgenden Stufen. Die Kundenanforderungen in messbare Qualitätsmerkmale für die Angebotsleistung zu übertragen, ist dabei Ziel der Stufe I. Aus den ermittelten kritischen Leistungsmerkmalen werden daraufhin im Rahmen der Stufe II die kritischen Teilleistungen für die Einzelteile des Produktes abgeleitet, die wiederum als Input für Stufe III dienen. In dieser Phase werden die kritischen Prozessmerkmale ermittelt. Abschließend erfolgt in Stufe IV die Festlegung der durchzuführenden Arbeits- und Prüfanweisungen (Ebel 2003).

Die konzeptionelle Darstellung des QFD erfolgt mit Hilfe eines Arbeitsformulars, dem so genannten „**House of Quality**", das in jeder der vier beschriebenen Übersetzungsphasen zur Anwendung kommt und als „Verständigungsmittel" zwischen den Abteilungen dient (Boutellier, Biedermann 2007). Abb. 3.2-5 zeigt beispielhaft ein House of Quality für ein Kreuzgelenk in der ersten Phase des QFD-Pozesses. Die Kundenanforderungen werden hier entsprechend ihrer Bedeutung gewichtet und den Produktmerkmalen gegenübergestellt. Durch die Bewertung der Beziehungen mit Zahlenwerten von 0 bis 3 entsteht die Korrelationsmatrix, die ein wesentlicher Bestandteil des House of Quality ist. Das Dach des House of Quality, ebenfalls eine Korrelationsmatrix, dient der Ermittlung der Wechselbeziehungen zwischen den Produktfunktionen. Diese können sich gegenseitig positiv oder negativ beeinflussen. Kritische Funktionen können so identifiziert werden. Auch ein Vergleich des Produktes mit Konkurrenzprodukten hinsichtlich der Kundenanforderungen sowie der Produktmerkmale ist in das House of Quality integriert.

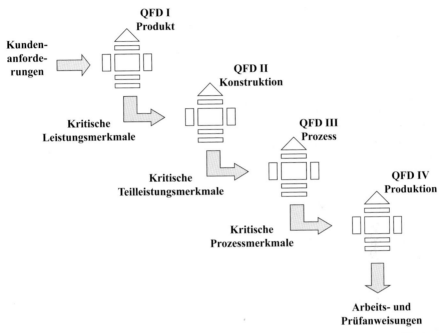

Abb. 3.2-4: Die vier Phasen des Quality Function Deployment (in Anlehnung an Ebel 2003)

Das QFD nimmt im gesamten Innovationsprozess im Vergleich zu anderen Methoden eine übergeordnete Stellung ein. Sämtliche Unternehmensressourcen werden so koordiniert, dass von der Entwicklung, über die Fertigung bis hin zur Vermarktung der Leistungen die Wünsche des Kunden im Vordergrund stehen. Es gibt jedoch im Rahmen des Qualitätsmanagements eine Reihe weiterer Methoden, von denen viele in engem Zusammenhang zum QFD stehen. Die „Sieben Qualitätswerkzeuge", die auf mathematisch-statistischen Grundlagen basierende visuelle Hilfsmittel darstellen, die Fehlermöglichkeits- und -einflussanalyse, die eine systematische und vollständige Erfassung möglicher Probleme mit deren Risiken und Folgen schon vor ihrer Entstehung ermöglicht, und die Versuchsplanung, mit Hilfe derer die Parameter eines Produktes oder Prozesses vor Beginn der Serienfertigung optimiert werden, sind beispielhaft zu nennen (Kamiske, Brauer 2006).

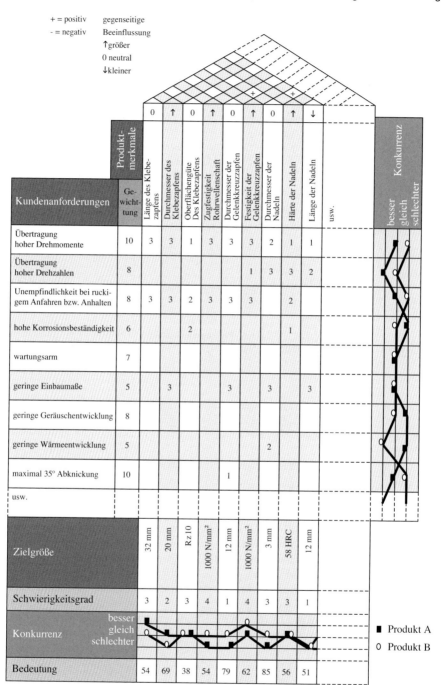

Abb. 3.2-5: Beispiel „House of Quality" für ein Kreuzgelenk (Quelle: Baumann et. al. 2005)

3.2.2 Kommunikationsstrategien

Die **Kommunikationspolitik** als weiterer Instrumentalbereich des Marketing-Mix kennzeichnet die Handlungsparameter, mit denen die Unternehmung auf kommunikativer bzw. psychischer Ebene die Nähe zum Kunden herzustellen versucht (Nieschlag et al. 2002). Die wesentliche Aufgabe der Kommunikationspolitik liegt dabei in der Darstellung des Unternehmens und seiner Leistungen gegenüber den relevanten Ziel- und Anspruchsgruppen. Die Kommunikationspolitik beinhaltet somit den Einsatz und die Gestaltung der Kommunikationsinstrumente zur Übermittlung von Informationen an aktuelle und potenzielle Kunden. Neben der reinen Information über die Merkmale der angebotenen Leistungen kommt den Instrumenten der Kommunikationspolitik dabei vor allem die Funktion zu, den Kunden von den Wettbewerbsvorteilen der angebotenen Leistungen zu überzeugen und damit sein Verhalten zu steuern.

Für die Gestaltung der Kommunikationspolitik ist es wesentlich, die grundlegende Konzeption beim Einsatz der Kommunikationsinstrumente festzulegen. Die Erstellung eines an den Unternehmenszielen ausgerichteten **Kommunikationskonzeptes** muss sich dabei an folgendem Paradigma orientieren:

- Über was soll
- mit welcher Zielstellung
- unter Einsatz welcher Instrumente
- und Medien
- wie kommuniziert werden?

In Abb. 3.2-6 sind die zentralen Inhalte einer integrierten Kommunikationskonzeption, die das Paradigma kennzeichnet, dargestellt.

Im Rahmen des Kommunikationskonzeptes müssen die Strategien hinsichtlich der Objekt-, Zielungs-, Instrument-, Media- sowie Gestaltungs- und Botschaftsdimension bestimmt werden. Während bei der Objektdimension die zu kommunizierenden Objekte wie einzelne Produkte, Marken, Produktgruppen oder die gesamte Unternehmung festgelegt werden (Meffert et al. 2008), sind bei der Zielungsdimension die Fragen zu beantworten, mit wem, wann und wo kommuniziert werden soll. Im Hinblick auf die personale Zielung muss entschieden werden, ob die Kommunikation auf einzelne Kunden oder eine breite Masse von Zielgruppen gerichtet werden soll und ob Nachfragergruppen, einzelne Meinungsführer oder aber Absatzmittler im Fokus der Kommunikation stehen (Bruhn 1997; Kotler 2007). Darüber hinaus wird im Rahmen der zeitlichen Zielung die Kontinuität der Kommunikation und im Rahmen der räumlichen Zielung die regionale Abgrenzung der Märkte, auf denen die Kommunikation stattfindet, bestimmt.

Eine weitere Dimension für die Gestaltung des Kommunikationskonzeptes stellt die Instrumentaldimension dar. Die nachfolgend aufgeführten Kommunikationsinstrumente stehen der Unternehmung dabei zur Auswahl:

- Klassische Werbung,
- Verkaufsförderung,
- Direktkommunikation,

- Öffentlichkeitsarbeit,
- Sponsoring,
- Messen/Ausstellungen.

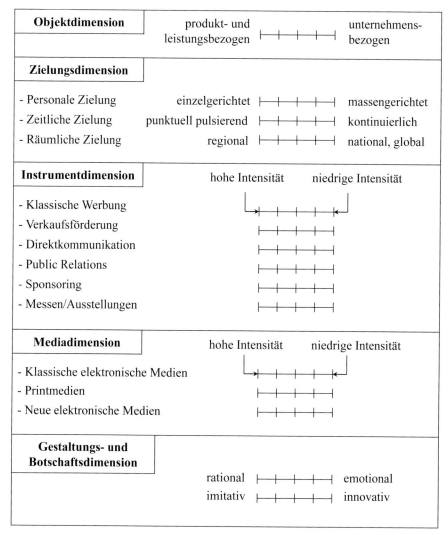

Abb. 3.2-6: Dimensionen integrierter Kommunikationsstrategien (Quelle: Meffert 2000)

Neben den aufgeführten Instrumenten gibt es jedoch noch weitere, die eine untergeordnete Rolle spielen wie bspw. das Product Placement (Meffert et al. 2008).

Im Anschluss an die Entscheidung über das einzusetzende Kommunikationsinstrument erfolgt die Festlegung geeigneter Medien, mit denen die Kommunikationsinhalte vermittelt werden sollen. Der Transport der Kommunikationsinhalte erfolgt dabei über die klassischen elektronischen Medien, Printmedien oder die neuen elektronischen Medien. Wie bei der Instrumentaldimension ist auch bei der Mediadimension die Intensität des Medieneinsatzes im Rahmen der Kommunikationskonzeption zu bestimmen (Meffert 2000). Am Ende des Aufbaus eines Kommunikationskonzeptes muss die Gestaltungs- und Botschaftsdimension festlegt werden. Sämtliche Informationen über das konkrete Design der Kommunikation stehen dabei im Mittelpunkt der Gestaltungsstrategie (Copy-Strategie) (Bruhn 2009). Komponenten wie das kommunikative Versprechen, die Begründung dieses Versprechens sowie die kommunikativen Gestaltungsrichtlinien müssen entsprechend erarbeitet werden.

Neben der Auswahl der Kommunikationsinstrumente zählt die **Mediaplanung** zu den zentralen marketingpolitischen Entscheidungstatbeständen der Kommunikationspolitik. Im Rahmen der Mediaplanung sind dabei grundsätzlich zwei Entscheidungen zu treffen. Zum einen ist es notwendig, die Höhe des Budgets für die Kommunikationspolitik fest-zulegen, zum anderen muss dieses Budget sowohl in sachlicher als auch in zeitlicher und geographischer Hinsicht verteilt werden (Behrens 1996; Stender-Monhemius 1999).

Zur Bestimmung der Budgethöhe werden in der Praxis verschiedene Verfahren verwendet. Eine gängige Methode zur Festlegung des Budgets ist die Orientierung an den verfügbaren Mitteln. Dabei wird der Etat ohne systematische Überlegungen auf Basis der vorhandenen Mittel festgelegt. Da der Einfluss der Werbung auf den Absatz jedoch nicht betrachtet wird, ist diese Art der Budgetplanung mit einer hohen Unsicherheit verbunden und macht damit alle Aktivitäten zur mittelfristigen Planung des Erschei-nungsbildes, z. B. einer Marke, unmöglich (Berndt 1995).

Viele Unternehmen richten ihr Werbebudget auch am Umsatz aus. Dabei wird das Wer-bebudget als Prozentsatz vergangener, aktueller oder geplanter Umsätze bestimmt. Die Prozentsätze können im Zeitablauf fix oder variabel eingesetzt und auch der Umsatz der Konkurrenz bei der Budgetbestimmung einbezogen werden (Nieschlag et al. 2002). Aufgrund der Umkehrung des Ursache-Wirkungs-Zusammenhanges ist die „Prozent-vom-Umsatz-Methodik" wenig geeignet, um die optimale Höhe des Kommunikations-budgets zu ermitteln. Die prozyklische Betrachtungsweise führt dazu, dass bei steigen-dem Umsatz das Budget aufgestockt wird und die Umsätze in der Folgeperiode deshalb nochmals ansteigen. Hingegen wird bei sinkendem Umsatz das Kommunikationsbudget verringert, was wiederum zu sinkenden Umsätzen in späteren Perioden führt. Somit bestimmt nicht der geplante Umsatz das Kommunikationsbudget, sondern die Höhe des Budgets das erreichbare Umsatzniveau (Behrens 1996; Nieschlag et al. 2002).

Neben dem Umsatz kann auch der Gewinn als Ausgangsbasis der Budgetierung ver-wendet werden. Die Ausrichtung des Kommunikationsbudgets am Unternehmensgewinn ist jedoch noch weniger geeignet als die Ausrichtung am Umsatz. Dies liegt darin be-gründet, dass der Gewinn im Zeitablauf nicht konstant bleibt und vielfältigen anderen Einflussfaktoren unterlegen ist. Bei dieser Methode ist das Kommunikationsbudget folglich davon abhängig, wie viel Kommunikation sich das Unternehmen „leisten kann". Der prozyklische Effekt der „Prozent-vom-Umsatz-Methode" wird dadurch noch ver-stärkt (Behrens 1996; Meffert et al. 2008).

Eine weitere Methode zur Bestimmung der Budgethöhe im Rahmen der Mediaplanung ist die Orientierung an den Kommunikationsausgaben der Konkurrenz. Hierfür werden entweder die Ausgaben von vergleichbaren Unternehmen oder branchenübliche Durchschnittswerte aus der Vergangenheit herangezogen. Die Unternehmung folgt bei dieser Methode dem Grundgedanken, mindestens soviel in die Kommunikation zu investieren wie die Konkurrenz (Berndt 1995; Meffert et al. 2008).

Einen anderen Ansatz zur Ermittlung des Budgets verfolgt die Ziel- und Aufgabenmethode. In einem mehrstufigen Planungsprozess werden die zur Zielerreichung notwendigen Kosten entsprechend der Kommunikationsziele abgeschätzt. Überschreiten die Kosten der zur Zielerreichung festgelegten einzelnen Kommunikationsmaßnahmen das Gesamtbudget, erfolgt eine iterative Zielanpassung, solange bis die Höchstgrenze unterschritten ist. Die Vorteile der Ziel- und Aufgabenmethode liegen in der einfachen Vorgehensweise und der Tatsache, dass die Budgethöhe aus den kommunikativen Zielen des Unternehmens sachlogisch abgeleitet wird. Nachteilig wirkt sich der erhebliche Planungsaufwand, der mit der Umsetzung der Methode verbunden ist, aus (Berndt 1995).

Die vorgestellten Methoden zur Bestimmung des Kommunikationsbudgets stellen eine gewisse Auswahl dar, die sich durch eine leichte Handhabbarkeit auszeichnen und sich deshalb in der Praxis durchgesetzt haben. Darüber hinaus gibt es jedoch eine Vielzahl weiterer Methoden, die durch ihre Komplexität in der Praxis oftmals scheitern (Meffert 2000).

Nachdem die Höhe des Budgets festgelegt ist, wird in einem zweiten Schritt dieses Budget nach sachlichen, zeitlichen und geographischen Kriterien verteilt.

Im Rahmen der sachlichen Aufteilung erfolgt sowohl die Auswahl bestimmter Werbeträgergruppen (Intermediaselektion) als auch die anschließende Bestimmung einzelner Werbeträger (Intramediaselektion) (Berndt 1995). Bei der Intermediaselektion werden die verschiedenen Mediengattungen auf ihre Eignung in Bezug auf die Kommunikationsziele mit Hilfe von speziellen Kriterien wie z. B. Funktion, Wiederholbarkeit, Kosten und Reichweite überprüft. Um jedoch auch Aussagen über den tatsächlichen Kontakt der Zielgruppe mit einem in der Werbeträgergruppe geschalteten Werbemittel treffen zu können, muss bei der anschließenden Intramediaselektion der einzelne Werbeträger festgelegt werden. Hierfür werden wiederum verschiedene Kriterien herangezogen. Die wesentlichen Kriterien hierfür sind Image und Attraktivität des Mediums, zeitliche Verfügbarkeit des Mediums, redaktionelles und werbliches Umfeld, Nutzungspreis sowie quantitative und qualitative Reichweite (Meffert et al. 2008; Berndt 1995).

Nachdem die Mediengruppe und der spezielle Werbeträger bestimmt wurden, sind der zeitliche und geographische Einsatz der Medien und der Werbemittel zu planen. Im Rahmen der zeitlichen Budgetallokation muss die Entscheidung getroffen werden, ob die Werbekampagne kontinuierlich oder pulsierend geschaltet werden soll, da die Werbewirkung in Abhängigkeit von der zeitlichen Verteilung der erlebten Kontakte eintritt (Stender-Monhemius 1999). Zudem spielt bei der zeitlichen Verteilung die saisonbezogene Häufung von Werbemittelbelegungen eine entscheidende Rolle. Während des Weihnachtsgeschäfts ist etwa ein starker Anstieg der Werbeausgaben festzustellen.

Bei der geographischen Verteilung des Kommunikationsbudgets hingegen werden die Fragen beantwortet, die im Zusammenhang mit der geographischen Streuung des Werbebudgets stehen. Geographische Märkte, die einen hohen Zielgruppenanteil aufweisen, müssen dabei vordergründig beworben werden (Meffert et al. 2008).

3.2.3 Kontrahierungsstrategien

3.2.3.1 Grundlagen

Das Kontrahierungs-Instrumentarium beschreibt die vertraglich fixierten Vereinbarungen, unter denen eine Markttransaktion bzw. der Übergang der Leistung vom Anbieter auf den Nachfrager erfolgt. Unter dem Preis eines Gutes wird dabei das Entgelt verstanden, welches der Käufer für den Erwerb eines Produktes oder für die Nutzung einer Dienstleistung zu zahlen hat und für das der Anbieter bereit ist, das Produkt zu veräußern bzw. die Dienstleistung zu erbringen (Schmalen 1995; Simon, Fassnacht 2008; Diller 2007).

Neben der Preispolitik können auch **Rabatte** und **Skonti** als Instrumente der Kontrahierungspolitik eingesetzt werden (Maschner 1995). Diese Instrumente sind insbesondere geeignet, schnell und flexibel auf Veränderungen der Aufgabenumwelt zu reagieren, ohne direkte Preisanpassungen vorzunehmen. Schließlich nimmt die Bedeutung der **Finanzierungsbedingungen** bei Markttransaktionen – nicht nur im Investitionsgütermarketing (Backhaus et al. 1990) – laufend zu. Ähnlich wie absatzbegleitende Dienstleistungen dem Produktprogramm den Charakter einer Problemlösung verleihen, können diese Instrumente der Kontrahierungspolitik wesentlich zur Verstärkung der Angebotsattraktivität bzw. zur Differenzierung im Wettbewerbsumfeld beitragen (Hombach et al. 1987).

Der Spielraum bei der Gestaltung des Kontrahierungs-Instrumentariums hängt wesentlich von den Merkmalen der angebotenen Leistungen ab. Je ausgeprägter diese Leistungen den Bedürfnissen der Nachfrager gerecht werden und je stärker sie sich von den Wettbewerbsangeboten abheben, desto größer sind die **Preisspielräume** und desto geringer ist die Notwendigkeit zum Einsatz der anderen Kontrahierungsinstrumente. Mit zunehmender Leistungshomogenität nimmt hingegen die Intensität des Preiswettbewerbs zu.

Unter den Instrumenten des Marketing-Mix kommt dem **Preis** eine besondere Rolle zu. Dies ist zum einen darauf zurückzuführen, dass der Preis den Umsatz der Unternehmung und damit sämtliche Oberziele in zweifacher Weise beeinflusst, zum einen direkt durch die Preishöhe, zum anderen indirekt durch die Absatzmenge, die ebenfalls durch die Preishöhe bestimmt wird. Der Preis wirkt sich also sowohl auf die Mengen- als auch auf die Wertkomponente des Umsatzes aus. Die Wirkungen des Preises sind dabei gegenläufig, d. h. ein hoher Preis bewirkt in der Regel einen geringeren Absatz und vice versa.

Die Preispolitik kann angesichts starker Interdependenzen mit den anderen Marketinginstrumenten nicht isoliert betrachtet werden. So kann die bereits betrachtete Produktpolitik beispielsweise nicht getrennt von preispolitischen Überlegungen besprochen werden. Hintergrund ist hier, dass die Nachfrager ihre Kaufentscheidungen nicht allein auf Grundlage reiner Preisinformationen treffen, sondern im Zusammenhang mit dem Nutzen eines Gutes. Angesichts der zunehmenden Kundenorientierung ist es daher notwendig, dass aus Sicht der Nachfrager attraktive Preis-Leistungs-Relationen gewährleistet werden.

Im Vergleich zu den anderen Instrumenten des Marketing-Mix zeichnet sich der Preis durch eine spezifische Charakteristika aus (Simon, Fassnacht 2008; Meffert et al. 2008; Diller 2007; Benkenstein 2001):

- Der Einsatz preispolitischer Maßnahmen kann grundsätzlich kurzfristig, schnell und flexibel erfolgen. Bei der Realisation kurzfristiger Ziele mittels preispolitischer Maßnahmen (z. B. Marktanteilssteigerung durch Preissenkung) muss jedoch auf eine hinreichende strategische Verankerung der Preispolitik geachtet werden. So wirken insbesondere Preissenkungen nachhaltig auf die Preiswahrnehmung der Nachfrager, weshalb diese schwer revidierbar sind.
- Die Reaktion der Nachfrager auf preispolitische Maßnahmen erfolgt zumeist unverzüglich. Die Preispolitik hat somit im Vergleich zu den anderen Mixbereichen das Potenzial, sehr kurzfristig Veränderungen zu erzielen.
- Auch die Reaktionsgeschwindigkeit der Wettbewerber bei preispolitischen Maßnahmen ist überaus schnell. Aufgrund dieser hohen Reaktionsverbundenheit können allein durch preispolitische Maßnahmen keine dauerhaften Wettbewerbsvorteile generiert werden

Aufgrund dieses kurzfristigen Wirkungscharakters preispolitischer Instrumente bieten diese – im Gegensatz zur Produkt- und Distributionspolitik – dem Unternehmen die Möglichkeit, den Absatzmarkt kurzfristig zu beeinflussen. Darüber hinaus können jedoch auch langfristige (strategische) Effekte, z. B. imagebildende Wirkungen, entstehen. Diese sind bei Entscheidungen zu preispolitischen Strategien zu berücksichtigen.

Voraussetzung für eine erfolgreiche, langfristig orientierte Preispolitik ist die Ausrichtung des preispolitischen Zielsystems an den Oberzielen des Unternehmens. Da wie bereits beschrieben der Preis den Gewinn – als eines der Oberziele des Unternehmens – in zweifacher Weise beeinflusst, können auch die preispolitischen Ziele inhaltlich in zwei Gruppen geteilt werden (Meffert et al. 2008): marktgerichtete und betriebsgerichtete Ziele. Zu den marktgerichteten Zielen zählen vor allem die Absatzsteigerung, aber auch das Preisimage des Anbieters sowie die Kundenbindung und -akquisition. Betriebsgerichtete Ziele sind z. B. die Realisation einer optimalen Kostensituation, die Kapazitätsauslastung oder die Vollbeschäftigung.

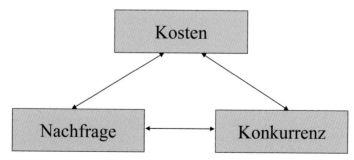

Abb. 3.2-7: Kosten-Nachfrage-Konkurrenz (Quelle: Meffert et al. 2008)

Die traditionellen Determinanten der Preisentscheidung lassen sich im magischen Dreieck der Preisfindung darstellen. Wie Abb. 3.2-7 verdeutlicht, symbolisieren die drei

Eckpunkte die wechselseitigen Interdependenzen zwischen den Kosten, die im Rahmen der Erstellung der Anbieterleistung anfallen, den Reaktionen der Nachfrager sowie der Struktur des Wettbewerbs (Pechtl 2005; Bruhn 2009).

Die drei interdependenten Dimensionen Kosten – Nachfrage – Konkurrenz müssen in Abhängigkeit vom Produkt sowie der relevanten Kunden- und Wettbewerbsstruktur im Entscheidungsprozess zur Preisstrategie berücksichtigt werden. Als Bezugsfelder für Preisstrategien lassen sich insbesondere die Preispositionierung, die Preisdifferenzierung sowie die lebenszyklusabhängige Preispolitik („Life-Cycle-Pricing") anführen (Bruhn 2009; Meffert et al. 2008).

3.2.3.2 Preispositionierung

Im Rahmen der **Preispositionierung** wird die grundlegende strategische Stoßrichtung des Preismanagement festgelegt, die langfristig die Ausrichtung der nachgeordneten Preisentscheidungen mitbestimmt (Sebastian, Maessen 2003; Meffert et al. 2008). Im aus Nachfragersicht breiten Feld möglicher Preis-Qualitäts-Kombinationen ergeben sich drei generische Positionierungsstrategien: Niedrig-, Mittel- und Hochpreisstrategie (siehe Abb. 3.2-8). Bei der Niedrigpreispositionierung wird für eine Standardqualität der Leistung ein entsprechend niedriger Preis verlangt. Zu beachten ist hierbei, dass die Qualität über den Mindestansprüchen der Kunden liegen sollte. Im Vergleich dazu bietet ein Anbieter der Hochpreisstrategie überdurchschnittliche Produktqualitäten zu entsprechend hohen Preisen an. Im Mittelfeld der Preis-Leistungs-Relationen stehen mittlere Qualitäten mittleren Preisniveaus gegenüber.

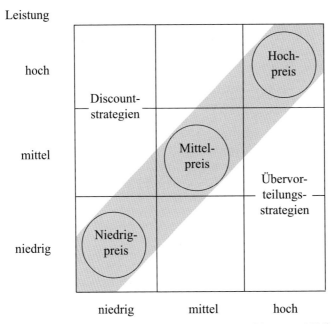

Abb. 3.2-8: Positionierungsstrategien (Quelle: Sebastian, Maessen 2003)

Neben den drei generischen Strategien mit ausgeglichenen Preis-Qualitäts-Relationen gibt es in der Realität auch Abweichungen in Form von „Discountstrategien" mit überdurchschnittlich günstigen Preis-Leistungs-Relationen sowie „Übervorteilungsstrategien" mit unterdurchschnittlicher Preis-Leistungs-Relation. Die Discountstrategie erfolgt zumeist durch die Reduktion auf die Kernleistung, um eine vorteilhafte Kostenstruktur zu realisieren, die den sehr günstigen Preis ermöglicht (Diller 2007; Meffert et al. 2008).

In diesem Zusammenhang ist auf das Phänomen der **preisabhängigen Qualitätsbeurteilung** hinzuweisen, bei dem Konsumenten von einem höheren Preis auf eine höhere Qualität schließen und vice versa. Dies trifft insbesondere auf Vertrauensgüter zu, da hier die Qualität nicht vor dem Kauf geprüft werden kann und mit Hilfe des Preises als Qualitätsindikator das Kaufrisiko und die Kaufkomplexität reduziert werden können. Im Falle der Discountstrategie besteht somit die Gefahr, dass der günstige Preis negativ auf die Qualitätsanmutung ausstrahlt. Diese preisabhängige Qualitätsbeurteilung ist streng von einem anderen Phänomen der Preispolitik, dem so genannten **Veblen-Effekt**, abzugrenzen. Hierbei präferieren bestimmte Verbrauchergruppen höherpreisige Produkte, weil sie damit einen Prestigeeffekt verbinden. Eine Unternehmung kann bei der Festsetzung des Preises diesen Effekt nutzen, um so durch die Schaffung eines Prestigenutzens zusätzliche Präferenzen bei diesen Kundengruppen zu erringen (Diller 2007).

3.2.3.3 Preisdifferenzierung

Unter dem Dach der Positionierungsstrategie sind weitere Preisentscheidungen hinsichtlich möglicher statischer und dynamischer Strategieoptionen zu treffen. Als eine Form der statischen Strategien ist die **Preisdifferenzierung** zu nennen, bei der ein identisches Produkt zu unterschiedlichen Preisen angeboten wird. Dies ist möglich, wenn für dieses Produkt unterschiedliche Preisbereitschaften existieren und diese auch in Form abgrenzbarer Marktsegmente ansprechbar sind (Diller 2007; Meffert et al. 2008). Je nach Ausprägung der Marktsegmente lassen sich folgende Formen der Preisdifferenzierung unterscheiden (Simon, Fassnacht 2008):

- Bei der **personellen Preisdifferenzierung** werden spezifische Käufermerkmale zugrunde gelegt. Diese sind zumeist soziodemographischer Art wie das Alter (Kinder-/Seniorenpreise) oder die Ausbildungssituation (Schüler, Studenten). Darüber hinaus ist auch eine Differenzierung nach dem Kaufverhalten der Personen möglich, z. B. durch Rabatte oder Bonusprogramme.
- Die **zeitliche Preisdifferenzierung** zielt auf zeitliche Variationen im Kauf- oder Nutzungsverhalten der Nachfrager ab. So können je nach Tageszeit (Telefontarife), Wochentag (Kino) oder Saison (Flugtarife) verschiedene Preise festgesetzt werden. Diese Form der Preisdifferenzierung wird im Rahmen des Yield Management auch zur Steuerung der Kapazitätsauslastung vor allem in verschiedenen Dienstleistungssektoren genutzt.
- Bei der **räumlichen Preisdifferenzierung** – nach geographischen Teilmärkten – werden regionsspezifische Preiselastizitäten und Kosten berücksichtigt. Diese Differenzierungsform ist insbesondere für die internationale Preispolitik bedeutend, dies ist z. B. an den länderspezifischen Endverbraucherpreisen von Neuwagen ersichtlich.
- Bei der **quantitativen Preisdifferenzierung** korrespondiert der zu entrichtende Durchschnittspreis für eine Produkteinheit mit der Höhe der Absatzmenge, z. B. in

Form von Mengenrabatten. Ein Sonderfall ist die Mehr-Personen-Preisbildung, bei der der Gesamtpreis mit wachsender Anzahl an Personen, die die Leistung als Gruppe nachfragen, sinkt (z. B. Urlaubsreisen zum Familienpreis).

Diese einzelnen Reinformen der Preisdifferenzierung sind in der Praxis nur für einige Produkte umsetzbar. Es kommt daher häufig zur Kombination von Differenzierungsmaßnahmen mit den anderen Marketinginstrumenten, insbesondere der Produktpolitik. Beruht die Preisvariation auf einer Produktdifferenzierung, spricht man auch von **leistungsbezogener Preisdifferenzierung**. Dabei sollen mittels relativ geringfügiger Modifikationen im Leistungsumfang bzw. in der Leistungsqualität verschiedene Preisbereitschaften bei den Konsumenten angesprochen werden, z. B. bei unterschiedlich gestalteten Hotelzimmern (Diller 2007). Voraussetzung dafür ist, dass die Nachfrager die Nutzenunterschiede nicht nur wahrnehmen, sondern auch als relevant ansehen.

Neben dem vorrangigen Ziel einer besseren Abschöpfung der Konsumentenrente dient die Preisdifferenzierung darüber hinaus auch einer höheren Kapazitätsauslastung und angesichts der quasi-individuellen Preisbildung auch der Kundenbindung. Neben den Erfolgspotenzialen der Preisdifferenzierung sind aber auch die mit der Komplexität von Preissystemen einhergehenden Risiken zu berücksichtigen. So kann eine intensive Preisdifferenzierung zu höheren Kosten führen oder aufgrund geringer Preistransparenz ein Absinken der Kundenzufriedenheit zur Folge haben (Fassnacht 2003).

3.2.3.4 Lebenszyklusabhängige Preisstrategien

Die Dynamik von Märkten im Zeitablauf wird im Rahmen der langfristig ausgerichteten **lebenszyklusabhängigen Preisstrategien** einbezogen, indem die Preisverläufe am Produktlebenszyklus ausgerichtet werden.

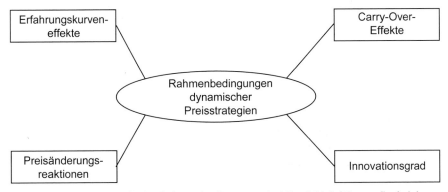

Abb. 3.2-9: Preisstrategische Rahmenbedingungen bei Produkteinführung (in Anlehnung an Pechtl 2003)

Abb. 3.2-9 zeigt die Rahmenbedingungen, welche insbesondere bei den preisstrategischen Überlegungen zur Einführung eines neuen Produktes einzubeziehen sind.
• In Abhängigkeit vom Preisniveau und entsprechenden Absatzerfolgen kann der Verlauf der **Erfahrungskurve** beeinflusst werden. Besteht die Möglichkeit der Reali-

sation großer Erfahrungskurveneffekte, sollte eine schnelle Markterschließung angestrebt werden. Für den Absatz großer Produktionsmengen ist folglich ein relativ niedriger Preis anzusetzen.

- Für die Ausnutzung von **Carry-Over-Effekten** (Wirkungen des Absatzes in Periode t auf den Absatz in den Folgeperioden, z. B. durch positive Mund-zu-Mund-Propaganda, Wiederkäufe oder Verbundkäufe) sollte eine schnelle Diffusion in der Zielgruppe realisiert werden. Auch dies spricht für einen Einführungspreis unter dem kurzfristig gewinnmaximalen Preis.
- Ist mit starken **Preisänderungsreaktionen** bzw. einer hohen Preiselastizität in der Zielgruppe zu rechnen, kann mit einem hohen Einführungspreis ein Preissenkungsspielraum für die nachfolgenden Perioden geschaffen werden.
- Je stärker der **Innovationsgrad** eines neuen Produktes aus Sicht der Nachfrager ist, desto größer wird der preispolitische Spielraum des Unternehmens in der Einführungsphase sein. Hingegen schaffen Imitationen oder Me-too-Produkte keine monopolistischen Preisbereiche (Voigt 2003).

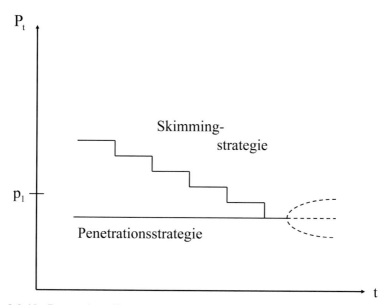

Abb. 3.2-10: Penetrations-/Skimmingstrategie (Quelle: Diller 2007)

Im Rahmen der Preisbestimmung zum Zyklusbeginn eines einzuführenden Produktes werden entsprechend zwei idealtypische Preisstrategien diskutiert: die Penetrations- und Skimmingstrategie (vgl. Abb. 3.2-10). Beide Strategien weichen bewusst vom kurzfristig optimalen Einführungspreis ab und nehmen damit einen Gewinnverzicht zu Beginn des Zyklus in Kauf, um in den späteren Perioden höhere Gewinne zu realisieren (Voigt 2003). Bei der **Penetrationsstrategie** wird im Hinblick auf eine möglichst rasche Marktdurchdringung das Produkt zu einem relativ niedrigen Preis auf den Markt gebracht. Im Verlauf des Lebenszyklus folgen dann möglicherweise Preiserhöhungen. Diese Strategie

hoher Absatzmengen bei niedrigen Preisen zielt auf die schnelle Realisation von Erfah-
rungskurven- und Skaleneffekten ab und setzt daher eine hohe Preiselastizität der Nachfrage voraus. Für den Fall später eintretender Konkurrenten kann der Kostenvorsprung
des Pioniers als Markteintrittsbarriere wirken. Die Risiken der Penetration liegen zum
einem in der möglicherweise langen Amortisationsdauer der Neuproduktinvestition
sowie in der schwierigen Umsetzung geplanter Preiserhöhungen in den Folgeperioden.
Zu berücksichtigen ist darüber hinaus die Gefahr der preisabhängigen Qualitätsbeurteilung (Voigt 2003; Meffert et al. 2008).

Im Gegensatz zur Penetrationsstrategie zielt die **Skimmingstrategie** mit einem relativ
hohen Einführungspreis zunächst auf die Abschöpfung hoher Zahlungsbereitschaften
ab, um kurzfristig hohe Gewinne zu realisieren und die Produktinvestition schnell zu
amortisieren. Voraussetzung dieser Strategie ist eine ausreichende Zahl preisunempfind-
licher Innovatoren, die dem neuen Produkt einen erheblichen Innovationsgrad bzw. eine
hohe Problemlösungsfähigkeit zuschreiben. Die preissensiblere Nachfrage der Imitato-
ren wird dann in den Folgeperioden durch schrittweise Preissenkungen erschlossen. Als
nachteiliger Effekt der Skimmingstrategie sind die Markteintrittsanreize für Wettbewerber aufgrund des hohen Preisniveaus zu sehen. Hingegen kann die preisabhängige Qualitätsbeurteilung bei dieser Strategieoption als förderlich angesehen werden.

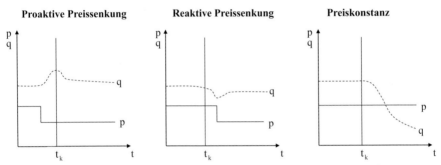

Abb. 3.2-11: Alternative strategische Optionen bei Konkurrenzeintritt (Quelle: Simon,
Fassnacht 2008)

Nach der Einführung eines neuen Produktes – insbesondere in der Wachstumsphase – ist
mit dem Eintritt von Konkurrenten zu rechnen. Dieser **drohende Konkurrenzeintritt**
ist als eine weitere Determinante im Rahmen der dynamischen, lebenszyklusabhängigen
Preispolitik zu berücksichtigen. Dem Innovator stehen in diesem Zusammenhang die in
Abb. 3.2-11 (Simon, Fassnacht 2008) dargestellten drei Optionen an Preisstrategien zur
Verfügung, die sich in einer unterschiedlichen Entwicklung der jeweiligen Marktanteile
niederschlagen. Kann der Preis vor dem Eintritt des Konkurrenten gesenkt werden, so
kann die Vorteilhaftigkeit der **proaktiven Preissenkung** genutzt werden. Obwohl hier
kurzfristig auf Gewinne verzichtet wird, kann langfristig die Marktposition besser ver-
teidigt werden. Wird der Preis als Reaktion auf den Eintritt eines Wettbewerbers gesenkt,
spricht man von der **reaktiven Preissenkung**. Die Beibehaltung eines hohen Einführungspreises ohne Berücksichtigung von Konkurrenzeintritten ist die dritte Option. Diese Strategie der **Preiskonstanz** geht mit dem Verlust von Marktanteilen einher und kann

sich daher im Fall eines geplanten Marktaustrittes oder einer bevorstehenden Einführung eines Folgeproduktes eignen (Meffert et al. 2008; Simon, Fassnacht 2008).

In der Reifephase, welche durch ausbleibendes bzw. schwaches Marktwachstum gekennzeichnet ist, ist weiteres Wachstum aus Sicht der einzelnen Anbieter nur noch über die gegenseitige Abnahme von Marktanteilen möglich. Wird in dieser Phase weiterhin die Erhöhung des eigenen Marktanteils aktiv angestrebt, so ist mit aggressiven Reaktionen der Konkurrenz zu rechnen. Die Gefahr eines Preiskrieges steigt, bei dem die letztendlich niedrigen Preise – bei nahezu gleichbleibender Gesamtabsatzmenge – zu Lasten der Branchenrendite gehen. Vor diesem Hintergrund sollte in der Reifephase von der Orientierung auf den Marktanteil zu Beginn des Lebenszyklus zur konsequenten Ausrichtung auf den Gewinn gewechselt werden. Dies ist neben der Schaffung von Wettbewerbsvorteilen durch Produkt- und Marktdifferenzierung mit bewusster Kommunikationspolitik und verträglicher Preispolitik umsetzbar. Die Spezifika der Schrumpfungsphase zum Ende des Lebenszyklus bewirken erneut preispolitischen Entscheidungsbedarf. Wird eine Verzögerung des Abschwunges angestrebt, so sind mit der typischerweise zunehmenden Preiselastizität zum Ende des Lebenszyklus auch die Preise zu senken. Im Gegensatz dazu wird bei der **Harvesting-Strategie** der Preis beibehalten. Diese Strategie ist insbesondere geeignet, wenn die Einführung eines Folgeproduktes geplant ist. Zum einen kann in diesem Fall der Zeitpunkt des Marktaustrittes des alten Produktes schneller herbeigeführt werden, zum anderen wird die Anhebung des Preises des Folgeproduktes aus Sicht der bisherigen Kunden umgangen (Simon, Fassnacht 2008).

3.2.4 Distributionsstrategien

Die Distributionspolitik als vierter Instrumentalbereich des Marketing-Mix beinhaltet sämtliche marketingrelevanten Entscheidungen und Maßnahmen, die den Übergang der Waren oder Dienstleistungen vom Hersteller zum Endverbraucher betreffen (Ahlert 1996; Nieschlag et al. 2002; Specht, Fritz 2005). Sie kennzeichnet somit in direkter Weise die (physische) „Nähe zum Kunden" und kann so ein entscheidendes Instrument zur wettbewerbsstrategischen Differenzierung darstellen.

Die Distributionspolitik kann funktionell in zwei Teilsysteme untergliedert werden: das System der Absatzkanäle und das System der Absatzlogistik. Diese stehen in starker Wechselbeziehung zueinander und müssen simultan gesteuert werden (Meffert et al. 2008; Specht, Fritz 2005). Die **Absatzkanalpolitik** beschäftigt sich mit der grundsätzlichen Strukturierung der Distributionswege sowie deren vertraglicher Ausgestaltung. Im Zuge distributionspolitischer Entscheidungen ist hier festzulegen, welche nach qualitativen und quantitativen Dimensionen bestimmte vertikale und horizontale Absatzkanalstruktur vom Unternehmen angestrebt wird. Schließlich müssen Entscheidungen über die Selektion der Absatzmittler (z. B. Groß- und Einzelhändler) und die Gestaltung der Beziehungen zu diesen Absatzmittlern getroffen werden. Die **Absatzlogistik** hat die Gestaltung der physischen Warenbewegung vom Hersteller zum Endverbraucher zum Inhalt (Lagerhaltung, Auftragsbearbeitung Transport). Hier werden die strategischen Entscheidungen der Absatzkanalpolitik implementiert (Benkenstein 2001).

Für die Wahl der Distributionsstrategien sind zunächst die distributionspolitischen Ziele wesentlich. Diese stehen im Einklang mit den übergeordneten Zielen und Marketingstrategien. Unter Einbezug der relevanten Anspruchsgruppen (Endverbraucher, Absatzmittler, Absatzhelfer) können folgende distributionspolitische Zielgrößen herangezogen werden (Ahlert 1996; Bruhn 2009; Meffert et al. 2008):

- **Image des Absatzkanals**
  Je nach Ausrichtung der Wettbewerbstrategien (Kosten- vs. Qualitätsführerschaft) ist das Einkaufstättenimage aus Sicht der relevanten Zielgruppe von Bedeutung. Beispielsweise werden bei der Durchsetzung von Kostenvorteilen vor allem solche Absatzmittler gewählt, die vom Endverbraucher als preiswürdig oder gar als preisaggressiv betrachtet werden. Erfolgt die Ausrichtung auf Qualitätsvorteile, müssen hingegen Absatzmittler ausgewählt werden, die der Verbraucher qualitativ hochwertig einschätzt (Esch et al. 2008).
- **Vertriebskosten (Handelsspanne)**
  Insbesondere bei kostenvorteilsgerichteten Wettbewerbsstrategien hat die Durchsetzung einer günstigen Kostenposition im Distributionsbereich eine hohe Bedeutung. Die physische Distribution sollte demnach durch möglichst kurze Transportwege, effiziente Transportmittel und einen möglichst geringen Lagerbestand gekennzeichnet sein. Just-in-Time-Konzepte haben in diesem Zusammenhang einen besonderen Stellenwert (Nieschlag et al. 2002).
- **Distributionsgrad (Marktpräsenz einer Leistung im Handel)**
  Vom Grundsatz her muss die angebotene Leistung dort erhältlich sein, wo der Kunde sie erwartet. Entsprechend ist auch bei Strategien der Qualitätsführerschaft Ubiquität zu gewährleisten, wenn der Nachfrager dies – insbesondere bei Low-Involvement-Produkten – verlangt.
- **Kooperationsbereitschaft bzw. Beeinflussbarkeit der Absatzmittler**
  Um die angestrebten Differenzierungsvorteile, wie das Qualitätsimage, zu wahren, kommt der Kontrolle und Einflussnahme des Absatzkanals und der einzelnen Absatzmittler durch den Hersteller eine besondere Bedeutung zu.
- **Flexibilität des Absatzkanals**
  Der Zeitraum bis zur Erreichung eines bestimmten Distributionsgrades und die Dauer sowie der Anpassung des bestehenden Systems an Umfeldveränderungen müssen möglichst gering sein.

Auf Grundlage der Zielformulierung sind die strategischen Entscheidungen im Rahmen der Absatzkanalgestaltung zu treffen. Es ist – unter Berücksichtigung des vorherrschenden Machtgefälles im Absatzkanal – zu entscheiden, ob die grundsätzlichen handelsgerichteten Verhaltensstrategien eher passiv oder aktiv in der Absatzwegegestaltung sowie hinsichtlich der Reaktionen auf das Handelsverhalten geprägt sein sollen (vgl. Kapitel 2.4.3.3). Auf Basis dieser grundsätzlichen Ausrichtung sind die Vertriebssystemalternativen zu entwickeln und zu selektieren. Dabei wird – wie Abb. 3.2-12 verdeutlicht – sowohl die vertikale als auch die horizontale Absatzkanalstruktur festgelegt.

Im Rahmen der **vertikalen Struktur** wird über die Länge des Absatzkanals entschieden. Je nachdem, ob der Hersteller seine Leistungen direkt an die Endverbraucher veräußert oder ob Einzel- bzw. Großhändler zwischengeschaltet werden, sind der direkte und der indirekte Vertriebsweg zu unterscheiden.

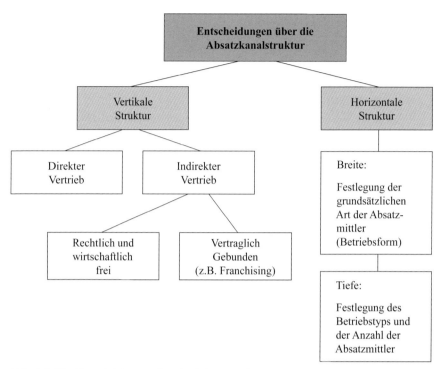

Abb. 3.2-12: Entscheidungstatbestände bei der Festlegung der Absatzkanalstruktur (Quelle: Meffert et al. 2008)

Beim **indirekten Vertrieb** sind die in den Absatzkanal integrierten Handelsunternehmen nicht nur als Kooperationspartner anzusehen, sondern auch als direkte Kunden des herstellenden Unternehmens. Der strategischen Ausgestaltung dieser wechselseitigen Beziehung kommt daher angesichts der Marktmacht des Handels eine große Bedeutung zu. Werden mehrere Handelsstufen eingebunden, spricht man von mehrstufigen Vertriebssystemen. Es ist jedoch zu berücksichtigen, dass mit zunehmender Stufigkeit – und folglich Länge des Absatzkanals – der Einfluss des Herstellers auf diesen sinkt und darüber hinaus auch die Komplexität erhöht wird. Beim **direkten Vertrieb** wird das Problem der Machtstellung des Handels umgangen. Die direkte Verbindung zum Endverbraucher kann beispielsweise über Vertriebsmitarbeiter oder auch durch herstellereigene Filialen erfolgen. Im Zuge der Entwicklung neuer Informations- und Kommunikationstechnologien eröffneten sich darüber hinaus neue Formen direkter Absatzkanäle und damit Möglichkeiten, näher an den Endverbraucher zu gelangen (z. B. Direktvertrieb über das Internet). Damit lässt sich – in Verbindung mit der Stagnation des stationären Handels – die zunehmende Verbreitung des direkten Vertriebs begründen.

In der Praxis werden immer häufiger beide Vertriebsformen parallel eingesetzt, um eine differenzierte sowie umfassende Versorgung verschiedener Zielsegmente zu ermöglichen (**Mehrkanalvertrieb**). Untersuchungen haben gezeigt, dass das Angebot von Mehr-Kanal-Systemen positiv auf die Kundenzufriedenheit wirkt. Es ist jedoch ein erhöhter Koordinationsaufwand der einzelnen Absatzkanäle innerhalb dieser Multichannel-Systeme erforderlich (Ahlert, Hesse 2003; Esch et al. 2008).

Auf Grundlage der vertikalen Struktur sind die Entscheidungen über die **horizontale Struktur** zu treffen. Diese umfasst die Breite und Tiefe des Absatzkanals (Ahlert, 1996). Bei der Festlegung der Absatzkanalbreite erfolgt die Wahl über die grundsätzliche Betriebsform (z. B. Facheinzelhandel, Discounter, SB-Warenhäuser) für jede Absatzkanalstufe auf Basis qualitativer Kriterien. Mit der Bestimmung der Tiefe wird darauf aufbauend festgelegt, welche Betriebstypen (z. B. LIDL, ALDI als Discounter) und wie viele Handelsbetriebe dieser Typen in das Absatzkanalsystem integriert werden sollen. Die Entscheidung über Breite und Tiefe des Absatzkanals kann nach dem Kriterium der angestrebten Distributionsintensität erfolgen. Es sind dabei drei Strategieoptionen möglich (Gelbrich et al. 2008; Specht, Fritz 2005; Nieschlag et al. 2002):

- Im Rahmen des **Intensivvertriebes** werden sämtliche Betriebsformen des Handels beliefert, in denen der Kunde das jeweilige Produkt erwartet. Die Anzahl der belieferten Händler auf der Groß- oder der Einzelhandelsstufe unterliegt keinerlei Beschränkungen. Der Hersteller verfolgt das Ziel der Ubiquität mit einem Distributionsgrad von 100 %.
- Der **Selektivvertrieb** ist dadurch gekennzeichnet, dass der Hersteller bestimmte qualitative Anforderungen definiert, denen der Händler genügen muss, um in den Absatzkanal integriert zu werden. Diese Anforderungen können einerseits bestimmte Leistungsmerkmale des Händlers, etwa die Qualität des technischen Kundendienstes betreffen. Sie können aber auch auf die Kooperationsbereitschaft des Handels oder das Image des Absatzkanals abstellen. Der selektive Vertrieb bestimmt somit vor allem die Breite der Distribution. Der Hersteller konzentriert seinen Vertrieb typischerweise auf bestimmte Betriebsformen, z. B. den Facheinzelhandel oder den Sortimentsgroßhandel.
- Beim **Exklusivvertrieb** wird die Distribution in Breite und Tiefe eingeschränkt. Diese exklusive Distribution erfordert neben der qualitativen Selektion von Absatzmittlern auch eine quantitative Selektion, indem für räumlich abgegrenzte Absatzmärkte eine zahlenmäßige Obergrenze der einzuschaltenden Absatzmittler definiert wird. Ziele dieser Strategie sind z. B. ein hohes Absatzkanalimage oder die Preisdisziplin des Absatzmittlers.

Die vertikale und horizontale Selektion von Vertriebssystemen bewirken einen komplexen Entscheidungsprozess innerhalb der Distributionspolitik. Dies ist auch an der Vielzahl von Kriterien zu erkennen, die zur Gestaltung der Absatzstruktur heranzuziehen sind (vgl. Abb. 3.2-13). Deren einzelne Gewichtung hängt von der spezifischen Entscheidungssituation ab, wobei die produktbezogenen Eigenschaften, wie Erklärungsbedürftigkeit oder Transportfähigkeit der Produkte vorrangig einzubeziehen sind (Specht, Fritz 2005; Ahlert 1996).

Produktbezogene Einflussfaktoren	- Erklärungsbedürftigkeit der Produkte, - Bedarfshäufigkeit der Produkte, - Sicherstellung von Kundendienstleistungen, - Transport- und Lagerfähigkeit der Produkte u.a.
Unternehmensbezogene Einflussfaktoren	- Größe und Finanzkraft des Unternehmens, - Vertriebskomponenten/Erfahrungen mit Vertriebswegen, - Marktstellung des Unternehmens, - Marketingkonzeption und Anspruchsniveau der Vertriebsziele, - Festgelegte Produktstrategien u.a.
Marktbezogene Einflussfaktoren	- Marktposition der Vertriebskanäle, - Wachstumsraten der Vertriebskanäle, - Marketingpotenzial der Betriebstypen u.a.
Kundenbezogene Einflussfaktoren	- Image der Betriebstypen beim Konsumenten, - Einkaufsverhalten, - Aufgeschlossenheit gegenüber Betriebstypen u.a.
Absatzmittlerbezogene Einflussfaktoren	- Vertragliche Bindung zu Absatzmittlern, - Flexibilität der Absatzmittler, - Standort, Größe und Verfügbarkeit der Handelsbetriebe, - Beeinflussbarkeit und Kontrolle der Absatzmittler, - Vertriebskosten, - Qualifikation des Verkaufspersonals u.a.
Konkurrenzbezogene Einflussfaktoren	- Vertriebskanäle der Hauptkonkurrenten, - Marktstellung der Konkurrenten in den Vertriebskanälen, - Möglichkeit der Wettbewerbsprofilierung durch neue Vertriebskanäle u.a.
Umfeldbezogene Einflussfaktoren	- Einfluss neuer Technologien auf die Vertriebskanäle, - Wirkung der Gesetzgebung auf die Tätigkeit von Vertriebssystemen (z.B. Vertragsgestaltung, Wettbewerbsrecht), - Einfluss sozio-kultureller Veränderungen auf das Einkaufsverhalten u.a.

Abb. 3.2-13: Kriterien der Selektion von Vertriebssystemen (Quelle: Bruhn 2009)

Im Anschluss an die Selektionsentscheidungen ist zu bestimmen, wie die vertraglichen Beziehungsstrukturen zwischen Hersteller und Absatzmittler gestaltet werden sollen. Aus Sicht des Herstellers sind diese auf eine möglichst große Einflussnahme im Absatzkanal und auf eine kooperative Beziehung zum Absatzmittler auszurichten. Entsprechend des vorherrschenden Machtgefüges im Absatzkanal treten hierbei – je nach Intensität der Verhaltensabstimmung und Zusammenarbeit – unterschiedliche Formen vertraglicher Beziehungen auf. Sie reichen von losen Verhaltensabsprachen mit schwachem Verbindlichkeitsgrad bis hin zu einer vertraglich begründeten „Quasi-Filialisierung" (Ahlert 1996). Besondere Aufmerksamkeit haben dabei vertragliche Vertriebssysteme erlangt (Becker 2006). Abb. 3.2-14 ordnet die verschiedenen Kooperationsformen im Absatzkanal anhand der Intensität von Verhaltensabstimmungen. Zu den wichtigsten Formen vertraglicher Vertriebssysteme zählen dabei der Kommissionsvertrieb, Vertriebsbindungs- und Alleinvertriebssysteme sowie das Franchising. Grundlage dieser Systeme sind vertragliche Vereinbarungen zwischen Hersteller und Händler, die die jeweiligen Rechte und Pflichten, aber auch die jeweiligen Kontrolloptionen sehr umfassend regeln.

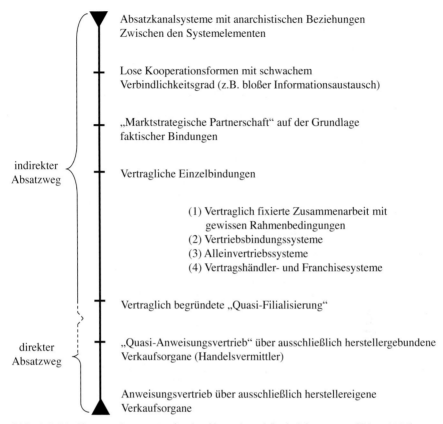

Absatzkanalsysteme mit anarchistischen Beziehungen
Zwischen den Systemelementen

Lose Kooperationsformen mit schwachem
Verbindlichkeitsgrad (z.B. bloßer Informationsaustausch)

„Marktstrategische Partnerschaft" auf der Grundlage
faktischer Bindungen

indirekter
Absatzweg

Vertragliche Einzelbindungen

(1) Vertraglich fixierte Zusammenarbeit mit
    gewissen Rahmenbedingungen
(2) Vertriebsbindungssysteme
(3) Alleinvertriebssysteme
(4) Vertragshändler- und Franchisesysteme

Vertraglich begründete „Quasi-Filialisierung"

direkter
Absatzweg

„Quasi-Anweisungsvertrieb" über ausschließlich herstellergebundene
Verkaufsorgane (Handelsvermittler)

Anweisungsvertrieb über ausschließlich herstellereigene
Verkaufsorgane

Abb. 3.2-14: Kooperationsstrategien im Absatzkanal (in Anlehnung an Ahlert 1991)

Des Weiteren sind die Akquisitions- bzw. Stimulierungsstrategien zur Führung der Absatzkanäle und zur Verhaltensbeeinflussung der Händler festzulegen. Hier ist die endabnehmergerichtete Pull-Strategie von der absatzmittlergerichteten Push-Strategie zu unterscheiden. Abb. 3.2-15 kennzeichnet die Grundzüge derartiger Strategieoptionen.

Push-Strategien zeichnen sich dadurch aus, dass der Hersteller versucht, seine Produkte in den Handel zu „drücken", indem der Hersteller – insbesondere durch Instrumente der handelsgerichteten Verkaufsförderung – für den Handel Anreize schafft, die Produkte des Herstellers zu listen. Der Hersteller übernimmt dabei Serviceleistungen für den Handel und/oder räumt dem Handel erheblich Preisvorteile durch Rabatte, Listungsgebühren oder Regalplatzmieten ein. Letztlich schafft er damit für den Händler Anreize, für die vom Hersteller angebotenen Produkte Regalplatz bereitzustellen. Der Hersteller geht im Gegenzug davon aus, dass der Händler Angebotsdruck auf die Endverbraucher ausübt und so die Produkte auch aus den Regalen hinaus verkauft.

Im Gegensatz dazu unternimmt der Hersteller mit der **Pull-Strategie** den Versuch, durch eine massiv auf den Endverbraucher gerichtete Kommunikation Nachfragepotenziale zu erschließen und so einen **Nachfragesog** aufzubauen, der den Handel zwingt, die an

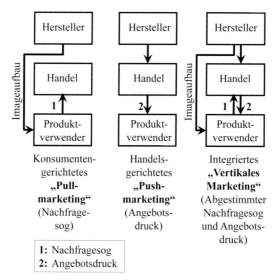

Abb. 3.2-15: Handelsorientierte Push- und Pull-Strategien (in Anlehnung an Szeliga 1996)

gebotenen Produkte zu listen. Wenngleich solche Produkte typischerweise durch geringe Handelsspannen gekennzeichnet sind, müssen sie vom Handel in das Sortiment aufgenommen werden, weil der Verbraucher sie dort erwartet. Darüber hinaus haben sie für den Handel den Vorteil, dass sie kaum beworben werden müssen und eine hohe Umschlagsgeschwindigkeit aufweisen. Entsprechend bieten diese Produkte häufig die Gewähr für eine hohe Kundenfrequenz und einen entsprechenden Warenumschlag.

Sowohl Push- als auch Pull-Strategien sollen gewährleisten, dass die Herstellerprodukte den Weg in die Regale des Handels finden. Während sich Push-Maßnahmen vor allem auf den Handel richten und ihn bewegen sollen, die vom Hersteller dargebotenen Produkte im Sortiment zu führen, zielen Pull-Maßnahmen zunächst auf den Endverbraucher und sollen ein möglichst hohes akquisitorisches Potenzial für die beworbenen Produkte aufbauen. Pull-Strategien können deshalb nur dann erfolgreich sein, wenn es gelingt, „große" Herstellermarken aufzubauen – wie dies beispielsweise Ferrero oder Beiersdorf gelungen ist. Push-Strategien weisen hingegen das Risiko auf, dass sich der Hersteller zunehmend in ein Abhängigkeitsverhältnis zum Handel begibt, weil durch diese Strategie das Machtgefälle zugunsten des Handels zunimmt.

Vor diesem Hintergrund werden zunehmend **integrierte Push- und Pull-Strategien** eingesetzt, bei denen der Hersteller durch handels- und endverbrauchergerichtete Maßnahmen ein ausgewogenes Verhältnis von Angebotsdruck und Nachfragesog erzeugt. Diese integrierten Strategien werden typischerweise durch vertragliche Formen der Zusammenarbeit von Hersteller und Handel begleitet.

Die im Rahmen der Absatzkanalpolitik getroffenen strategischen Entscheidungen werden in der **Absatzlogistik** umgesetzt. Hierzu zählen sämtliche Aktivitäten, die die Überführung der Leistungsangebote vom Ort der Erstellung bis zum letzten Punkt im Absatzkanal betreffen. Ziel der Absatzlogistik ist es, das logistische System und den damit verbundenen Informationsfluss so zu gestalten, dass eine möglichst hohe Lieferbereitschaft zu möglichst geringen Kosten realisiert werden kann. Angesichts der hohen Kosten, die mit dem Aufbau eines Logistiksystems verbunden sind, können erhebliche Kostenvorteile gegenüber der Konkurrenz realisiert werden. Auf der anderen Seite können Differenzierungsvorteile durch gezielte Verbesserungen der Lieferzuverlässigkeit, der Lieferflexibilität und der Lieferbereitschaft aufgebaut werden. Die Absatzlogistik birgt daher ein besonderes Potenzial zur Schaffung strategischer Wettbewerbsvorteile.

Vor dem Hintergrund, dass sämtliche logistischen Aufgaben grundsätzlich von verschiedenen Wirtschaftssubjekten übernommen werden können, besteht die Möglichkeit, einzelne oder sämtliche Teilfunktionen an externe Dienstleister zu vergeben. Diese Strategie der Fremdvergabe wird unter dem Begriff des **Outsourcing** diskutiert. Gegenstand der Make-or-Buy-Entscheidung können beispielsweise logistische Kernleistungen wie Lagerhaltung und Transport oder auch finanzwirtschaftliche Funktionen wie Fakturierung und Factoring sein. Im Sinne einer optimierten Logistikkette ist es auch möglich, die gesamte Kette an externe Logistik-Dienstleister zu vergeben. Entscheidungskriterien sind beispielsweise spezielles Know-how der Logistikfirmen oder vorhandene Infrastruktur, wodurch die Leistung kostengünstiger erbracht werden kann. Zu beachten ist jedoch, dass die vom Hersteller gesetzten Service- und Qualitätsstandards über die gesamte Logistikkette erfüllt werden (Gelbrich et al. 2008).

3.2.5   Markenstrategien

Starke Marken sind wesentliche Erfolgsfaktoren zur Durchführung marktgerichteter Strategien. Dies zeigte sich bspw. in einer bei Marketing-Managern und -Wissenschaftlern durchgeführten Delphi-Befragung, bei der sich die Marke als wichtigster Werttreiber in Unternehmen herausstellte (Esch 2008). Damit erklärt sich nicht nur die wachsende Zahl an Markenprodukten, sondern auch die Bewertung von Unternehmen mit starken Marken. Obwohl die Markenpolitik häufig der Leistungspolitik zugeordnet wird, kann sie – angesichts ihres hohen Stellenwertes – auch als ein übergeordnetes Instrumentarium des Marketing verstanden werden (Benkenstein 2001).

Aus Kundenperspektive ist die **Marke** das Bezugsobjekt bei der Entwicklung einer Kundenbeziehung (Meffert et al. 2008). Demnach stellt ein Produkt, eine Dienstleistung oder ein Unternehmen genau dann eine Marke dar, wenn sie ein positives, relevantes und unverwechselbares Image bei den Konsumenten aufgebaut hat (Berekoven 1978).

Aus der Definition lassen sich verschiedene Funktionen ableiten, die durch die Markierung von Produkten und Dienstleistungen erfüllt werden (Benkenstein 2001; Meffert 2000):

- Identifikationsfunktion,
- Orientierungsfunktion,
- Vertrauensfunktion,
- Kompetenz- bzw. Sicherheitsfunktion,
- Image- bzw. Prestigefunktion.

Markenstrategien können nach Art der Wettbewerbsbeziehungen zwischen Marken abgegrenzt werden. Die Markenstrategien der Markenhersteller werden als horizontale Markenstrategien bezeichnet. Dem stehen Strategien der Handelsunternehmen als vertikale Markenstrategien gegenüber (Benkenstein 2001; Meffert 2000). Im Zuge der Globalisierungstendenzen nehmen internationale Markenstrategien zunehmend einen höheren Stellenwert ein. Abb. 3.2-16 verdeutlicht diese Abgrenzung.

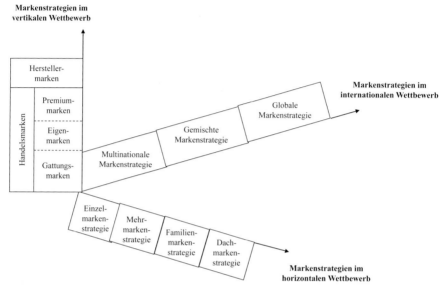

Abb. 3.2-16: Differenzierung von Markenstrategien (Quelle: Meffert 1998)

3.2.5.1 Horizontale Markenstrategien

Im Rahmen der horizontalen Markenstrategien kann zwischen der Einzelmarken-, der Mehrmarken-, der Familienmarken- und der Dachmarkenstrategie unterschieden werden.

Bei der **Einzelmarkenstrategie** wird jedes vom Unternehmen angebotene Produkt unter einer eigenen Marke geführt. Dies wird auch als Extremform minimaler Integration bezeichnet und eignet sich besonders für Unternehmen mit einem heterogenen Produktprogramm, welches unterschiedliche Kundensegmente anspricht (Sattler, Völckner 2007). Diese Strategie wird beispielsweise vom Unternehmen Ferrero mit den Marken Nutella, Duplo, Mon Chéri und Raffaelo verfolgt (Burmann, Meffert 2005). Sie ermöglicht die Schaffung einer unverwechselbaren Markenidentität und damit verbunden den Aufbau eines eigenständigen Markenimages.

Werden hingegen in einem Produktbereich mehrere Marken von einem Unternehmen angeboten, spricht man von der **Mehrmarkenstrategie**. Die einzelnen Marken treten zwar getrennt voneinander durch Unterschiede in den Produkteigenschaften, im Preis oder im kommunikativen Auftritt im Markt auf, sprechen jedoch ähnliche bzw. identische Marktsegmente an (Burmann, Meffert 2005). Ein typisches Beispiel für diese Strategieoption ist das Unternehmen Henkel, welches den Waschmittelmarkt mit den Marken Persil, Weißer Riese und Spee bearbeitet (Esch 2008). Grundidee der Mehrmarkenstrategie ist, Markenwechsler im eigenen Produktprogramm zu halten und die knappe Regalfläche im Handel mit eigenen Produkten zu belegen. Trotz des bei dieser Strategie bestehenden Problems der Kannibalisierung innerhalb der eigenen Marken soll eine höhere Marktausschöpfung durch das Unternehmen erreicht werden (Bruhn 2009).

Bei der **Familienmarkenstrategie** wird eine bestimmte Produktgruppe unter einer einheitlichen Marke angeboten. Alle Produkte profitieren somit von dem einheitlichen, produktspezifischen Markenimage. Insbesondere bei der Einführung neuer Produkte erweist sich dies als vorteilhaft, da das Markenimage auf diese übertragen wird. Dies bewirkt nicht nur eine schnellere Akzeptanz beim Konsumenten, sondern auch beim Handel (Benkenstein 2001). Ein häufig angeführtes Beispiel dieser Strategie ist die Nivea-Linie von Beiersdorf im Bereich der Körperpflege und Kosmetik.

Werden hingegen alle Produkte eines Unternehmens unter einer Marke geführt, wird die **Dachmarkenstrategie** verfolgt. In der Regel ist die Dachmarke identisch mit dem Unternehmensnamen. Eine wesentliche Absicht hierbei ist es, die Kompetenz oder das Vertrauen in das Unternehmen aus Sicht des Konsumenten aufzubauen und sich damit zu profilieren (Becker 2005). Dieser Aspekt führt dazu, dass die Dachmarkenstrategie insbesondere im wachsenden Dienstleistungssektor an Bedeutung gewinnt (z. B. Allianz im Versicherungssektor). Zu berücksichtigen ist jedoch die Gefahr der Markenerosion, wenn der Kompetenzanspruch des Unternehmens nicht mehr für alle Produkte akzeptiert wird. Diese Gefahr ist umso größer, je unterschiedlicher die Marktsegmente sind, in denen die Produkte der Dachmarke angeboten werden. Um dieses Risiko zu mildern, wird häufig die Dachmarkenstrategie mit einer Markenfamilien- oder Einzelmarkenstrategie kombiniert (Benkenstein 2001).

Die Chancen und Risiken der beschriebenen Markenstrategien werden in Abb. 3.2-17 überblickartig dargestellt.

Neben diesen als Reinformen anzusehenden Basisoptionen können Unternehmen auch markenstrategische Kombinationen einsetzen, um damit die Vorteile einzelner Strategien zu bündeln (Becker 2005). Daraus entstehen dann bewusst zwei- oder auch dreifache Marken-Kombinationen(-Hierarchien). So vereint beispielsweise der Volkswagenkonzern die Dachmarkenstrategie (Volkswagen) mit der Familienmarkenstrategie (z. B. Golf) und der Einzelmarkenstrategie (z. B. GTI, TDI).

	Chancen	Risiken
Einzelmarkenstrategie	- Generell: Je spezifischer die Markenleistung, desto höher der Kompetenzanspruch der Marke - Spezifische Profilierung möglich - Gezielte Ansprache einzelner Kundensegmente möglich - Keine Gefahr negativer Ausstraglungseffekte auf andere Marken (z.B. Neueinführungen) - Optimales Produktimage bei größtmöglicher Übereinstimmung zwischen Bedürfnisprofil und Markenprofil - Optimale Kombination aus Mono-Struktur des Angebots und Markenkompetenz - Marktanteils- und Kostenvorteilseffekte	- Produkt muss alle Markenaufwendungen tragen - Gefahr des Trends zur Herstellermarke und Verlust der „Produkt- und Markenpersönlichkeit"
Familienmarkenstrategie	- Durch geeignete Unterstützung der Produkte schnellere Akzeptanz beim Handel und besseres Feedback der Konsumenten - Kosten der Markenbildung vergleichsweise gering durch Nutzung von Synergien - Ansprache neuer Zielgruppen durch Marktausweitung - Weiterentwicklung und Stärkung von Marken - „Marken melken" durch Imagetransfer auf neue Produkte - Verjüngung des Basisimage der Muttermarke - Positionsabsicherung durch satellitenartig neu angesiedelte Produkte	- Gefahr von negativen Ausstrahlungseffekten auf andere Produkte der Markenfamilie, falls: * konstante Qualität und Ähnlichkeit der Produkte nicht eingehalten werden * vertikale Positionierung durch differente Images der Einzelprodukte möglich ist * unterschiedliche Anmutungsqualitäten bei den Zielgruppen angesprochen werden
Dachmarkenstrategie	- Produkte tragen Profilierungsaufwand gemeinsam - Schnellere Akzeptanz beim Handel - Besserer Feedback beim Konsumenten - Nutzung von Synergien - Ansprache neuer Zielgruppen durch Marktausweitung - Aufbau eines Firmenimages bzw. einer Corporate-Identity	- Generell: Je höher der Diversifikationsgrad, desto schwächer ist die Markenkompetenz - Dachmarke kann weniger klar profiliert werden - Risiko negativer Ausstrahlungseffekte bei Produkten unterschiedlicher Qualität
Mehrmarkenstrategie	- Markenwechsler können gehalten werden durch Produktvarietät - Bessere Kooperation mit dem Handel, da mehr Regalfläche für Eigenmarken - Durch Einführung von „Kampfmarken" können übrige Marken vom Preiskampf entfernt gehalten werden	- Kannibalisierung: Die eigenen (Mono-)Marken bzw. Produkte nehmen sich gegenseitig Markanteile weg (Substitutionseffekt) - Gefahr der Übersegmentierung ist gegeben

Abb. 3.2-17: Chancen und Risiken von Markenstrategien (Quelle: Brockhoff 1999)

3.2.5.2 Vertikale Markenstrategien

Neben den klassischen Markenartikeln der Hersteller gewinnen Handelsmarken zunehmend an Bedeutung. Im Gegensatz zu den Herstellermarken liegen hier die Markenrechte beim Handelsunternehmen. Es kann dabei zwischen Gattungsmarken-, Eigenmarken- und Premiummarkenstrategien differenziert werden (Meffert 1998).

Als **Gattungsmarken** werden die Handelsmarken bezeichnet, die im Einstiegspreisseg-
ment des Händlers positioniert sind und qualitativ nur Mindestanforderungen erfüllen.
Diese Produkte werden auch als no names, generics oder weiße Ware bezeichnet, da
ihre äußerliche Markierung in der Regel auf die Kennzeichnung der entsprechenden
Produktgattung begrenzt ist. Mit den preisattraktiven Handelsmarken wie „Ja" von Rewe
oder „A & P" von Tengelmann soll das Sortiment des Händlers nach „unten" abgerundet
werden (Becker 1994; Esch 2008).

Die **klassischen Eigenmarken** des Handels befinden sich bezüglich der Qualitäts- und
Ausstattungsmerkmale auf dem Niveau von klassischen Herstellermarken. Sie zeichnen
sich jedoch durch einen wesentlichen Preisvorteil gegenüber Herstellermarkenartikeln
aus und können infolgedessen auch bessere Handelsspannen erzielen. Im Vergleich zu
Gattungsmarken besitzen die klassischen Eigenmarken ein höheres Profilierungspoten-
zial. Dennoch sind sie in Produktkategorien mit geringem Innovationsgrad zu finden.
Mit einer Folger-Strategie treten die sogenannten „Me-too"-Produkte in die bereits er-
schlossenen, reifen Märkte ein. Beispiele für klassische Eigenmarken stellen die Marken
„Milsani" (Milchprodukte) von Aldi und „Salto" (Tiefkühl- und Fertiggerichte) von
Rewe dar (Burmann, Meffert 2005).

Mit einer **Premiummarkenstrategie** verfolgt der Handel das Ziel, seine Produkte mit
einer im Vergleich zu Herstellermarken überlegenen Qualität anzubieten und so eine
höhere Kundenzufriedenheit zu erreichen. Durch die erhöhte Qualität soll der Preis als
kaufentscheidendes Kriterium in den Hintergrund treten. Sowohl die zusätzlichen Serviceleistungen als auch die kommunikationspolitischen Maßnahmen sind für den Erfolg
von Premiummarken entscheidend. Die Marke Füllhorn von Rewe kommuniziert bspw.
durch die Ökologieorientierung den Konsumenten einen Zusatznutzen bei Lebensmit-
telprodukten. Premium-Handelsmarken sind in Segmenten positioniert, die sich generell
durch eine hohe Innovationsrate auszeichnen. Zudem weisen sie eine eigenständige und
individuelle Produktgestaltung auf (Burmann, Meffert 2005).

3.2.5.3 Internationale Markenstrategien

Wachsende internationale Verflechtungen und zunehmende Internationalisierungsbe-
strebungen vieler Unternehmen führen dazu, dass die Bedeutung internationaler Markenstrategien steigt. Die Notwendigkeit einer Internationalisierung von Markenstrategien kann dabei unter anderem folgende Ursachen haben (Sattler, Völckner 2007):

- Nutzung von Wachstumspotenzialen,
- Risikostreuung,
- Konzentration auf international mobile Nachfrager,
- Stärkung des Markenwertes,
- Realisierung von Erfahrungs- und Größeneffekten durch ein höheres Absatzvolumen.

Im Rahmen der internationalen Markenpositionierung muss aufgrund unterschiedlicher Voraussetzungen wie politisch-rechtliche Bedingungen, Konsumgewohnheiten
oder auch die Position der lokalen Vertriebsgesellschaft entschieden werden, ob eine
international standardisierte oder differenzierte Markenstrategie eingesetzt werden
soll.

Bei der **multinationalen Markenstrategie** werden individuelle Markenkonzepte für die einzelnen Auslandsmärkte erarbeitet. Die Standardisierung ist durch die Einführung von „local brands", die an die jeweiligen länderspezifischen Merkmale angepasst sind, entsprechend gering. Die multinationale Strategie kommt vorrangig dann zum Einsatz, wenn sich erworbene Marken bereits in den jeweiligen Ländermärkten etabliert haben. Nachteilig ist jedoch, dass Synergien im Marketing ungenutzt bleiben (Benkenstein 2001).

Diese Synergievorteile werden bei der **globalen Markenstrategie** durch einen hohen Standardisierungsgrad erzielt. Im Extremfall kann die Marke in allen Auslandsmärkten mit identischer Markierung und übereinstimmenden Merkmalen des Marketing-Mix angeboten werden. Einen derart hohen Standardisierungsgrad in der Praxis umzusetzen, gestaltet sich allerdings als äußerst schwierig. Selbst Coca-Cola als Inbegriff einer Weltmarke (Global Brand) muss Schriftzeichen, Werbekampagnen oder auch die Produktzusammensetzung an nationale Gesetze und Besonderheiten in einigen Ländern anpassen (Sattler, Völckner 2007). Das einheitliche Markenkonzept ist allgemein nur für standardisierte Dienstleistungen, Hightech-Produkte, Prestigeartikel und nicht kulturgebundene Güter geeignet (Meffert 1998).

Die multinationale und globale Markenstrategie sind die extremen Ausprägungen eines Kontinuums unterschiedlichen Grades der Standardisierung. Um die jeweiligen Nachteile beider Strategien zu umgehen, verknüpfen viele Unternehmen beide Ansätze zu einer **gemischten Markenstrategie** miteinander. Das Ziel dieser Strategieform ist, die Standardisierung bei gleichzeitiger länderspezifischer Differenzierung zu maximieren. Jedes Unternehmen muss dabei entscheiden, inwieweit die verschiedenen Merkmale der Markierung wie Qualität oder Preis an die länderspezifischen Gegebenheiten angepasst werden können, ohne dabei das einheitliche Markenkonzept zu gefährden (Benkenstein 2001). Das Unternehmen Unilever verkauft bspw. die Produkte der in Deutschland vertriebenen Speiseeislinie „Langnese" in vielen anderen Ländern unter einem anderen Markennamen. So werden die Produkte z. B. in Spanien unter dem Markennamen „Frigo" und in Dänemark unter dem Namen „Frisko" angeboten. Das bekannte herzförmige Logo der Marke wird jedoch beibehalten.

3.3 Anpassung der Marketingorganisation

Die Implementierung marktgerichteter Wettbewerbsstrategien lässt sich nicht darauf reduzieren, dass die Bezüge zum operativen Marketing hinreichend koordiniert werden. Darüber hinaus ist es auch erforderlich, Organisationsstrukturen und -prozesse zu schaffen, die diese Strategien innerhalb der Unternehmung und im Markt durchsetzen können (Diller 1991a). Dabei ist zu beachten, dass qualitätsorientierte Wettbewerbsstrategien andere Strukturen und Prozesse erfordern als kostenorientierte Wettbewerbsstrategien.

Die Implementierung einer Qualitätsvorteilsstrategie setzt neben einem ausgeprägten Marketing-Know-how vor allem Organisationsstrukturen voraus, die den Mitarbeitern Freiräume lassen, um ihre **Kreativität** zu entfalten. Entsprechend müssen auch die Informations- und Kommunikationsprozesse offen gestaltet sein. Verfolgt eine Unternehmung hingegen eine Kostenvorteilsstrategie, sind klar gegliederte Strukturen und Verantwortlichkeiten zu etablieren. Auch die Prozesse müssen straff organisiert sein (Porter 1999). Diese Beispiele verdeutlichen, dass nur der „Fit" zwischen den Umwelt-, Strategie-, Struktur- und Prozessvariablen die effiziente Nutzung der Unternehmenspotenziale und damit die Sicherung der Wettbewerbsfähigkeit eröffnet (Macharzina 1986; Mintzberg 1981).

3.3.1 Aufbauorganisatorische Anpassungsprozesse

Die Anpassung der Aufbauorganisation an die zu implementierende Marketingstrategie ist eine „klassische" Implementierungsaufgabe. Die Ursprünge dieser Zusammenhänge finden sich bei Chandler (1993) in seiner These „Structure Follows Strategy". Darauf aufbauend entstand eine Vielzahl von Beiträgen zur Implementierungsproblematik. Im Mittelpunkt steht dabei die Diskussion der Vor- und Nachteile klassischer Unternehmensstrukturen, wie der funktionalen, der Sparten- oder der Matrixorganisation (Welge et al. 1996; Meffert 1994).

Bei der **funktionalen Marketingorganisation**, die beispielhaft in Abb. 3.3-1 dargestellt ist, erfolgt eine Zusammenfassung gleicher oder ähnlicher Verrichtungen mit dem Ziel, eine qualifizierte Aufgabenerfüllung durch Spezialisten zu erreichen (Hüttner et al. 1999). Dies führt zu einer **Standardisierung** und **Routinisierung** marktgerichteter Prozesse und einer hohen Effizienz der Erfüllung einzelner Aufgaben.

Abb. 3.3-1: Beispiel einer funktionalen Marketingorganisation

Diesen Vorteilen stehen aber nicht unerhebliche Nachteile gegenüber. So wird durch diese Organisationsform typischerweise ein ausgeprägtes Ressortdenken hervorgerufen. Verflechtungen zwischen den einzelnen Abteilungen werden aufbauorganisatorisch zerschnitten. Beispielsweise sind in einer solchen Marketingorganisation mehrere Abtei-

Produktorientierte Spartenorganisation

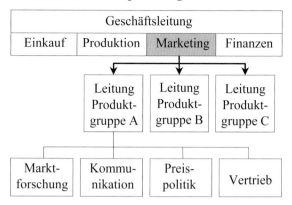

Kundengruppenorientierte Spartenorganisation

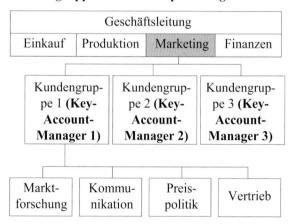

Regionenorientierte Spartenorganisation

Abb. 3.3-2: Objektorientierte Spartenorganisation im Marketing

lungen bzw. Ressorts für ein Produkt oder einen Großkunden verantwortlich. Dabei besteht die Gefahr, dass jede Abteilung ihre spezifischen Zielsetzungen verfolgt, ohne die Bezüge zu den Oberzielen des Marketing hinreichend sicherzustellen. Um die Implementierung der Unternehmens- bzw. der Marketingstrategie zu gewährleisten, ist deshalb eine umfassende Koordination zwischen den Abteilungen notwendig.

Die in Abb. 3.3-2 dargestellten **Spartenorganisationsformen** zeichnen sich dadurch aus, dass sie nicht am Verrichtungs-, sondern am **Objektprinzip** ausgerichtet sind. Dabei werden auf der Gliederungsebene unterhalb der Marketingleitung die Abteilungen nach Produkt- oder nach Kundengruppen gegliedert. Erst auf der dritten Gliederungsebene erfolgt eine funktions- bzw. verrichtungsorientierte Abteilungsbildung.

Positiv an dieser Form der Aufbauorganisation sind die eindeutig geregelten Zuständigkeiten und die weitgehend autonome Leitung innerhalb der einzelnen Sparten, die bei wirtschaftlicher Eigenverantwortung bis zur Bildung von „**Sparten-Profit-Centern**" führen kann. Vor diesem Hintergrund kommt es bereits auf der Spartenebene zu einer objektorientierten Koordination der einzelnen Marketingfunktionen. Dies führt im Vergleich zur funktionalen Organisation zu einer erheblichen Entlastung der Marketingleitung.

Die dritte klassische Organisationsform ist die **Matrixorganisation**. Bei dieser Organisationsform kommt es zu einer **Überlagerung** von mindestens zwei Gliederungsprinzipien auf der Ebene unterhalb der Marketingleitung (Frese 2005). Abb. 3.3-3 verdeutlicht dies am Beispiel einer produktgruppen- und funktionsorientierten Matrixorganisation. Dieses Gliederungsprinzip hat zur Folge, dass für eine Stelle innerhalb der Matrix jeweils zwei gleichrangige Instanzen zuständig und verantwortlich sind (Nieschlag et al. 2002).

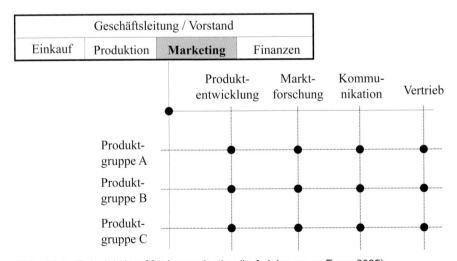

Abb. 3.3-3: Beispiel einer Matrixorganisation (in Anlehnung an Frese 2005)

Diese Form der Marketingorganisation zeichnet sich dadurch aus, dass die Koordination von produktgruppen- und funktionsbezogenen Zielsetzungen und Aufgaben durch die Organisationsstruktur selbst gewährleistet wird. Andererseits birgt die Überlagerung von zwei Weisungssystemen ein erhebliches Konfliktpotenzial in sich. Dies kann die Zusammenarbeit der Mitarbeiter sehr stark belasten, aber auch Kreativitätspotenziale freisetzen.

Die Bewertung der drei genannten klassischen Organisationsformen muss mit Blick auf die wettbewerbsstrategischen Zielsetzungen erfolgen. Dabei kommt der **Effizienz** und der **Flexibilität** der Organisationsform ein besonderer Stellenwert zu (Schanz 1982). Unter betriebswirtschaftlicher Effizienz versteht man das Wirtschaftlichkeitsstreben einer Unternehmung. Sie ist die Maßgröße wirtschaftlicher Zielerreichung in Form von Input-Output-Relationen. Flexibilität beschreibt die Anpassungsfähigkeit von Unternehmungen an dynamische und unvorhergesehene Markt- und Umweltentwicklungen. Sie soll gewährleisten, dass die Unternehmung trotz unerwarteter Veränderungen in ihrem Umfeld ihre Erfolgspotenziale und damit ihre Wettbewerbsfähigkeit bewahrt (Benkenstein 1994a).

Die dargestellten klassischen Organisationsformen verzeichnen hinsichtlich der angestrebten Ziele Effizienz und Flexibilität Defizite (Hill et al. 1974). So gewährleisten funktionale Organisationsformen typischerweise keine rasche Anpassungsfähigkeit bei veränderten Umweltbedingungen, da der organisationale Freiraum fehlt. Entsprechend sind solche Organisationsformen allenfalls bei **stabilen Markt- und Umweltentwicklungen** geeignet, die Strategieimplementierung zu gewährleisten. Speziell kostenvorteilsorientierte Wettbewerbsstrategien lassen sich in funktionalen Marketingorganisationen umsetzen, weil diese Strategie möglichst klar strukturierte Entscheidungskompetenzen zur Durchsetzung von Kostensenkungspotenzialen erfordert.

Die Spartenorganisation zeichnet sich im Vergleich dazu durch eine ausgeprägtere Anpassungsfähigkeit an veränderte Markt- und Umweltbedingungen aus. Sie ist deshalb in erheblich stärkerem Maße auf die Nutzung von Markt- und Wettbewerbschancen ausgerichtet und eignet sich deshalb eher für die **Implementierung qualitätsorientierter Wettbewerbsstrategien**. Gleichzeitig ist jedoch auch darauf hinzuweisen, dass die Effizienz dieser Organisationsform relativ gering ist, weil auf der funktionalen Ebene Doppelaktivitäten kaum vermieden werden können. Dies gilt umso mehr, als innerhalb der Sparten häufig das „Not Invented Here"-Syndrom auftritt und dadurch Doppelaktivitäten vorangetrieben werden.

Schließlich soll die Matrixorganisation die Vorteile der funktionalen und der Spartenorganisation vereinen. Dies gelingt in der Unternehmenspraxis allerdings in den seltensten Fällen. Vielmehr neigen Matrixorganisationen dazu, Entscheidungsprozesse zu bürokratisieren und dabei die Entscheidungswege zu verlängern sowie die Entscheidungsfindung zu verzögern. Dies gilt umso mehr, wenn nicht nur zwei-, sondern drei- und mehrdimensionale Matrixorganisationen gebildet werden (Köhler 1995). Vor diesem Hintergrund sind Matrixorganisationen zur Implementierung marktgerichteter Wettbewerbsstrategien denkbar ungeeignet.

Da die klassischen Organisationsformen typischerweise nicht in der Lage sind, eine effiziente und gleichzeitig flexible Implementierung von Wettbewerbsstrategien zu gewährleisten, kann es nicht verwundern, dass in der Literatur laufend neue Organisationskonzepte und Reorganisationsprozesse diskutiert werden. Sie sind in die neuere Managementliteratur unter den Begriffen **„Outsourcing"**, **„Kaizen"** (Imai 1998), **„Geschäftsprozessorientierung"**, **„Unternehmenssegmentierung"**, **„Kunden- und Zuliefererintegration"**, **„Globalisierung und Regionalisierung"**, **„Total Quality Management"**, **„Humanzentriertes Management"** (Bullinger et al. 1993) oder **„Managementholding"** (Bühner 1993) eingegangen. Besondere Beachtung haben in jüngerer Vergangenheit die Grundprinzipien des **„Lean Management"** gefunden, nicht zuletzt deshalb, weil Teile der oben genannten Konzepte in das Lean Management einfließen (Womack et al. 1997; Corsten, Will 1994). Für die Implementierung marktorientierter Wettbewerbsstrategien ist dabei relevant, in welcher Form sich die Prinzipien des Lean Management auf die marktorientierte Unternehmensführung übertragen lassen und inwieweit dadurch Flexibilität und Effizienz im Marketing gesteigert werden können (Benkenstein 1994a; Meffert 1994a).

Lean Management umfasst ein „Bündel von Prinzipien, Methoden und Maßnahmen zur effektiven und effizienten Planung, Gestaltung und Kontrolle der gesamten Wertschöpfungskette industrieller Güter und Dienstleistungen" (Pfeiffer, Weiss 1994). In dieses Konzept fließen somit sowohl aufbau- als auch ablauforganisatorische Aspekte ein. Der Inhalt des Lean Management lässt sich dabei auf wenige Grundprinzipien reduzieren (Hentze, Kammel 1992). Neben den Prinzipien der **Kundenorientierung** und der **Koordination der Zulieferkette** (Womack et al. 1997) sind im Hinblick auf die aufbauorganisatorische Gestaltung des Unternehmens insbesondere die Prinzipien zur „Vermeidung von Verschwendung" sowie die Mitarbeiterorientierung und hinsichtlich der Ablauforganisation die Prozessorientierung hervorzuheben.

Durch **„Vermeidung von Verschwendung"** (Pfeiffer, Weiss 1992) sollen Doppelaktivitäten in der Fertigung unterbunden werden. Dies betrifft auch die Möglichkeiten zur Bestandssenkung im Rahmen von Just-in-Time-Belieferungen, die effizientere Produktentwicklung durch Verkürzung der Entwicklungszeiten im Rahmen des „Simultaneous Engineering" und die Konzentration auf wesentliche Kompetenzfelder (Benkenstein 1994a). Mit Hilfe dieses Prinzips können somit Effizienzsteigerungen erreicht und Flexibilitätspotenziale eröffnet werden (Meister 1993).

Das Prinzip der **Mitarbeiterorientierung** beinhaltet die zielgerichtete und umfassende Einbeziehung der Mitarbeiter auf allen Ebenen der Unternehmung in die Strategieimplementierung und Bündelung ihrer Kompetenzen in **teamorientierten Organisationsstrukturen** (Benkenstein 1994a). Dadurch entstehen wesentlich flachere Hierarchien als bei den klassischen Organisationsformen. Da die Teams nicht nur mit komplexeren Aufgaben betraut werden, sondern darüber hinaus eine Integration in vor- und nachgelagerte Prozesse erfolgt, entstehen relativ autonome Organisationseinheiten mit weit reichenden Entscheidungskompetenzen (Nieschlag et al. 2002; Scherm 1994). Dadurch kann die Unternehmung schnell und flexibel auf die Anforderungen des Marktes reagieren (Bleicher 1994; Reese, Werner 1996). Vor diesem Hintergrund sind schlanke Organisationsstrukturen in besonderer Weise geeignet, marktgerichtete Wettbewerbsstrategien zu implementieren, weil sie gleichzeitig **effizient** und **flexibel** sind und deshalb kosten- und qualitätsorientierte Anforderungen an die Organisationsstruktur vereinen.

3.3.2   Ablauforganisatorische Anpassungsprozesse

Im Rahmen der ablauforganisatorischen Gestaltung der Implementierungsprozesse hat zwischenzeitlich der Faktor Zeit einen besonderen Stellenwert erlangt (Rebstock 1994). So müssen beispielsweise steigende Investitionen in die Entwicklung neuer Produkte in immer kürzeren Produktlebenszyklen amortisiert werden. Jüngere Veröffentlichungen stellen deshalb zunehmend die strategieorientierte Prozessgestaltung und Ablauforganisation in den Mittelpunkt (Welge et al. 1996).

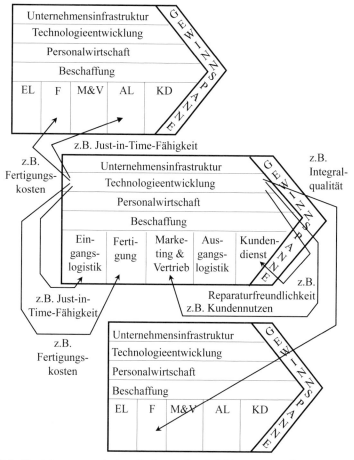

Abb. 3.3-4: Beziehungen zwischen Technologieentwicklung und anderen Aktivitäten (Quelle: Benkenstein 1993)

Die **Prozessorientierung** als wesentliches Grundprinzip des Lean Management kennzeichnet dabei die prozessorientierte Gestaltung gesamter Wertschöpfungsketten sowohl der Unternehmung als auch der Zulieferer und Abnehmer (Scherm 1994; Benkenstein 1994a; Zink, Brandstätt 1996). Im Mittelpunkt steht dabei – wie Abb. 3.3-4 am Beispiel von Technologieverflechtungen in Innovationsprozessen darstellt – die Organisation der vertikalen Verflechtungen in Wertkettensystemen zur Nutzung von Synergien und Kostensenkungspotenzialen. **Just-in-Time-Konzepte** sind letztlich das Ergebnis einer solchen Prozessorientierung an der Schnittstelle zwischen Hersteller und Zulieferer (Wildemann 1995).

Die Gestaltung der Organisationsprozesse erfolgt letztlich – nicht nur im Rahmen des Lean Management – unter der Zielsetzung, eine möglichst effiziente Zusammenarbeit der einzelnen wertschöpfenden Prozesse zu erreichen und insbesondere Schnittstellenprobleme zu vermeiden (Teng et al.1994; Meffert 1994).

Immer dann, wenn die Vermeidung von Schnittstellen nicht möglich ist, müssen die Verantwortlichkeiten auf den verschiedenen Seiten der Schnittstelle und der Prozess an der Schnittstelle eindeutig determiniert werden.

In Zusammenhang mit der bereits diskutierten Prozessorientierung gewinnt die Prozessoptimierung zunehmend an Bedeutung. Aufgabe einer solchen Prozessoptimierung ist die Identifikation überflüssiger Prozesse und deren Beseitigung. Prozesse sollen vereinfacht, ausgelagert oder umstrukturiert werden, um so Zeit- und letztlich auch Kostenvorteile zu erzielen. Dabei wird bspw. durch das Target Costing und die Prozesskostenrechnung das notwendige Instrumentarium im Rahmen der Durchsetzung von Prozessoptimierungen zur Verfügung gestellt (Töpfer 1996).

Abschließend kann zum Lean Management festgestellt werden, dass durch die Anwendung der Grundprinzipien dieses Konzeptes eine **simultane Implementierung** kosten- und qualitätsorientierter Wettbewerbsstrategien möglich ist. Zum einen betont dieses Managementkonzept die Nutzung von Kostensenkungspotenzialen. Zum anderen fordert das Prinzip zur „Vermeidung von Verschwendung" die Konzentration auf Kernaktivitäten, welche die zentralen Nutzendimensionen der Nachfrager beinhalten. Somit können auch Qualitätsvorteile durchgesetzt werden (Benkenstein 1994a). Schließlich trägt das Lean Management maßgeblich – nicht zuletzt durch die Prozessorientierung – zur Flexibilitätssteigerung innerhalb der Unternehmung bei.

3.4 Controllingprozesse zur Implementierung des strategischen Marketing

Innerhalb des Implementierungsprozesses marktgerichteter Wettbewerbsstrategien sind weiterhin die in der Unternehmung bestehenden Controllingsysteme so zu gestalten, dass jederzeit klare und verlässliche Angaben über den Fortschritt der Strategieimplementierung verfügbar sind, um auf diesem Wege Soll-Ist-Abweichungen und die Abweichungsursachen rechtzeitig zu erkennen (Pümpin, Geilinger 1988). Dabei ist in der Literatur nach wie vor das Spektrum der Interpretationen des Controlling und speziell des Marketing-Controlling weit gefächert (Scherm 1994). Im Folgenden soll daher kurz eine Abgrenzung des Begriffes Marketing-Controlling vorgenommen werden, bevor dessen Ziel- und Aufgabenspektrum detaillierter dargestellt wird.

3.4.1 Kennzeichnung und Bedeutung des Marketing-Controlling

Das Marketing-Controlling als ein Subsystem des Controllingsystems bezieht sich auf den Absatzbereich des Unternehmens (Preißner 1999). Da das Unternehmen jedoch mit allen seinen Teilbereichen zur Sicherung des Kundennutzens und damit zum Aufbau von Wettbewerbsvorteilen beiträgt, ist die Abgrenzung zwischen Unternehmens- und Marketing-Controlling fließend (Benkenstein 2001).

Das Marketing-Controlling geht über das Verständnis der klassischen Marketing-Kontrolle hinaus. Während sich die klassische Marketing-Kontrolle allein auf eine vergangenheitsorientierte Effizienz- und Effektivitätskontrolle im Marketing beschränkt, soll das Marketing-Controlling durch die Bereitstellung von marketingrelevanten Informationen eine zukunftsorientierte Steuerung der Unternehmens- und Marketingprozesse im Sinne der marktgerichteten Unternehmensziele sicher stellen. Hierbei ist insbesondere der Koordinationsaspekt relevant. Durch die Koordination soll gewährleistet werden, dass die marktgerichteten Aktivitäten des Unternehmens „optimal" aufeinander abgestimmt sind. Folglich sind zwei spezifische Charakteristika wesentlich für das Marketing-Controlling. Das erste Charakteristikum zeichnet sich dadurch aus, dass externe Informationen aus dem Bereich der Marktforschung mit Daten des internen Rechnungswesens kombiniert werden. Des Weiteren besteht die zweite Besonderheit des Marketing-Controlling darin, dass neben den monetären Zielgrößen vor allem solche nicht-monetärer Art, wie beispielsweise der Bekanntheitsgrad oder auch das Image des Unternehmens, Berücksichtigung finden (Becker 2006; Preißner 1999; Köhler 1993). Darüber hinaus nehmen Soll-Ist-Vergleiche und Planabweichungsanalysen sowie die rechtzeitige Antizipation der Abweichungsursachen eine besondere Stellung im Bereich des Marketing-Controlling ein (Pümpin, Geilinger 1988; Kotler, Bliemel 2001; Meffert 2000).

Marketing-Controlling umfasst somit den Einsatz und die Koordination der marketingspezifischen Informationsversorgung, der Marketingplanung und -kontrolle mit dem Ziel, die Führungseffizienz zu erhöhen (Bruhn 2009; Köhler 1993a).

Funktional zählen folglich alle Tätigkeiten zum Marketing-Controlling, die zu dessen Aufgabenspektrum zu rechnen sind. Neben dieser Abgrenzung des Marketing-Controlling in funktionaler Hinsicht ist auch eine Abgrenzung in institutioneller Hinsicht möglich. Die institutionelle Abgrenzung bezieht sich auf die organisatorische Einbettung des Marketing-Controlling in die Organisationsstruktur des Unternehmens und dabei speziell auf die Beziehung zum Marketing-Management (Benkenstein 2001).

3.4.2 Ziele und Aufgaben des Marketing-Controlling

Ziel des Marketing-Controlling ist es, die Effizienz und Effektivität der marktgerichteten Führung zu erhöhen und die Anpassungsfähigkeit des Unternehmens an Veränderungen der internen, aber auch der Markt- und Umweltsituation zu steigern (Weber 2004; Grimmeisen 1995). Auf diesem obersten Ziel des Marketing-Controlling gründen weitere Teilziele (Bruhn 2009):

- Sicherung der Unternehmensexistenz,
- Antizipation von Chancen und Risiken,
- Effizienter Marketinginstrumenteneinsatz,
- Gewinnorientierte Steuerung des Marketingbereichs,
- Entscheidungsflexibilität bei sich ändernden Marktgegebenheiten sowie
- die Gewährleistung der Entscheidungssicherheit.

Die Erreichung der Ziele des Marketing-Controlling, insbesondere die Gewährleistung der Funktionsfähigkeit des Marketing bedingt die Notwendigkeit einer kontinuierlichen und gezielten Bereitstellung von relevanten Informationen aus den Bereichen Planung und Kontrolle sowie deren Koordination (Bruhn 2009). Somit stehen drei Aufgaben im Mittelpunkt des Controllingkonzeptes (Ossadnik 2003):

- Planungs- und Kontrollaufgaben,
- Steuerungs- und Regelungsaufgaben sowie
- Informations(versorgungs-)aufgaben.

Die **Planungs- und Kontrollaufgabe** ist ein wesentlicher Aufgabenbereich des Marketing-Controlling. Damit ist diese Aufgabe mit der Marketingkontrolle gleichzusetzen. Unter Marketingkontrolle versteht man die systematische, kritische und unvoreingenommene Prüfung und Beurteilung der grundlegenden Ziele und der Politik des Marketing (Stern 1969). Durch die Marketingkontrolle erfolgt eine Rückkopplung im Prozess des Marketing-Management und gegebenenfalls eine Anpassung der marktgerichteten Wettbewerbsstrategien oder auch der einzelnen Marketinginstrumente (Meffert 1986). Intensive Kostenkontrollen und detaillierte Kontrollberichte sind insbesondere bei der Implementierung einer Kostenvorteilsstrategie von grundlegender Bedeutung (Porter 1999).

Ein weiteres wesentliches Aufgabenfeld des Marketing-Controlling ist die **Steuerung und Regelung** der Marktbearbeitungsaktivitäten. Sie umfasst die Identifikation und Analyse von Zielabweichungen sowie die Kennzeichnung der Potenziale, die zur Kompensation der Zielabweichungen beitragen. Diese Funktion ist im Gegensatz zur klassischen Marketingkontrolle eine Führungsaufgabe des Marketing-Controlling, da nicht nur Abweichungen von ex-ante definierten Standards festgelegt, sondern auch Korrekturpotenziale identifiziert werden (Welge 1988). Die dabei zur Anwendung kommenden Instrumente sind weitgehend mit den Analyse- und Planungsinstrumenten des strategischen und operativen Marketing identisch (Benkenstein 2001).

Die dritte wesentliche Aufgabe des Marketing-Controlling ist die **Informationsaufgabe** (Köhler 1996). Sie soll alle führungsrelevanten Informationen systematisch erfassen und für den Entscheidungsträger aufarbeiten, gegebenenfalls interpretierend verdichten und auf die Entscheidungsträger verteilen (Horváth 2004; Welge, Böttcher 1991; Weber 2004). Zur Verwirklichung dieser drei Aufgaben des Marketing-Controlling können verschiedene Instrumente eingesetzt werden.

3.4.3   Instrumente des Marketing-Controlling

Entsprechend des besonderen Stellenwertes der Kontrollfunktion im Rahmen des Marketing-Controlling sollen im Folgenden die Instrumente der ergebnisorientierten Marketingkontrolle sowie die Frühwarnsysteme näher erörtert werden. Die ergebnisorientierte Marketingkontrolle (Nieschlag et al. 2002) ist darauf ausgerichtet, den Erfolg und die Effizienz der implementierten Marketingstrategie zu überprüfen. Entsprechend dieser Aufgabenstellung kann im Rahmen einer ökonomischen Kontrolle zum einen die Erfüllung ökonomischer Marketingziele überprüft werden. Zum anderen kann sich – im Sinne einer außerökonomischen Kontrolle – die Analyse der Zielabweichungen auch auf psychographische Marketingziele beziehen (Hahn 1990a). Als Kontrollobjekt können entweder das Gesamtinstrumentarium des Marketing-Mix oder einzelne Marketinginstrumente analysiert werden. Abb. 3.4-1 verdeutlicht diese Zusammenhänge und systematisiert darauf aufbauend die verschiedenen Kontrollinstrumente.

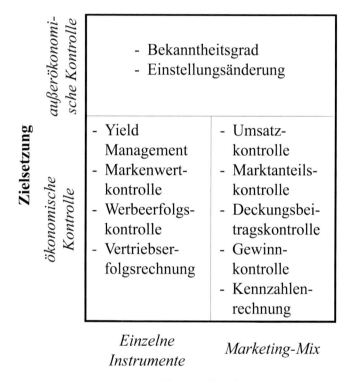

Abb. 3.4-1: Ausgewählte Instrumente der ergebnisorientierten Marketingkontrolle

Zunächst soll auf die ergebnisorientierte Marketingkontrolle des Marketing-Mix im Gesamtzusammenhang eingegangen werden (Benkenstein, Dröge 1995). Ein wesentlicher Stellenwert kommt dabei der **Umsatzkontrolle** zu.

Erfolge bei der Implementierung wachstumsorientierter Wettbewerbsstrategien werden vom Umsatz direkt widergespiegelt. Allerdings sind Gesamtumsatzzahlen nicht hinreichend aussagefähig, da sie die Entwicklungen in einzelnen Branchen, Geschäftsfeldern und Absatzregionen oder mit einzelnen Kundengruppen bzw. Produkten nivellieren. Um diese Nachteile zu vermeiden, muss die Umsatzanalyse differenziert nach **Kundengruppen**, **Regionen** oder **Produkten** durchgeführt werden.

Der Vergleich dieser Umsatzzahlen mit denen innerhalb der Branche liefert wichtige Hinweise zur **Marktposition** der Unternehmung. Darüber hinaus ist eine rein statische Umsatzanalyse nicht aussagefähig. Deshalb müssen Umsätze grundsätzlich in ihrer zeitlichen Entwicklung analysiert werden. Nur so kann der Erfolg oder auch der Misserfolg der Implementierung einer marktgerichteten Wettbewerbsstrategie transparent werden. Dabei muss schließlich aber auch berücksichtigt werden, dass eine Entwicklung des Umsatzes nicht allein von der Qualität der Strategieimplementierung, sondern auch von Umweltvariablen, z. B. vom allgemeinen Konsumklima oder von der Reaktion der Wettbewerber beeinflusst wird. Aussagefähige Kontrollinformationen zeichnen sich deshalb dadurch aus, dass diese externen Einflüsse auf die Umsatzentwicklung isoliert werden. Eine derartige Abgrenzung wird jedoch in der Praxis nur in den seltensten Fällen möglich sein (Bidlingmaier 1973).

Die Umsatzkontrolle allein ist nicht ausreichend, um den Erfolg der Strategieimplementierung zu beurteilen. Neben der Umsatzkontrolle ist deshalb die **Marktanteilskontrolle** wesentlich. Der Marktanteil setzt den Umsatz der betrachteten Unternehmung ins Verhältnis zum Marktvolumen. Somit kann die relative Marktposition der Unternehmung ermittelt werden. Im Vergleich zur Kontrolle der Umsatzentwicklung hat die Marktanteilskontrolle eine differenziertere Aussagekraft. Geht beispielsweise dic Umsatzsteigerung einer Unternehmung mit sinkenden Marktanteilen einher, so verliert diese Unternehmung trotz Umsatzwachstum an **Wettbewerbspotenzial**. Die Marktanteilskontrolle ist jedoch auch mit Problemen verbunden. Sie beziehen sich zunächst auf die Ermittlung des Marktvolumens, wenn zersplitterte und wenig überschaubare Märkte vorliegen. Aber auch die Abgrenzung des relevanten Marktes wirft Probleme auf. Schließlich sollte auch die Marktanteilskontrolle ebenso wie die Umsatzkontrolle differenziert für einzelne Bezugsgrößen – Regionen, Produkte oder Kundengruppen – und im Periodenvergleich durchgeführt werden.

Sowohl Umsatz als auch Marktanteil berücksichtigen lediglich die Erlöse, aber nicht die mit bestimmten Marketingmaßnahmen verbundenen Kosten. Deshalb muss als weiteres wesentliches ökonomisches Ziel der Gewinn einer laufenden Kontrolle unterzogen werden. Um die Höhe des erzielten Gewinns gezielt interpretieren zu können, wird dieser nicht allein in einem Soll-Ist-Vergleich dem vorgegebenen Zielniveau gegenübergestellt, sondern auch in Relation zu Vorjahreswerten und Wettbewerbern interpretiert.

Als weitere geeignete Zielgröße bietet sich in diesem Zusammenhang der Deckungsbeitrag an. Bei diesem werden nur die zurechenbaren, d. h. die entscheidungsrelevanten Kosten und Erlöse verrechnet. Auf diese Weise werden nur jene Kosten, die durch das Marketing-Mix beeinflusst werden können, in die Betrachtung einbezogen (Benkenstein 2001).

Während sich die bisher dargestellten Kontrollinhalte auf die absolute Zielerreichung bezogen haben, wird bei der **Kennzahlenrechnung** die Effizienz der Zielerreichung kontrolliert. Kennzahlen sind Verhältniszahlen, in die mindestens zwei Zielgrößen eingehen. Beispiele für Kennzahlen zur Kontrolle des gesamten Marketing-Mix sind:

- Deckungsbeitrag/Umsatz,
- Gewinn/Umsatz,
- Umsatz/Kapital,
- Gewinn/Kapital.

Aussagefähig sind Kennzahlen insbesondere dann, wenn sie dynamisch oder komparativ statisch und im Vergleich mit den Wettbewerbern analysiert werden. Diese Analysen machen die zeitlichen Entwicklungen der verschiedenen Kennzahlen transparent und verdeutlichen die Position der Unternehmung im Wettbewerbsumfeld.

Für das Marketing-Controlling ist jenseits der ökonomischen Kontrolle auch die Analyse **qualitativer Erfolgsfaktoren**, die die Meinungen, Einstellungen und Verhaltensabsichten transparent machen, im Hinblick auf die Kontrolle des Implementierungserfolgs relevant. Eine wichtige Kontrollgröße ist in diesem Zusammenhang der **Bekanntheitsgrad** der Unternehmung und ihrer markierten Leistungen. Die Erfassung des Bekanntheitsgrades kann gestützt oder ungestützt erfolgen. Die Analyse des Bekanntheitsgrades muss dabei zielgruppenspezifisch durchgeführt werden, da nur bei den für die Unternehmung relevanten Käuferschichten ein hoher Bekanntheitsgrad angestrebt werden muss, um die wettbewerbsgerichteten Strategien erfolgreich zu implementieren (Benkenstein, Dröge 1995).

Neben der Kontrolle des Bekanntheitsgrades stellt die **Einstellungsanalyse** ein wichtiges Instrument zur Bewertung der Gesamtwirkungen des Marketing-Mix dar. Mit dem Konstrukt der Einstellung wird der Sachverhalt beschrieben, dass Nachfrager auf bestimmte Reize konsistent positiv bzw. negativ reagieren. Im Rahmen der Marketingkontrolle bietet es sich an, das ideale Einstellungsprofil der unterschiedlichen Nachfrager mit dem von diesen Nachfragern wahrgenommenen, realen Einstellungsprofil zu vergleichen. Mit zunehmender Annäherung dieser Profile steigen die Präferenzen für die angebotenen Leistungen und damit auch die Kaufwahrscheinlichkeit (Meffert 1986). Darüber hinaus kann der Vergleich der Einstellungswerte, die die Leistungen der betrachteten Unternehmung im Vergleich mit Wettbewerbsleistungen erzielen, wesentliche Stärken und Schwächen der angebotenen Leistungen aufzeigen.

Eine weitere bedeutende psychographische Ziel- und Kontrollgröße ist die Kundenzufriedenheit. Kundenzufriedenheit besitzt in diesem Zusammenhang enorme Bedeutung für das Marketing, weil es als wesentliche Voraussetzung für Kundenloyalität, Kundenbindung und Wiederkäufe gilt. In Zeiten stagnierender Märkte und damit steigender Bedeutung langfristiger Kundenbeziehungen kann die regelmäßige Kontrolle der Kundenzufriedenheit bereits frühzeitig Auskunft über Erfolgsaussichten des Unternehmens und die Notwendigkeit eines intensiveren Kundenbindungsmanagements geben (Benkenstein 2001).

Neben der Kontrolle der Erfolgswirkungen des Gesamtinstrumentariums können auch die Wirkungen der **einzelnen Marketinginstrumente** analysiert werden (Benkenstein, Dröge 1995). Dies ist notwendig, da die Kontrolle des Gesamtinstrumentariums nur globale Informationen liefert, jedoch die Stärken und Schwächen bei der Gestaltung einzelner Marketinginstrumente nicht transparent werden. Unter den Kontrollinstrumenten zur Analyse einzelner Marketinginstrumente ist besonders die **Werbeerfolgskontrolle** hervorzuheben (Meffert 2000). Hierzu sind eine Vielzahl von Untersuchungen durchgeführt worden, die zu unterschiedlichsten Kontroll- und Analysekonzepten und -instrumenten geführt haben (Schmalen 1992; Vidale, Wolfe 1957). Letztlich orientieren sich auch diese Konzepte an ökonomischen und psychographischen Kontrollgrößen (Behrens 1976).

Neben der reinen Gegenüberstellung der Erfolgsgrößen im Rahmen der Erfolgskontrolle besitzt die differenzierte Erfolgsanalyse wesentliche Bedeutung innerhalb der Marketingkontrolle. Wichtigstes Instrument ist in diesem Zusammenhang die Absatzsegmentrechnung. Dabei handelt es sich um ein Verfahren der Erfolgsanalyse, mit dem die Herkunft des Erfolgs eines Unternehmens untersucht werden soll. Dazu wird der Absatzbereich des Unternehmens in so genannte Absatzsegmente, d. h. in Teilbereiche, die sich in Bezug auf ihre Reaktion auf die Marketing-Mix-Instrumente unterscheiden und denen Erlöse und Kosten direkt zugerechnet werden können, aufgespalten (Benkenstein 2001). Eine solche Differenzierung kann bspw. nach den Kriterien

- Produkte,
- Kunden,
- Vertriebswege oder
- Verkaufsgebiete

erfolgen. Den so gebildeten Gruppen werden nun die eindeutig zurechenbaren Kosten und Erlöse zugeschlagen.

Die Absatzsegmentrechnung beruht auf der Annahme der Bezugsgrößenhierarchie, d. h. die gebildeten Absatzsegmente stehen in einem klaren Über- und Unterordnungsverhältnis. So setzen sich bei einer produktbezogenen Gliederung die einzelnen Produkte zu Produktgruppen zusammen, die wiederum Produktsparten bilden. Verbunden mit der Bezugsgrößenhierarchie ist das Prinzip der Relativität der Einzelkosten. Dieses besagt, dass man angefallene Kosten immer nur in Relation zu einem Bezugsobjekt als Einzel- oder Gemeinkosten einstufen kann. Während sie für ein untergeordnetes Absatzsegment noch Gemeinkosten darstellen, können sie vielleicht auf der nächsthöheren Hierarchiestufe schon eindeutig als Einzelkosten zugerechnet werden. Im Rahmen der Abatzsegmentrechnung werden nun alle Kosten auf der niedrigsten Hierarchiestufe zugeordnet, auf welcher sie ohne Schlüsselung direkt als Einzelkosten zugeordnet werden können. In methodischer Hinsicht entspricht die Absatzsegmentrechnung der stufenweisen Deckungsbeitragsrechnung auf Basis relativer Einzelkosten.

Als zentrale Kontrollinformation der Absatzsegmentrechnung erhält man auf jeder Zurechnungsstufe einen Deckungsbeitrag. Dabei handelt es sich um die Differenz aus den eindeutig zurechenbaren Kosten und Erlösen. Die Höhe des Deckungsbeitrages steht zur Deckung der noch nicht zurechenbaren Kosten zur Verfügung. Probleme bei der Absatzsegmentrechnung treten auf, wenn die Kostenentstehung nicht mit der Hierarchie der Bezugsgrößen übereinstimmt. In diesem Fall wird wieder das Prinzip der verursachungsgerechten Zuordnung verletzt. Darüber hinaus müssen, insbesondere bei der Ableitung von Produkteliminierungsentscheidungen, mögliche Wechselwirkungen zwischen den verschiedenen Absatzsegmenten berücksichtigt werden. Die Absatzsegment-rechnung ermöglicht eine differenzierte Erfolgsbetrachtung der Absatztätigkeit. Eine Beispielrechnung ist in Abb. 3.4-2 enthalten.

	Brutto-Umsatz
./.	Mehrwertsteuer
=	**Netto-Umsatz**
./.	Erlösschmälerungen (Rabatte, Skonti)
./.	Herstellkosten (sofern direkt zurechenbar)
=	**Brutto-Segmentbeitrag**
./.	umsatzvariable Marketingkosten (z.B. Vertreterprovisionen, Versandkosten, Auftragsbearbeitungskosten)
=	**umsatzvariabler Segmentbeitrag**
./.	nicht umsatzvariable, direkt zurechenbare Marketingkosten (z.B. Werbekosten, Vertriebskosten (Gehäl-ter), Kundendienstkosten, Marktforschungs-kosten)
=	**kontrollierter Segmentbeitrag**
./.	langfristige Kosten (z.B. tatsächliche Abschreibungen auf Fuhrpark oder Verkaufsbüros)
=	**Netto-Segmentbeitrag**

Abb. 3.4-2: Absatzsegmentrechnung (Quelle: Meffert 2000)

Neben der klassischen Marketingkontrolle sind für die Strategieimplementierung und vor allem für eine frühzeitige Evaluation des Strategieerfolgs **Frühwarnsysteme** rele-vant. Derartige Frühwarnsysteme sind spezifische Informationssysteme, die den jewei-ligen Benutzer frühzeitig auf latente Veränderungen der Aufgabenumwelt hinweisen (Ansoff 1976; Liebl 1994; Horváth 2004). Dadurch wird es möglich, rechtzeitig Strate-gien und Maßnahmen zu entwickeln, die diesen Umweltveränderungen gerecht werden und die Wettbewerbsposition der Unternehmung ausbauen. Die Installation von Früh-warnsystemen erfordert dabei die folgenden Schritte (Bruhn 2009):

• Strukturierung der zu erfassenden Bereiche (z. B. Unternehmensumwelt, Entwick-lungen im Handel, Käuferpräferenzen)
• Ermittlung von Indikatoren zur Beobachtung der zuvor definierten Bereiche (z. B. Marktanteile, Neuprodukte, Preisniveaus)
• Beobachtung/Überwachung der Indikatoren
• Bewertung der Auswirkungen der Indikatoren auf die Strategieziele
• Organisatorische Einbindung des Frühwarnsystems im Marketing

Frühwarnsysteme werden bereits seit den 1960er Jahren diskutiert. Sie haben sich in drei Stufen entwickelt (Klausmann 1983, Gomez 1983). Die erste Generation der Frühwarnsysteme stellt lediglich eine spezielle Form der operativen Planung dar. Innerhalb des operativen Planungszeitraums werden Prognosen auf der Basis der Ist-Werte durchgeführt, um rechtzeitig Unter- bzw. Überschreitungen des **Planungskorridors** zu erkennen. Diese Art von Frühwarnsystemen antizipiert somit die Analyse von Soll-Ist-Abweichungen um wenige Monate (Hahn 1983a; Böcker 1988) und ist deshalb im eigentlichen Sinne kein „Früh"-, sondern allenfalls ein Warnsystem.

Die zweite Entwicklungsstufe der Frühwarnsysteme umfasst die Ermittlung von **Frühwarnindikatoren**. Diese sollen – indem die Kausalbeziehungen zwischen den Indikatoren und dem Unternehmenserfolg aufgedeckt werden – Hinweise auf nur anhand dieser Indikatoren wahrnehmbare Umwelt- und auch Unternehmensentwicklungen geben. Sie dienen in Form schwacher Signale somit der präventiven Krisenbewältigung. Dabei müssen sowohl generelle Indikatoren – beispielsweise die Abnahme der Nutzungsintensität in der gesamten Branche – als auch individuelle Indikatoren – beispielsweise Kundenwanderungen zum Wettbewerber – verwendet werden.

Frühwarnsysteme der dritten Generation werden auch als **„strategisches Radar"** bezeichnet. Sie liefern der Unternehmensführung vor allem qualitative Daten, die dabei helfen, strategische Entwicklungen frühzeitig zu erkennen. Ausgangspunkt ist dabei,

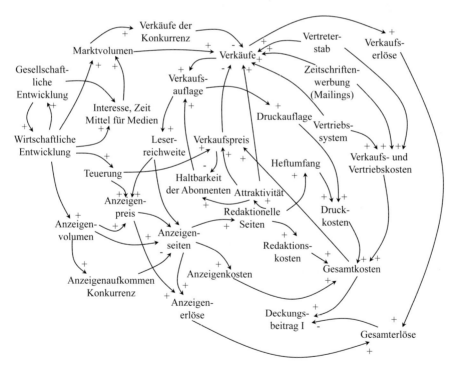

Abb. 3.4-3: Beispiel eines so genannten Feedbackdiagramms für einen Zeitschriftenverlag (Quelle: Gomez 1983a)

dass politische, wirtschaftliche, soziale und technologische Veränderungen immer von Menschen initiiert und deshalb durch Meinungen, Stellungnahmen, Veröffentlichungen oder Patentanmeldungen von Schlüsselpersonen angekündigt werden. Diese **Vorankündigungen** müssen erfasst und im Informationssystem der Unternehmung aufgearbeitet werden. Dies ist jedoch nur dann hinreichend möglich, wenn die Zusammenhänge zwischen den politischen, wirtschaftlichen, sozialen und technologischen Veränderungen und der Unternehmens- und Wettbewerbsentwicklung möglichst auch quantitativ abgebildet werden können (Horváth 1991). Ein Beispiel, in dem diese komplexen Zusammenhänge für einen Zeitschriftenverlag aufgearbeitet sind, ist in der Abb. 3.4-3 dargestellt.

Letztlich sollen die Ergebnisse dieser Analysen, aber auch des gesamten Marketing-Controlling strategische Planungsprozesse im Marketing neu initiieren. Damit schließt sich der Kreislauf der strategischen Marketingplanung.

3.4.4 Integriertes Marketing-Controlling auf der Basis von Scorecards

Die Balanced Scorecard hat in den letzten Jahren in Europa eine besondere Aufmerksamkeit erfahren und wird in Wissenschaft und Praxis gleichermaßen intensiv diskutiert (Grotloh, Rothenberger 1999).

Der Ausgangspunkt der Balanced Scorecard liegt in der Kritik an den konventionellen, meist auf Finanzkennzahlen beruhenden Controlling- und Führungssystemen (Zimmermann, Jöhnk 2001; Kaplan, Norton 1992). So verwenden die traditionellen Kennzahlensysteme, wie beispielsweise das DuPont-Schema, ausschließlich monetäre Größen und vernachlässigen damit wertschöpfende sowie zukunftsweisende Prozesse einer Unternehmung (Werner 2000; Frick 2000). Ein wesentlicher Kritikpunkt ist zudem, dass diese Kennzahlensysteme keinen Bezug zur Unternehmensstrategie aufweisen (Kaplan, Norton 2001; Horvath & Partner 2000; Müller 2000; Zimmermann, Jöhnk 2001).

Die Balanced Scorecard stellt hingegen ein **Verfahren zur Leistungsbeurteilung** dar, das explizit ein an der **Strategie orientiertes Unternehmenscontrolling** ermöglicht (Zimmermann, Jöhnk 2001). So werden im Rahmen der Aufstellung der Balanced Scorecard aus der formulierten Unternehmensvision und der definierten Unternehmensstrategie konkrete Zielgrößen abgeleitet. Grundgedanke der Balanced Scorecard ist hierbei die Berücksichtigung unterschiedlicher Perspektiven bei der Leistungsbeurteilung einer Unternehmung bzw. eines strategischen Geschäftsfeldes als Grundlage zu deren Steuerung und Kontrolle (Kaplan, Norton 1997). So werden im Konzept der Balanced Scorecard die klassischen finanzwirtschaftlichen Kennzahlen um eine Kunden-, eine interne Prozess- sowie eine Lern- und Entwicklungsperspektive ergänzt und miteinander verkettet (Kaplan, Norton 1992; Horváth & Partner 2000). Damit wird das Unternehmen und seine Strategien durch die Balanced Scorecard aus **vier verschiedenen Perspektiven** kontrolliert und gesteuert.

Da nur Kennzahlen mit explizitem Strategiebezug ausgewählt werden sollen, und um eine Anschaulich- und Übersichtlichkeit der Balanced Scorecard zu gewährleisten, sollte die Scorecard insgesamt nicht mehr als **15 bis 25 kritische Einflussfaktoren** umfassen (Kaplan, Norton 1997). Abb. 3.4-4 zeigt in einem synoptischen Überblick, wie die Balanced Scorecard die finanziellen Zielsetzungen mit den Leistungsperspektiven der Kunden, den internen Prozessen sowie der Potenzialperspektive zusammenfasst.

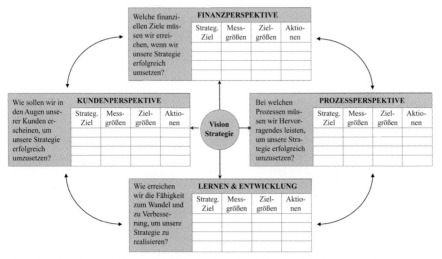

Abb. 3.4-4: Balanced Scorecard (Quelle: Horváth & Partner 2000)

Als wesentlicher Vorteil der Scorecard ist damit die **Übersetzung der Unternehmensstrategie in operationale Messgrößen** hervorzuheben (Brunner 2000). Da die Balanced Scorecard zudem die **kausale Analyse von Ursache-Wirkungs-Beziehungen** zwischen den Messgrößen erfordert, stellt sie nicht nur eine Kennzahlensammlung dar, sondern dient zudem als Bindeglied zwischen Strategieentwicklung, -implementierung, -controlling und -steuerung (Weber, Schäffer 2000).

Kaplan/Norton veranschaulichen dabei, dass ein **reines Finanzcontrolling zur Durchsetzung und Steuerung zukunftsgerichteter und kundenorientierter Unternehmensstrategien nicht ausreichend** ist (Schein 1999). Aufgrund ihres **hohen Visualisierungsgrades** bietet die Scorecard zudem eine abteilungsübergreifende Kommunikationsplattform. Die **Flexibilität** der Scorecard ermöglicht ferner den branchenunabhängigen Einsatz (Werner 2000).

Als **Kritik** ist anzufügen, dass Kaplan/Norton keine Hinweise dazu geben, wie die relevanten Messgrößen ermittelt werden können und wie die Balanced Scorecard auf tiefere Hierarchieebenen, und damit auf für einzelne Mitarbeiter beeinflussbare Zielgrößen, herunter zu brechen ist (Meffert, Koers 2001; Werner 2000). Insbesondere bei der Festlegung der Ausprägungen weicher Messgrößen wie z. B. dem Image, liegen zudem stark subjektive Einflüsse der Entscheidungsträger vor.

Für das **strategische Marketing-Controlling** kann die Balanced Scorecard anhand von strategieorientierten Kennzahlen – mit der explizit formulierten Kundenperspektive – wesentlich dazu beitragen, die **kundenorientierte Vision des Unternehmens umzusetzen** (Kaum 2000).

3.5 Erfolgsfaktoren der Strategie-implementierung

Damit die Implementierung marktgerichteter Wettbewerbsstrategien erfolgreich durchgesetzt werden kann, ist eine strategieadäquate Gestaltung der so genannten „weichen" Faktoren wesentlich. Diese „weichen" Faktoren der Strategieimplementierung umfassen insbesondere den Führungsstil und die Unternehmenskultur.

3.5.1 Führungsstile

Der Führungsstil kennzeichnet ein langfristig stabiles, situationsinvariantes Verhaltensmuster, das die Unternehmens- und auch die Marketingleitung im Rahmen ihrer mitarbeiterbezogenen Entscheidungen, aber auch im Rahmen der Kommunikation mit diesen Mitarbeitern prägt (Staehle 1973, Neuberger 1977; Steinle 1978). Dabei können im Grundsatz zwei Führungsstile unterschieden werden (Lewin, Lepitt 1938; Tannenbaum et al. 1961). Dies sind der autokratische, autoritäre oder auch absolutistische Führungsstil und der kooperative, partizipative bzw. demokratische Führungsstil (Hill 1995).

Der **autokratische Führungsstil** ist gekennzeichnet durch eine geringe Partizipation der Mitarbeiter im Rahmen von Führungsentscheidungen. Die Aktivitäten der Mitarbeiter weisen eine hohe Strukturierung und Dirigierung auf. Des Weiteren übt der Führer eine relativ starke Kontrolle gegenüber den Mitgliedern seiner Mitarbeitergruppe aus und delegiert keinerlei **Entscheidungskompetenzen.** Darüber hinaus ist der Entscheidungsträger kaum bemüht, die Gruppenmitglieder durch Motivation zur Mitarbeit zu aktivieren.

Der **partizipative** Führungsstil ist durch eine ausgesprochen umfassende Beteiligung der Mitarbeiter an den Führungsentscheidungen gekennzeichnet. Weitere charakteristische Eigenschaften sind die geringe Strukturierung und Dirigierung der Gruppenaktivitäten. Die Kontrolle erfolgt relativ locker und der Führer ist bemüht, möglichst viele Entscheidungskompetenzen an die Gruppe zu delegieren. Weiterhin ist der Entscheidungsträger bemüht, die Gruppenmitglieder durch Motivation zur Mitarbeit zu aktivieren.

Diese zwei Führungsstile sind die extremen Ausprägungen potenziellen Führungsverhaltens. Abb. 3.5-1 verdeutlicht, dass das unterschiedliche Führungsverhalten nahezu fließend ineinander übergeht.

In der Vergangenheit ist insbesondere der Versuch unternommen worden nachzuweisen, dass ausgewählte Führungsstile in bestimmten wirtschaftlichen und sozialen Situationen effizient sind. So wird beispielsweise unterstellt, dass in dynamischen Wachstumsmärkten der partizipative Führungsstil die notwendigen **Freiräume für „kreative Champions"** schafft, während in stagnierenden Märkten mit hoher Wettbewerbsintensität eher ein autoritärer Führungsstil angezeigt ist, um mit der notwendigen Konsequenz um Marktanteile zu „kämpfen" (Meffert 1994). Derartige Führungsstiltheorien konnten bislang jedoch nicht empirisch belegt werden (Staehle 1999). Sie kamen teilweise sogar zu widersprüchlichen Ergebnissen für bestimmte Führungsstile (Staehle, Sydow 1987).

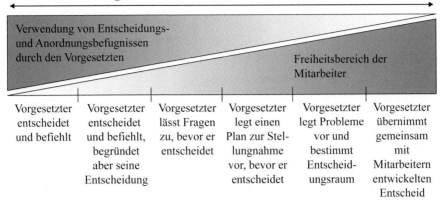

Abb. 3.5-1: Die Kennzeichnung des Führungsverhaltens durch das dimensionale Merkmal Entscheidungspartizipation (in Anlehnung an Tannenbaum, Schmidt 1958)

Will man den aufgezeigten marktgerichteten Wettbewerbsstrategien entsprechende Führungsstile zuordnen, so lassen sich nur grundlegende Aussagen treffen. Verfolgt eine Unternehmung eine Strategie zum Aufbau und zur Absicherung von **Qualitätsvorteilen**, so muss sie den Mitarbeitern den notwendigen Freiraum zur Entfaltung der **Kreativitätspotenziale** eröffnen. Eine strenge Kontrolle würde dies ebenso behindern wie starre Entscheidungsvorgaben. Darüber hinaus sind Anreize und gesamte Anreizsysteme erforderlich, um insbesondere die hochqualifizierten, kreativen Mitarbeiter an die Unternehmung zu binden.

Strebt die Unternehmung hingegen die Durchsetzung einer **Kostenvorteilsstrategie** an, so ist eine eher **straffe Führung** erforderlich, um die Potenziale zur Kostensenkung auszuschöpfen. Anreizsysteme haben in einer solchen Situation die Aufgabe, die Mitarbeiter auf die strikte Erfüllung der quantitativen Ziele auszurichten (Porter 1999). Vor diesem Hintergrund bleibt somit festzustellen, dass für die Durchsetzung einer auf Qualitätsvorteile ausgerichteten Wettbewerbsstrategie ein eher partizipativer Führungsstil und für die Kostenvorteilsstrategie ein eher autokratischer Führungsstil anzustreben ist.

Schließlich muss betont werden, dass mit der bereits angesprochenen Ausrichtung der Strategieimplementierung auf die Prozesse innerhalb der Unternehmung und über die Unternehmensgrenzen hinweg auch der Führungsstil der mit der Strategieimplementierung betrauten Entscheidungsträger anzupassen ist. Dabei wird sich weniger der Umfang des Führungsbedarfs verändern, sondern vielmehr der Inhalt und die Art, wie Führung erfolgreich ausgeübt wird. Entscheidende Elemente sind in diesem Zusammenhang übergeordnete Werte, klare Ziele und offene Kommunikation. Insgesamt muss der Entscheidungsträger verstärkt die Fähigkeit zur Zusammenarbeit aufweisen (George, Grönroos 1995). Er muss neben den dafür erforderlichen Persönlichkeitsmerkmalen auch fachlich eine hohe Qualifikation besitzen, da Entscheidungsträger in prozessgetriebenen Organisationen unterschiedliche Disziplinen auch außerhalb des eigenen Erfahrungsschwerpunktes soweit verstehen müssen, um eine effektive Kommunikation und ein

Zusammenführen der einzelnen Spezialbeiträge zu einem gemeinsamen Fortschritt zu gewährleisten.

3.5.2 Unternehmenskultur

Neben dem Führungsstil hat auch die Unternehmenskultur einen wesentlichen Einfluss auf die Effizienz und den Erfolg des strategischen Planungs- und Implementierungsprozesses (Morgan 1993). Dabei wird als Unternehmenskultur die Grundgesamtheit aller Werte und Normvorstellungen sowie Denk- und Verhaltensmuster verstanden, die die Entscheidungen, Handlungen und Aktivitäten der Organisationsmitglieder prägen (Schreyögg 1993a; Wicher 1994).

Die Implementierung einer marktgerichteten Wettbewerbsstrategie kann nur dann erfolgreich sein, wenn diese Strategie mit der jeweiligen Unternehmenskultur der betrachteten Unternehmung kompatibel ist. Es muss somit ein **Strategie-Kultur-Fit** vorliegen. So ist beispielsweise die Durchsetzung einer innovationsorientierten Wettbewerbsstrategie, die auf Qualitätsvorteile abzielt, nicht ohne eine Pionierkultur zu realisieren (Uhl 1993; Fritz 1993). Deshalb muss im Rahmen der Strategieimplementierung als erster wesentlicher Schritt die bestehende Kultur der Unternehmung, ihre **Ist-Kultur** erfasst und mit der sich aus der Wettbewerbsstrategie ergebenden **Soll-Kultur** abgestimmt werden (Welge et al. 1996). Gleichzeitig ist zu hinterfragen, ob und in welcher Form die Ist-Kultur in die Soll-Kultur überführt werden kann.

Vor diesem Hintergrund muss zunächst gewährleistet werden, dass die marktgerichteten Unternehmensziele fest in den Wertvorstellungen, Verhaltensnormen sowie Denk- und Handlungsweisen aller Mitarbeiter verankert sind. Erst diese „innere Motivation" aller Mitarbeiter, bei allen marktnahen, aber auch marktfernen Aktivitäten der Unternehmung den Kunden und den Wettbewerber in den Mittelpunkt zu rücken, sichert die konsequente Umsetzung der Marketingstrategien und -maßnahmen und kann so die Zielerreichung gewährleisten (Nerdinger, v. Rosenstiel 1995; Benkenstein, Dröge 1995).

Der Prozess des **Wandels der Unternehmenskultur** gestaltet sich im Vergleich zur Anpassung von Strukturen und Systemen als schwierig und allenfalls langfristig realisierbar (Meffert 1994). Einerseits können die Mitarbeiter den Kulturwechsel blockieren, da die vorgesehenen Veränderungen dem über Jahre gewachsenen und fest verankerten Werte- und Normengefüge widersprechen. Andererseits lassen sich Veränderungen der Unternehmenskultur nicht durch formale Anordnungen bewirken. Vielmehr müssen Instrumente wie die Änderung von Rollenerwartungen an Mitarbeiter, die Etablierung von Vorbildern, die Redefinition und Modifikation von Mythen und Symbolen zur Anwendung kommen. Auch neue Führungsstile sind Inhalte der Kulturänderung. Letztlich ist es jedoch wichtig, dass die neue Unternehmenskultur von allen Mitarbeitern, vor allem aber von der Unternehmensleitung getragen wird (Specht, Ewald 1991).

Zusammenfassend kann somit festgestellt werden, dass die Implementierung marktgerichteter Wettbewerbsstrategien nur dann erfolgreich sein kann, wenn die Unternehmenskultur und der Führungsstil strategieadäquat angepasst und diese Veränderungen von den Mitarbeitern akzeptiert und unterstützt werden.

Literaturverzeichnis

Aaker, D.A. (1988): Kriterien zur Identifikation dauerhafter Wettbewerbsvorteile, in: Simon, H. (Hrsg.), Wettbewerbsvorteile und Wettbewerbsfähigkeit, Stuttgart 1988, S. 37–46.

Aaker, D.A. (1998): Strategic Market Management, 5. Aufl., New York et al. 1998.

Aaker, D.A., Day, G.S. (1972): Corporate Responses to Consumerism Pressures, in: Harvard Business Review, 50. Jg., Heft 6, 1972, S. 114–124.

Abbott, L. (1955): Quality and Competition, New York 1955.

Abell, D.F. (1978): Strategic Windows, in: Journal of Marketing, 42. Jg., July 1978, S. 21–26.

Abell, D.F. (1980): Defining the Business. The Starting Point of Strategic Planning, Englewood Cliffs, N.J. 1980.

Abell, D.F., Hammond, J.S. (1979): Strategic Market Planning. Problems and Analytical Approaches, Englewood Cliffs, N.J. 1979.

Abernathy, W.J., Townsend, P.L. (1975): Technology, Productivity, and Process Change, in: Journal of Technological Forecasting and Social Change, 7. Jg., 1975, S. 379–396.

Abernathy, W.J., Utterback, J.M. (1978): Patterns of Technological Innovation, in: Technological Review, 80. Jg., Juni/Juli 1978, S. 40–47.

Abernathy, W.J., Wayne, K. (1974): Limits of the Learning Curve, in: Harvard Business Review, 52. Jg., 1974, S. 109–119.

Achterholt, G. (1991): Corporate Identity: in zehn Arbeitsschritten die eigene Identität finden und umsetzen, 2. überarb. Aufl., Wiesbaden 1991.

Adam, D. (1996): Planung und Entscheidung, 4. Aufl., Wiesbaden 1996.

Adam, D. (2000): Investitionscontrolling, München, Wien 2000.

Adam, D. (2001): Produktionsmanagement, 9. Aufl., Wiesbaden 2001.

Ahlert, D. (1981): Absatzkanalstrategien des Konsumgüterherstellers auf der Grundlage vertraglicher Vertriebssysteme mit dem Handel, in: Ahlert, D. (Hrsg.), Vertragliche Vertriebssysteme zwischen Industrie und Handel, Wiesbaden 1981, S. 43–98.

Ahlert, D. (1991): Distributionspolitik, 2. Aufl., Stuttgart, Jena 1992.

Ahlert, D. (1996): Distributionspolitik, 3. Aufl., Stuttgart, Jena 1996.

Ahlert, D., Hesse, J. (2003): Das Multikanalphänomen – viele Wege führen zum Kunden, in: Ahlert, D., Hesse, J., Jullens, J., Smend, P. (Hrsg.), Multikanalstrategien. Konzepte, Methoden und Erfahrungen, Wiesbaden 2003, S. 3–32.

Ahlert, D., Schröder, H. (1996): Rechtliche Grundlagen des Marketing, 2. Aufl., Stuttgart et al. 1996.

Albach, H. (1973): Das Gutenberg-Oligopol, in: Koch, H. (Hrsg.), Zur Theorie des Absatzes, Wiesbaden 1973, S. 9–33.

Albach, H. (1978): Strategische Unternehmensplanung bei erhöhter Unsicherheit, in: Zeitschrift für Betriebswirtschaft, 48. Jg., 1978, S. 702–715.

Albach, H. (1989): Innovationsstrategien zur Verbesserung der Wettbewerbsfähigkeit, in: Zeitschrift für Betriebswirtschaft, 59. Jg., 1989, S. 1338–1352.

Albach, H. (1990): Das Management der Differenzierung, in: Zeitschrift für Betriebswirtschaft, 55. Jg., 1990, S. 773–788.

Albers, S., Eggert, K. (1988): Kundennähe. Strategie oder Schlagwort?, in: Marketing. Zeitschrift für Forschung und Praxis, 10. Jg., 1988, S. 5–16.

Altrogge, G. (1996): Investition, 4. Aufl., München, Oldenbourg, 1996.

Amit, R., Schoemaker, P.J.H. (1993): Strategic Assets and Organizational Rent, in: Strategic Management Journal, 14. Jg., 1993, S. 33–46.

Anders, H.-J. (1991): Euro-Verbraucher. Realität oder Fiktion, in: Szallies, R. (1991): Wertewandel und Konsum, 2. Aufl., Landsberg 1991, S. 233–256.

Anderson, E.M., Weitz, B.A. (1986): Make-or-Buy Decisions: Vertical Integration and Marketing Productivity, in: Sloan Management Review, 27. Jg., Spring 1986, S. 3–19.

Ansoff, H.I. (1958): A Model for Diversification, in: Management Science, 4. Jg., 1958, S. 392–414.

Ansoff, H.I. (1965): Corporate Strategy, New York et al. 1965.

Ansoff, H.I. (1966): Management Strategie, München 1966.

Ansoff, H.I. (1976): Managing Surprise and Discontinuity. Strategic Response to Weak Signals, in: Zeitschrift für betriebswirtschaftliche Forschung, 28. Jg., 1976, S. 129–152.

Ansoff, H.I. (1979): Strategic Issue Management, Working Paper, European Institute for Advanced Studies in Management, Brüssel 1979.

Ansoff, H.I. (1981): Die Bewältigung von Überraschungen und Diskontinuitäten durch die Unternehmensführung. Strategische Reaktionen auf schwache Signale, in: Steinmann, H. (Hrsg.), Planung und Kontrolle, München 1981, S. 233–264.

Ansoff, H.I. (1982): Dokumentation des Workshops „Stagnierende Märkte" in Brüssel, Brüssel 1982.

Ansoff, H.I., McDonnell, E.J. (1990): Implanting Strategic Management, 2. Aufl., New York et al. 1990.

Ansoff, H.I., Stewart, J.M. (1967): Strategies for a Technology-Based Business, in: Harvard Business Review, 45. Jg., 1967, S. 71–83.

Antoni, M., Riekhof, H.-C. (1994): Die Portfolio-Analyse als Instrument der Strategieentwicklung in: Riekhof, H.-C. (1991): Praxis der Strategieentwicklung: Konzepte und Erfahrungen, Stuttgart 1994, S. 109–128.

Bach, V., Gronover, S., Schmid, R.E., (2000): Customer Relationship Management. Der Weg zur profitablen Kundenbeziehung in: Österle, H. (Hrsg.): Business Engineering. Auf dem Weg zum Unternehmen des Informationszeitalters, Berlin 2000, S. 125–139.

Backhaus, K. (1979): Preisgleitklauseln als risikopolitisches Instrument bei langfristigen Fertigungs- und Absatzprozessen, in: Zeitschrift für betriebswirtschaftliche Forschung. Kontaktstudium, 31. Jg., 1979, S. 3–11.

Backhaus, K. (1989): Strategien auf sich verändernden Weltmärkten. Chancen und Risiken, in: Die Betriebswirtschaft, 49. Jg., 1989, S. 465–481.

Backhaus, K. (1991): Auswirkungen kurzer Lebenszyklen bei High-Tech-Produkten, in: Thexis, 8. Jg., Heft 6, 1991, S. 11–13.

Backhaus, K. (1995): Investitionsgütermarketing, 4. Aufl., München 1995.

Backhaus, K., Büschken, J., Voeth, M. (2003): Internationales Marketing, 5. Aufl., Stuttgart 2003.

Backhaus, K., Erichson, B., Plinke, W., Weiber, R. (2006): Multivariate Analysemethoden. 11. Aufl., Berlin et al. 2006.

Backhaus, K., Meyer, M. (1993): Strategische Allianzen und strategische Netzwerke, in: Wirtschaftswissenschaftliches Studium, 22. Jg., 1993, S. 330–334.

Backhaus, K., Sandrock, O., Schill, J., Uekermann, H. (1990): Projektfinanzierung, Stuttgart 1990.

Backhaus, K., Schneider, H. (2007): Strategisches Marketing, Stuttgart 2007.

Backhaus, K., Voeth, M. (2007): Industriegütermarketing, 8. Aufl., München 2007.

Backhaus, K., Weiss, P.A. (1989): Kompetenz. Die entscheidende Dimension im Marketing, in: Harvard Manager, 11. Jg., Heft 3, 1989, S. 107–114.

Bain, J.S. (1968): Industrial Organization, 2. Aufl., New York 1968.

Baker, M.J., Hart, S.J. (1989): Marketing and Competitive Success, New York et al. 1989.

Bamberger, I., Wrona, T. (1996): Der Ressourcenansatz und seine Bedeutung für die Strategische Unternehmensführung, in: Zeitschrift für betriebswirtschaftliche Forschung, 48. Jg., 1996, S. 130–153.

Bänsch, A. (1998): Einführung in die Marketing-Lehre, 4. Auflage, München 1998.

Barksdale, H.C., Harris, C.E., Jr. (1982): Portfolio Analysis and the Product Life Cycle, in: Long Range Planning, Vol. 15, No. 6, S. 74–83.

Bartlett, C., Goshal, S. (1988): Organizing for Worldwide Effectiveness. The Transnational Solution, in: California Management Review, 31. Jg, 1988, S. 54–74.

Bartlett, C., Goshal, S. (1990): Internationale Unternehmensführung, Frankfurt, New York 1990.

Bauer, E. (1976): Markt-Segmentierung als Marketing-Strategie, Berlin 1976.

Bauer, H.H. (1983): Die Determinanten der Markentreue beim Automobilkauf, in: Dichtl, E., Raffée, H., Potucek, V. (Hrsg.), Marktforschung im Automobilsektor, Frankfurt am Main 1983, S. 15–37.

Bauer, H.H. (1986): Das Erfahrungskurvenkonzept. Möglichkeiten und Problematik der Ableitung strategischer Handlungsalternativen, in: Wirtschaftswissenschaftliches Studium, 15. Jg., 1986, S. 1–10.

Bauer, H.H. (1989): Marktabgrenzung. Konzeption und Problematik von Ansätzen und Methoden zur Abgrenzung und Strukturierung von Märkten unter besonderer Berücksichtigung von marketingtheoretischen Verfahren, Berlin 1989.

Bauer, H.H. (1991): Unternehmensstrategie und Strategische Gruppen, in: Kistner, K.P., Schmidt, R. (Hrsg.), Unternehmensdynamik, Wiesbaden 1991, S. 389–416.

Bauer, H.H. (1995): Marktabgrenzung, in: Tietz, B., Köhler, R., Zentes, J., (Hrsg.), Handwörterbuch des Marketing, Stuttgart 1995, S. 1709–1722.

Baum, H.-G., Coenenberg, A.G., Günther, T. (2007): Strategisches Controlling, 4. Aufl., Stuttgart 2007.

Baumann, A., Kirchner, A., Maier, M., Rohde, G., Robens, G., Schmid, D. (2005): Produktionsorganisation mit Qualitätsmanagement und Produktpolitik, 4. Aufl., Haan-Gruiten 2005.

Bea, F.X., Dichtl, E., Schweitzer, M. (2005): Allgemeine Betriebswirtschaftslehre, Bd. 2.: Führung, 9. Aufl., Stuttgart 2005.

Bea, F.X., Haas, J. (2005): Strategisches Management, 4. Aufl., Stuttgart 2005.

Bechmann, A. (1978): Nutzwertanalyse. Bewertungstheorie und Planung, Bern 1978.

Becker, J. (1994): Typen von Markenstrategien, in: Bruhn, M. (Hrsg.), Handbuch Markenartikel, Stuttgart 1994, S. 463–498.

Becker, J. (1997): Marketing-Konzeption. Grundlagen des strategischen Marketing-Management, 5. Aufl., München 1997.

Becker, J. (2005): Einzcl-, Familien- und Dachmarken als grundlegende Handlungsoptionen, in: Esch, F.-R. (Hrsg.), Moderne Markenführung. Grundlagen – Innovative Ansätze – Praktische Umsetzungen, 4. Aufl., Wiesbaden 2005, S. 381–402.

Becker, J. (2006): Marketing-Konzeption. Grundlagen des ziel-strategischen und operativen Marketing-Managements, 8. Aufl., München 2006.

Behrens, G. (1996): Werbung – Entscheidung, Erklärung, Gestaltung, München 1996.

Behrens, G. (1976): Werbewirkungsanalyse, Opladen 1976.

Benkenstein, M. (1987): F & E und Marketing. Eine Untersuchung der Leistungsfähigkeit von Koordinationskonzeptionen bei Innovationsentscheidungen, Wiesbaden 1987.

Benkenstein, M. (1989): Modelle technologischer Entwicklungen als Grundlage für das Technologiemanagement, in: Die Betriebswirtschaft, 49. Jg., 1989, S. 497–512.

Benkenstein, M. (1992): Die Reduktion der Fertigungstiefe als betriebswirtschaftliches Entscheidungsproblem. Ein Beitrag zur Planung vertikaler Unternehmensstrategien unter besonderer Berücksichtigung der Quasi-Integration. Unveröffentlichte Habilitationsschrift, Münster 1992.

Benkenstein, M. (1992a): Strategisches Marketing-Management in High-Tech-Branchen. Eine Bestandsaufnahme, in: Thexis, 9. Jg., 1992, S. 8–14.

Benkenstein, M. (1993): Integriertes Innovationsmanagement. Ansatzpunkte zum „lean innovation", in: Marktforschung und Management. Zeitschrift für marktorientierte Unternehmenspolitik, 37. Jg, 1993, S. 21–25.

Benkenstein, M. (1994): Die Gestaltung der Fertigungstiefe als wettbewerbsstrategisches Entscheidungsproblem. Eine Analyse aus transaktions- und produktionskostentheoretischer Sicht, in: Zeitschrift für betriebswirtschaftliche Forschung, 46. Jg., 1994, S. 483–498.

Benkenstein, M. (1994a): Lean Marketing. Effizienz und Flexibilität als Herausforderungen für „schlanke" Strategien der marktorientierten Unternehmensführung, in: Bruhn, M., Meffert, H., Wehrle, F. (Hrsg.), Marktorientierte Unternehmensführung im Umbruch. Effizienz und Flexibilität als Herausforderungen des Marketing, Stuttgart 1994, S. 85–96.

Benkenstein, M. (1995): Die Verkürzung der Fertigungstiefe als absatzwirtschaftliches Entscheidungsproblem, in: Wirtschaftswissenschaftliches Studium, 24. Jg., 1995, S. 180–185.

Benkenstein, M. (1996): Produktlebenszyklus, in: Schulte, Ch. (Hrsg.), Lexikon des Controlling, München, Wien 1996, S. 614–618.

Benkenstein, M. (1996a): Technologielebenszyklus, in: Schulte, Ch. (Hrsg.), Lexikon des Controlling, München, Wien 1996, S. 761–765.

Benkenstein, M. (2001): Entscheidungsorientiertes Marketing: Eine Einführung, Wiesbaden 2001.

Benkenstein, M., Bloch, B. (1993): Models of Technological Evolution: Their Impact on Technology Management, in: Marketing Intelligence & Planning, 11. Jg., 1993, S. 20–27.

Benkenstein, M., Dröge, R. (1995): Marketing-Management im augenoptischen Gesundheitshandwerk. Grundlagen und Anwendungen, Stuttgart 1995.

Benkenstein, M., Henke, N. (1993): Der Grad vertikaler Integration als strategisches Entscheidungsproblem. Eine transaktionskostentheoretische Interpretation, in: Die Betriebswirtschaft, 53. Jg., 1993, S. 77–91.

Berekoven L. (1978): Internationale Verbrauchsangleichung, Wiesbaden 1978.

Berekoven L. (1985): Internationales Marketing, 2. Aufl., Berlin 1985.

Berens, W., Delfmann, W. (2002): Quantitative Planung, 3. Aufl., Stuttgart 2002.

Berndt, R. (1995) : Marketing 2, 3. Aufl., Berlin 1995.

Berutz, P., Royston, M. (1977): Statt Produkte sind neue Geschäftsgebiete zu finden, in: Industrielle Organisation, 46. Jg., 1977, S. 466–472.

Bidlingmaier, J. (1973): Marketing, Bd. 1, 10. Aufl., Opladen 1973.

Biergans, E. (1979): Investitionsrechnung. Verfahren der Investitionsrechnung und ihre Anwendung in der Praxis, Nürnberg 1979.

Bierich, M. (1988): Fertigungsstandorte im internationalen Vergleich, in: Zeitschrift für betriebswirtschaftliche Forschung, 40. Jg., 1988, S. 824–843.

Bircher, B. (1988): Dienste um die Produktion, in: Afheldt, H. (Hrsg.), Erfolge mit Dienstleistungen, Stuttgart 1988, S. 57–70.

Birkelbach, R. (1988): Strategische Geschäftsfeldplanung im Versicherungssektor, in: Marketing. Zeitschrift für Forschung und Praxis, 10. Jg., 1988, S. 231–239.

Birkigt, K., Stadler, M., Funk, H.J. (2000): Corporate Identity, 10. Aufl., Landsberg am Lech 2000.

Bleicher, K. (1994): Leitbilder. Orientierungsrahmen für eine integrative Management-Philosophie Band 1, 2. Aufl., Stuttgart 1994.

Blohm, H., Lüder, K., Schäfer, C. (2006): Investition, 9. Aufl., München 2006.

Böcker, F. (1978): Die Bestimmung der Kaufverbundenheit von Produkten, Berlin 1978.

Böcker, F. (1988): Marketing-Kontrolle, Stuttgart 1988.

Böcker, F., Gierl, H. (1987): Determinanten der Diffusion neuer industrieller Produkte, in: Zeitschrift für Betriebswirtschaft, 57. Jg., 1987, S. 684–698.

Böhler, H. (1977): Methoden und Modelle der Marktsegmentierung, Stuttgart 1977.

Bolz, J. (1992): Standardisierungspotentiale der internationalen Marktbearbeitung. Eine empirische Analyse unter besonderer Berücksichtigung wettbewerbsgerichteter Einflußfaktoren in europäischen Schlüsselmärkten, Darmstadt 1992.

Bonoma, T.V. (1984): Making Your Marketing Strategy Work, in: Harvard Business Review, 62. Jg., March-April 1984, S. 69–76.

Bonoma, T.V. (1985): The Marketing Edge. Making Strategies Work, New York 1985.

Bonoma, T.V., Shapiro, B.P. (1985): Segmenting the Industrial Market, 6. Aufl., Lexington et al. 1985.

Botta, V. (1997): Kennzahlensysteme als Führungsinstrumente. Planung, Steuerung und Kontrolle der Rentabilität im Unternehmen, 5. Aufl., Berlin 1997.

Boutellier, R., Biedermann, A. (2007): Qualitätsgerechte Produktplanung, in: Pfeifer, T., Schmitt, R. (Hrsg.): Handbuch Qualitätsmanagement, 5. Aufl., München 2007.

Branch, B. (1988): The Laws of the Marketplace and ROI Dynamics, in: Financial Management, 17. Jg., Summer 1988, S. 58–65.

Bright, J.R. (1964): On Appraising of Potential Significance of Radical Technological Innovations, in: Bright, J.R. (Hrsg.), Research, Development, and Technological Innovation, Homewood, Illinois. 1964, S. 435–443.

Bright, J.R. (1979): Technological Forecast as an Influence on Technological Innovation, in: Baker, M.J. (Hrsg.), Industrial Innovation. Technology, Policy, Diffusion, London 1979, S. 228–255.

Brockhoff, K. (1977): Prognoseverfahren für die Unternehmensplanung, Wiesbaden 1977.

Brockhoff, K. (1984): Technologischer Wandel und Unternehmenspolitik, in: Zeitschrift für betriebswirtschaftliche Forschung, 36. Jg., 1984, S. 619–635.

Brockhoff, K. (1989): Schnittstellenmanagement, Stuttgart 1989.

Brockhoff, K. (1999): Produktpolitik, 4. Aufl., Stuttgart, Jena 1999.

Brooks, G.R. (1995): Defining Market Boundaries, in: Strategic Management Journal, 16. Jg., 1995, S. 535–549.

Brose, P., Corsten, H. (1983): Technologie-Portfolio als Grundlage von Innovations- und Wettbewerbsstrategien, in: Jahrbuch für Absatz- und Verbrauchsforschung, 1983, S. 344–369.

Bruhn, M. (1982): Konsumentenzufriedenheit und Beschwerdeverhalten, Frankfurt 1982.

Bruhn, M. (1997): Sponsoring. Unternehmen als Mäzene und Sponsoren, 3. Aufl., Frankfurt, Wiesbaden 1997.

Bruhn, M. (1999): Internes Marketing als Forschungsgebiet der Marketingwissenschaft. Eine Einführung in die theoretischen und praktischen Probleme, in: Bruhn, M. (Hrsg.), Internes Marketing. Integration der Kunden- und Mitarbeiterorientierung, 2. Aufl., Wiesbaden 1999, S. 13–61.

Bruhn, M. (2001): Relationship Marketing. Das Management von Kundenbeziehungen, München 2001.

Bruhn, M. (2009): Marketing. Grundlagen für Studium und Praxis, 9. Aufl., Wiesbaden 2009.

Brunner, J. (2000): Ein integrierter Ansatz zur wertsteigernden Unternehmensführung, in: Der Schweizer Treuhänder, 2000, S. 19–28.

Buaron, R. (1981): New Game Strategies, in: The McKinsey Quarterly, Heft 1, 1981, S. 24–40.

Buchinger, G. (1979): Computergestützte Unternehmensplanungsmodelle, in: Fuchs, J., Schwantag, K. (Hrsg.), agplan-Handbuch zur Unternehmensplanung, Berlin 1979.

Buckley, P.J. (1996): The Role of Management in International Business Theory: A Meta-Analysis and Integration of the Literature on International Management, in: Management International Review, 36. Jg., Special Issue, Heft 1, 1996, S. 7–54.

Bühner, R. (1993): Die schlanke Management-Holding, in: Zeitschrift für Führung und Organisation, 62. Jg., 1993, S. 9–19.

Bullinger, H.-J. (1989): Die Lebensdauer eines Produktes ist schon kürzer als seine Entwicklungszeit, in: Handelsblatt, 4.7.1989, 1989, S. 16.

Bullinger, H.-J., Fröschle, H.-P., Brettreich-Teichmann, W. (1993): Informations- und Kommunikationsinfrastrukturen für innovative Unternehmen, in: Zeitschrift für Führung und Organisation, 62. Jg, 1993, S. 225–234.

Burmann, C., Meffert, H. (2005): Gestaltung von Markenarchitekturen, in: Meffert, H., Burmann, C., Koers, M. (Hrsg.), Markenmanagement. Identitätsorientierte Markenführung und praktische Umsetzung, 2. Auflage, Wiesbaden 2005, S. 163–181.

Buzzell, R.D., Gale, B.T. (1987): The PIMS Principles. Linking Strategy to Performance, Boston, Mass. 1987.

Buzzell, R.D., Ortmeyer, G. (1995): Channel Partnerships Streamline Distribution, in: Sloan Management Review, 36. Jg., Nr. 3, Spring 1995, S. 85–96.

Buzzell, R.D., Quelch, J.A. (1988): Multinational Marketing Management, Reading, Mass. 1988.

Camp, R. (1994): Benchmarking, München 1994.

Carpenter, G.S., Nakamoto, K. (1989): Consumer Preperence Formation and Pioneering Advantage, in: Journal of Marketing Research, 26. Jg., 1989, S. 285–298.

Carroll, Ch., Lewis, P., Thomas, H. (1992): Developing Competitive Strategies in Retailing, in: Long Range Planning, 25.Jg., 1992, S. 81–88.

Chandler, A.D. (1993): Strategy and Structure. Chapters in the History of the Industrial Enterprise, 18. Aufl., Cambridge, MA 1993.

Christensen, C.R., Andrews, K.R., Bower, J.L.,Hammermesh, R.G.,Porter, M.E. (1987): Business Policy. Text and Cases, 6. Aufl., Homewood, Illinois 1987.

Chrubasik, B., Zimmermann, H.J. (1987): Evaluierung der Modelle zur Bestimmung strategischer Schlüsselfaktoren, in: Die Betriebswirtschaft, 47. Jg., 1987, S. 426–450.

Cockburn, I. M., Henderson, R. M., Stern, S. (2000): Untangling the origins of competitive advantage, in: Strategic Management Journal, Vol. 21, 2000, S. 1123–1145.

Coenenberg, A.G., Baum, H.-G. (1976): Unternehmensrechnung. Betriebliche Planungs- und Kontrollrechnungen auf der Basis von Kosten und Leistungen, München 1976.

Coenenberg, A.G., Prillmann, M. (1995): Erfolgswirkungen der Variantenvielfalt und Variantenmanagement. Empirische Erkenntnisse aus der Elektronikindustrie, in: Zeitschrift für Betriebswirtschaft, 63. Jg. 1995, S. 1231–1253.

Collins, J.C., Porras, J.I. (1996): Building Your Company's Vision, in: Harvard Business Review, 74. Jg., September/Oktober 1996, S. 65–77.

Collis, D.J., Montgomery, C.A. (1995): Competing on Ressources: Strategy in the 1990s, in: Harvard Business Review, 73. Jg., July/August 1995, S. 118–128.

Cool, K., Dierickx, I. (1993): Rivalry, Strategic Groups and Firm Profitability, in: Strategic Management Journal, 14. Jg., 1993, S. 47–59.

Corey, E.R. (1975): Key Options in Market Selection and Product Planning, in: Harvard Business Review, 53. Jg., September/October 1975, S. 119–128.

Corsten, H. (1997): Betriebswirtschaftslehre der Dienstleistungsunternehmungen. Einführung, 2. Aufl., München 1997.

Corsten, H. (1998): Grundlagen der Wettbewerbsstrategie, Stuttgart 1998.

Corsten, H. (2007): Produktionswirtschaft. Einführung in das industrielle Produktionsmanagement, 11. Aufl., München, Wien 2007.

Corsten, H., Will, T. (1992): Das Konzept generischer Wettbewerbsstrategien-Kennzeichen und kritische Analyse, in: Das Wirtschaftsstudium, 21. Jg., Heft 3, 1992, S. 185–190.

Corsten, H., Will, T. (1993): Reflections on Competitive Strategy and its Impact on Modern Production Concepts, in: Management International Review, 33. Jg., Heft 4, 1993, S. 315–334.

Corsten, H., Will, T. (1994): Lean Production: Eine kritische Würdigung, in: Das Wirtschaftsstudium, 23. Jg., Heft 11, 1994, S. 932–940.

Coyne, K.P. (1986): Sustainable Competitive Advantage. What it is, what it isn't, in: Business Horizons, 29. Jg., Jan.-Feb. 1986, S. 54–61.

Corsten, H., Will, T. (1995): Wettbewerbsvorteile durch strategiegerechte Produktionsorganisation, in: Corsten, H. (Hrsg.), Produktion als Wettbewerbsfaktor, Wiesbaden 1995. S. 1–13.

Cravens, D. (1997): Strategic Marketing, Homewood, 5. Aufl., Illinois. 1997.

Czinkota, M., Ronkainen, I.A. (2007): International Marketing, 8. Aufl., Chicago 2007.

Dale, S. (1986): JIT and its Impact on the Supplier, in: Chain, Mortimer, J. (Hrsg.), Just-in-Time. An Executive Briefing, Berlin et al. 1986., S. 47–49.

Dalgic, T., Leeuw, M. (1994): Niche Marketing Revisited: Concept, Applications and Some European Cases, in: European Journal of Marketing, 28. Jg., Nr. 4, 1994, S. 39–55.

Day, G.S. (1984): Strategic Market Planning. The Persuit of Competitive Advantage, St. Paul et al. 1984.

Day, G.S., Shocker, A.D., Srivastava, R.K. (1979): Costomer-Oriented Approaches to Identifying Product-Markets, in: Journal of Marketing, 43. Jg., 1979, S. 8–19.

Deal, T.E., Kennedy, A.A. (2000): Corporate Cultures. The Rites and Rituals of Corporate Life, Cambridge, Massachusetts 2000.

Demuth, A. (1990): Eine Verfassung für das Unternehmen, in: Bachinger, R. (Hrsg.), Unternehmenskultur. Ein Weg zum Markterfolg, Frankfurt am Main 1990, S. 26–31.

Deshpandé, R., Parasuraman, A. (1986): Linking Corporate Culture to Strategic Planning, in: Business Horizons, 29. Jg., May/June 1986, S. 28–37.

Dichtl, E. (1991): Orientierungspunkte für die Festlegung der Fertigungstiefe, in: Wirtschaftswissenschaftliches Studium, 20. Jg., 1991, S. 54–59.

Dichtl, E. (1992): Exportnation Deutschland, 2. Aufl., München 1992.

Dichtl, E. (1994): Strategische Optionen im Marketing. Durch Kompetenz und Kundennähe zu Konkurrenzvorteilen, 3. Aufl., München 1994.

Dichtl, E., Andritzky, K., Schobert, R. (1977): Ein Verfahren zur Abgrenzung des „relevanten Marktes" auf der Basis von Produktperzeptionen und Präferenzurteilen, in: Wirtschaftswissenschaftliches Studium, 6. Jg., 1977, S. 290–301.

Dick, A.S., Basu, K. (1994): Customer Loyalty, Toward an Integrated Conceptuel Framework, in: Journal of the Academy of the Marketing Science, Vol. 22, No. 2, S. 99–113.

Dieckheuer, G. (2001): Internationale Wirtschaftsbeziehungen, 5. Aufl., München, Wien 2001.

Diller, H. (1991a), Entwicklungstrends und Forschungsfelder der Marketingorganisation, in: Marketing. Zeitschrift für Forschung und Praxis, 13. Jg., 1991, S. 156–163.

Diller, H. (1996): Kundenbindung als Marketingziel, in: Marketing. Zeitschrift für Forschung und Praxis, 18. Jg., 1996, S. 81–94.

Diller, H. (2007), Preispolitik, 4. Aufl. Stuttgart, Berlin, Köln 2007.

Drews, H. (2008): Abschied vom Marktwachstums-Marktanteils-Portfolios nach über 35 Jahren Einsatz? Eine kritische Überprüfung der BCG-Matrix, in: Zeitschrift für Planung & Unternehmenssteuerung, Vol. 19, Nr. 1, May 2008, S. 39–57.

Drucker, P.F. (1992): The Age of Discontinuity. Guidelines to Our Changing Society, 3. Aufl., New York 1992.

Dunst, K.H. (1983): Portfolio-Management. Konzeption für die strategische Unternehmensplanung, 2. Aufl., Berlin 1983.

Ebel, B. (2003): Qualitätsmanagement. Konzepte des Qualitätsmanagement, Organisation und Führung, Ressourcenmanagement und Wertschöpfung, 2. Aufl., Herne, Berlin 2003.

Eilenberger, G. (2003): Betriebliche Finanzwirtschaft. Einführung in die Finanzpolitik und das Finanzmanagement von Unternehmungen, 7. Aufl., München, Wien 2003.

Ela, J.D., Irwin, M.R. (1983): Technology Changes Market Boundaries, in: Industrial Marketing Management, 12. Jg., 1983, S. 153–156.

Engelhardt, W.H. (1976): Erscheinungsformen und absatzpolitische Probleme von Angebots- und Nachfrageverbunden, in: Schmalenbachs Zeitschrift für betriebswirtschaftliche Forschung, 28. Jg., 1976, S. 77–90.

Engelhardt, W.H., Schütz, P. (1991): Total Quality Management, in: Wirtschaftswissenschaftliches Studium, 20. Jg., 1991, S. 394–399.

Esch, F.-R. (2008): Strategie und Technik der Markenführung, 5. Auflage, München 2008.

Esch, F.-R., Herrmann, A., Sattler, H. (2008): Marketing, 2. Aufl., München 2008.

Esser, W.-H. (1991): Die Wertkette als Instrument der strategischen Analyse, in: Riekhof, H.-C. (Hrsg.), Strategieentwicklung, Stuttgart 1991, S. 191–211.

Eversheim, W., Steinfatt, E. (1990): Moderne Produktionstechnik. Aufgabe und Herausforderung für die Betriebswirtschaft, in: Adam, D. (Hrsg.), Integration und Flexibilität. Eine Herausforderung für die Allgemeine Betriebswirtschaftslehre, Wiesbaden 1990, S. 97–135.

Faix, A, Görgen, W. (1994): Das „Konstrukt" Wettbewerbsvorteil. Grundlagen, Kennzeichnung und Planung, in: Marketing. Zeitschrift für Forschung und Praxis, 16. Jg. 1994, S. 160–166.

Fandel, G., Reese, J. (1989): „Just-in-Time"-Logistik am Beispiel eines Zulieferbetriebs in der Automobilindustrie, in: Zeitschrift für Betriebswirtschaft, 59. Jg., 1989, S. 55–69.

Fassnacht, M. (2003): Preisdifferenzierung, in: Diller, H., Herrmann, A. (Hrsg.), Handbuch Preispolitik, Wiesbaden 2003, S. 483–502.

Fiegenbaum, A., Thomas, H. (1995): Strategic Groups as Reference Groups. Theory, Modelling and Empirical Examination of Industry and Competitive Strategy, in: Strategic Management Journal, 16. Jg., 1995, S. 461–474.

Fischer-Winkelmann, W.F., Rock, R. (1977): Konsumerismus, Verbraucherinteressen und Marketinglehre. Zum Stand der deutschen absatzwirtschaftlichen Konsumerismusdiskussion, in: Zeitschrift für Betriebswirtschaft, 47. Jg., 1977, S. 129–152.

Florin, G. (1988): Strategiebewertung auf der Ebene der Strategischen Geschäftseinheiten, Frankfurt am Main 1988.

Forman, L. (1982): Corporate Simulation Models, in: Naylor, T.H. (Hrsg.), Corporate Strategy, Amsterdam 1982.

Foster, R.N. (1982): Boosting the Pay Off from R&D, in: Research Management, 25. Jg., 1982, S. 22–27.

Foster, R.N. (1986): Innovation. The Attacker's Advantage, New York 1986.

Frank, R.E., Massy, W.F., Wind, Y. (1972): Market Segmentation, Englewood Cliffs, NJ 1972.

Frese, E. (2005): Grundlagen der Organisation. Konzept – Prinzipien – Strukturen, 9. Aufl., Wiesbaden 2005.

Freter, H., unter Mitarbeit von J. Naskrent, N. Hohl und B. Staub (2008): Markt- und Kundensegmentierung: Kundenorientierte Markterfassung und -bearbeitung, 2. Aufl., Stuttgart 2008.

Frick, I. (2000): Visionen und strategische Ziele sind messbare Größen des Erfolgs, in: Industrieanzeiger, 2000, Heft 45, S. 22–25.

Fritz, W. (1990): Marketing. Ein Schlüsselfaktor des Unternehmenserfolges?, in: Marketing – Zeitschrift für Forschung und Praxis, 12. Jg., 1990, S. 91–110.

Fritz, W. (1993): Marktorientierte Unternehmensführung und Unternehmenserfolg, in: Marketing. Zeitschrift für Forschung und Praxis, 14. Jg. 1992, S. 237–246.

Fritz, W. (1994): Die Produktqualität – ein Schlüsselfaktor des Unternehmenserfolges?, in: Zeitschrift für Betriebswirtschaft, 64. Jg., 1994, S. 1045–1062.

Fritz, W. (1995): Erfolgsfaktoren im Marketing, in: Tietz, B., Köhler, R., Zentes, J. (Hrsg.), Handwörterbuch des Marketing, 2. Aufl., Stuttgart 1995, S. 594–607.

Fritz, W., Förster, F., Wiedmann, K.-P. Raffée, H. (1988): Unternehmensziele und strategische Unternehmensführung. Neue Resultate der empirischen Zielforschung und ihre Bedeutung für das strategische Management und die Managementlehre, in: Die Betriebswirtschaft, 48. Jg., S. 567–586.

Gabele, E. (1981): Unternehmensgrundsätze. Ein Spiegelbild innerbetrieblicher und gesellschaftlicher Entwicklungen, in: Zeitschrift für Führung und Organisation, 50. Jg., 1981, S. 245–252.

Gabele, E., Kretschmer, H. (1986): Unternehmensgrundsätze, Zürich 1986.

Galbraith, C., Schendel, D. (1983): An Empirical Analysis of Strategy Types, in: Strategic Management Journal, 4. Jg., 1983, S. 153–173.

Gälweiler, A. (1979): Strategische Geschäftseinheiten (SGE) und Aufbau-Organisation der Unternehmung, in: Zeitschrift für Führung und Organisation, 48. Jg., 1979, S. 252–260.

Gälweiler, A. (1986): Unternehmensplanung. Grundlagen und Praxis, 2. Aufl., Frankfurt, New York 1986.

Gälweiler, A. (1990): Strategische Unternehmensführung, 2. Aufl., München 1990.

Garvon, D.A. (1988): Die acht Dimensionen der Produktqualität, in: Harvard Manager, 10. Jg., Nr. 3, 1988, S. 66–74.

Geiger, W., Kotte, W. (2005): Handbuch Qualität. Grundlagen und Elemente des Qualitätsmanagement: Systeme – Perspektiven, 4. Aufl., Wiesbaden 2005.

Gelb, B.D. (1982): Strategic Planning for the Under-Dog, in: Business Horizons, November – December 1982, S. 8–11.

Gelbrich, K., Wünschmann, S., Müller, S. (2008): Erfolgsfaktoren des Marketing, München 2008.

Gemünden, H.-G. (1981): Innovationsmarketing. Interaktionsbeziehungen zwischen Hersteller und Verwender innovativer Investitionsgüter, Tübingen 1985.

Gerl, K., Roventa, P. (1981): Strategische Geschäftseinheiten. Perspektiven aus der Sicht des Strategischen Managements, in: Zeitschrift für betriebswirtschaftliche Forschung, 33. Jg., 1981, S. 843–858.

George, W.R., Grönroos, Ch. (1995): Internes Marketing. Kundenorientierte Mitarbeiter auf allen Unternehmensebenen, in: Bruhn, M. (Hrsg.), Internes Marketing. Integration der Kunden- und Mitarbeiterorientierung, Wiesbaden 1995, S. 63–86.

Ghemawat, P. (1985): Building Strategy on the Experience Curve, in: Harvard Business Review, 63. Jg., Heft 2, 1985, S. 143–149.

Ghemawat, P., Spence, A.M. (1989): Die Modellierung des globalen Wettbewerbs, in: Porter, M.E. (Hrsg.), Globaler Wettbewerb. Strategien der neuen Internationalisierung, Wiesbaden 1989, S. 69–91.

Gierl, H. (1992): Diffusionsmodelle, in: Wirtschaftswissenschaftliches Studium, 21. Jg., 1992, S. 382–386.

Gilbert, X., Strebel, P.J. (1985): Outpacing Strategies, in: Imede-Perspectives for Managers, 9. Jg., September 1985, S. 4–16.

Gilbert, X., Strebel, P.J. (1987): Strategies to Outpace Competition, in: Journal of Business Strategy, 8. Jg., February 1987, S. 28–36.

Gluck, F. (1980): Strategic Choice and Ressource Allocation, in: The McKinsey Quarterly, 1980, S. 22–34.

Golder, P.N., Tellis, G.J. (1993): Pioneer Advantage: Marketing Logic or Marketing Legend?, in: Journal of Marketing Research, Vol. 30, May 1993, S. 158–170.

Gomez, P. (1983): Frühwarnung in der Unternehmung, Bern 1983.

Gomez, P. (1983a): So bestimmen wir Alarmsignale für ein Frühwarnsystem, in: io-Management, 52. Jg, 1983, S. 480–483.

Gossen, H.H. (1853): Entwicklung der Gesetze des menschlichen Verkehrs und der daraus fließenden Regeln für das menschliche Handeln, 3. Aufl., Berlin 1927.

Göttgens, O. (1996): Erfolgsfaktoren in stagnierenden und schrumpfenden Märkten: Instrumente einer erfolgreichen Unternehmenspolitik, Wiesbaden 1996.

Gould, R.M. (1996): Getting from Strategy to Action: Processes for Continuous Change, in: Long Range Planning, 29. Jg., Nr. 3, 1996, S. 267–277.

Grant, R. M. (1991): The Resource-based View of Competitive Advantage: Implications for Strategy Formulation, in: California Management Review, Vol. 33, Heft 3, 1991, S. 114–135.

Grimm, U. (1983): Analyse strategischer Faktoren. Ein Beitrag zur Theorie der strategischen Unternehmensplanung, Wiesbaden 1983.

Grimmeisen, M. (1995): Perspektiven eines Implementierungscontrolling, in: Zeitschrift für Führung und Organisation, 64. Jg, 1995, S. 290–296.

Grob, L. (2006): Einführung in die Investitionsrechnung: Eine Fallstudiengeschichte, 5. Aufl., Hamburg 2006.

Grossekettler, H. (1981): Die gesamtwirtschaftliche Problematik vertraglicher Vertriebssysteme, in: Ahlert, D. (Hrsg.), Vertragliche Vertriebssysteme zwischen Industrie und Handel, Wiesbaden 1981, S. 255–314.

Grothloh, K.-H., Rothenberger, Ch. (1999): Balanced Scorecard in der Praxis: das Erfolgskonzept. Jedes Detail hinterfragen und optimieren, in: Handelsblatt, 54. Jg., 1999, Nr. 175.

Grün, O. (1976): Prozesse der Zielbildung, in: Grochla, E., Wittmann, W. (Hrsg.), Handwörterbuch der Betriebswirtschaft, 4. Aufl., Stuttgart 1976, S. 4719–4730.

Gümbel, R. (1963): Die Sortimentspolitik in den Betrieben des Wareneinzelhandels, Köln et al. 1963.

Gugler, P. (1992): Building Transnational Alliances to Create Competitive Advantage, in: Long Range Planning, 25. Jg., Nr. 1, 1992, S. 90–99.

Haack, W. (1988): Rechnereinsatz in der Scheinwerferindustrie, in: Adam, D. (Hrsg.), Fertigungssteuerung I. Grundlagen der Produktionsplanung und -steuerung, Wiesbaden 1988, S. 131–147.

Hachmeister, D. (1996): Der Discounted Cash Flow als Unternehmenswert, in: Das Wirtschafts-studium, 25. Jg., Heft 4, 1996, S. 357–366.

Haedrich, G., Jenner, Th. (1995): Die Bedeutung strategischer Gruppen für die Marktwahl- und Marktbearbeitungsentscheidung bei der Neuproduktplanung in Konsumgütermärkten, in: Marketing. Zeitschrift für Forschung und Praxis, 14. Jg. 1992, S. 29–36.

Haedrich, G., Kuß, A., Kreilkamp, E. (1986): Der Analytic Hierarchy Process, in: Wirtschaftswissenschaftliches Studium, 15. Jg., 1986, S. 120–126.

Haedrich, G., Kaetzke, Ph., Tomczak, T. (2003): Strategische Markenführung, 3. Aufl., Stuttgart 2003.

Hahn, D. (1982): Zweck und Standort des Portfolio-Konzeptes in der strategischen Unternehmens-führung, in: agplan Gesellschaft für Planung e. V. (Hrsg.), Portfolio-Management, agplan-Ver-öffentlichung 023, Kennzahl 4831, Berlin 1982.

Hahn, D. (1983a): Frühwarnsysteme, Krisenmanagement und Unternehmensplanung, Wiesbaden 1983.

Hahn, D. (1990): Zweck und Entwicklung der Portfolio-Konzepte in der strategischen Unterneh-mensplanung, in: Hahn, D., Taylor, B. (Hrsg.), Strategische Unternehmensplanung – Strategische Unternehmensführung, 5. Aufl., Heidelberg 1990, S. 221–253.

Hahn, D. (1990a): Strategische Kontrolle, in: Hahn, D., Taylor, B. (Hrsg.), Strategische Unterneh-mensplanung – Strategische Unternehmensführung, 5. Aufl., Heidelberg 1990, S. 651–664.

Hahn, D. (1992): Unternehmungsphilosophie und Führungsorganisation in Familienunternehmun-gen, in: Hahn, D., Taylor, B. (Hrsg.), Unternehmungsführung, 5. Aufl., Heidelberg 1990, S. 755–774.

Hahn, D. (1999): Zweck und Entwicklung der Portfolio-Konzepte in der strategischen Unterneh-mensplanung, in: Hahn, D., Taylor, B. (Hrsg.), Strategische Unternehmensplanung – Strategische Unternehmensführung, 8. Aufl., Heidelberg 1999, S. 221–253.

Hambrick, D.C. (1983): Some Tests of the Effectiveness and Functional Attributes of Miles and Snow´s Strategic Types, in: Academy of Management Journal, 26. Jg., 1983, S. 5–26.

Hamel, G., Prahalad, C. K. (1994): Competing for the Future, Harvard Business School Press 1994.

Hammer, R.M. (1998): Unternehmensplanung, 7. Aufl., München, Wien 1998.

Hansen, U. (1988): Marketing und soziale Verantwortung, in: Die Betriebswirtschaft, 48. Jg., 1988, S. 711–721.

Hansen, U., Leitherer, E. (1972): Produktgestaltung, Stuttgart 1972.

Hansen, U., Schoenheit, I. (1987): Verbraucherzufriedenheit und Beschwerden. Strategische He-rausforderungen für Unternehmen und Verbraucherorganisationen, in: Hansen, U., Schoenheit, I. (Hrsg.), Verbraucherzufriedenheit und Beschwerdeverhalten, Frankfurt, New York 1987, S. 11–27.

Hansen, U., Stauss, B. (1982): Marketing und Verbraucherpolitik. Ein Überblick, in: Hansen, U., Stauss, B., Riemer, M. (Hrsg.), Marketing und Verbraucherpolitik, Stuttgart 1982, S. 2–20.

Hanssmann, F. (1995): Quantitative Betriebswirtschaftslehre, 4. Aufl., München, Wien 1995.

Hanusch, H. (1994): Nutzen-Kosten-Analyse, 2. Aufl., München 1994.

Harrigan, K.R. (1981): Barriers to Entry and Competitive Strategy, in: Strategic Management Jour-nal, 2. Jg., 1981, S. 395–412.

Harrigan, K.R. (1983): Strategies for Vertical Integration, Lexington, MA 1983.

Harrigan, K.R. (1985): An Application of Clustering for Strategic Group Analysis, in: Strategic Management Journal, 6. Jg., 1985, S. 55–73.

Harrigan, K.R. (1985a): Strategies for Declining Businesses, Lexington, 2. Aufl., Toronto 1985.

Harrigan, K.R. (1986): Matching Vertical Integration Strategies to Competitive Conditions, in: Strategic Management Journal, 7. Jg., 1986, S. 535–555.

Harrigan, K.R. (1989): Unternehmensstrategien für reife und rückläufige Märkte, Frankfurt am Main, New York 1989.

Hätty, H. (1989): Der Markentransfer, Heidelberg 1989.

Hauschildt, J. (1975): Zielhierarchien in innovativen Entscheidungsprozessen, in: Ulrich, H. (Hrsg.), Unternehmensplanung, Wiesbaden 1975, S. 103–132.

Hauschildt, J. (1977): Entscheidungsziele. Zielbildung in innovativen Entscheidungsprozessen – Theoretische Ansätze und empirische Prüfung, Tübingen 1977.

Hauschildt, J. (1982): Zielsysteme, in: Frese, E. (1992): Handwörterbuch der Organisation, 3. Aufl., Stuttgart 1992.

Hauschildt, J., Salomo, S. (2007): Innovationsmanagement, 4. Aufl., München 2007.

Hawes, J.M., Crittenden, W.F. (1984): A Taxonomy of Competitive Retailing Strategies, in: Strategic Management Journal, 5. Jg., 1984, S. 275–287.

Hax, A.C., Majluf, N.S. (1988): Strategisches Management, Frankfurt, New York 1988.

Hax, H. (1985): Investitionstheorie, 5. Aufl., Würzburg, Wien 1985.

Hedley, B. (1977): Strategy and the "Business Portfolio", in: Long Range Planning, 10. Jg., 1977, S. 9–15.

Heide, J.B., John, G. (1992): Do Norms Matter in Marketing Relationships?, in: Journal of Marketing, 56. Jg., April 1992, S. 32–44.

Heinen, E. (1976): Grundlagen betriebswirtschaftlicher Entscheidungen. Das Zielsystem der Unternehmung, 3. Aufl., Wiesbaden 1976.

Heinhold, M. (1999): Investitionsrechnung, 8. Aufl., München, Wien 1999.

Henderson, B.D. (1974): Die Erfahrungskurve in der Unternehmensstrategie, Frankfurt 1974.

Henderson, B.D. (1984): Die Erfahrungskurve in der Unternehmensstrategie, 2. Aufl., Frankfurt 1984.

Hentze, J., Kammel, A. (1992): Lean Production. Forcierung des Teamkonzeptes in „schlanken Unternehmen", in: Personal, 44. Jg., 1992, S. 510–515.

Hermanns, A., Glogger, A. (1996): Issue-Management, in: Das Wirtschaftsstudium, 25. Jg., Heft 7, 1996, S. 637–642.

Herrmann, A. (1998): Produktmanagement, München 1998.

Hettich, S., Hippner, H., Wilde, K. (2000): Customer Relationship Management, in: Das Wirtschaftsinformatik, 29. Jg., H. 10, 2000, S. 1346–1366.

Heuss, E. (1965): Allgemeine Markttheorie, Tübingen 1965.

Hibbert, E.P. (1993): Global Make-or-Buy Decisions, in: Industrial Marketing Management, 22. Jg., 1993, S. 67–77.

Hieber, W.L. (1991): Lern- und Erfahrungskurveneffekte und ihre Bestimmung in der flexibel automatisierten Produktion, München 1991.

Hildebrandt, L. (1989): The Significance of PIMS-Results for the Strategic Planning, in: Meffert, H., Wagner, H. (Hrsg.), PIMS as a Concept of Strategy Management, Dokumentation No. 54 of the Institute for Management and Marketing Science, Münster 1989, S. 17–24.

Hildebrandt, L. (1992): Erfolgsfaktoren, in: Diller, H. (2001): Vahlens großes Marketing-Lexikon, 2. Aufl, München 2001, S. 420–421.

Hildebrandt, L. (1992a): Wettbewerbssituation und Unternehmenserfolg, in: Zeitschrift für Betriebswirtschaft, 62. Jg., 1992, S. 1069–1084.

Hildebrandt, L. (2002): Die Erfolgsfaktorenforschung – Entwicklungslinien aus Sicht des Marketing, in: Reese, M., Söllner, A., Utzig, P. (Hrsg.), Relationship Marketing, Berlin 2002. S. 201–224.

Hildebrandt, L., Buzzell, R.D. (1991): Product Quality, Market Share and Profitability. A Causal Modelling Approach, Arbeitspapier 91–045, Harvard Business School, Cambridge, Mass. 1991.

Hilker, J. (1993): Marketingimplementierung. Grundlagen und Umsetzung am Beispiel ostdeutscher Unternehmen, Wiesbaden 1993.

Hill, W. (1995), Führung im Marketing, in: Tietz, B., Köhler, R., Zentes, J. (1995), Handwörterbuch des Marketing, 2. Aufl., Stuttgart 1995, Sp. 732–742.

Hill, W., Fehlbaum, R., Ulrich, P. (1974): Organisationslehre, Bern, Stuttgart 1974.

Hinterhuber, H.H. (1992a): Strategische Unternehmensführung I. Strategisches Denken, 5. Aufl., Berlin, New York 1992.

Hinterhuber, H.H. (1992): Strategische Unternehmensführung II. Strategisches Handeln, 5. Aufl., Berlin, New York 1992.

Hinterhuber, H.H. (2004): Strategische Unternehmensführung I. Strategisches Denken, 7. Aufl., Berlin, New York 2004.

Hitschler, W. (1990): Verwaltungsgemeinkostenplanung mit Zero-Base Budgeting (ZBB), in: Kostenrechnungspraxis, 34. Jg., 1990, S. 287–293.

Hofer, C.W., Schendel, D. (1978): Strategy Formulation. Analytical Concepts, St. Paul 1978.

Hoffmann, F. (1989): Unternehmens- und Führungsgrundsätze. Ergebnisse einer empirischen Untersuchung, in: Zeitschrift für betriebswirtschaftliche Forschung, 41. Jg., 1989, S. 167–185.

Hoffmann, K. (1972): Der Produktlebenszyklus. Eine kritische Analyse, Freiburg 1972.

Hombach, H., Kockelkorn, G., Molter, W. (1987): Einführung in die Auftragsfinanzierung, in: Backhaus, K., Siepert, H.-M. (Hrsg), Auftragsfinanzierung im industriellen Anlagegeschäft, Stuttgart 1987, S. 3–21.

Homburg, C. (1992): Strategische Gruppen, in: Marktforschung und Management. Zeitschrift für marktorientierte Unternehmenspolitik, 36. Jg, Heft 2, 1992, S. 83–87.

Homburg, C. (1995): Single Sourcing, Double Sourcing, Multiple Sourcing ...? Ein ökonomischer Erklärungsansatz, in: Zeitschrift für Betriebswirtschaft, 65. Jg., 1995, S. 813–834.

Homburg, C., Becker, J. (1996): Zertifizierung von Qualitätssicherungssystemen nach den Qualitätssicherungsnormen DIN ISO 9000 (ff.), in: Wirtschaftswissenschaftliches Studium, 25. Jg., 1996, S. 444–450.

Homburg, C., Bruhn, M. (1999): Kundenbindungsmanagement – eine Einführung in die theoretischen und praktischen Problemstellungen, in: Bruhn, M., Homburg, C. (Hrsg), Handbuch Kundenbindungsmanagement, 2. Aufl., Wiesbaden 1999.

Homburg, C., Demmler, W. (1994): Instrumente zur Unternehmensstraffung und -sanierung, in: Zeitschrift für Betriebswirtschaft, 64. Jg., 1994, S. 1591–1607.

Horváth, P. (1991): Controlling, 4. Aufl., München 1991.

Horváth, P. (2004): Controlling, 9. Aufl., München 2004.

Horváth & Partner (2000): Balanced Scorecard umsetzen, Stuttgart 2000.

Huber, R. (1987): Gemeinkosten-Wertanalyse. Methoden der Gemeinkosten-Wertanalyse (GWA) als Element einer Führungsstrategie für die Unternehmensverwaltung, 2. Aufl., Bern 1987.

Hunt, M.S. (1972): Competition in the Major Home Appliance Industry, Cambridge, Mass. 1972.

Hunt, S.D., Morgan, R.M. (1995): The Comparative Advantage Theory of Competition, in: Journal of Marketing, 59. Jg., April 1995, S. 1–15.

Hüttel, K. (1998): Produktpolitik, 3. Aufl., Ludwigshafen 1998.

Hüttner, M. (1982): Markt- und Absatzprognosen, Stuttgart et al. 1982.

Hüttner, M., Pingel, A., Schwarting, U. (1999): Marketing-Management: allgemein, sektoral, international, 2. Aufl., München, Wien 1999.

Ihde, G.D. (1988): Die relative Betriebstiefe als strategischer Erfolgsfaktor, in: Zeitschrift für Betriebswirtschaft, 58. Jg., 1988, S. 13–23.

Imai, M. (1998): Kaizen: Der Schlüssel zum Erfolg der Japaner im Wettbewerb, 8. Aufl., Berlin 1998.

Irrgang, W. (1989): Strategien im vertikalen Marketing. Handelsorientierte Konzeptionen der Industrie, München 1989.

Jacob, H. (1982): Die Aufgaben der strategischen Planung. Möglichkeiten und Grenzen, in: Jacob, H. (Hrsg.), Strategisches Management, Teil 1, Wiesbaden 1982, S. 47–62.

Jacobson, R. (1990): Unobservable Effects and Business Performance, in: Management Science, 36. Jg., 1990, S. 74–85.

Jehle, E. (1982): Gemeinkosten-Management. Effizienzsteigerung im Gemeinkostenbereich von Unternehmen durch Overhead-Value-Analysis (OVA), Zero-Base-Budgeting (ZBB) und Administrative Wertanalyse (AWA), in: Die Unternehmung, 36. Jg., 1982, S. 59–76.

Kahn, H., Wiener, A.J. (1968): Ihr werdet es erleben. Voraussagen der Wissenschaft bis zum Jahre 2000, Wien et al. 1968.

Kalwani, M.U., Narayandas, N. (1995): Long-Term Manufacturer-Supplier Relationships: Do They Pay Off for Supplier Firms?, in: Journal of Marketing, 59. Jg., January 1995, S. 1–16.

Kamiske, G.F., Brauer, J.-P. (2006): Qualitätsmanagement von A bis Z. Erläuterungen moderner Begriffe des Qualitätsmanagements, 5. Aufl., München, Wien 2006.

Kaplan, R.S., Norton, D. (1992): The Balanced Scorecard – Measures That Drive Performance, in: Harvard Business Review, 70. Jg., 1992, S. 71–79.

Kaplan, R.S., Norton, D. (2001): Wie Sie die Geschäftsstrategie den Mitarbeitern verständlich machen, in: Harvard Business Manager, 23. Jg., 2001., Heft 2.

Kaplan, R.S, Norton, D. (1997): Balanced Scorecard-Strategien erfolgreich umsetzen, Stuttgart 1997.

Karlöf, B., Östblom C. (1994): Das Benchmarking-Konzept. Wegweiser zur Spitzenleistung in Qualität und Produktivität, München 1994.

Karnani, A., Wernerfelt, B. (1985): Multiple Point Competition, in: Strategic Management Journal, 6. Jg., 1985, S. 87–96.

Kaufmann, L. (1995): Strategisches Sourcing, in: Zeitschrift für betriebswirtschaftliche Forschung, 47. Jg., 1995, S. 275–296.

Kaum, S. (2000): Umsetzung der marktorientierten Unternehmenssteuerung in Banken durch die Balanced Scorecard, in: Finanz Betrieb, 2. Jg., 2000, Heft 5, S. 293–295.

Keegan, W.J. (1984): Multinational Marketing Management, 3. Aufl., Englewood Cliffs, NJ 1984.

Kerin, R.A., Varadarajan, P.R., Peterson, R.A. (1992): First-Mover Advantage: A Synthesis, Conceptual Framework, and Research Propositions, in: Journal of Marketing, 56. Jg., October 1992, S. 33–52.

Kern, W. (1992): Die Zeit als Dimension betriebswirtschaftlichen Denkens und Handelns, in: Die Betriebswirtschaft, 52. Jg., 1992, S. 41–58.

Klausmann, W. (1983): Betriebliche Frühwarnsysteme im Wandel, in: Zeitschrift für Führung und Organisation, 52. Jg., 1983, S. 39–45.

Kleinaltenkamp, M. (1987): Die Dynamisierung strategischer Marketing-Konzepte. Eine kritische Würdigung des „Outpacing Strategies"-Ansatzes von Gilbert und Strebel, in: Zeitschrift für betriebswirtschaftliche Forschung, 39. Jg., 1987, S. 31–52.

Kleine-Doepke, R. (1983): Gemeinkostenwertanalyse, in: Die Betriebswirtschaft, 43. Jg., 1983, S. 665–666.

Knigge, R. (1975): Von der Cost-Benefit-Analyse zur Nutzwertanalyse, in: Das Wirtschaftsstudium, 4. Jg., 1975, S. 123–129.

Koch, H. (1982): Integrierte Unternehmensplanung, Wiesbaden 1982.

Köhler, R. (1981): Grundprobleme der strategischen Marketingplanung, in: Geist, M., Köhler, R. (Hrsg.), Die Führung des Betriebes, Stuttgart 1981, S. 261–291.

Köhler, R. (1985): Ausgewogene Marketing-Strategien verlangen eine Produktpolitik ohne „Innovationshektik", in: Thexis, 2. Jg., Heft 4, 1985, S. 213–216.

Köhler, R. (1991): Strategische Früherkennung für die Planung von Produktinnovationen, in Thexis, 8. Jg., Heft 4, 1991, S. 9–14.

Köhler, R. (1993): Beiträge zum Marketing-Management. Planung, Organisation, Controlling, 3. Aufl., Stuttgart 1993.

Köhler, R. (1993a): Marketing-Controlling, in: Horvath, P., Reichmann, T. (Hrsg.): Vahlens Großes Controllinglexikon, München 1993.

Köhler, R. (1995): Marketing-Organisation, in: Tietz, B., Köhler, R., Zentes, J. (Hrsg.), Handwörterbuch des Marketing, Stuttgart 1995, S. 1636–1653.

Köhler, R. (1996): Marketing-Controlling, in: Schulte, Ch. (Hrsg.), Lexikon des Controlling, München, Wien 1996, S. 520–524.

Köhler, R., Böhler, H. (1984): Strategische Marketingplanung. Kursbestimmung bei ungewisser Zukunft, in: Absatzwirtschaft, Zeitschrift für Marketing, 27. Jg., 1984, Heft 3, S. 93–103.

Kolks, V. (1990): Strategieimplementierung. Ein anwenderorientiertes Konzept, Wiesbaden 1990.

Koppelmann, U. (2001): Produktmarketing: Entscheidungsgrundlagen für Produktmanager, 6. Aufl., Berlin et al. 2001.

Koppelmann, U. (2003): Beschaffungsmarketing, 4. Aufl., Berlin et al. 2003.

Kortge, G.D., Okonkwo, P.A., Burley, J.R., Kortge, J.D. (1994): Linking Experience, Product Life Cycle, and Learning Curves, in: Industrial Marketing Management, 23. Jg., 1994, S. 221–228.

Kotler, Ph. (1974): Marketing-Management. Analyse, Planung und Kontrolle, 2. Aufl., Stuttgart 1974.

Kotler, Ph. (1988): Development and Tendencies of Marketing in the 1990's, in: Meffert, H., Wagner, H. (Hrsg.), Marketing. Quo Vadis?, Documentation of the 15th IMMS Conference, Münster 1988, S. 25–37.

Kotler, Ph. (1994): Marketing Management. Analysis, Planning, Implementation and Control, 8. Aufl., Englewood Cliffs, NJ 1994.

Kotler, Ph. (1999): Marketing-Management: Analyse, Planung, Umsetzung und Steuerung, 9. Auflage, Stuttgart 1999.

Kotler, Ph. (2007): Grundlagen des Marketing, 4. Auflage, München 2007.

Kotler, Ph., Bliemel, F. (2001): Marketing-Management. Analyse, Planung, Umsetzung und Steuerung, 10. Aufl., Stuttgart 2001.

Kotler, Ph., Keller, K.L. (2009): Marketing Management, 13. Auflage, New Jersey 2009.

Kotler, Ph., Keller, K.L., Bliemel, F. (2007): Marketing-Management: Strategien für wertschaffendes Handeln, 12. Aufl., München 2007.

Kreikebaum, H. (1997): Strategische Unternehmensplanung, 6. Aufl., Stuttgart et al. 1997.

Kreilkamp, E. (1987): Strategisches Management und Marketing, Berlin, New York 1987.

Krelle, W. (1968): Präferenz- und Entscheidungstheorie, Tübingen 1968.

Krelle, W. (1976): Preistheorie, 2. Aufl., Tübingen 1976.

Kreutzer, R. (1987): Lead-Country-Konzept, in: Wirtschaftswissenschaftliches Studium, 16. Jg., 1987, S. 416–419.

Kreutzer, R. (1989): Global Marketing – Konzeption eines länderübergreifenden Marketing, Wiesbaden 1989.

Kreutzer, R. (1991): Länderübergreifende Segmentierungskonzepte. Antwort auf die Globalisierung der Märkte, in: Jahrbuch der Absatz- und Verbrauchsforschung, 39. Jg., 1991, S. 4–27.

Kroeber-Riel, W., Weinberg, P., Gröppel-Klein, A. (2008): Konsumentenverhalten, 9. Aufl., München 2008.

Kroehl, H. (1994): Corporate Identity. Dynamik im Marketing, in: Harvard Manager, 16. Jg., Heft 2, 1994, S. 25–31.

Krups, M. (1985): Marketing innovativer Dienstleistungen am Beispiel elektronischer Informationsdienste, Frankfurt am Main 1985.

Kruschwitz, L. (2007): Investitionsrechnung, 11. Aufl., München 2007.

Kühn, R., (1996), Angebotspositionierung als Ansatz zur Präzisierung von Wettbewerbsstrategien, in: Thexis, 13. Jg., 1996, S. 113–121.

Kühne, A. (1995): Benchmarking. Ein Mittel zur Leistungssteigerung, in: Zeitschrift für Betriebswirtschaft, 65. Jg., Ergänzungsheft 2, 1995, S. 41–47.

Küpper, H.U. (2005): Controlling. Konzeption, Aufgaben und Instrumente, 4. Aufl., Stuttgart 2005.

Kumar, N. (1996): The Power of Trust in Manufacturer-Retailer Relationships, in: Harvard Business Review, 74. Jg., November/December 1996, S. 92–106.

Lambin, J.J. (1987): Strategisches Marketing, Hamburg, New York 1987.

Lancester, K.J. (1966): A New Approach to Consumer Theory, in: Journal of Political Economy, 74. Jg., 1966, S. 132–157.

Lange, B. (1982): Bestimmung strategischer Erfolgsfaktoren und Grenzen ihrer empirischen Fundierung, in: Die Unternehmung, 36. Jg., Heft 1, 1982, S. 27–41.

Lange, B. (1984): Die Erfahrungskurve. Eine kritische Beurteilung, in: Zeitschrift für betriebswirtschaftliche Forschung, 36. Jg., 1984, S. 229–245.

Lehner, F. (1995): Erfolgsfaktoren-Analyse in der betrieblichen Informationsverarbeitung, in: Zeitschrift für Betriebswirtschaft, 65. Jg., 1995, S. 385–409.

Leibfried, K., McNair, C.J. (1996): Benchmarking: Von der Konkurrenz lernen, die Konkurrenz zu überholen, 2. Aufl., Freiburg i. Br. 1996.

Levitt, Th. (1960): Marketing Myopia, in: Harvard Business Review, 38. Jg., July-August, 1960, S. 45–56.

Levitt, Th. (1965): Exploit the Product Life Cycle, in: Harvard Business Review, 43. Jg., Heft 6, 1965, S. 81–94.

Levitt, Th. (1983): The Globalization of Markets, in: Harvard Business Review, 61. Jg., Nr. 6, 1983, S. 92–102.

Lewin, K., Lepitt, R. (1938): An Experimental Approach to the Study of Autocracy and Democracy. A Preliminary Note, in: Sociometry, 1. Jg., 1938, S. 292–300.

Lewis, P., Thomas, H. (1990): The linkage between strategy, strategic groups and performance in the U.K. Retail Grocery Industry, in: Strategic Management Journal, 11. Jg., Nr. 5, 1990, S. 385–397.

Liebl, F. (1994): Issue Management. Bestandsaufnahme und Perspektive, in: Zeitschrift für Betriebswirtschaft, 64. Jg., 1994, S. 359–383.

Linnemann, R.E., Klein, H.E. (1979): The Use of Multiple Scenarios by U.S. Industrial Companies, in: Long Range Planning, 12. Jg., 1979, S. 83–90.

Little, A.D. (o.J.): Der strategische Einsatz von Technologien, o.O., o.J.

Macharzina, K. (1982): Theorie der internationalen Unternehmenstätigkeit. Kritik und Ansätze einer integrativen Modellbildung, in: Lück, W., Trommsdorff, V. (Hrsg.), Internationalisierung der Unternehmung als Problem der Betriebswirtschaftslehre, Berlin 1982, S. 111–143.

Macharzina, K. (1986): Organisatorische Gestaltung bei Internationalisierungsstrategien, in: Gaugler, E., Meissner, G., Thom, N. (Hrsg.), Zukunftsaspekte der anwendungsorientierten BWL, Stuttgart 1996, S. 175–190.

Mag, W. (1995): Die Modellunterstützung der Unternehmungsplanung, in: Das Wirtschaftsstudium, 24. Jg., Heft 4, 1995, S. 323–332.

Mahajan, V., Muller, E., Bass, F.M. (1990): New Product Diffusion Models in Marketing. A Review and Directions for Research, in: Journal of Marketing, 54. Jg., Januar 1990, S. 1–26.

Makridakis, S., Wheelwright, S. (1978): Methods and Applications, New York 1978.

Maleri, R., Frietzsche, U. (2008): Grundlagen der Dienstleistungsproduktion, 5. Aufl., Berlin 2008.

Männel, W. (1981): Die Wahl zwischen Eigenfertigung und Fremdbezug. Theoretische Grundlagen – Praktische Fälle, 2. Aufl., Stuttgart 1981.

Markowitz, H.M. (1959): Portfolio Selection. Efficient Diversification of Investment, New York, London 1959.

Marshall, A. (1978): More Profitable Pricing, New York et al. 1978.

Maschner, H.F. (1995): Konditionenpolitik, in: Tietz, B., Köhler, R., Zentes, J. (Hrsg.), Handwörterbuch des Marketing, 2. Aufl., Stuttgart 1995, S. 1211–1226.

Mason, E.S. (1957): Economic Concentration and the Monopoly Problem, Cambridge, Mass. 1957.

Mattson, B.E. (1985): Spotting a Market Gap for a New Produkt, in: Long Range Planning, 18. Jg., 1985, S. 173–181.

McDonald, M.H.B (1990): Ten Barrieres to Marketing Planning, in: The Journal of Services Marketing, 4. Jg., Spring 1990, S. 5–18.

McGrath, R.G., MacMillan, I.C., Venkataroman, S. (1995): Defining and Developing Competence. A Strategy Prozess Paradigm, in: Strategie Management Journal, 16. Jg., 1995, S. 251–275.

Meffert, H. (1973): Der Prozess der Neuproduktplanung, in: Das Wirtschaftsstudium, 2. Jg., Nr. 2, 1973, S. 51–55.

Meffert, H. (1977): Marketing. Einführung in die Absatzpolitik, 1. Aufl., Wiesbaden 1977.

Meffert, H. (1983): Marktorientierte Führung in stagnierenden und gesättigten Märkten, Arbeitspapier Nr. 9, Münster 1983.

Meffert, H. (1985): Größere Flexibilität als Unternehmenskonzept, in: Zeitschrift für betriebswirtschaftliche Forschung, 37. Jg., 1985, S. 121–137.

Meffert, H. (1986): Marketing. Grundlagen der Absatzpolitik, 7. Aufl., Wiesbaden 1986.

Meffert, H. (1986a): Multinationales oder globales Marketing. Voraussetzungen und Implikationen von Internationalisierungsstrategien, in: Gaugler, E., Meissner, H. G., Thom, N. (Hrsg.), Zukunftsaspekte der anwendungsorientierten Betriebswirtschaftslehre, Stuttgart 1986, S. 191–209.

Meffert, H. (1988): Strategische Unternehmensführung und Marketing, Wiesbaden 1988.

Meffert, H. (1989): Marketing und Allgemeine Betriebswirtschaftslehre. Eine Standortbestimmung im Lichte neuerer Herausforderungen der Unternehmensführung, in: Kirsch, W., Picot, A. (Hrsg.), Die Betriebswirtschaftslehre im Spannungsfeld zwischen Generalisierung und Spezialisierung, Wiesbaden 1989, S. 337–357.

Meffert, H. (1989a): Die Wertkette als Instrument einer integrierten Unternehmensplanung, in: Delfmann, W. (Hrsg.), Der Integrationsgedanke in der Betriebswirtschaftslehre, Wiesbaden 1989, S. 255–277.

Meffert, H. (1989b): Globalisierungsstrategien und ihre Umsetzung im internationalen Wettbewerb, in: Die Betriebswirtschaft, 49. Jg., 1989, S. 445–463.

Meffert, H. (1990): Implementierungsprobleme globaler Strategien, in: Welge, M.K. (Hrsg.), Globales Management. Erfolgreiche Strategien für den Weltmarkt, Stuttgart 1990, S. 93–115.

Meffert, H. (1992): Marketingforschung und Käuferverhalten, 2. Aufl., Wiesbaden 1992.

Meffert, H. (1994): Marketing-Management. Analyse – Strategie – Implementierung, Wiesbaden 1994.

Meffert, H. (1994a): Erfolgreiches Marketing in der Rezession. Strategien und Maßnahmen in engeren Märkten, Wien 1994.

Meffert, H. (2000): Auf der Suche nach dem Stein der Weisen, in: Markenartikel, 2000, H. 1, S. 24–36.

Meffert, H. (2006): Erfolgreiches Marketing in stagnierenden und schrumpfenden Märkten: Ergebnisse einer empirischen Untersuchung, in: Meffert, H., Backhaus, K., Becker, J. (Hrsg.): Erfolgreiches Marketing in stagnierenden und schrumpfenden Märkten, Dokumentationspapier Nr. 188, Wissenschaftliche Gesellschaft für Marketing und Unternehmensführung e. V., Münster 2006.

Meffert, H., Benkenstein, M. (1989): Wertkette, in: Die Betriebswirtschaft, 49. Jg., 1989, S. 785–787.

Meffert, H., Bolz, J. (1998): Internationales Marketing-Management, 4. Aufl., Stuttgart et al. 1998.

Meffert, H., Bruhn, M. (1976): Marketingtheorie – Quo vadis? Bemerkungen zur Abgrenzung der Marketingdisziplin, in: Meffert, H. (Hrsg.), Arbeitspapier Nr. 14 des Instituts für Marketing der Universität Münster, Münster 1976.

Meffert, H., Bruhn, M. (1981): Beschwerdeverhalten und Zufriedenheit von Konsumenten, in: Die Betriebswirtschaft, 51. Jg., 1981, S. 597–613.

Meffert, H., Bruhn, M. (2008): Dienstleistungsmarketing. Grundlagen – Konzepte – Methoden, 5. Aufl., Wiesbaden 2008.

Meffert, H. Burmann, Ch., Kirchgeorg, M. (2008): Grundlagen marktorientierter Unternehmensführung. Konzepte – Instrumente – Praxisbeispiele, 10. Aufl., Wiesbaden 2008.

Meffert, H., Heinemann, G. (1990): Operationalisierung des Imagetransfers. Begrenzung des Transferrisikos durch Ähnlichkeitsmessungen, in: Marketing. Zeitschrift für Forschung und Praxis, 12. Jg., 1990, S. 5–10.

Meffert, H., Kirchgeorg, M. (1998): Marktorientiertes Umweltmanagement: Konzeption, Strategie, Implementierung mit Praxisfällen, 3. Aufl., Stuttgart 1998.

Meffert, H., Koers, M. (2001): Markencontrolling – Theoretische Grundlagen und konzeptionelle Ausgestaltung auf Basis der Balanced Scorecard, in: Meffert, H., Backhaus, K., Becker, J. (Hrsg.), Arbeitspapier Nr. 143 der Wissenschaftlichen Gesellschaft für Marketing und Unternehmensführung e. V., 2001.

Meffert, H., Patt, P.J. (1988): Erfolgsfaktoren im Einzelhandelsmarketing, in: Meffert, H. (Hrsg.), Strategische Unternehmensführung und Marketing. Beiträge zur marktorientierten Unternehmenspolitik, Wiesbaden 1988, S. 201–228.

Meffert, H., Pues, C. (1995): Markterschließungsstrategien in Osteuropa. Stand und Perspektiven, in: Benkenstein, M., Richter, H.-J., Ruland, J., Schröder, J., (Hrsg.), Osteuropa im Umbruch. Perspektiven für die Neuen Bundesländer, Wiesbaden 1995, S. 47–84.

Meffert, H., Remmerbach, K.-U. (1988): Marketingstrategien in jungen Märkten: Wettbewerbsorientiertes High-Tech-Marketing, in: DBW, Bd. 48, Heft 3, 1988, S. 331–346.

Meffert, H., Steffenhagen, H. (1977): Marketing-Prognosemodelle. Quantitative Grundlagen des Marketing, Stuttgart 1977.

Meffert, H., Wehrle, F. (1981): Strategische Unternehmensplanung, in: Meffert, H., Wagner, H. (Hrsg.), Arbeitspapier Nr. 4 der Wissenschaftlichen Gesellschaft für Marketing und Unternehmensführung e. V., Münster 1981.

Meissner, H.G. (1995): Strategisches internationales Marketing, 2. Aufl., München, Wien 1995.

Meister, H. (1993). Organisation des Lean Management, in: Zeitschrift für Führung und Organisation, 62. Jg., 1993, S. 6–8.

Mercerer, D. (1995): Scenarios Made Easy, in: Long Range Planning, 28. Jg., Nr. 4, 1995, S. 81–86.

Meyer, M. (1987): Die Beurteilung von Länderrisiken der internationalen Unternehmung, Berlin, München 1987.

Michel, K. (1990): Technologie im strategischen Management. Ein Portfolio-Ansatz zur integrierten Technologie- und Marktplanung, 2. Aufl., Berlin 1990.

Miles, R.E., Snow, Ch.C., Sharfmann, M.P. (1993): Industry Variety and Performance, in: Strategic Management Journal, 14. Jg., 1993, S. 163–177.

Miller, D. (1986): Configurations of Strategy and Structure, Towards a Synthesis, in: Strategic Management Journal, 7. Jg., 1986, S. 233–249.

Miller, D. (1988): Relating Porter´s Business Strategies to Environment and Structure. Analysis and Performance Implications, in: Academy of Management Journal, 31. Jg., 1988, S. 280–308.

Mintzberg, H. (1981): Organizational Design. Fashion or Fit, in: Harvard Business Review, Vol. 59, Jan.-Feb. 1981, S. 103–116.

Mintzberg, H. (1993): The Pitfalls of Strategic Planning, in: California Management Review, 36. Jg., Nr. 1, 1993, S. 32–47.

Mitzkat, M. (1996): Kaufverhaltensorientierte Gestaltung der Fertigungstiefe. Konzeptionelle Grundlagen und empirische Analysen, Wiesbaden 1996.

Möhrle, M.G., Voigt, I. (1993): Das FuE-Programm-Portfolio in praktischer Erprobung, in: Zeitschrift für Betriebswirtschaft, 63. Jg. 1993, S. 973–992.

Mollenhauer, M. (1991), Total Quality Management. Höchstleistungen für den Kunden, in: Arthur D. Little (Hrsg.), Automobilindustrie 2000. Überlebensstrategien für die deutschen Automobilhersteller und -zulieferer, Handout zum Wiesbadener Unternehmergespräch am 18./19. September 1991, o.O., 1991, S. 55–81.

Moore, W.L., Pessemier, E.A. (1993): Product Planning and Management. Designing and Delivering Value, New York et al. 1993.

Morgan, M.J. (1993): How Corporate Culture Drives Strategy, in: Long Range Planning, 26. Jg., Nr. 2, 1993, S. 110–118.

Morris, R.J. (1996): Developing a Mission for a Diversified Company, in: Long Range Planning, 29. Jg., Nr. 1, 1996, S. 103–115.

Morrison, A.J. (1990): Strategies in Global Industries, New York et al. 1990.

Morwind, K. (1996): Praktische Erfahrungen mit Benchmarking, in: Zeitschrift für Betriebswirtschaft, 65. Jg., Ergänzungsheft 2, 1995, S. 25–39.

Mühlbacher, H., Dreher, A., Gabriel-Ritter, A. (1996): Strategische Positionierung. Grundpfeiler des Marketings in komplexen und dynamischen Umwelten, in: Die Betriebswirtschaft, 56. Jg., 1996, S. 203–219.

Müller, A. (1998): Gemeinkostenmanagement, 2. Aufl., Wiesbaden 1998.

Müller, A. (2000): Strategisches Management mit der Balanced Scorecard, Stuttgart et al. 2000.

Müller, N. (1995a): Marketingstrategien in High-Tech-Märkten. Typologisierung, Ausgestaltungsformen und Einflußfaktoren auf der Grundlage strategischer Gruppen, Frankfurt am Main et al. 1995.

Müller, W. (1995): Geschäftsfeldplanung, in: Tietz, B., Köhler, R., Zentes, J. (Hrsg.), Handwörterbuch des Marketing, Stuttgart 1995, S. 760–785.

Müller-Hagedorn, L. (2005): Handelsmarketing, 4. Aufl., Stuttgart et al. 2005.

Murray, J.A. (1984): A Concept of Entrepreneurial Strategy, in: Strategic Management Journal, 5. Jg., 1984, S. 1–13.

Nerdinger, F., v. Rosenstiel (1995): Die Umgestaltung der Führungsstrukturen im Rahmen der Implementierung des Internen Marketing, in: Bruhn, M. (Hrsg.), Internes Marketing. Integration der Kunden- und Mitarbeiterorientierung, Wiesbaden 1995, S. 113–144.

Neubauer, F.F. (1989): Portfolio-Management, 3. Aufl., Neuwied 1989.

Neuberger, O. (1977): Organisation und Führung, Stuttgart et al. 1977.

Newman, H.M. (1973): Strategic Groups and the Structure-Performance Relationship. A Study with Respect to the Chemical Process Industry, Diss., Harvard University, Cambridge, Mass. 1973.

Nieschlag, R., Dichtl, E., Hörschgen H. (2002): Marketing, 19. Aufl., Berlin 2002.

Niestradt, U. (1983): Nachfragemacht des Handels. Begriff, Theorie, Operationalisierung, Frankfurt am Main et al. 1983.

o.V. (1995): Vision 2010 der BASF-Gruppe, Ludwigshafen 1995.

Oakland, J. (1993): Total Quality Management, 2. Aufl., Oxford 1993.

Oberender, K. (1975): Zur Problematik der Marktabgrenzung unter besonderer Berücksichtigung des „relevanten Marktes", in: Wirtschaftswissenschaftliches Studium, 4. Jg., 1975, S. 575–579.

Oess, A. (1993): Total Quality Management: Ganzheitliche Qualitätsstrategie, 3. Aufl., Wiesbaden 1993.

Oetinger, B.v. (Hrsg.) (2000): Das Boston Consulting Group Strategie-Buch: Die wichtigsten Managementkonzepte für den Praktiker, 7. Aufl., München 2000.

Olfert, K., Reichel, Ch. (2005): Finanzierung, 12. Aufl., Ludwigshafen 2005.

Ossadnik, W. (2003): Controlling, 3. Aufl., München, Wien 2003.

Oster, S.M. (1999): Modern Competitive Analysis, 3. Aufl., New York 1999.

Ott, A.E. (1992): Grundzüge der Preistheorie, 3. Aufl., Göttingen 1992.

Panzar, J.C., Willig, R.D. (1981): Economies of Scope, in: American Economic Review. Papers and Proceedings, 71. Jg., 1981, S. 268–272.

Parasuraman, A., Zeithaml, V.A., Berry, L.L. (1984): A Conceptual Model of Service Quality and its Implications for Future Research, Working Paper No. 84–106 des Marketing Science Institute, Cambridge, Mass. 1984.

Pechtl, H. (2003): Logik von Preissystemen, in: Herrmann, A., Diller H. (Hrsg.), Handbuch des Preismanagements, Wiesbaden 2003, S. 69–91.

Pechtl, H. (2005): Preispolitik, Stuttgart 2005.

Penrose, E.T. (1952): Biological Analogies in the Theory of the Firm, in: The American Economic Review, 42. Jg., 1952, S. 804–819.

Penrose, E.T. (1959): The Theory of the Growth of the Firm, Oxford 1959.

Pepels, W. (2000): Produktmanagement: Produktinnovation, Markenpolitik, Programmplanung, Prozessorganisation, 2. Aufl., München 2000.

Perillieux, R. (1987): Der Zeitfaktor im strategischen Technologiemanagement, Berlin 1987.

Perlitz, M. (1988): Wettbewerbsvorteile durch Innovation, in: Simon, H. (Hrsg.), Wettbewerbsvorteile und Wettbewerbsfähigkeit, Stuttgart 1988, S. 47–65.

Perlitz, M. (2004): Internationales Management, 5. Aufl., Stuttgart, Jena 2004.

Perridon, L., Steiner, M. (2004): Finanzwirtschaft der Unternehmung, 13. Aufl., München 2004.

Peteraf, M.A. (1993): The Cornerstones of Competitive Advantage. A Resource-Based View, in: Strategic Management Journal, 14. Jg., 1993, S. 179–191.

Peters, T.J., Waterman, R.H. (1982): In Search of Excellence, New York 1982.

Petrick, K. (1987): Die Normen DIN ISO 9000 bis 9004 zum Thema Qualitätssicherungssysteme, in: Bläsing, J.P. (Hrsg.), Praxishandbuch Qualitätssicherung, München 1987, S. A2-1–A2-36.

Pfeiffer, W. (1980): Innovationsmanagement als Know-how-Management, in: Hahn, D. (Hrsg.), Führungsprobleme industrieller Unternehmungen, Berlin, New York 1980, S. 421–452.

Pfeiffer, W., Dögl, R. (1990): Das Technologie-Portfolio-Konzept zur Beherrschung der Schnittstelle Technik und Unternehmensstrategie, in: Hahn, D., Taylor, B. (Hrsg.), Strategische Unternehmensplanung. Strategische Unternehmensführung, 5. Aufl., Heidelberg 1990, S. 254–282.

Pfeiffer, W., Metze, G., Schneider, W., Amler, R. (1991): Technologie-Portfolio zum Management strategischer Zukunftsgeschäftsfelder, 6. Aufl., Göttingen 1991.

Pfeiffer, W., Weiss, E. (1992): Lean Management: Grundlagen der Führung und Organisation lernender Unternehmen, Berlin 1992.

Pfeiffer, W., Weiss, E. (1994): Lean Management: Grundlagen der Führung und Organisation lernender Unternehmen, 2. Aufl., Berlin 1994.

Picot, A. (1981): Strukturwandel und Unternehmensstrategie, Teil 1, in: Wirtschaftswissenschaftliches Studium, 10. Jg., 1981, S. 527–532.

Picot, A. (1981a): Strukturwandel und Unternehmensstrategie, Teil 2, in: Wirtschaftswissenschaftliches Studium, 10. Jg., 1981, S. 563–571.

Picot, A. (1991): Ein neuer Ansatz zur Gestaltung der Leistungstiefe, in: Zeitschrift für betriebswirtschaftliche Forschung, 43. Jg., 1991, S. 336–357.

Picot, A., Reichwald, R., Wigand R.T. (1996): Die grenzenlose Unternehmung. Information, Organisation und Management, Wiesbaden 1996.

Picot, A., Reichwald, R., Wigand R.T. (2003): Die grenzenlose Unternehmung. Information, Organisation und Management, 5. Aufl., Wiesbaden 2003.

Piller, F. (1998): Kundenindividuelle Massenproduktion, München, Wien 1998.

Piller, F. (1998a): Kundenindividuelle Massenproduktion, in: WISU, 27. Jg., H. 8/9, S. 875–879.

Piller, F. (2001): Kundenindividuelle Massenproduktion, in: technologie&management, H. 5/6, S. 16–19.

Pine, B.J. (1993): Mass Customization. New Frontier in Business Competition, Boston, Mass. 1993.

Popper, E.T., Buskirk, B.D. (1992): Technology Life Cycles in Industrial Markets, in: Industrial Marketing Management, 21. Jg., 1992, S. 23–31.

Porter, M.E. (1973): Consumer Behavior, Retail Power and Manufacturing Strategy in Consumer Goods Industries, Harvard University, Cambridge, Mass. 1973.

Porter, M.E. (1980): Competitive Strategy. Techniques for Analyzing Industries and Competitiors, New York, NY 1980.

Porter, M.E. (1981): The Contribution of Industrial Organization to Strategic Management, in: Academy of Management Review, 6. Jg., 1981, S. 609–620.

Porter, M.E. (1985): Competitive Advantage. Creating and Sustaining Superior Performance, New York, London 1985.

Porter, M.E. (1999): Wettbewerbsstrategie. Methoden zur Analyse von Branchen und Konkurrenten, 10. Aufl., Frankfurt, New York 1999.

Porter, M.E. (2000): Wettbewerbsvorteile. Spitzenleistungen erreichen und behaupten, 6. Aufl., Frankfurt am Main 2000.

Porter, M.E. (2008): The Five Competitive Forces That Shape Strategy, in: Harvard Business Review, Jg. 86, 2008, S. 78–93.

Preißner, A. (1999): Marketing-Controlling, 2. Aufl., München 1999.

Proff, H., Proff, H.V. (1996): Bedeutung der zunehmenden Regionalisierung der Weltwirtschaft für die Wettbewerbsstrategien international tätiger Unternehmen, in: Zeitschrift für Betriebswirtschaft, 66. Jg., 1996, S. 437–457.

Pümpin, C. (1992): Strategische Erfolgspositionen. Methodik der dynamischen strategischen Unternehmensführung, Bern, Stuttgart 1992.

Pümpin, C., Geilinger, K.W. (1988): Strategische Führung, in: Die Orientierung, Heft 76, Bern 1988.

Pyhrr, P.A. (1970): Zero-Base Budgeting, in: Harvard Business Review, 48. Jg., November/December/1970, S. 111–119.

Raffée, H. (1984): Strategisches Marketing, in: Gaugler, E. Jacobs, O.H., Kieser, A. (Hrsg.), Strategische Unternehmensführung und Rechnungslegung, Stuttgart 1984, S. 61–81.

Raffée, H. (1984a): Gegenstand, Methoden und Konzepte der Betriebswirtschaftslehre, in: (Hrsg.) Vahlens Kompendium der Betriebswirtschaftslehre, Bd. 1, München 1984, S. 1–46.

Raffée, H. (1987): Marketing in sozialer Verantwortung, in: Wissenschaftliche Gesellschaft für Marketing und Unternehmensführung e. V. (Hrsg.), Unternehmensführung in sozialer Verantwortung, Dokumentation einer Vortragsveranstaltung, Münster 1987, S. 11–23.

Raffée, H. (1989): Prognosen als ein Kernproblem der Marketingplanung, in: Raffée, H., Wiedmann, K.-P. (Hrsg.), Strategisches Marketing, 2. Aufl., Stuttgart 1989, S. 142–168.

Raffée, H., Kreutzer, R. (1986): Organisatorische Verankerung eines Global Marketing, in: Thexis, 3. Jg., Heft 2, 1986, S. 10–21.

Rappaport, A. (1981): Selecting Strategies That Create Shareholder Value, in: Harvard Business Review, 59. Jg., Heft 3, 1981, S. 139–149.

Rasche, C., Wolfrum, B. (1994): Ressourcenorientierte Unternehmensführung, in: Die Betriebswirtschaft, 54. Jg., 1994, S. 501–517.

Rebstock, M. (1994): Die Unterstützung der Managementkonzepte Total Quality Management und Kaizen durch Informationssysteme, in: Zeitschrift für Führung und Organisation, 63. Jg, 1994, S. 183–187.

Reese, A., Trout, J. (1985): Marketing Warfare, New York 1985.

Reese, J., Werner, C. (1996): Lernprozesse bei Lean Production, in: Das Wirtschaftsstudium, 25. Jg., Heft 11, 1996, S. 1004–1009.

Reibnitz, U. (1983): Szenarien als Grundlage strategischer Planung, in: Harvard. Manager, Heft 1, 1983, S. 71–79.

Reichert, R. (1982): Entwurf und Bewertung von Strategien, München 1982.

Reichmann, T. (2001): Controlling mit Kennzahlen und Managementberichten: Grundlagen einer systemgestützten Controlling-Konzeption, 6. Aufl., München 2001.

Reiß, M. (1995): Implementierungsarbeit im Spannungsfeld zwischen Effektivität und Effizienz, in: Zeitschrift für Führung und Organisation, 64. Jg., 1995, S. 278–282.

Reitsperger, W.D., Daniel, S.J., Tallman, S.B., Chismar, W.G. (1993): Product Quality and Cost Leadership: Compatible Strategies?, in: Management International Review, 33. Jg., Special Issue, Heft 1, 1993, S. 7–21.

Remmerbach, K.-U. (1988): Markteintrittsentscheidungen. Eine Untersuchung im Rahmen der strategischen Marketingplanung unter besonderer Berücksichtigung des Zeitaspektes, Wiesbaden 1988.

Rieser, I. (1978): Frühwarnsysteme, in: Die Unternehmung, 32. Jg., 1978, S. 51–68.

Robens, H. (1985): Schwachstellen der Portfolio-Analyse, in: Marketing. Zeitschrift für Forschung und Praxis, 7. Jg., 1985, S. 191–200.

Robinson, W.T., Fornell, C. (1986): Market Pioneers and Sustainable Market Share Advantages, in: Strategic Planning Institute (Hrsg.), The Pimsletter on Business Strategy, Nr. 39, Cambridge, Mass. 1986.

Robinson, W.T., Fornell, C., Sullivan, M. (1992): Are Market Pioneers Intrinsically Stronger Then Later Entrants?, in: Strategic Management Journal, 13. Jg., 1992, S. 609–624.

Roever, M. (1980): Gemeinkosten-Wertanalyse. Erfolgreiche Antwort auf die Gemeinkosten-Problematik, in: Zeitschrift für Betriebswirtschaft, 50. Jg., 1980, S. 686–690.

Rogers, E.M. (2003): Diffusion of Innovations, 5. Aufl., New York 2003.

Romer, K., van Doren, D.C. (1993): Implementing Marketing in a High-Tech Business, in: Industrial Marketing Management, 22. Jg., S. 177–185.

Rosenberg, L.J. (1977), Marketing, Englewood Cliffs, NJ 1977.

Rotering, C. (1990): Forschungs- und Entwicklungskooperationen zwischen Unternehmen, Stuttgart 1990.

Roth, K., Morrison, A.J. (1990): An Empirical Analysis of the Integration-Responsiveness Framework in Global Industries, in: Journal of International Business Studies, 21. Jg., 1990, S. 541–564.

Roventa, P. (1981): Portfolio-Analyse und strategisches Management. Ein Konzept zur strategischen Chancen-Risiken-Handhabung, 2. Aufl., München 1981.

Roventa, P., Müller, G. (1981): Marktattraktivität. Ein dialektisches Bewertungskonzept, in: Die Unternehmung, 35. Jg., 1981, S. 229–251.

Sabel, H. (1971): Produktpolitik in absatzwirtschaftlicher Sicht. Grundlagen und Entscheidungsmodelle, Wiesbaden 1971.

Sabel, H. (1974): Modelle zur Produktpolitik, in: Hansen, H.R. (Hrsg.), Computergestützte Marketing-Planung, München 1974, S. 175–197.

Sabisch, H., Tintelnot, C. (1997): Integriertes Benchmarking für Produkte und Produktionsentwicklungsprozesse, Berlin 1997.

Sahal, D. (1981): Patterns of Technological Innovation, Reading, Mass. 1981.

Sallenave, J.P. (1976): Experience Analysis for Industrial Planning, Lexington, Toronto 1976.

Samiee, S., Roth, K. (1992): The Influence of Global Marketing Standardization on Performance, in: Journal of Marketing, 56. Jg., April 1992, S. 1–17.

Sandig, C. (1966): Betriebswirtschaftspolitik, 2. Aufl., Stuttgart 1966.

Sattler, H., Völckner, F. (2007): Markenpolitik, 2. Aufl., Stuttgart 2007.

Schäfer, H. (1994): Strategische Allianzen-Erklärung, Motivation und Erfolgskriterien, in: Das Wirtschaftsstudium, 23. Jg., Heft 8–9, 1994, S. 687–692.

Schanz, G. (1982): Organisationsgestaltung. Struktur und Verhalten, München 1982.

Scharrer, E. (1991): Qualität. Ein betriebswirtschaftlicher Faktor?, in: Zeitschrift für Betriebswirtschaft, 61. Jg., 1991, S. 695–720.

Schein, J. (1999): Balanced Scorecard – Strategien aus dem Luftschloss holen, in: Bank Magazin, 1999, Heft 8, S. 60–62.

Schellinck, D.A. (1983): Effect of Time on a Marketing Strategy, in: Industrial Marketing Management, 12. Jg., 1983, S. 83–88.

Scherm, E. (1994): Konsequenzen eines Lean Management für die Planung und das Controlling in der Unternehmung, in: Die Betriebswirtschaft, 54. Jg., 1994, S. 645–661.

Scheuch, F. (2006): Marketing, 6. Aufl., München 2006.

Schewe, G. (1993): Kein Schutz vor Imitation. Eine empirische Untersuchung zum Paradigma des Markteintrittsbarrieren-Konzeptes unter besonderer Beachtung des Patentschutzes, in: Zeitschrift für betriebswirtschaftliche Forschung, 45. Jg., 1993, S. 344–360.

Schildknecht, R. (1992): Total Quality Management. Konzeption und State of the Art, Frankfurt, New York 1992.

Schirmeister, R. (1981): Modell und Entscheidung, Stuttgart 1981.

Schmalen, H. (1992): Kommunikationspolitik. Werbeplanung, 2. Aufl., Stuttgart, Berlin, Köln 1992.

Schmalen, H. (1995): Preispolitik, 2. Aufl., Stuttgart, Jena 1995.

Schmidt, J.G. (1995): Die Discounted Cash-flow-Methode. Nur eine kleine Abwandlung der Ertragswertmethode?, in: Zeitschrift für betriebswirtschaftliche Forschung, 47. Jg., 1995, S. 1088–1117.

Schmidt, R.H., Terberger, E. (1997): Grundzüge der Investitions- und Finanzierungstheorie, 4. Aufl., Wiesbaden 1997.

Schmitt-Grohé, J. (1972): Produktinnovation. Verfahren und Organisation der Neuproduktplanung, Wiesbaden 1972.

Schmitt-Siegel, H.M. (1990): Erst Identifikation schafft Motivation, in: Bachinger, R. (Hrsg.), Unternehmenskultur. Ein Weg zum Markterfolg, Frankfurt am Main 1990, S. 60–71.

Schnaars, S.P. (1986): When Entering Growth Markets, Are Pioneers better than Poachers?, in: Business Horizons, March-April 1986, S. 27–36.

Schneider, D. (1992): Investition, Finanzierung und Besteuerung, 7. Aufl., Wiesbaden 1992.

Schneider, E. (1947): Einführung in die Wirtschaftstheorie, Tübingen 1947.

Schneider, W. (1984): Technologische Analyse und Prognose als Grundlage der strategischen Unternehmensplanung, Göttingen 1984.

Schoeffler, S., Buzzell, R., Heany, D. (1990): Impact of Strategic Planning on Profit Performance, in: Dyson, R.G. (Hrsg.), Strategic Planning. Models and Analytical Techniques, Chichester et al. 1990, S. 93–106.

Schoemaker, P.J.H. (1995): Scenario Planning: A Tool for Strategic Thinking, in: Sloan Management Review, 36. Jg., Nr. 2, Winter 1995, S. 25–40.

Schreyögg, G. (1993): Unternehmensstrategie. Grundfragen einer Theorie strategischer Unternehmensführung, Berlin, New York 1993.

Schreyögg, G. (1993a): Organisationskultur, in: Das Wirtschaftsstudium, 22. Jg., Heft 4, 1993, S. 313–322.

Schröder, H. (1994): Erfolgsfaktorenforschung im Handel, in: Marketing. Zeitschrift für Forschung und Praxis, 16. Jg., 1994, S. 89–105.

Schumpeter, J. (1911): Theorie der wirtschaftlichen Entwicklung, 1911.

Schwaiger, J., Thomas, W. (1985): Die Gemeinkostenwertanalyse, in: Ausschuß für wirtschaftliche Fertigung (Hrsg.), Rationalisierung indirekter Bereiche. Ergebnisse des AWF-Arbeitskreises „Planung indirekter Bereiche“, 1985, S. 10–14.

Schwienhorst R.L. (1989) Strategische Kontrolle. Rahmenbedingungen, Aufgaben und Methoden, Wiesbaden 1989.

Sebastian, K.-H., Maessen, A. (2003): Optionen im strategischen Preismanagement, in: Diller, H., Herrmann, A. (Hrsg.), Handbuch Preispolitik, Wiesbaden 2003, S. 49–68.

Segev, E. (1989): A Systematic Comparative Analysis and Synthesis of Two Business-Level Strategic Typologies, in: Strategic Management Journal, 10. Jg., 1989, S. 487–505.

Seibel, J.J. (1980): Zero-Base-Budgeting. Mehr Wirtschaftlichkeit auch im Gemeinkostenbereich, in: Kostenrechnungspraxis, 24. Jg., 1980, S. 115–120.

Selten, R. (1980): Oligopoltheorie, in: Albers, W. et al. (Hrsg.), Handwörterbuch der Wirtschaftswissenschaft, Band 5, Stuttgart et al. 1980, S. 667–678.

Serfling, K., Pape, U. (1996): Strategische Unternehmensbewertung und Discounted Cash Flow-Methode, in: Das Wirtschaftsstudium, 25. Jg., Heft 1, 1996, S. 57–64.

Servatius, H.G. (1985): Methodik des strategischen Technologiemanagements. Grundlagen für erfolgreiche Innovationen, Berlin 1985.

Sever, M. (1985): Der Marktanteil als Kriterium für die Produkteliminierung. Eine Analyse auf der Grundlage des Erfahrungskurven-Konzeptes, Frankfurt et al. 1985.

Shetty, Y.K. (1987): Product Quality and Competitive Strategy, in: Business Horizons, 30. Jg., Heft 3, 1987, S. 46–52.

Sieben, G., Schildbach, T. (1994): Betriebswirtschaftliche Entscheidungstheorie, 4. Aufl., Düsseldorf 1994.

Siegwart, H. (1974): Produktentwicklung in der industriellen Unternehmung, Bern 1974.

Simon, H. (1988): Management strategischer Wettbewerbsvorteile, in: Simon, H. (Hrsg.), Wettbewerbsvorteile und Wettbewerbsfähigkeit, Stuttgart 1988, S. 1–17.

Simon, H. (1989): Die Zeit als strategischer Erfolgsfaktor, in: Zeitschrift für Betriebswirtschaft, 59. Jg., 1989, S. 70–93.

Simon, H. (1989a): Markteintrittsbarrieren, in: Macharzina, K., Welge, M.K. (Hrsg.), Handwörterbuch Export und internationale Unternehmung, Stuttgart 1989, S. 1441–1453.

Simon, H. (1995): Management strategischer Wettbewerbsvorteile, in: Corsten, H. (Hrsg), Produktion als Wettbewerbsfaktor. Beiträge zur Wettbewerbs- und Produktionsstrategie, Wiesbaden 1995, S. 37–58.

Simon, H., Fassnacht, M. (2008): Preismanagement: Strategie, Analyse, Entscheidung, Umsetzung, 3. Aufl., Wiesbaden 2008.

Slater, S.F. (1993): Competing in High-Velocity Markets, in: Industrial Marketing Management, 22. Jg., 1993, S. 255–263.

Slater, S.F. (1996): The Challenge of Sustaining Competitive Advantage, in: Industrial Marketing Management, 25. Jg., 1996, S. 79–86.

Sounders, C.B. (1973): Setting Organizational Objectives, in: Journal of Business Policy, 3. Jg., 1973, S. 12–17.

Specht, G. (1989): Qualitätsmanagement im Innovationsprozeß unter besonderer Berücksichtigung der Schnittstellen zwischen F&E und Vertrieb, in: Specht, G., Silberer, G., Engelhardt, W.H. (Hrsg.), Marketing-Schnittstellen, Stuttgart 1989, S. 141–163.

Specht, G., Ewald, A. (1991): Organisatorische Implementierung des Strategischen Technologie-Managements, in: Die Betriebswirtschaft, 51. Jg., 1991, S. 733–755.

Specht, G., Fritz, W. (2005): Distributionsmanagement, 4. Aufl., Stuttgart 2005.

Specht, G., Michel, K. (1988): Integrierte Technologie- und Marktplanung mit Innovationsportfolios, in: Zeitschrift für Betriebswirtschaft, 58. Jg., 1988, S. 502–520.

Specht, G., Schmelzer, H.J. (1992): Instrumente des Qualitätsmanagement in der Produktentwicklung, in: Zeitschrift für betriebswirtschaftliche Forschung, 44. Jg., 1992, S. 531–547.

Stabell, C.B., Fjeldstad, Ø.D. (1998): Configuring Value for Competitive Advantage: On Chains, Shops, and Value Networks, in: Strategic Management Journal, Vol. 19, No. 5, S. 413–437.

Stacey, G.S. (1984): Battelle Technical Input to Planning, Review No. 14 of the Battelle Memorial Institute, Columbus, Ohio 1984.

Staehle, W. (1969): Kennzahlen und Kennzahlensysteme, Wiesbaden 1969.

Staehle, W.H. (1973): Organisation und Führung soziotechnischer Systeme, Stuttgart 1973.

Staehle, W.H. (1999): Management. Eine verhaltenswissenschaftliche Perspektive, 8. Aufl., München 1999.

Staehle, W.H., Sydow, J. (1987): Führungsstiltheorien, in: Kieser, A. (Hrsg.), Handwörterbuch der Führung, 2. Aufl., Stuttgart 1987, Sp. 661–671.

Stauss, B. (1989): Beschwerdepolitik als Instrument des Dienstleistungsmarketing, in: Jahrbuch der Absatz- und Verbrauchsforschung, 37. Jg., 1989, S. 41–62.

Stauss, B. (1994): Total Quality Management und Marketing, in: Marketing. Zeitschrift für Forschung und Praxis, 16. Jg., 1994, S. 149–159.

Steffenhagen, H. (1975): Konflikt und Kooperation in Absatzkanälen, Wiesbaden 1975.

Steffenhagen, H. (2008): Marketing. Eine Einführung, 6. Aufl., Stuttgart 2008.

Stein, H.G. (1988): Kostenführerschaft als strategische Erfolgsposition, in: Henzler, H. (Hrsg.), Handbuch Strategische Führung, Wiesbaden 1988, S. 397–426.

Steinle, C. (1978): Führungsstilforschung in der Sackgasse, in: Zeitschrift für Arbeitswirtschaft, 32. Jg, Heft 2, 1978, S. 209–217.

Steinmann, H., Gerum, E. (1978): Die Unternehmung als Koalition, in: Wirtschaftswissenschaftliches Studium, 7. Jg., 1978, S. 469–475.

Stender-Monhemius, K. (1999): Einführung in die Kommunikationspolitik, München 1999.

Stern, L.W. (Hrsg.) (1969): Distribution Channels. Behavioral Dimensions, Boston, Mass. 1969.

Strebel, H. (1975): Forschungsplanung mit Scoring-Modellen. Studien und Materialien zur wirtschafts- und sozialwissenschaftlichen Beratung, Vente, R.E. (Hrsg.), Baden-Baden 1975.

Stuckey, J., White, D. (1993): When and When Not to Vertically Integrate, in: Sloan Management Review, 34. Jg., Spring 1993, S. 71–83.

Süchting, J. (1989): Finanzmanagement. Theorie und Politik der Unternehmensfinanzierung, 5. Aufl., Wiesbaden 1989.

Süchting, J. (1995): Finanzmanagement. Theorie und Politik der Unternehmensfinanzierung, 6. Aufl., Wiesbaden 1995.

Szeliga, M. (1996): Push und Pull in der Markenpolitik. Ein Beitrag zur modellgestützten Marketingplanung am Beispiel des Reifenmarktes, Frankfurt am Main 1996.

Szyperski, N., Wienand, U. (1978): Strategisches Portfolio-Management. Konzept und Instrumentarium, in: Zeitschrift für betriebswirtschaftliche Forschung, Kontaktstudium, 30. Jg., 1978, S. 123–132.

Tannenbaum, R., Schmidt, W.H. (1958): How to Choose a Leadership Pattern, in: Harvard Business Review, 36. Jg., March-April 1958, S. 95–101.

Tannenbaum, R., Weschler, J.R., Massarik, K.F. (1961): Leadership and Organization, New York et al. 1961.

Teas, R.K. (1993): Expectations, Performance Evaluation and Consumers Perceptions of Quality, in: Journal of Marketing, 57. Jg., Nr. 4, 1993, S. 18–34.

Teng, J.T.C., Grover, V., Fiedler, K.D. (1994): Business Process Reengineering: Charting a Strategic Path for the Information Age, in: California Management Review, 36. Jg., Nr. 3, Spring 1994, S. 9–31.

Thomas, H. (1982): Screening Policy Options: An Approach and a Case Study Example, in: Strategic Management Journal, 3. Jg., 1982, S. 227–244.

Thwaites, D., Walley, K., Foots, S. (1996): Systematic Management of Differential Advantage, in: Industrial Marketing Management, 25. Jg., 1996, S. 209–222.

Tomczak, T. (1989): Situative Marketingstrategien. Grundsatzstrategien für „Dogs", Berlin et al. 1989.

Töpfer, A. (1985): Umwelt- und Benutzerfreundlichkeit von Produkten als strategische Unternehmensziele, in: Marketing. Zeitschrift für Forschung und Praxis, 7. Jg., 1985, S. 241–251.

Töpfer, A. (1995): New Products – Cutting the Time to Market, in: Long Range Planning, 28. Jg., Nr. 2, 1995, S. 61–78.

Töpfer, A. (1996): Industrielle Dienstleistungen. Servicestrategie oder Outsourcing, Neuwied 1996.

Topritzhofer, E. (1974): Absatzwirtschaftliche Modelle. Modelle des Kaufentscheidungsprozesses unter besonderer Berücksichtigung des Markenwahlaspektes, Wien 1974.

Triffin, R. (1971): Monopolistic Competition and General Equilibrium Theory, 8. Aufl., Cambridge, Mass. 1971.

Trommsdorff, V. (2009): Konsumentenverhalten, 7. Aufl., Stuttgart 2009.

Uhl, O.W. (1993): Innovations-Management bei 3M, in: Zeitschrift für Führung und Organisation, 62. Jg., 1993, S. 221–224.

Ulrich, P. (1977): Die Großunternehmung als quasiöffentliche Institution, Stuttgart 1977.

Ulrich, H. (1992): Management-Philosophie in einer sich wandelnden Gesellschaft, in: Hahn, D., Taylor, B. (Hrsg.), Strategische Unternehmungsplanung – Strategische Unternehmungsführung. Stand und Entwicklungstendenzen, 5. Aufl., Heidelberg 1990, S. 825–837.

Urban, G.L., Hulland, J.S., Weinberg, B.D. (1993): Premarket Forecasting for New Consumer Durable Goods: Modeling Categorization, Elimination, and Consideration Phenomena, in: Journal of Marketing, 57. Jg., April 1993, S. 47–63.

Utterback, J.M., Abernathy, W.J. (1975): A Dynamic Model of Process and Product Innovation, in: Omega. The International Journal of Management Science, 3. Jg., 1975, S. 639–656.

v.d. Oelsnitz, D. (1995): Individuelle Selbststeuerung. Der Königsweg „moderner" Unternehmensführung?, in: Die Betriebswirtschaft, 55. Jg., 1995, S. 707–720.

v. Stackelberg, H. (1934): Marktform und Gleichgewicht, Berlin 1934.

v. Stackelberg, H. (1951): Grundlagen der theoretischen Volkswirtschaftslehre, 2. Aufl., Tübingen 1951.

Venkatesan, R., (1992): Strategic Sourcing: To make or not to make, in: Harvard Business Review, 70. Jg., November/December 1992, S. 98–107.

Very, P. (1993): Success in Diversification: Building on Core Competences, in: Long Range Planning, 26. Jg., Nr. 5, 1993, S. 80–92.

Vidale, L.M., Wolfe, H.B. (1957): An Operations-Research Study of Sales Response to Advertising, in: Operations Research, 5. Jg., 1957, S. 370–381.

Vizjak, A. (1994): Exploiting Your Synergy Potential: Promoting Collaboration Between Business Units, in: Long Range Planning, 27. Jg., Heft 1, 1994, S. 25–35.

Voigt, K.-I. (2003): Preisbildung für neue Produkte und Dienstleistungen, in: Diller, H., Herrmann, A. (Hrsg.), Handbuch Preispolitik, Wiesbaden 2003, S. 691–718.

Wacker, P.-A. (1980): Die Erfahrungskurve in der Unternehmensplanung. Analyse und empirische Überprüfung, München 1980.

Walleck, A.S., O'Halloran, J.D., Leader, C.A. (1991): Benchmarking World-Class Performance, in: The McKinsey Quarterly, Heft 1, 1991, S. 3–24.

Walker, O.C. Jr., Mullins, J.W. (2008): Marketing Strategy: A Decision-Focused Approach, 6. Aufl., New York 2008.

Walker, O.C., Ruekert, R.W. (1987): Marketing's Role in the Implementation of Business Strategies. A Critical Review and Conceptual Framework, in: Journal of Marketing, 51. Jg., Heft 7, 1987, S. 15–33.

Walters, M. (1984): Marktwiderstände und Marketingplanung, Wiesbaden 1984.

Wansink, B., Ray, M.L. (1996): Advertising Strategies to Increase Usage Frequency, in: Journal of Marketing, 60. Jg., Jan. 1996, S. 31–46.

Watson, A.M. (1982): Counter Competition Abroad to Protect Home Markets, in: Harvard Business Review, 60. Jg., Heft 1, 1982, S. 40–42.

Watson, G. H. (1993): Benchmarking. Vom Besten lernen, Landsberg a.L. 1993.

Weber, J. (2004): Einführung in das Controlling, 10. Aufl., Stuttgart 2004.

Weber, J., Schäffer, U. (2000): Balanced Scorecard & Controlling, 3. Aufl., Wiesbaden 2000.

Webster, F.E. (1988): Rediscovering the Marketing Concept, Report Nr. 88–100, Marketing Science Institute, Cambridge, Mass. 1988.

Weigelt, K., Camerer, C. (1988): Reputation and Corporate Strategy. A Review of Recent Theory and Applications, in: Strategic Management Journal, 9. Jg., 1988, S. 443–454.

Weiss, A. (1990): Making it Work. Turning Strategy into Action Throughout your Organization, New York 1990.

Welge, M.K. (1976): Synergie, in: Grochla, E., Wittmann, W. (Hrsg.), Handwörterbuch der Betriebswirtschaftslehre, Bd. 3, 4. Aufl., Stuttgart 1976, S. 3800–3810.

Welge, M.K. (1988): Unternehmensführung, Bd. 3: Controlling, Stuttgart 1988.

Welge, M.K., Al-Laham, A. (1993): Der Prozeß der strategischen Planung in: Das Wirtschaftsstudium, 22. Jg., Heft 3, 1993, S. 193–200.

Welge, M.K., Böttcher, R. (1991): Globale Strategien und Probleme ihrer Implementierung, in: Die Betriebswirtschaft, 51. Jg., 1991, S. 435–454.

Welge, M.K., Hüttemann, H.H., Al-Laham, A. (1996): Strategieimplementierung. Anreizsystemgestaltung und Erfolg, in: Zeitschrift für Führung und Organisation, 65. Jg., 1996, S. 80–85.

Werner, H. (2000): Die Balanced Scorecard. Hintergründe, Ziele und kritische Würdigung, in: WiSt, 2000, Heft 8.

White, H. C. (2001): Markets from Networks: Socioeconomic Models of Production, New Jersey 2001.

White, R. (1986): Generic Business Strategies, Organizational Context and Performance. An Empirical Investigation, in: Strategic Management Journal, 7. Jg., 1986, S. 217–231.

Wicher, H. (1994): Unternehmenskultur, in: Das Wirtschaftsstudium, 23. Jg., Heft 4, 1994, S. 329–341.

Wiedmann, K.-P. (1989): Konzeptionelle und methodische Grundlagen der Früherkennung, in: Raffée, H., Wiedmann, K.-P. (Hrsg.), Strategisches Marketing, 2. Aufl., Stuttgart 1989, S. 301–348.

Wiedmann, K.-P., Kreutzer, R. (1989): Strategische Marketingplanung. Ein Überblick, in: Raffée, H., Wiedmann, K.-P. (Hrsg.), Strategisches Marketing, 2. Aufl., Stuttgart 1989, S. 61–141.

Wielenberg, S. (1996): Zeitkonsistente Verträge bei spezifischen Investitionen zu Beginn der Vertragslaufzeit, in: Zeitschrift für Betriebswirtschaft, 66. Jg., 1996, S. 1103–1126.

Wilde, K.D. (1989): Bewertung von Produkt-Markt-Strategien, Berlin 1989.

Wilde, O. (1979a): Wettbewerbsverzerrungen und Wettbewerbsbeschränkungen durch Nachfragemacht, Freiburg i. Br. 1979.

Wildemann, H. (1988): Erfolgspotentialaufbau durch neue Produktionstechnologien, in: Simon, H., (Hrsg.), Wettbewerbsvorteile und Wettbewerbsfähigkeit, Stuttgart 1988, S. 116–128.

Wildemann, H. (1995): Produktionssynchrone Beschaffung, 3. Aufl., München 1995.

Williamson, O.E. (1975): Markets and Hierarchies. Analysis and Antitrust Implications – A Study in the Economies of Internal Organization, New York, London 1975.

Wind, Y. (1991): Product Policy. Concepts, Methods, and Strategy, Reading, 11. Aufl., Mass. 1991.

Wind, Y., Cardozo, R.N. (1974): Industrial Market Segmentation, in: Industrial Marketing Management, 3. Jg., 1974, S. 153–166.

Windisch, E. (1996) Marktabgrenzung von Luftfrachtleistungen: Analysen-Konzepte-Lösungsansätze, Wiesbaden 1996.

Winkelgrund, R. (1984): Produktdifferenzierung durch Werbung. Ein Beitrag zur kommunikationspolitischen Positionierung von Markenartikeln, Frankfurt am Main et al. 1984.

Witte, A. (1993): Integrierte Qualitätssteuerung im Total Quality Management, Münster, Hamburg 1993.

Witte, E. (1973): Organisation für Innovationsentscheidungen. Das Promotorenmodell, Göttingen 1973.

Wittek, B.F. (1980): Strategische Unternehmensführung bei Diversifikation, Berlin, New York 1980.

Wolfrum, B. (1992): Grundgedanke, Formen und Aussagewert von Technologieportfolios, in: Das Wirtschaftsstudium, 21. Jg., 1992, S. 312–320 und 403–407.

Wolfrum, B. (1992a): Technologiestrategien im strategischen Management, in: Marketing. Zeitschrift für Forschung und Praxis, 14. Jg. 1992, S. 23–36.

Womack, J.P., Jones, D.T., Roos, D. (1997): Die zweite Revolution in der Automobilindustrie. Konsequenzen aus der weltweiten Studie des Massachusetts Institute of Technology, 7. Aufl., Frankfurt/a.M., New York 1997.

Woolley, K.M. (1972): Experience Curves and Their Use in Planning, Diss., Stanford 1972.

Woratschek, H., Roth, S., Pastowski, S. (2002): Geschäftsmodelle und Wertschöpfungskonfigurationen im Internet, in: Marketing. Zeitschrift für Forschung und Praxis, Heft Spezialausgabe 'E-Marketing' 2002, S. 57–72.

World Trade Organization (2008): World Trade Report 2008: Trade in a Globalizing World, Genua 2008.

Wübbenhorst, K.L., Wildner, R. (2007): Möglichkeiten und Grenzen der marktorientierten Unternehmensführung in stagnierenden Märkten, in: Bruhn, M., Kirchgeorg, M., Meier, J. (Hrsg.), Marktorientierte Führung, Berlin 2007, S.115–134.

Yavas, U., Verhage, B.J., Green, R.T. (1992): Global Consumer Segmentation versus Local Market Orientation: Empirical Findings, 32. Jg., Heft 3, 1992, S. 265–272.

Yip, G.S. (1982): Barriers to Entry. A Corporate-Strategy Perspective, Lexington, Toronto 1982.

Zangemeister, C. (1976): Nutzwertanalyse in der Systemtechnik, 4. Aufl., München 1976.

Zanger, C. (1995): Diversifikation, in: Tietz, B., Köhler, R., Zentes, J. (1995), Handwörterbuch des Marketing, 2. Aufl., Stuttgart 1995, S. 515–530.

Zimmermann, G., Jöhnk, T. (2001): Die Balanced Scorecard als Performance Measurement System, in: WISU, 2001, Heft 4.

Zink, K.J., Brandstätt, T. (1996): Gestaltung von Geschäftsprozessen im Rahmen umfassender Qualitätsmanagement-Konzepte, in: Das Wirtschaftsstudium, 25. Jg., Heft 8–9, 1996, S. 743–749.

Zou, S., Cavusgil, S.T. (1996): Global strategy: a review and an integrated conceptual framework, in: European Journal of Marketing, 30. Jg., Nr. 1, 1996, S. 52–69.

Stichwortverzeichnis